南京师范大学教育社会学研究中心

教育社会学学术沙龙集萃

贺晓星　主编
齐学红　高水红　副主编

Education & Society

教育与社会：
学科 ｜ 记忆 ｜ 梦想

2007—2012

南京师范大学出版社
NANJING NORMAL UNIVERSITY PRESS

图书在版编目(CIP)数据

教育与社会:学科·记忆·梦想 / 贺晓星主编. — 南京:南京师范大学出版社,2016.1
(教育社会学学术沙龙集萃)
ISBN 978-7-5651-2127-2

Ⅰ. ①教… Ⅱ. ①贺… Ⅲ. ①教育社会学—文集 Ⅳ. ①G40-052

中国版本图书馆 CIP 数据核字(2015)第 090009 号

丛 书 名	教育社会学学术沙龙集萃
书 名	教育与社会:学科 记忆 梦想(2007—2012)
主 编	贺晓星
责任编辑	王 涛 王 敏
出版发行	南京师范大学出版社
地 址	江苏省南京市宁海路 122 号(邮编:210097)
电 话	(025)83598919(总编办) 83598412(营销部) 83598297(邮购部)
网 址	http://www.njnup.com
电子信箱	nspzbb@163.com
照 排	南京理工大学印刷照排中心
印 刷	兴化印刷有限责任公司
开 本	787 毫米×960 毫米 1/16
印 张	20.75
字 数	370 千
版 次	2016 年 1 月第 1 版 2016 年 1 月第 1 次印刷
书 号	ISBN 978-7-5651-2127-2
定 价	46.00 元
出 版 人	彭志斌

南京师大版图书若有印装问题请与销售商调换
版权所有 侵犯必究

写在前面

南京师范大学教育社会学沙龙作为教师与学生开展学术研讨和人才培养的空间与平台,始于1993年,其时是在学科带头人吴康宁教授的主持下,为了研讨"课堂教学的社会学研究"这一全国哲学社会科学"八五"规划青年基金课题而组织起来的。正式以"沙龙"命名则是在1997年。"学科有效与健康的发展有赖于自由与平等的学术活动,南京师范大学教育社会学学科的发展便是以自由与平等的学术活动为基础的。"这是吴康宁教授为《教育与社会:实践 反思 建构——博士沙龙百期集萃》一书所作"写在前面"的一段话,它明确点出了南京师范大学教育学沙龙创办的主旨与目标,至今依然是沙龙遵循的原则。值得一提的是,以学术沙龙的形式作为学术交流和人才培养的空间与平台,虽非南京师范大学教育社会学沙龙首创,但20余年仍能坚持下来且能连续不辍,则在国内高校教育学科中并不多见。尽管光阴荏苒、物是人非,但沙龙中依然洋溢着自由、平等的学术探究精神。

学术沙龙是个学术交流的空间,同时也在做着学术积累的工作。为了将学术智慧、探究火花保存下来、交流出去,并及时获得方家同仁的指正,同时也保护沙龙成员的"知识产权",2008年吴康宁教授主编,广西师范大学出版社出版了《教育与社会:实践 反思 建构——博士沙龙百期集萃》一书。这是1999年至2007年4月百期部分沙龙成果的汇集。2007年之后,沙龙在继续,学术积累在增加,继续汇集研究成果以及时反映南京师范大学教育社会学方向师生们的学术探索与追求仍有必要。我们期望"教育与社会"成为南京师范大学教育社会学研究中心在以后岁月里不断汇集出版沙龙成果的不变主题,从这个意义上说,本次文集是《百期集萃》的续集,或曰是南京师范大学教育社会学沙龙文集的第二期。

由于自2009年开始,南京师范大学教育社会学沙龙在研究、交流形式上发生了很大变化,即由原来"个人研究"的单一形式,变为个人研究、文献研读和公共话题三种形式,为了更好地反映这种变化,故本次文集分为《教育与社会:学科 记忆 梦想(2007—2012)》和《教育与社会:阅读 思考 对话(2009—2012)》两册,其中《教育与社会:学科 记忆 梦想(2007—2012)》主要是对于"个人研究"形式成果的汇集,由贺晓星担任主编,齐学红、高水红担任副主编;

《教育与社会:阅读　思考　对话(2009—2012)》主要是对于"文献研读"和"公共话题"成果的汇集,由胡金平担任主编,程天君、周宗伟担任副主编。

《教育与社会:学科　记忆　梦想(2007—2012)》文集一方面以"教育与社会"为主题重在继承,另一方面又有意识地突出了"学科、记忆、梦想"这几个核心概念。以下就这一点稍做详细的说明,以交代文集的编辑构思和文本特色。

收入本文集中的文章,主要反映的是各位作者在教育社会学领域的个人研究兴趣所在及问题意识,涉及面甚广,所以所收的文章,其实内容上跨度较大,并不能以"学科　记忆　梦想"这几个关键词来作精确的概括。然而虽然做不到精确,但这几个概念却也在一定程度上反映了文集的一种格调、一种思想,涉及内容与形式的本质上的关联统一。

表述为"学科　记忆　梦想",可以说是想表达内容与形式两个层面的深刻含义。在前一个层面,重在说明本文集所收的文章虽然题材广泛,但其中一条重要的线索是"学科　记忆　梦想"的主题,文集的编辑,也是有意识地、尽可能地围绕这一点进行了构思,所选用的文章,不少在标题上就直接反映了或对学科或对记忆或对梦想的学术关注;后一层面,是想表达文集本身,从形式上说体现出一种情结,此情结可以以"学科　记忆　梦想"来概括。

读者从文集目录中可以看出,收在"学科·视域"部分的几篇文章,主要是讨论教育社会学的学科特点、研究视角以及方法技术。比如文集开篇的吴康宁文章,论述社会理论的兴起对教育社会学意味着什么,读者可以读出作者一种独到的主张:教育社会学学科发展到今天,已经需要去思考对于传统教育社会学学科意义的超越,发展方向应从狭义的社会学式的研究,跨越到具综合性特征的社会理论式的研究,这样才能更有效地解释与解决当下中国教育面临的现实问题;承接这一极具思想性的主张,笔者撰写了《表层分析宣言:也论社会理论的兴起》一文,继续展开对于如何理解教育社会理论的学科意义和时代意义的讨论;这一部分还收入了周元宽、程天君等学者的文章,或展开教育学想象力与社会学想象力之关系的思考,或梳理教育社会学研究方法论的新动向,或主张"风险社会"可以成为教育问题研究的一种重要的分析视角,等等。

而"记忆"在本文集目录中,可以说更广义地被表达为"时空·记忆"以及"话语·叙事"。记忆总是有历史性的特点,在特定时空中展开,且常常以叙事的形式表现出来。这两部分收入的文章,许多涉及历史题材和叙事(故事)题材,读者可以看到,教育研究是如何游走"在历史学和社会学之间"(胡宗仁),如何体现为一种"语词的政治"(齐学红)。石艳的文章,则通过颇为详尽的史料解读,分析了学校卫生学与现代学校空间形成之关系,深化了教育社会学中有关空间、知识、权力问题的讨论;胡金平的《民国教育热的背后:一种想象性的社会记忆》一文,呈现的是一种有关集体记忆的研究意象,针对当下的民国教育热,指出了部分民国教育亲历者的回忆与民国教育热的民国"追忆"之间存在着的巨大反差,提出了一种新的观点,认为民国教育的社会记忆已被塑造,而塑造乃是出自对现实教育的不满;笔者则在叙事(故事)层面,展开了有关日本教育史的个案分析,通过日本教育学名著《山彦学校》一书在中国的译介遭遇,思考教育社会学研究的思想史意义。

无论从词义上讲还是从文章内容看,以"梦想"一词来概括"师长·儿童"和"制度·梦想"两部分所收的文章,似乎都颇有勉强。词意上讲,"制度"通常更为冰冷、刚性,而"梦想"则经常与温暖、暧昧的感觉联系在一起;内容上说,尤其是"师长·儿童"部分的文章,更多似在反映教育、教学场域凸显出来的现实问题而不是梦想问题。虽然有此种种的问题,但编者依然选择了"梦想"作为文集的一个关键词,理由一,是这两部分内容从某一角度说,都事关我们对于命运的认识以及改变命运的梦想。如果说作为制度的学校教育是现代几乎每个人都不得不接受的一种命运安排,教师、家长与学生(儿童)所构成的场域以及在此场域中形成的种种互动关系以及场域内外的制度结构有其刚性的一面,那么对于这被表述为"制度"也好"场域"也罢的命运安排的追问,就是对于"命运的社会学意涵"(周元宽)的追问,追问本身关涉到梦想的问题。周元宽的文章指出,人们需要认清时代命运和个体命运,认清时代命运之维指的是个体处境性困扰之上的社会结构性论题,重在去理解个体命运的社会性结构制约;认清个体命运之维指的是社会结构性论题之下的个体处境性困扰,在于明白个体命运的历史性路径依赖、其前因与后果。"命运的社会学意涵"的讨论,无疑是我们谈论梦想,思考梦想与现实的关系,探讨梦想如何得以实现的第一步。谈论梦想本身脱离不了对于现实的正视,在此意义上,这两部分收入的文章,很多把重点放在了对于当下社会现实中教育问题以及解决途径的探讨。孙启进指出,经济逻辑不仅是我国高等教育规模扩张的最初动因,而且也成为高等教育规模扩张的支配逻辑,是造成社会不平等的重要原因之一;王海英则主张在我国当下的转型期,要使国家、市场与教育能够协调发展、相互促进,需要再造政府、再造市场,从而从根本上再造教育,而再造教育的一条有效途径,是促进教育成为真正的第三部门;王友缘的文章一方面论述学校教育标准化了童年的生产,另一方面又让读者看到了一种与梦想有关的可能:通过从观念上重新挖掘中国本土性的童年内涵,从实践上探索打破一统天下的制度化教育,从而思考如何拥有一个非标准化童年的梦想。

第二个层面,是想说本文集本身,从形式上说,体现为一种可以以"学科　记忆　梦想"来概括的情结。

本文集是南京师范大学教育社会学博士沙龙的一个缩影,某种意义上或许也可以说,也是中国教育社会学学科发展的一个侧面。相比于教育学其他主要分支学科,教育社会学在我国起步较晚,也正因为起步晚积累少,在学科追赶方面所要付出的努力就更为艰辛,而追赶的步步脚印,都值得记录。本文集一是在记录一段历史,一段我国教育社会学发展的轨迹,读者从中可以看出我国教育社会学学人(虽然是一部分,虽然大多是年轻学子)的追赶努力、他们所在探索的研究领域、以及虽然尚不足以"刮目相看"来形容但也多少可以描述为"颇有想象力"的问题意识;二是在尝试展现一个梦想,一个总之希望于某一天水到渠成地形成一个有独自传统、有研究特点、有学术个性、可被称之为"学派"的学术梦想。一所学校的一个特定学术团体的努力(当然,在其中成长起来的学人遍布了全国各地),在什么意义上说它能比较准确地反映了一个国家的特定学科的发展,当然还是一个值得进一步辨析的问题,但有无"学派意识"或者说"学派之梦想",以及梦想与现实的距离到底有多远,是否从而能够催生出一个百花齐放百家争鸣的盛景,还是可以衡量这个国家在特定学术领域的研究发展高度的。无需引用著名科学史学家库恩的理论我们其实也可知道,"学派"(即便表述为"范式")的出现、争鸣、更替,对于学科发展来说意义有多么重大。虽然尚未截然成型就凋敝于第一次世界大战的无情战火、但在社会学学科发展史上也还是留下了浓重一笔的涂尔干学派,以及在质性研究尤其是城市社会学调查、生活史研究方面成果斐然的美国芝加哥学派等等,无疑就是学科发展到达了一个让人"心向往之"的高度的表征。读者不妨把文集看作是一种学科发展梦想的情结表述,它是一股水,或许还是涓涓的细流,但与南京师范大学教育社会学研究中心的其他学术努力,比如教育社会学丛书的出版、开放性学术对话等交汇在一起,终想要形成,也坚信着一定能够形成一条宽阔水渠的。今天以"梦想"一词去描绘去表述的东西,也并非全然是虚无缥缈的暧昧,它其实紧贴着制度建设的刚性、学科发展的现实,让人能够去体味在教育社会学的学科领域,中国与西方学界同仁平等对话的日子不会太久远的可能。

贺晓星
2015 年 12 月 23 日

目录

写在前面 …………………………………………… 贺晓星 001

学科·视域

"社会理论"的兴起对教育社会学意味着什么 …………………… 吴康宁 003
表层分析宣言:也论社会理论的兴起 …………………… 贺晓星 014
教育学的想象力:"社会学的想象力"及其对教育学研究的
　　意义 …………………………………………… 周元宽 026
从"纯粹主义"到"实用主义":教育社会学研究方法论的新
　　动向 …………………………………………… 程天君 042
文化社会学:教育研究的新空间 …………………… 常亚慧 061
"风险社会"视角下的教育问题 …………………… 桑志坚 069

时空·记忆

在历史学与社会学之间 …………………………… 胡宗仁 079
空间·知识·权力:学校卫生学与现代学校空间的形成 …… 石 艳 088
学生符号世界的城乡区隔:时空的视角 …………… 高水红 104
民国教育热的背后:一种想象性的社会记忆 ……… 胡金平 115
新中国成立以来的学校运行步调变迁:以单位为视角的个案研究 … 王 晋 123

话语·叙事

语词的政治 ……………………………………… 齐学红 141
《山彦学校》的故事 ……………………………… 贺晓星 149
"西瓜太郎"的故事:教育的发展与文化的结构 …… 贺晓星 174
人在江湖:游民文化的流变与江湖规则的兴起 …… 周宗伟 189
梦想的门槛:关于电影《十七岁的单车》的社会学联想 …… 周宗伟 199

师长·儿童

学校教育下标准化童年的生产：基于新童年社会学的理论 …… 王友缘 209
幼儿家长：学前教育中的特殊角色 …………………… 王海英 219
论教师课堂中的行动逻辑 ……………………………… 胡金平 227
夹缝生存：教师教育者身份认同的内卷化困境 ……… 杨 跃 235
"在世"与"在线" ………………………………………… 王 彦 253

制度·梦想

"命运"的社会学意涵 …………………………………… 周元宽 263
高等教育制造精英 ……………………………………… 彭拥军 275
高等教育规模扩张背景下的入学机会差异分析 ……… 孙启进 286
"私益性""公益性"与"准公益性"：国家观念与市场逻辑互动下
　教育属性的演变 …………………………………… 王海英 297
从公共领域到教育公共领域 …………………………… 胡之骐 306

附录　南京师范大学2007—2012"教育社会学沙龙"主题一览表 …… 318

学科·视域

"社会理论"的兴起对教育社会学意味着什么

南京师范大学 吴康宁

内容提要：谋求独立学科地位、进行学科"专业化努力"，是中国大陆教育社会学重建以来的一种发展动力，也是制约今后开放式发展的一种羁绊。作为教育社会学之基础学科的社会学本身已呈现出从封闭走向开放的发展态势，存在着一种"社会理论化努力"。在教育发展的制约因素愈加繁多、愈加复杂、愈加变动不居的当今社会，在人文社会学科的发展愈加仰仗于互涉、仰仗于交叉、仰仗于综合的现今时代，教育社会学有必要积极而又合理地兼容并蓄其他学科的滋养，从狭义的"教育社会学"走向具有综合性特征的"教育社会理论"，以便为解释与解决当下中国教育现实问题作出更加切实有效的贡献。

一、"专业化努力"：教育社会学发展的动力与羁绊

改革开放后，中国大陆教育社会学开始了学科重建的历史进程。三十年之后的今天来审视一番，不难发现，这一历史进程的一个重要方面，便是教育社会学人持续不断地界定本学科的研究对象，阐明本学科的学术使命，强调本学科的存在价值，以获得现存学科体制对于教育社会学作为一门"独立学科"地位的认可，并借此来谋求相应的学科发展资源。笔者将这种现象称为中国大陆教育社会学的"专业化努力"。

从知识社会学角度来看，这种专业化努力其实是所有学科的一种"学科本能"。客观地讲，中国大陆教育社会学的专业化努力在相当程度上达到了预期目的。仅以"研究对象"的界定为例，尽管这一界定的具体表述因研究者而异，但在教育社会学区别于其他学科、它研究的是教育问题的"社会层面"这一点上，似无多少异议。经过三十年的持续发展，中国大陆教育社会学已经今非昔比，成为支撑教育研究的主要基础性学科之一。这当中，"专业化努力"发挥了重要作用。在这个意义上，不妨说"专业化努力"是中国大陆教育社会学重建以来的一种发展动力。

但另一方面，由于如同人与社会一样，教育也是整体性的，因而，所谓教育的"社会层面"以及价值、经济、政治、文化、个体等其他层面，其实都是研究者为了研

究方便起见,且受时间、精力乃至资源配置所限,而不得不在思想上对教育作出的一种人为的切割。[①] 这就难免产生一种危险,即一旦"专业化努力"执着地要把教育社会学同其他学科严格区分开来,一定要在教育社会学与其他学科之间划出一条非此即彼的边界,并以此来判断某项研究成果或某位研究者是否属于本学科、是否具有专业水准,那就至少会在客观上阻抑研究者对研究对象进行整体的审视与认识,迫使研究者将视线完全局限于"社会层面",忍痛割爱式地撇开其他所有层面,结果导致研究者对于教育问题始终只能获得一种单面的乃至碎片化的认识。

与此同时,其他"独立学科"(教育哲学、教育经济学、教育政治学、教育法学、教育文化学、教育心理学等)仅仅局限于本学科"特有层面"所能得到的,也同样是单面的、碎片化的认识[②]。而且,所有这些单面的、碎片化的认识之间相互独立而又相互孤立,很难形成有机联系,融汇成一种整体性的认识或超越单一学科的认识。于是,这些单面的、碎片化的认识也就难以对其自身的合理性与准确性予以有效的自我证明,并因此而难以为解决教育问题提供"独立有效"的科学依据。

以"高等教育就学机会公平研究"为例。众所周知,长期以来,中国大陆高等教育就学机会一直存在着不公平。作为一种复杂的社会现象,这种不公平是一定时期内价值、经济、政治、文化、个体、社会(包括阶层、性别、种族、区域等)等各个层面一系列因素综合作用的产物。除了社会层面的因素外,价值取向的潮流与变动、经济发展的水平与格局、政治行动的方针与策略、文化传统的基质与惯习、个体禀赋的特征与差异等,都制约着高等教育就学机会的公平。然而,受"专业化努力"的约束,教育社会学在分析导致高等教育就学机会不公平现象产生的原因时,通常只能专注于"社会层面"(阶层、性别、种族、区域等)的因素对高等教育就学机会的影响,而把价值、经济、政治、文化、个体等其他层面的因素基本上都撇在一边,以至于对高等教育就学机会不公平现象的任何"社会学解释",实际上都暗含着一个前提性假设,即"价值、经济、政治、文化及个体等所有其他层面因素的影响微乎其微,可以忽略不计",或"价值、经济、政治、文化及个体等所有其他层面的因素对于不同研究

---

① 参见吴康宁主编《教育与社会——博士沙龙百期集萃》之"写在前面"第6页,广西师范大学出版社2008年版。按照这样一种区分,"价值层面"的核心问题是意义的存在与守持,"政治层面"的核心问题是权力的形成与运作,"经济层面"的核心问题是利润的产生与分配,"文化层面"的核心问题是观念的影响与变迁,"心理层面"的核心问题是个体心理的特征及发展,而"社会层面"的核心问题是人群的差异及成因。与本文此处不同,笔者过去使用的概念是"政治学层面""经济学层面""文化学层面""心理学层面""社会学层面"。(譬如,请见:《社会学视野中的教育》,《教育研究与实验》,2006年第4期)。

② 之所以将"教育哲学"与此处所列其他学科相提并论,是因为在笔者看来,以对于"人"的研究为例,教育哲学所关注的其实也只是人的一个层面,即人作为一个物种而存在于世,区别于其他动物的价值和意义,尽管价值和意义可以被视为人的一个根本性层面。换言之,教育哲学所研究的只是人作为人而存在于世的价值与意义,至于人的其他层面,教育哲学并不涉及。在这个意义上,教育哲学其实也是一种"专门化学科",它所展示的其实也是关于研究对象的一种单面的、碎片化的知识,尽管这种单面的、碎片化的知识与其他学科有所不同。

对象具有同等影响,可以撇开不计"。如此一来,关于高等教育就学机会不公平现象的社会学解释本身就变得过于单一,并因此而显得过于单薄。就此而论,"社会层面分析"便在实际上成了一种"雷池","专业化努力"也就同时异化成了束缚教育社会学获得开放式发展的一种羁绊。

诚然,要求教育社会学研究对于影响教育的所有层面进行面面俱到、无一遗漏的分析,无异于天方夜谭。而且,不只是教育社会学研究,任何其他学科的研究都不可能进行这种"全面分析"。然而,这是否就意味着教育社会学人只能纹丝不动地扼守人们迄今划定的学科疆界、绝不可逾越"社会层面分析"之雷池一步呢?

这是一个需要讨论的问题。就笔者所识,答案应该是否定的。原因不仅在于教育问题的"社会层面分析"本身常常同时需要借助于其他有关层面分析的必要支撑或支持性说明,需要最终将"社会层面分析"与其他有关层面的必要分析有机联为一体,而且在于作为教育社会学之基础学科的社会学本身就存在着一种从封闭走向开放、从狭义的"社会学"走向广义的"社会理论"的发展态势,或者说,存在着一种"社会理论化努力"。

二、"社会理论化努力":社会学研究的境界与态势

究竟什么叫社会理论?对于这个问题,社会学界的解释因人而异,并无众所公认的定义。但粗略来看,对于以下两点似有广泛共识。

第一,社会理论以直面社会现实、解释形成机制、影响社会后果为旨归。关于这一点,塞德曼(S. Seidman)的观点很有代表性。他说:"社会理论通常是和当代社会冲突和政治争论紧密联系在一起的。"[1]"社会理论不是为那些狭隘的学理兴趣所推动,而是为那些道义的、政治的和社会的关怀所推动。"[2]《Blackwell 社会理论指南》的主编布莱恩·特纳(B. Turner)也用近乎语重心长的口吻指出:"社会理论绝不能只是对作为文本的社会生活的一种美学解释。""社会理论家如果想要告诉我们什么事情,就必须作为一位公共知识分子,在这个世界上找到自己的位置。"[3]

第二,社会理论是一种综合性的理论形态。布莱恩·特纳认为:"社会理论涵括了有关现代社会中社会范畴(the social)的性质的总体上的关注。""社会理论汇

---

[1] 史蒂文·塞德曼. 后现代转向:社会理论的新视角. 吴世雄,等译. 沈阳:辽宁教育出版社,2001:160.
[2] (美)乔治·瑞泽尔. 后现代社会理论. 谢立中,等译. 北京:华夏出版社,2003:18.
[3] (英)布莱恩·特纳. Blackwell 社会理论指南. 李康,译. 上海:上海人民出版社,2003:25.

集了尝试理解、解释和说明社会现象的各种视角,纷繁复杂。"①中国大陆学者苏国勋则明确指出:"社会理论广义上关系到与人类行为有关的各门社会科学和人文学科,内容上则涵盖和跨越社会学和社会哲学,而不专属某一学科领域。"②瑞泽尔(G. Ritzer)说得更干脆:"现代社会理论的一个定义性特征就是:它是跨学科的。"③

上述两点,第一点虽然十分重要,但还并非社会理论同社会学的根本区别所在,因为社会学界对于社会学的使命问题本来就有不同观点,相当一部分社会学者本来就认为社会学必须以"直面社会现实、解释形成机制、影响社会后果"为旨归。④ 关键在于第二点,即社会理论的"综合性"特征。正是这种综合性特征,使得社会理论同专注于"社会层面分析"的"狭义社会学"区分开来,而这种狭义社会学在相当长的时间里一直是社会学的主流。

这就不能不提及迄今社会学发展中的两个值得注意的现象。一个现象是:虽然在相当长的时间里,狭义社会学一直是社会学的主流,数不胜数的社会学人穷其毕生精力,专注于社会现象、社会问题的社会层面分析,并因此而被称为"社会学家",但与此同时,一些顶尖的社会学家却并不仅仅是社会学家,他们也是其他领域中的大家。譬如,在社会学创建时期,韦伯不只是社会学奠基人之一,也是经济学与历史学大师、公共行政学创始人;马克思同样不只是社会学奠基人之一,在哲学、经济学及革命理论方面也作出了划时代贡献……在当代社会学中,哈贝马斯(J. Habermas)不只是社会学巨匠,也是哲学巨擘;福柯(F. Foucault)则不仅在社会学领域让世人为之一震,而且在哲学、历史学、精神病理学及文学研究领域都取得了独树一帜的成就……

另一个相关联的值得注意的现象是:一些顶尖社会学家的"社会学名著"本身,往往也并不局限于社会层面分析,而是将触角延展至其他层面,并将不同层面的分析融为一体,从而冲破了单一的"社会学理论"之藩篱,成了一种"社会理论著作"。譬如,与曼海姆(K. Mannheim)、滕尼斯(F. J. Tonnies)同辈的德国著名社会学家

---

① (英)布莱恩·特纳. Blackwell社会理论指南. 李康,译. 上海:上海人民出版社,2003:1,20.
② 《社会理论译丛》之"前言"(苏国勋撰写),见詹姆斯·博曼. 社会科学的新哲学. 李霞,肖瑛,等译. 上海:上海人民出版,2006:1.
③ 乔治·瑞泽尔. 后现代社会理论. 谢立中,等译. 北京:华夏出版社,2003:前言1.
④ 贝尔哈兹(P. Beilharz)曾一针见血地指出了社会学界在解释世界和改变世界问题上的不一致态度,他说:"社会学本身也受到了矛盾态度的恣惑,它在历史上经常在解释世界和改变世界之间摇摆不定……社会学总是犹豫不决:它到底是为国家的改革事业更好地服务呢,还是应该对养育了它的国家保持批判的立场呢? 因而,社会学的部分议程超越了我们的控制。有时候,改革的冲动占据了我们的精力;而在另外一些时候,社会学成了问题的一部分,我们不得不痛斥它屈服于国家的控制策略。因此,我们发现自己对社会学的态度是矛盾的,而不仅仅对现代性和后现代性的态度是矛盾的。"(澳)彼得·贝尔哈兹. 郁建立编译.《解读鲍曼的社会理论》. 马克思主义与现实,2004(2).

艾利亚斯(N. Elias)在其成名作《文明的进程》中,便将心理学、政治学、历史学、经济学、种族学、人类学等多种学科与社会学相互贯通,通过对社会"文明"过程的系统考察,建构了人与社会相互关系的理论;当今国际社会学界罕见的极富影响力的大师级学者、英国著名的社会学者吉登斯(A. Giddens)也在其代表作《社会的构成》中,将社会学、心理学、哲学、人类学、语言学等融为一体,阐明了主观—客观、行动—结构、宏观—微观之间的相互包容性问题,提出了现今广为流传的"结构化理论"……以至于有些学者指出:"没有一个社会学大家的理论像现在的社会学家那样界定得那么窄。"①②换言之,这些社会学大家所进行的并不是狭义的"社会学"研究,而是"社会理论"研究。即便退一步讲,他们所进行的也是"社会理论化"的社会学研究。

顺理成章的是,如果我们并不否认——事实上也无法否认——这些大师级学者在社会学领域中无可置疑的学术地位的话,那也就等于承认,他们所进行的社会理论化的社会学研究,其实正是社会学研究的一种境界。

对于社会理论化这一研究境界的追求,可以说是当今西方社会学的发展态势之一。或者说,在当今西方社会学的发展中,存在着一种"社会理论化努力"。这一努力甚至影响了一些学者对于"社会学""社会学家"这两个称谓的使用热情。在这方面,美国前任社会学会会长科尔曼(J. Coleman)与英国剑桥大学前任社会学会会长吉登斯或可谓典例。科尔曼在其1990年正式出版的代表作《社会理论的基础》一书中,明显在尽可能多用"社会理论"的概念,尽量少用"社会学"概念,同时用"社会理论家"的称谓取代"社会学家"的称谓(譬如,他把马克思、韦伯、涂尔干、孔德等人都称为"社会理论家")③。吉登斯在其2000年所著《社会理论与现代社会学》一书中,在阐明社会学及社会学家的使命的同时,着力阐述了社会理论的功能及发展趋势④,而在2007年12月来华参加研讨会的发言中,则"只要跟理论有关的,他没讲过一次'社会学理论',而是都称之为'社会理论'。"⑤

社会理论化努力并不仅限于大师级学者。我们知道,1974年,美国加州大学的社会学者乔纳森·特纳(J. H. Turner)撰写出版了一本系统介绍和评述西方社

---

① (澳)彼德·贝尔哈兹.解读鲍曼的社会理论·邹建立,编译.马克思主义与现实,2014(2).
② 林晓珊."中国社会理论的研究现状与展望"研讨会综述.社会,2008(3).
③ (美)詹姆斯·科尔曼.社会理论的基础.邓方,译.北京:社会科学文献出版社,1990.
④ (英)安东尼·吉登斯.社会理论与现代社会学.文军,赵勇,译.北京:社会科学文献出版社,2003.
⑤ 林晓珊."中国社会理论的研究现状与展望"研讨会综述.社会,2008(3).

会学理论的著作,题为《社会学理论的结构》(*The Structure of Sociologocal Theory*)①;与之不同,到了1996年,英国剑桥大学的社会学者布莱恩·特纳则主编了一本《Blackwell社会理论指南》(*The Blackwell Companion to Social Theory*)②,"旨在为普通读者了解社会理论中的重大发展提供全面、紧扣时代的介绍。"③布莱恩·特纳在该书第一版序言中明言:"我们选择了'社会理论'这个用语,而不是更专门地指称社会学理论、文化理论或者是政治理论,这也表明了《指南》所涉之广泛。"他强调:"本《指南》……尽可能避免××社会学之类的文章或争论。《指南》的章节关注的都是宽泛的分析视角与论题,而不是集中于特定领域或主题的社会学。"④在该书第二版序言中,布莱恩·特纳进一步声明:"《指南》力求避免局限在学科和子学科上,而是要提供一系列频频跨越学科界限的视角。"⑤耐人寻味的是,承担介绍社会理论重大发展之任务的该书17位作者中,有13位是社会学教授。

与此同时,美国马里兰大学的社会学者瑞泽尔于2000年开始主编《布莱克维尔社会理论家指南》(*The Blackwell Companion to Major Socia Theorists*)。该书分为"古典社会理论家"与"当代社会理论家"两部分,共列出25位社会理论家,全都具有社会学家身份,且绝大部分都是迄今社会学发展中的代表性人物,包括孔德、斯宾塞、马克思、韦伯、涂尔干、齐美尔、米德、舒茨、帕森斯、默顿、戈夫曼、埃默森、科尔曼、加芬克尔、贝尔、艾利亚斯、福柯、哈贝马斯、吉登斯、布迪厄等。瑞泽尔没有采取迄今为止的通常做法,将他们称为"社会学家",而是冠名为"社会理论家",意在从"社会理论"的角度对他们重新进行一番审视⑥。而同样耐人寻味的是,对上述25位"社会理论家"进行介绍与评述的30位作者中,27位是社会学教授。

总体上看,从狭义的"社会学"走向"社会理论",是当今西方社会学发展的一种态势。为什么会出现这种态势?科尔曼二十年前为其《社会理论的基础》一书所写序言中的一段话可为此注脚:"社会并没有停滞不前,一场改变社会结构的革命正在进行之中。诸如自然形成的物质环境,如森林和原野,逐渐为柏油路和摩天大厦

---

① 中国大陆最初于1988年翻译出版了该书第4版(1986年),译名为《现代西方社会学理论》(范伟达主译,卢汉龙校订,天津人民出版社);2001年翻译出版了该书第6版(1998年),译名为《社会学理论的结构》(邱泽奇等译,华夏出版社)。
② 该书中文译本(李康,译,上海人民出版社2003年出版)系据该书2000年第2版译出。
③ (英)布莱恩·特纳.社会理论指南.李康,译.上海:上海人民出版社2003:1.
④ (英)布莱恩·特纳.社会理论指南.李康,译.上海:上海人民出版社,2003:3.
⑤ (英)布莱恩·特纳.社会理论指南.李康,译.上海:上海人民出版社,2003:20.
⑥ (美)乔治·瑞泽尔.布莱克维尔社会理论家指南.凌琪,等译.南京:江苏人民出版社,2009.

所取代；人们出于各种目的创建的社会组织正在取代社会赖以发展的各种原始社会组织。置身于这样的社会变革，为了理解我们正在走向何方，需要一种解释力很强的社会理论。以这种理论为指导，方可研究：我们前进的方向是否正确？我们是否能够改变这一方向？我们应当怎样选择前进方向？"①用我们今天的语言来说，这种态势乃是社会学顺应现代性与全球化发展的一种自然结果，因为现代性与全球化的发展要求学术界不能总是仅仅提供关于当下社会的单面的、碎片化的知识，而是要通过对全球社会中的民族国家、跨国公司、人口迁移、消费文化、媒体与传播、城市生活、社会运动等现象的全景考察，勾勒出当下社会的总体图式和基本格局，从而为全面、深入地认识当下社会的性质、特点及未来发展趋向提供真正有效的帮助②。

中国社会学的状况比较特殊。1949年之前，中国社会学总体上也是狭义的社会学，但由于19世纪末20世纪初将西方社会学引入中国、首先开课讲学及倡导社会学的恰恰是一些维新运动的思想领袖③，20世纪20年代之后中国社会学蓬勃发展的过程中涌现出的诸多优秀学者④进行社会学研究的首要目的，也在于推进中国社会的改造与建设，救亡图存，因而当时一些优秀社会学家的研究不乏跨学科、综合性的色彩。但1949年之后情势急转直下，中国大陆社会学因政治意识形态缘故被打入冷宫近三十年之久。改革开放后的相当一段时间里，中国大陆社会学的首要任务是学科本身的重建，从某种意义上说也是进行社会学的"专业化努力"，还谈不上与其他学科的交融，谈不上向"社会理论"的发展。

但即便如此，一些学人还是较早地关注了社会理论问题。早在20世纪70年代末80年代初，就已经开始对西方社会理论的论著进行翻译、介绍和述评⑤；90年代初，已开始出现运用社会理论研究中国问题的论文⑥，社会学朝向"社会理论"发

---

① （美）詹姆斯·科尔曼.社会理论的基础.邓方，译.北京：社会科学文献出版社，1990.
② 欧阳彬,时伟.哲学如何介入现实：社会理论的思路.西安电子科技大学学报（社会科学版），2007(7).
③ 如1898年严复将先行译出的斯宾塞著《社会学研究》的头两篇"便于砭愚"与"倡学"发表在《国闻汇编》上，其后，章太炎和曾广铨合译的《斯宾塞尔文集》刊登在《昌言报》的第1—6、8期上。他们介绍斯宾塞的社会学说，旨在为维新运动提供思想武器。最初使用"群学"之名进行教学活动的是康有为，其目的在于宣传他的变法维新思想和培养维新派人才。此外，如谭嗣同在其1896年成书的《仁学》第一篇"仁学界说"中提到："凡为仁学者，于佛学当通华严及心宗，相宗之书，于西学当通《新约》及算学、格致、社会学之书。"梁启超在1902年发表的《乐利主义泰斗边沁之学说》《格致学沿革考略》及《论学术之势力左右世界》三篇文章中，均提到"群学"。转引自卢汉龙,彭希哲.二十世纪中国社会科学·社会学卷.上海：上海人民出版社，2005：4-6.
④ 包括孙本文、陶孟和、李大钊、瞿秋白、潘光旦、吴文藻、费孝通等一大批人。
⑤ 经查询，较早的译文为：（英）约翰·埃利奥特.《（大纲）作为社会理论：青年马克思和成熟马克思之间的链环》.《国外社会科学》，1979(1).较早的译著为：（美）丹尼尔·贝尔.后工业社会的来临：对社会预测的一项探索.高铦，等译.上海：商务印书馆，1984.较早的述评文章为：傅殷才.现代资产阶级"后工业社会"理论评述.世界经济，1984(3).
⑥ 姬哲.马克思主义的东方社会理论与中国的社会主义道路.河北学刊，1991(4).

展的问题也开始为部分社会学人所关注①。其后,社会理论研究逐渐增多。2005年,苏国勋的自编文集《社会理论与当代现实》出版(北京大学出版社),集中反映了作者对于社会理论一般问题、经典社会理论、社会理论的本土建构及社会理论与当代现实等问题的思考。2007年12月2日,中山大学政务学院社会学和社会工作系承办了"吉登斯与现代社会理论"学术研讨会及"中国社会理论的研究现状与展望"茶话会,国内一流大学与科研机构的知名学者专题研讨②,成为中国大陆社会学改造与社会理论发展中具有标志性意义的一个重要事项。此外,在学术制度方面,也有两个值得注意的现象。一是中国社科院社会学研究所下属的"理论研究室"一直没有"理所当然"地使用"社会学理论研究室"的名称,反而于2002年开始正式使用"社会理论研究室"的名称。二是由苏国勋主编、1986年开始正式出版的《国外社会学》也于2005年改版为《社会理论》。

总之,即便在中国大陆社会学界,"社会理论化努力"也正逐渐成为一种态势,社会理论的探讨与建构正方兴未艾。

三、走向"教育社会理论":教育社会学面临的新挑战

既然大师级学者们的社会学研究本来就不是狭义的,而是具有浓厚的"社会理论"色彩;既然作为教育社会学之基础学科的社会学已经开始追寻大师级学者的足迹,渐趋增多、渐趋明显地"兼容并蓄"其他学科的滋养,将社会层面分析与其他层面分析相互贯通,努力走向"社会理论",那么,教育社会学对此是否可以视而不见呢?是否只能一如既往地仅限于教育问题的社会层面分析呢?这是需要认真思考的问题。

在此之前,也有中国大陆学者提出过类似问题,认为"近年来,随着社会理论的不断发展,微观与宏观、行动与结构以及个体主义与整体主义如何综合,成为社会学或教育社会学研究中的一个亟待解决的问题。而当代社会理论的最新发展,恰恰是对上述'二元'对立的一种协调,这必将对教育或教育研究产生深远的影响"③。笔者认为,在教育发展的制约因素愈加繁多、愈加复杂、愈加变动不居的当今社会,教育社会学研究者可以超越单一的社会层面分析,合理导入其他层面分析,并将社会层面分析与其他层面分析有机融合;在人文社会学科的发展愈加仰仗于互涉、仰仗于交叉、仰仗于综合的现今时代,教育社会学有必要以一种开放的心

---

① 郝令昕.社会学理论的新方向——评《社会理论的基础》.社会学研究,1990(4).
② 林晓珊."中国社会理论的研究现状与展望"研讨会综述.社会,2008(3).
③ 盛冰.当代社会理论发展的最新趋势及其对教育的影响.上海教育科研,2004(1).

态来看待自身与其他学科的关系,积极而又合理地兼容并蓄其他学科的滋养,从狭义的"教育社会学"走向具有综合性特征的"关于教育的社会理论"(以下简称"教育社会理论")。

如此看来,应当承认,当代西方著名教育社会学家的一些研究成果,在一定程度上也具有"社会理论"的性质。譬如,弗莱雷(P. Freire)的代表作《被压迫者教育学》(顾建新等译,华东师范大学出版社2001年版)便将哲学、政治学、文化学等与社会学融为一体,提出了关于教育的对话理论。阿普尔(M. W. Apple)的成名作《意识形态与课程》(黄忠敬等译,华东师范大学出版社2001年版)则将政治学、文化学、知识学、历史学等与社会学打通,建构了关于学校课程的一种社会理论。吉鲁(H. A. Giroux)的重要代表作《教师作为知识分子——迈向批判教育学》(朱红文译,教育科学出版社2008年版)也是伦理学、政治学、文化学与社会学结合在一起,阐述了关于教师与学校教育的一种社会理论[1]。

同样应当看到,近些年来,随着西方学者属于"社会理论"范畴的著作及具有"教育社会理论"性质的著作不断被译介进来,中国大陆有些教育社会学研究者,尤其是有些学养较丰的青年学者实际上也或多或少有了一点从狭义的教育社会学走向"教育社会理论"的意识萌芽,他们的有些研究成果也多少带有一些"教育社会理论"的色彩。但总的来看,还只能说尚处于准备阶段,现在需要的是广泛形成对于探索"教育社会理论"必要性的清晰意识,创造探索"教育社会理论"所需的"技术条件"。为此,这里还需要说明两个问题。

其一,"教育社会理论"究竟还是不是"教育社会学"?

"教育社会理论"是教育社会学在实行开放式发展,并同来自其他学科的滋养融为一体之后形成的一种具有综合性特征的理论形态,在这一点上,它同仅限于对教育问题进行社会层面分析的狭义的教育社会学之间有着根本性区别。就此而论,显然不能简单地认为"教育社会理论"还是教育社会学。

与此同时,如同社会学者"义不容辞"地成了迄今"社会理论"建构中的主体一样,至少在"教育社会理论"初始发展阶段,教育社会学者也将"义不容辞"地成为"教育社会理论"建构中的主体;与之相应,如同"社会理论"是在社会学基础上融进多种学科成分发展而成的一种综合性理论形态一样,至少在"教育社会理论"初始

---

[1] 按照该书英文版序言作者彼得·麦克莱伦(Peter McClellan)的看法,"吉鲁批判地借鉴社会理论中的新进展,提出了理论研究的新范畴……最近几年,吉鲁开始进入更广泛的社会理论领域,对文化研究这一新生的领域作了许多重要的贡献。吉鲁所从事的是一项跨越性的工程。"详见吉鲁.教师作为知识分子——迈向批判教育学(英文版).朱红文,译.北京:教育科学出版社,2008:序言2-3.

发展阶段,"教育社会理论"也将在教育社会学基础上融进多种学科成分发展而成。在这个意义上,至少就"教育社会理论"初始发展阶段而言,教育社会学将会成为"教育社会理论"的一种基本内核。

如果以上两点能够成立的话,那么,"'教育社会理论'究竟还是不是'教育社会学'"这个问题本身也就并不重要了。重要的是研究者对于当下错综复杂的社会境况中的教育问题有必要作出非单面的、非碎片化的、有深度的解释,而这一解释任务本身并没有选择特定的单一学科。

其二,中国大陆教育社会学现状是否具备走向"教育社会理论"的"技术条件"?

"教育社会理论"作为一种具有综合性特征的理论形态,其"技术前提"是研究者除了对于教育问题的社会层面之外,对于其他相关层面(如价值、经济、政治、文化、个体等)也应有必要的知识与敏锐的洞察。否则,所谓建构具有综合性特征的"教育社会理论"便无从谈起。

然而,撇开对于其他层面的必要知识与敏锐洞察不谈,即便是对于教育问题的社会层面分析本身,中国大陆教育社会学的现状也不尽如人意。如同教育社会学人自身都清楚意识到的那样,尽管如本文第一部分所说,经过持续三十年的"专业化努力",中国大陆教育社会学的独立学科地位在学科体制内已基本确立,但这并不意味着教育社会学研究的专业水准已经得到学界尤其是社会学界的普遍认可。事实上,相当一部分被研究者本人划归"教育社会学"范畴的研究成果其实并无多少"教育社会学"成分,所谓××(教育问题)的"社会学分析"往往名是而实非。实事求是地讲,即便说中国大陆教育社会学的专业化程度总体上尚处于初级阶段也不为过。因此,也许有读者会问:在这种情况下,提出超越对于教育问题的单一的"社会层面分析"、走向具有综合性特征的"教育社会理论",是否纯属天方夜谭?

笔者以为,这其实正是中国大陆教育社会学所处的一种尴尬境地。一方面,中国大陆教育社会学的专业化任务尚未完成,对于教育问题的"社会层面分析"的基本功尚需扎实磨炼[①];而另一方面,作为教育社会学之基础学科的社会学本身迫于对社会问题进行真正具有说服力的解释的需要,已经开始追寻大师级学者们的足迹,努力超越单一的"社会层面分析",走向具有综合性特征的社会理论,这就使得超越对教育问题的单一的"社会层面分析"、走向具有综合性特征的"教育社会理论"这样一个任务,同样也开始历史性地摆在中国大陆教育社会学者的面前。在尚

---

① 当然,即便是中国大陆社会学,学科的专业化任务也未全部完成。参见熊春文.见证中国社会学发展三十年——苏国勋研究员访谈录.中国农业大学学报(社会科学版),2010(2).

未具备坚实的专业化基础的情况下尝试超越专业化、建构"教育社会理论",可以说是中国大陆教育社会学面临的新的严峻挑战。

究竟如何建构"教育社会理论"？坦率地说,笔者自身也不十分清楚,因为这正是中国大陆教育社会学人在今后的研究实践中需要强化意识、着力探索的问题。但无论如何,从狭义的教育社会学走向教育社会理论已经是中国大陆教育社会学的进一步发展回避不了的一项历史性课题。

当然,作为研究者个人来说,限于兴趣、时间、经历及个人基础等方面原因,依然固守迄今人们对于教育社会学的通常界定,只想进行单一的"社会层面分析",这无疑是个人的学术自由,旁人无权干涉。但倘若一个研究者希望对作为一种复杂社会现象的教育问题作出并非单面的碎片化的解释,那就有必要尝试教育问题的"社会层面分析"与其他层面分析之间的贯通与融合,有必要将研究"溢出"狭义的教育社会学之外。这就意味着研究者个人有必要谋求自身学术仓储的一种提升性转型,即从单一型的"社会学仓储"转变为复合型的"社会理论仓储",以便实现研究境界的一种提升。而倘若许多教育社会学人都能尝试教育问题的"社会层面分析"与其他层面分析之间的贯通与融合,使得"兼容并蓄"成为教育社会学界的一种普遍学术取向,那么,中国大陆教育社会学便有可能为解释与解决当下中国教育现实问题作出更加切实有效的贡献。

既要继续提高教育社会学的专业化程度,又要尝试超越专业化、建构"教育社会理论",这近乎一个悖论。但这种悖论式发展,或许将成为今后相当长一个时期内中国大陆教育社会学发展的一种基本样态。

表层分析宣言:也论社会理论的兴起

南京大学 贺晓星

内容提要:教育社会学对于教育社会理论的召唤,需要在社会理论兴起之背景中去理解。教育社会理论,其特点除了开放、兼容并蓄之外,还表现为它是一种教育研究文学化的现象。

> 赵客缦胡缨,吴钩霜雪明。银鞍照白马,飒沓如流星。
> 十步杀一人,千里不留行。事了拂衣去,深藏身与名。
> 闲过信陵饮,脱剑膝前横。将炙啖朱亥,持觞劝侯嬴。
> 三杯吐然诺,五岳倒为轻。眼花耳热后,意气素霓生。
> 救赵挥金槌,邯郸先震惊。千秋二壮士,烜赫大梁城。
> 纵死侠骨香,不惭世上英。谁能书阁下,白首太玄经。
> ——李白《侠客行》

一、文本的焦虑

"社会理论"一词最早出自何处何人之手,在笔者有限的研读范围内,感觉似乎从来无人仔细考证过。但有一点可以确认,社会理论这一概念,与社会学曾一度欲与之撇清关系的哲学之间有着不小的联系。这一点意味着社会理论本身包含着不小的思辨性。马尔库塞(H. Marcuse)的《理性和革命》一书,副标题便是"黑格尔和社会理论的兴起",直接从哲学大师黑格尔(G. W. F. Hegel)讲起了社会理论。

其实若不纠缠于这一词到底最初出现在何时何地,而是从思想层面来谈社会理论,其源起还可追溯得更早。英国学者德朗蒂(G. Delanty)把社会理论最早前推到16世纪,认为其核心内涵直接与"社会"的诞生有关:"社会理论是出于对当时正在形成的'社会范畴'的解释之目的。"德朗蒂论述了莫尔(T. More)、霍布斯(T. Hobbes)、洛克(J. Locke)这样的16、17世纪学者,试图在他们的思想中找寻社会理论源起。"试图"一词听起来仿佛过程颇为艰难,其实他的思路也很简单:"社会理论就是针对社会的兴起所作出的一种反应。"①这样一说,问题就变成了"社会"起源的找寻。先有社会,后有作为一种相应的思想反应的社会理论。

之所以从16、17世纪讲起,是因为德朗蒂认为正是在那时,逐渐形成了社会理论所要去做出反应的"社会"(文章中他也用"社会范畴"这个概念)。这一社会,乃以契约、整合、秩序为根本特征,有别于之前的传统社会。今天我们在很多场合会更明确地称之为"市民社会"。现代意义上的市民社会,"开始表示公民与统治者之间的某种协定或契约",此处的"统治者"不能单纯地理解为人,神与自然也是契约精神所设定的一个对象,因此社会这一概念本身蕴含着一个理念,就是将人与自然区别开来,人将自己从自然中解放出来,神创知识不再作为宇宙秩序的根本保证,而是在"契约"中去寻找立足的根本。"社会理论的历史大部分可以看作是从契约(司法整合)转向共同体(规范整合),再转向社会(结构整合)"②。

"司法整合""规范整合""结构整合",这几个概念似乎表明社会理论之演变万变不离其宗,都围绕着"整合"在谈问题。不过笔者至今对将谈契约谈整合视为社会理论的看法抱有一丝疑义,因为若如此思考问题,那么作为思想的社会理论,其源起必然还可前推。实际上,众所周知,柏拉图(Plato)的《理想国》就是一部主张知识精英(受过严格哲学教育的统治阶层)才能掌控领导权,在此基础上探讨社会秩序(也即整合)的著作。在此意义上,将社会理论一直追溯到柏拉图也并非不可能。只是对于思想的关注,并非任何时候都是历史追溯得越远越好,关键还在于需要去思考:将源起定位在柏拉图,会获得怎样的表述社会理论的可能,与此同时,又失去了怎样的可能。得到的与失去的,在什么意义上有助于能够进行更为深入的问题辨析。

德朗蒂索性从问题域的角度来界定社会理论,他声称:"社会作为一种不同于私人世界和国家的领域,它的兴起促成了三块核心问题域,集中体现了现代性的自我理解:个体的社会化、知识的理性以及权力的合法化"③,"个体的社会化(或者说社会主体性)、知识的理性以及权力的合法化,这三个问题将被视为现代社会理论的规定性特征"④。换言之,在社会理论实现了第二个转向,即转向社会(结构整

---

① (英)G·德朗蒂.社会理论的基础:起源与流变//(英)B·特纳.社会理论指南.李康,译.上海:上海人民出版社,2003:32.
② (英)G·德朗蒂.社会理论的基础:起源与流变//(英)B·特纳.社会理论指南.李康,译.上海:上海人民出版社,2003:34.
③ (英)G·德朗蒂.社会理论的基础:起源与流变//(英)B·特纳.社会理论指南.李康,译.上海:上海人民出版社,2003:32.
④ (英)G·德朗蒂.社会理论的基础:起源与流变//(英)B·特纳.社会理论指南.李康,译.上海:上海人民出版社,2003:33.

合)以后,现代性成为一个关键词,而围绕着现代性所展开的有关社会化的思想、有关知识的理性的思想、有关权力的合法化的思想,构成了社会理论的主要内容,也是社会理论与称不上社会理论之"其他"的区别所在。

也确有不少现代学者与德朗蒂是同样的思路,在"问题"或"问题域"的层面来界定社会理论。区别仅在于,是像德朗蒂那样,将社会理论理解为针对有限的几个核心问题呢,还是在一个"综合"的名义下将其理解为一种"兼容并蓄""跨学科"的几乎什么都能收入囊中的东西。这一点,吴康宁曾做过精到的梳理,并赞同社会理论的"广义"特征。

吴康宁认为,就什么叫社会理论,似存在两点广泛共识:一是"社会理论以直面社会现实、解释形成机制、影响社会后果为旨归";二是"社会理论是一种综合性的理论形态",并引用美国著名学者瑞泽尔的话说,"现代社会理论的一个定义性特征就是:它是跨学科的"①。吴认为,"上述两点中,第一点虽然十分重要,但还并非社会理论同社会学的根本区别所在,……关键在于第二点,即社会理论的'综合性'特征。正是这种综合性特征,使得社会理论同专注于'社会层面分析'的'狭义社会学'区分开来。"②吴然后谈到社会学发展中两个值得注意的现象:一是"一些顶尖社会学家却并不仅仅是社会学家,而且也是其他领域中的大家";二是"一些顶尖社会学家的'社会学名著'本身,往往也并不局限于社会层面分析,而是将触角延展至其他层面,并将不同层面的分析融为一体,从而冲破了单一的'社会学理论'之藩篱"③。比如艾利亚斯和吉登斯的例子。前者"将心理学、政治学、历史学、经济学、种族学、人类学等多种学科与社会学相互贯通,通过对社会'文明'过程的系统考察,建构了人与社会相互关系的理论";后者"将社会学、心理学、哲学、人类学、语言学等融为一体,阐明了主观—客观、行动—结构、宏观—微观之间的相互包容性问题"④。

指出问题域的综合性,确实抓住了社会理论的一个主要特征。社会理论在问题域的层面,超越了所谓的狭义"社会学",呈现出复杂缤纷的面貌。这一点,在社会学界影响巨大的《社会理论指南》一书的主编布莱恩·特纳(B. S. Turner)也做过很有意思的论述。对他所写的两个序言做一文本细读式的探讨,能进一步地加深我们对相关问题的认识。

---

① 吴康宁."社会理论"的兴起对教育社会学意味着什么.教育研究与实验,2010(4):11.
② 吴康宁."社会理论"的兴起对教育社会学意味着什么.教育研究与实验,2010(4):11.
③ 吴康宁."社会理论"的兴起对教育社会学意味着什么.教育研究与实验,2010(4):11.
④ 吴康宁."社会理论"的兴起对教育社会学意味着什么.教育研究与实验,2010(4):11.

从两个序言中可以得知,特纳思考社会理论的思路首先也是以"社会范畴"这一问题域(或曰主题)为最大特色的。特纳承认《社会理论指南》一书是一部"面向主题"的社会理论文集:"在本《指南》中,有一项宽泛的主题贯穿始终,所有各章的作者都试图探讨社会范畴的性质,只不过常常以间接的方式。"①社会范畴的概念虽然宽泛,却始终是贯穿一致的主题。"社会理论涵括了有关现代社会中社会范畴的性质的总体上的关注",而《社会理论指南》一书"提供的是对最广泛意义上的社会理论的一般性引介,涵盖了政治理论、社会学、女性主义和文化分析"②。社会理论在20世纪表现出了很大的发展,特别是在"对具体政策论题或政治和社会问题的某种实际参与方面",比如不平等、贫困、公民身份、人权、环境保护等,都成为社会理论的关注点和切入点。按照特纳的说法,"我们正在步入一个高度现代性的时期或风险社会,其标志是去传统化、全球化和风险的扩大化等过程"③。

不过特纳在谈"社会理论"这个概念时虽然强调"总体性"的"社会范畴",但同时也不忘思考"理论"二字。而且在他的头脑里,"社会理论"之前两字和后两字之间是有必然关联的。这其中的关联,远非"社会"成为"理论"之限定性形容词那样简单。在特纳看来,作为主题的社会范畴其实难以作出精确的界定,也正因如此,人们才更期待理论能发挥强有力的格物致知的功能。特纳写道,"对于理论的这种关怀,与作为一项主题出现的社会范畴那令人难下定论的性质息息相关"④。换言之,"综合"并非一种理想的状态而是源于社会范畴确实难以下定论,"现代社会的不确定性、反思性和偶变性需要有一整套新概念,并归于理论的个体化这一总名目下"⑤。

但是以一整套新概念面貌出现的社会理论,远没有起到特纳所期望的格物致知的功能。特纳对社会理论之"理论"现状表现出了极大的不满和焦虑。为何不满,又是怎样的焦虑?

问题的一个关键是对社会范畴的理解,随着时间的推移发生了深刻变化。变化"其实是反映了现代社会发展的一种深深的不确定感"。社会范畴越来越等同于文化范畴,但"经典社会学在相当程度上忽视了文化领域,只关注被理解为与文化相分离的社会结构和制度"。而现代社会发生了一系列的重大变迁,文化消费、文化生产的增长成为划时代的指标,因此社会理论"在分析的角度上来了个180度大转弯,突出并优先考虑文化现象和文化关系"。如后福特主义的经济、休闲工业、多

---

① (英)B·特纳.社会理论指南.李康,译.上海:上海人民出版社,2003:2.
② (英)B·特纳.社会理论指南.李康,译.上海:上海人民出版社,2003:1.
③ (英)B·特纳.社会理论指南.李康,译.上海:上海人民出版社,2003:13.
④ (英)B·特纳.社会理论指南.李康,译.上海:上海人民出版社,2003:2.
⑤ (英)B·特纳.社会理论指南.李康,译.上海:上海人民出版社,2003:14.

媒体技术、全球旅游、符号泛滥、世界的模拟以及世界成为再现,或再现的再现的再现……

特纳认为,"与后现代理论联系在一起的所谓'文化转向',即便还没有摧毁社会科学和人文学科的知识可信性,也完全可能摧毁了社会理论的知识可信性。"他担心"随着社会范畴这一观念消解在文化范畴这一观念中,文化理论是否最终将取代社会理论?"特纳"越来越不满于文化研究对社会研究的主宰,文化理论对社会理论的主宰",惊叹"文学性的解释已经侵蚀了社会学的方法",批评"华而不实的理论的增长正是文化研究兴起后出现的结果"。[1]

特纳不满于社会学研究以社会理论的名义变成一种文化分析。反过来讲,作为现象而存在的社会理论,乃是一种将社会学研究转化为文化分析的东西。并非社会学研究不能成为文化分析,如果文化现象、文化关系乃是这个时代事关时代本质的东西,那么社会学研究成为文化分析本无可厚非。特纳关注的是社会学研究如何成为文化分析,批评"如何"两字落脚在了"华而不实"之上,社会理论的知识可信性面临分崩离析的危机。特纳尖锐地指出,"华而不实的社会理论包含着这样一种取向,就是在分析社会现象和文化现象时,起推动作用的不是一套稳定的研究规划,而是理论,是对于变迁的理论的回应。这种倾向体现在'理论化'这个动词的使用之上,它已经变成自我关注、耽于内省的一种活动。其次,这里缺乏任何对于开展历史分析或比较分析的承诺。正是将理论化强调为一种自我维持的活动,才导致了这种缺失。对于文本和文本性的理解进一步增强了这种特性。文本并无任何历史背景,因为它们存在于一个文本间性的抽象空间中"[2]。

二、华丽的意义

文学性的解释已经侵蚀了社会学的方法,一个突出的表现是社会理论变得"华而不实"。我们怎样来理解这一"华而不实",以及与此现象相关的社会理论的兴起?

华而不实一词,首先意指社会理论的语言陈述或者论述风格的华丽。而所谓的华丽,乃是指语言的陈述或论述特别注重修辞。华而不实的感觉,不会来自语法和逻辑,而只能产生于修辞。换言之,如果说现代社会理论乃是一种华而不实的东西,那么,在"实"或"不实"之前,它首先必定是以华丽的面貌示人,成为一种以修辞

---

[1] (英)B·特纳.社会理论指南.李康,译.上海:上海人民出版社,2003:21.
[2] (英)B·特纳.社会理论指南.李康,译.上海:上海人民出版社,2003:21.

为重要标志的言说,而且修辞并非是对思想内容之表述的技术性附加,而是思想内容本身。

从17世纪开始我们面临主体客体的二分法。它将真理和理性放在一边,跟另一边的对话和措辞①对立起来。这种分立由此得到崭新的力量。赫然独立的静观变成对立于言说。言说当然是社会性的,容许众多理据。较传统的措辞风格对聆听的人好言悦貌,论说平和亲切;而较新的科学主义方法使读者屈服于证明或方法的统治之下,威吓和排挤掉大部分人——即使原则上我们准许被统摄其中的人/主体追寻个人的专长。②

哲学上,现代对措辞学的轻夷始于笛卡尔。较全面地阐述这种轻蔑的发展过程相当复杂。可是,措辞学迩近的敌人是笼统地被称为笛卡尔主义者的人,他们委身于方法这个理念之中。措辞学的复兴也因而采取了反笛卡尔主义的形式。③

与强调"证明""方法"的真理、理性相对立的无疑是感性。修辞在某种意义上乃为一种感性的东西,它召唤人们关注事物的表层,并非在意义上,而是在形式与风格上去体会思想的使命。表面看修辞的功能乃在于"说服",但实际上问题牵涉到对"生存"的关注。修辞乃为一种对生命的关怀,给存在提供栖身的家所。

承认研究探索的这些措辞面向,对现代主义者来说似乎很危险,他们渴望确定性。有些人高喊"相对主义!"来反对措辞学。可是,尽管有不同的目的,但卡威尔和罗蒂却异口同声地论辩道:知识论是哲学病的成因而不是对治法门。(只要)不再要求更多的确定性,并且开始接受人类言辞的局部可信性,可能会更好一点。学问寻绎正如经营生意一样,接受不肯定性可能会走上富裕之路。它使科学多元化;它责难在现实践行中自绝于历史、社会学、美学和实际科学措辞的科学哲学。这正是尼采歌颂生命(Leben)最精彩的地方。④

---

① 同修辞。
② (美)麦克洛斯基. 社会科学的措辞. 许宝强等,编译. 北京:生活·读书·新知三联书店,2000;12-13.
③ (美)麦克洛斯基. 社会科学的措辞. 许宝强等,编译. 北京:生活·读书·新知三联书店,2000;13.
④ (美)麦克洛斯基. 社会科学的措辞. 许宝强等,编译. 北京:生活·读书·新知三联书店,2000;15-16.

让我们通过一个案例来体会一下表层通往生命之精彩。

题引的李白的"侠客行",乃是李白古风五十九首中的一首,诗的内容以及风格,颇能反映作者的豪放与洒脱。金庸从中获得了灵感,写出了一部同名的小说,讲了一个颇具哲理性的故事。

武侠小说《侠客行》(金庸,1996年)主要讲述了一个懵懂少年石破天的江湖传奇经历。石破天从小孑然一身,四处流浪,不识爹娘,经历各种奇遇,最后成为某门派的掌门。书中高潮处讲到一段武林公案:江湖上风风雨雨三十多年,每隔数年便会有武艺超群的黑白双煞出现,邀请武林中的成名高手前往一个名为"侠客岛"的地方喝腊八粥,不容不从。而被邀之人,却都是有去无回,再无影踪。雪山派祖师白自在也终于接到请帖,疑有武功盖世之高人在对武林逐一灭门,而又不敢拒绝邀请,于是带着从容赴死的心情携其孙女婿、也是金乌派掌门的石破天等人前往做最后的一搏。本以为将会有腥风血雨的情节展开,故事却向着完全出乎意料的方向发展,令人拍案叫绝:

白自在陡然见到一人,向他打量片刻,惊道:"温三兄,你……你……你在这里?"

这个不住在石室中打圈的黑衫老者温仁厚,是山东八仙剑的掌门,和白自在交情着实不浅。然而他见到白自在时并不如何惊喜,只淡淡一笑,说道:"怎么到今日才来?"

白自在道:"十年前我听说你被侠客岛邀来喝腊八粥,只道你……只道你早就仙去了,曾大哭了几场,哪知道……"

温仁厚道:"我好端端在这里研习上乘武功,怎么就会死了?可惜,可惜你来得迟了。"

"你瞧,这第一句'赵客缦胡缨',其中对这个'胡'字的注解说:'胡者,西域之人也。新唐书承乾传云:数百人习音声学胡人,椎髻剪采为舞衣……'"一面说,一面指着石壁上的小字注解,读给白自在听。

白自在乍逢良友,心下甚喜,既急欲询问别来种切,又要打听岛上情状,问道:"温三兄,这十年来你起居如何?怎地也不带个信到山东家中?"

温仁厚瞪目道:"你说什么?这'侠客行'的古诗图解,包蕴古往今来最最博大精深的武学秘奥,咱们竭尽心智,尚自不能参悟其中十之一二,那里还能分心去理会世上俗事?你看图中此人,绝非燕赵悲歌慷慨的豪杰之士，却何以称之为'赵客'？要解通这一句，自非先明白这个重要关键不可。"

既非身陷囹圄也非尸首分离，数以百计的江湖武林高手，却个个心甘情愿地滞留在侠客岛，拒绝了岛主人"快回家"的劝说，将一面石壁上刻着的李白的《侠客行》认作"最最博大精深的武学秘奥"，日夜践行着参悟，回家也变成了"哪里还能分心去理会"的"事上俗事"。

只见两人拆了数招，便即罢斗，一个白须老者说道："老弟，你刚才这一剑设想虽奇，但你要记得，这一路剑法的总纲，乃是'吴钩霜雪明'五字。吴钩者，弯刀也，出剑之时，总须念念不忘'弯刀'二字，否则不免失了本意。以刀法运剑，那并不难，但当使直剑如弯刀，直中有曲，曲中有直，方是'吴钩霜雪明'这五个字的宗旨。"

另一个黑须老者摇头道："大哥，你却忘了另一个要点。你瞧壁上的注解说：鲍照乐府：'锦带佩吴钩'，又李贺诗云：'男儿何不带吴钩'。这个'佩'字，这个'带'字，才是诗中最要紧的关键所在。吴钩虽是弯刀，却是佩带在身，并非拿出来使用。那是说剑法之中当隐含吴钩之势，圆转如意，却不是真的弯曲。"那白须老者道："然而不然。'吴钩霜雪明'，精光闪亮，就非入鞘之吴钩，利器佩带在身而不入鞘，焉有是理？"

然而，几十年的面壁参悟却没有丝毫的进展，秘奥依然是秘奥，容不得那些所谓的武林高手半步踏入。任你再怎么去追问去切磋字面所指称的意义，秘奥却依然丝毫貌不示人。

可是故事的精彩在于，与诸多武林高手不同，石破天却不认得字，石壁上的《侠客行》在他眼里并没有字面所指称的意义。

石破天听他二人议论不休，自己全然不懂，石壁上的注解又一字不识，听了半天，全无趣味，当下信步来到第二间石室中。一进门便见剑气纵横，有七对人各使长剑，正在较量，剑刃撞击，铮铮不绝。这些人所使剑法似乎各不相同，但变幻奇巧，显然均极精奥。

……

（石破天）顺着二人目光又向石壁瞧了一眼，突然之间，只觉壁上那些文字一个个似在盘旋飞舞，不由得感到一阵晕眩。

  他定了定神，再看这些字迹时，脑中又是一阵晕眩。他转开目光，心想："这些字怎地如此古怪，看上一眼，便会头晕？"好奇心起，注目又看，只见字迹的一笔一画似乎都变成了一条条蝌蚪，在壁上蠕蠕欲动，但若凝目只看一笔，这蝌蚪却又不动了。

  他幼时独居荒山，每逢春日，常在山溪中捉了许多蝌蚪，养在峰上积水而成的小池中，看它们生脚脱尾，变成青蛙，跳出池塘，阁阁之声吵得满山皆响，解除了不少寂寞。此时便如重逢儿时的游伴，欣喜之下，细看一条条蝌蚪的情状。只见无数蝌蚪或上窜，或下跃，姿态各不相同，甚是有趣。

  他看了良久，陡觉背心"至阳穴"上内息一跳，心想："原来这些蝌蚪看似乱钻乱游，其实还是和内息有关。"看另一条蝌蚪时，背心"悬枢穴"上又是一跳，然而从"至阳穴"至"悬枢穴"的一条内息却串联不起来；转目去看第三条蝌蚪，内息却全无动静。

丧失了意义却获得了"蝌蚪"，意义指向"深层"而"蝌蚪"只是表层。《侠客行》之精彩，乃在于讲述的是一个秘奥因为拥有了表层才得以开解，人才能够回家的故事。

  突然之间，猛觉内息汹涌澎湃，顷刻间冲破了七八个窒滞之处，竟如一条大川般急速流动起来，自丹田而至头顶，自头顶又至丹田，越流越快。他惊慌失措，一时之间没了主意，不知如何是好，只觉四肢百骸之中都是无可发泄的力气，顺手便将"五岳倒为轻"这套掌法使将出来。

  掌法使完，精力愈盛，右手虚执空剑，便使"十步杀一人"的剑法，手中虽然无剑，剑招却源源而出。

  "十步杀一人"的剑法尚未使完，全身肌肤如欲胀裂，内息不由自主地依着"赵客缦胡缨"那套经脉运行图谱转动，同时手舞足蹈，似是大欢喜，又似大苦恼。"赵客缦胡缨"既毕，接下去便是"吴钩霜雪明"，他更不思索，石壁上的图谱一幅幅在脑海中自然涌出，自"银鞍照白马"直到第二十三句"谁能书阁下"，一气呵成地使了出来，其时剑法、掌法、内功、轻功，尽皆合而为一，早已分不出是掌是剑。

  待得"谁能书阁下"这套功夫演完，只觉气息逆转，便自第二十二句"不惭世上英"倒使上去，直练至第一句"赵客缦胡缨"。他情不自禁地纵声长啸，霎时之间，谢烟客所传的炎炎功、自木偶体上所学的内功、从雪山派群弟子练剑时所见到的雪山剑法、丁当所授的擒拿法、石清夫妇所授的上清观剑法、丁不四所授的诸般拳法掌法、史婆婆所授的金乌刀法,都纷至沓来,涌向心头。他随手挥舞,已是不按次序,但觉不论是"将炙啖朱亥"也好,是"脱剑膝前横"也好,皆能随心所欲,既不必存想内息,亦不须记忆招数,石壁上的千百种招式,自然而然地从心中传向手足。

他越演越是心欢,忍不住哈哈大笑,叫道:"妙极!"

忽听得两人齐声喝彩:"果然妙极!"①

不识字乃为通往秘奥的必由之路。金庸以文学的语言,生动地表达了这一为西方形而上学思想上千年来所遮蔽的求真的悖论。问题在此当然并非要去歌颂文盲的价值,也不是要去重复那些所谓生活出真知的浅薄,而是让我们再次去体认表层之于深层、感性之于理性的不可抹杀的价值。

《侠客行》被评为一反金庸大部分作品的路子,既无明确的时代背景,也没有宏大的场面,写爱情也只是浮光掠影,除了石破天之外,人物描写也只是点到即止,因此比起作者的其他许多作品来,一向较为读者所忽视。但在金庸心里,此书却分量不轻,是一部让他体会到不可解之"因缘"的书。在《侠客行》"后记"中金庸写道:

《侠客行》写于十二年之前,于此意有所发挥。近来多读佛经,于此更深有所感。大乘般若经以及龙树的中观之学,都极力破斥烦琐的名相戏论,认为各种知识见解,徒然令修学者心中产生虚妄念头,有碍见道,因此强调"无着""无住""无作""无愿"。邪见固然不可有,正见亦不可有。《金刚经》云:"凡所有相,皆是虚妄","法尚应舍,何况非法","如来所说法,皆不可取、不可说,非法、非非法",皆是此义。写《侠客行》时,于佛经全无认识之可言,《金刚经》也是在去年十一月间才开始诵读全经,对般若学和中观的修学,更是今年春夏间之事。此中因缘,殊不可解。

《侠客行》一书之精华所在,与佛学有着天然的相通,对于这相通的认识,并非《侠客行》动笔之初就有的,而是成书若干年之后,金庸才有所认识。不过这倒再一次证明了文本分析的意义。从社会理论谈到佛经,看似夸张,但两者之间确有着思想上的共通。"无着""无住""无作""无愿",从某种意义上讲,让人想起社会理论的

---

① 金庸.侠客行.北京:生活·读书·新知三联书店,1996:608-609.

"游走"。游走即便以"综合"的形式表现出来,其实质还是一种不肯将言说落脚在特定问题域的特定叙述框架里。这不就是"如来所说法,皆不可取、不可说,非法、非非法"吗!

三、悖论的可能

特纳对于社会理论的不满是因为"理论"变得越来越美学化了,越来越远离经验,而这与文学文本有关。特纳认识到"文化研究是从文学研究中衍生而来的,因此,文化研究依然是对文本的一种文学研究,只不过常常是以隐蔽的方式。在新的正统下,社会纯粹被作为一种文化文本来读解,在其中被解构或消解"。当代文化研究缺乏经验的检验,"文本分析丝毫没有清楚地意识到,对于文本、符号或图像中种种再现所具有的效果,需要从经验的角度予以评估"。"文化理论已经变成了自身的某种目的,即对自身文本传统的某种自恋式考察,并因此丧失了对经验研究重要性的体认"。

从两个短短的几页序言里我们可以读出特纳的巨大焦虑:对于经验检验意识的欠缺,或者说对"用思辨代替了对于经验证据的任何细致关注"的焦虑。特纳呼吁道,"社会理论绝不能只是对作为文本的社会生活的一种美学解释"。"社会理论只有在紧密参与经验研究和(或)公共论题的时候,才会发育得最好,也才会维持得最好。"①"好的理论必须介入道德论题,与政治世界保持关联。而它只有与正在进行的经验研究计划保持系统的关联,才能做到这一点。""社会理论家如果想要告诉我们什么事情,就必须作为一位公共知识分子,在这个世界上找到自己的位置。"②

"这部文选的题目本身就表明了一些特定的关怀。"③特纳在此所指的"特定的关怀",无疑就是一种公共知识分子的关怀。公共知识分子,一般容易被人理解成在任何情况下不畏权贵坚持真理,就公共事务秉持良心抒发自己的声音的一种存在。但特纳别有所指。仅仅是强调秉持良心抒发自己的声音,那只是美学意义上的现实批判。公共知识分子并不是单纯去从事美学意义上的批判,关键还是要在寻求意义的同时去做分析(寻求因果的说明),在寻求分析的同时不能忘记意义的追求。"理论基本上是对社会现实的一种解释,通过恰当的描述来达成理解。通过从社会行动自身文化的角度来阐明行动的意义,就可达成理解。而对于某些社会理论家来说,寻求因果的说明和寻求意义的理解并不是相互排斥的活动,相反却是

---

① (英)B·特纳.社会理论指南.李康,译.上海:上海人民出版社,2003:11-12.
② (英)B·特纳.社会理论指南.李康,译.上海:上海人民出版社,2003:25.
③ (英)B·特纳.社会理论指南.李康,译.上海:上海人民出版社,2003:2.

社会分析的两个互补的方面。"①

寻求因果的说明无疑是一种理性的活动,将它看作是必然与感性相对的东西而竭力颂扬之或竭力排斥之,其颂扬或排斥依然还是一种思想上的二元对立。在这个意义上,本文谈社会理论即便再怎样彰显作为表层的感性的修辞,彰显本身依然还是一种理性的行为选择。特纳是很强调经验研究的,他反对文字上的游戏、文本间性的游戏,而是愤愤不平地去追问社会理论又如何能够抛弃理性。在他看来理性的分析与感性的修辞并不是截然地对立,问题主要出在人们一味地在文学与美学的表述中满足于某种思想的自恋。自恋怎会产生出公共知识分子?

社会理论的兴起,是一个很复杂的现象,这其中有社会的兴起(无论是市民社会还是现代性社会)以及相应解释的寻求;有对何谓现代的反思以及立脚在这反思之上的对生存的焦虑;有对伴随着生存的焦虑而出现的美学反动以及对这反动又产生的经验的焦虑。我们宿命般地背负着一个悖论而生存,表层的意义彰显也只有用深层的理性语言才能达成。修辞必定同时还是语法和逻辑。那如此一说,敞开胸怀去接纳理性的同时接纳感性、颂扬感性的同时颂扬理性或许乃为一种对二元对立的最具可行性的超越。认识到表层同时就是深层,于是深层也就变成了表层,感性同时即为理性于是理性也就获得了表达为感性的可能,或许是我们领会特纳所说的"社会分析的两个互补的方面"的第一步。社会理论的社会分析(也不妨表述为研究),当然也包括教育现象的分析(研究),首先它是一种分析,是对因果关系的严密的解释说明,然而,这一解释说明的表述,却一定是充满了表层的修辞的华丽。

---

① (英)B·特纳.社会理论指南.李康,译.上海:上海人民出版社,2003:6.

教育学的想象力:"社会学的想象力"及其对教育学研究的意义

安徽师范大学 周元宽

内容提要:当前中国教育学研究存在诸多流弊,主要原因在于教育学变异的想象力。教育学研究流弊的消除需要借鉴"社会学的想象力",培养真正的教育学想象力。

中国教育向来不缺少问题,中国教育学也向来不缺乏问题。当前中国教育学面临着理论界和实践界的双重批判,这种内忧外患式的生存困境直接指向的是对教育理论解释力和解决力(指导力)的质疑甚至否定,内在关涉的是教育学存在的意义与价值。一门学科如果丧失了自己在认识事物与解释事物方面的能力,那么无异于消解了自己存在的理据。直面和反思所栖居学科之生存困境是教育学人责无旁贷之举。笔者认为当前中国教育学这种生存困境的一个重要表现和关键原因是教育学研究中存在着诸多流弊。

一、教育学研究的病症及其病因

(一)基本病症:教育学研究范式的流弊

教育学术研究应当有思想指引,更应当生产出思想。尽管人人都有思想的意愿、方式和资格,但人们言说的思想有原创性和非原创性之分,后者还有积极语汇与消极语汇之别,它体现在言说思想之我言我思、我言共思、我言他思及他言他思等四种类型中[1]。真正有意义的教育思想具有"理想"与"实践"的双重属性[2]。就此而言,在以生产真正有意义的教育思想为目标的当代中国教育学研究中,存在着诸多问题,尤其是研究方法(论)方面的问题。其一就是在追求教育学的学科独立性与本土原创性方面,中国教育学取得了相当数量的研究成果及学术进展,但同时也存在着教育学研究中的"说"—"做"问题、分支学科之间的"分"—"合"问题、全球化背景下的"我"—"他"问题等三大悖论[3]。在具体的研究实践中又各自偏向一

---

[1] 吴康宁.关于"思想"的若干问题:一种社会学分析.教育理论与实践,2005(12).
[2] 吴康宁."有意义的"教育思想从何而来——由教育学界"尊奉"西方话语的现象引发的思考.教育研究,2004(5).
[3] 程天君,吴康宁.当前教育学研究的三个悖论.教育研究,2006(8).

极,而呈现出三种流弊。

一是想象式研究之流弊,其极端表现可称为"失明"症。基本病症是自言自语,陷入一种极端的"我言我思",属于那种"另类的原创"。主要病理为一种唯我的想象主义——理(论)实(际)间联通的缺失。此乃教育学研究方法的误识表现。此类"研究"属于那种"扶手椅里的学者"所进行的"客厅中的空论",与"扶手椅与客厅里的早期社会学空论"[1]属于同类。这种在书斋里进行的学术生产——"想象的研究",在形式上类似于一种"思辨哲学的玄想",而在实质上又不同于那种真正的思辨式研究,因为它没有自己独创性的新思想,顶多算是"思想贩子",甚或流为学术骗子。这种研究(者)假看不做只说,不关注(研究)作为"他者"的教育实践(及其行动者),惯拘于想象的纸面的逻辑与观点,制造出来的必然是脱离实际的、想象的、无根的"空中理论"。不过遗憾的是,理论不能是空中楼阁,理论研究不应是学术把玩;对于实践而言,有用即真理。

二是单干式研究之流弊,其极端表现可称为"失聪"症。基本病症是自说自话,遁入一种褊狭的"我言共思",属于那种"独断的言说"。一家之言,一科之语,一孔之见,管中窥豹,只见树木不见森林。主要病理为一种独我的学科主义——科际间联合的缺失。此乃教育学研究方法的片面表现。此类研究属于一种单干式研究而非合作式研究、独白式研究而非对话式研究。自说自话,自沾自喜,自顾自,不倾听(交流、沟通)作为"他者"的相邻和相关学科(及其研究者)的声音,常囿于狭隘的特定学科的视野、逻辑、观点,生产出来的必然是偏离、孤立、切割实践的、片面的、单极的、独断的"树上理论"(仅一根相连并囿于一"地"的)。不过可惜的是,理论之极可能高明,但实践之道尚需中庸;对于实践而言,偏听暗兼听明。

三是帮腔式研究之流弊,其极端表现可称为"失语"症。基本病症是无言无语,落入一种异化的"我言他思"或者说"他言他思",属于那种"无奈的借用"甚至于"无赖的套用"。主要病理为异我甚至于无我的套用主义——区(国)际间联解的缺失。此乃教育学研究方法的极化表现。此类研究中好点的可褒称为验证式研究、帮腔式研究,糟糕的可贬之为消费式研究、帮凶式研究。不表达、不运用作为"他者"之"他者"的"我"的话语(及其对象),深陷于异己的他者的视野、逻辑、观点甚至问题,仿造出来的必然是游离(中国)本土实践的、异化的、变动不居的"水中理论"。不过悲哀的是,科学研究是没有区界的,科学理论的应用是有条件的;对于本土教育实践而言,适切的才是好的。

---

[1] 宋林飞.当代西方社会学.沈阳:辽宁教育出版社,1990:7、26.

如此种种流弊下的研究结果使得严肃的"科学研究"转换为"学术生产"甚至异化为"论文制造",如此带来的中国教育学的空前繁荣让人不得不疑为学术假象,由此生产和制造出来的教育学话语越多意味着问题也越多,或者说成问题的教育学话语越泛滥,主要表现为:失真的"假话"盛行——言不由衷的可信性问题;失善的"空话"连篇——言不可行的可行性问题;失美的"大话"充斥——言不从实的本土性问题;失全的"私话"独断——言不健全的普适性问题。如此种种研究(如果还能称之为研究的话)的研究者,大致对应于默顿(R. K. Merton)那种所谓的"只会空谈不会观察"的空谈家、"只会观察不会思想"的观察家或"只会思想而不能使自己的思想经受系统经验调查检验"的思想家[①],都难以称得上真正的教育理论家。如此种种研究的成果,也大致属于那种不规范且无力度的"臆见"、规范而无力度的"庸论"或有力度而不规范的"准理论",都难以称得上真正理论家的规范且有力度的"标准理论"[②]。三病齐发的后果必将是教育学研究成果之解释力与解决力的丧失,进而导致教育学生存之合理性与合法性的危机乃至于中国教育学阵地的"失守"。

(二) 主要病因:教育学之变异的"想象力"

造成以上研究流弊的诸多成因之一可以称之为教育学变异的想象力问题,而其背后又关联着教育学研究中存在着的理论中心、概念中心、学科中心、方法中心、西方话语中心等几种极端化而在事实上成为一种意识形态化的"主义"的研究取向。

一为过度的想象力,表现为无本之木式的、脱离实际的无根式想象。造成此种过度想象力的一个主要根源在于那种理论中心主义、概念中心主义的极端化研究取向。在研究中一味固守这种理论中心取向的研究就会落入赖特·米尔斯(C. Wright Mills)所批判的宏大理论之陷阱。"社会学家彼此间正儿八经的区别并不是出现于那些只观察而不思考和只思考却不观察的人之间;他们的区别更与思考什么、观察什么以及——如果存在的话——思考与观察的联结是什么有关。"[③]宏大理论的基本起因是"开始思考的层次太一般化,以致它的实践者们无法合乎逻辑地回落到观察上来"[④]。换句话说,宏大理论缺乏对其所处的历史的、结构性的情境的关联性回归,具有高高在上的不现实性。宏大理论的典例是帕森斯(T. Parsons)的作品,他挑选了帕累托(V. Pareto)、迪尔凯姆(E. Durkheim)、韦伯(M. Weber)等几位大师的作品,只孤立地考虑这些作品中的"理论"向度,甚至更

[①] (美)罗伯特·金·默顿. 论理论社会学. 何凡兴,等译. 北京:华夏出版社,1990:92.
[②] 金顺明. 论教育理论. 教育理论与实践,2001(6).
[③] (美)C·赖特·米尔斯. 社会学的想象力. 陈强,张永强,译. 北京:生活·读书·新知三联书店,2005:35.
[④] (美)C·赖特·米尔斯. 社会学的想象力. 陈强,张永强,译. 北京:生活·读书·新知三联书店,2005:35.

准确地说,只强调教学的向度,然后进行纯粹的理论编纂(也就是完全不涉及任何应用),结果形成的是一个概念大熔炉。帕森斯试图建立一种放诸四海而皆准的社会秩序模型、一个系统性的东西,而这种东西脱离了任何具体的、经验性的问题。宏大理论的研究并不是出于需要而发展,结论也必将是空洞的、无甚意义的。这种嗜好背后隐藏着的是一种概念拜物教。"从宏大理论家研究中出现的系统性缺失之中,我们能学到的一个深刻教训是每一个自觉的思想家都必须始终了解,从而能够控制他所研究东西的抽象层次。轻松而有条不紊地在不同抽象层次间穿梭的能力,是一位富有想象力和系统性的思想家的显著标志。……我认为,这些心智习惯是形成系统性思考的关键,而不具备它则是形成对概念的拜物教的关键原因。"①"一切美德超越了极限,就成为恶习。"②宏大理论嗜好下抽象思维之极端化表现之一就是学术研究远离实干而遁入空想与反思,看不到(没有真正去看)鲜活的社会实践而耽溺于想象力的过度发挥,最终成为书斋里、图书馆中纯理论的、死气沉沉的东西,并因此"把一个社会学望远镜变成一个社会学障碍物"③。

二为褊狭的想象力,表现为坐井观天式、自我封闭的无他式想象。造成此种褊狭想象力的一个主要根源在于那种学科中心主义的单极化研究取向。因为特定分支学科仅仅提供了一个单一的研究视角和狭隘的解释框架,其单一性缘于特定学科视角的有限性,其狭隘性缘于特定学派视野的局限性。学术研究若仅仅坐于特定分支学科这个"井"来考察研究对象,观到的必然是褊狭的一"井"之"天"。反过来又因习惯于并满足于坐这个"井"观这个"天"而听不到(没有真正去听)其他"井"所观那些"天"所发出的声音。作为以整个人类社会为研究对象的社会科学各分支学科,以及各分支学科之分支学科之间的区隔是人为的产物而非自然的结果,"正如把科学与非科学划分出来的那种界限是约定性的勾画一样,科学内部不同学科之间的界限也是约定性地勾画出来的。"④作出人为的划分实在是人类自身理性的无奈之举,而且这种划分也是相对的区分而非绝对的隔绝。正是在此意义上,著名社会学家英克尔斯(A. Inkeles)在谈到"社会学的研究对象"时告诫说:"给学术领域划分界限的任何企图,都是注定要失败的。"虽然"在开始的时候,必须多少划一界限",但是划得并不确切⑤。之所以对社会学学科界限作这样一种松散界定,原

---

① (美)C·赖特·米尔斯.社会学的想象力.陈强,张永强,译.北京:生活·读书·新知三联书店,2005:36.
② (美)罗伯特·金·默顿.论理论社会学.何凡兴,等译.北京:华夏出版社,1990:97.
③ (美)罗伯特·金·默顿.论理论社会学.何凡兴,等译.北京:华夏出版社,1990:97.
④ (美)巴里·巴恩斯,(美)大卫·布鲁尔,(美)约翰·亨利.科学知识:一种社会学的分析.邢冬梅,蔡仲译.南京:南京大学出版社,2004:195.
⑤ (美)亚历克斯·英克尔斯.社会学是什么.陈观胜,李培荼,译.北京:中国社会科学出版社,1981:1.

因之一就是"社会学的历史就是这样与很多其他社会科学的历史交织在一起",而且"过去,不同学科之间相互受益良多。现在以至将来,它们将相互为对方提供更多的东西,只要我们能超越狭隘的分科标签"①。不能超越人为的科际鸿沟而囿于狭隘的分支学科视角和学派理论视野的学术研究的想象力,难免滑入一种褊狭的想象力。

　　造成此种褊狭想象力的另一个主要根源在于那种方法中心主义的单极化研究取向。这种方法中心主义或者说方法论拜物教正是米尔斯所批判的抽象经验主义。像宏大理论一样,抽象经验主义也死抓住研究程序中的一个接合点,让它迷住了自己的心窍。它们都逃避社会科学的使命。"方法论的抑制其实和对概念的盲目崇拜一样糟糕。"②在具体的研究实践中,抽象经验主义更关注的是科学哲学而非社会研究本身,这一研究模式主要是在构建认识论,它最具决定性的结果是造成了社会科学中方法论的抑制,它严格限定了人们所选择研究的问题和表述问题的方式。简言之,"方法论似乎决定了问题"。③ 由于方法论抑制所造成的这些事实堆砌的研究单调乃至空洞的一个原因是,"研究者很少或根本没有进行直接的观察。'经验事实'是由一些在科层机构指导下技巧生疏的人收集的。他们忘记了社会观察要求高度的技巧和敏锐的感觉;人们只有将富有想象力的思想潜入到社会现实中,才能真正有所收获。"④这种方法中心主义还不可避免地滋养出一种科学正统观念,认为科学的本质在于它的仪器、技术、程序、设备以及方法,而并非它的疑难、问题、功能或者目的。其强烈倾向之一是不分青红皂白地过高看重数量关系,并且将它视作目的本身。持方法中心论的科学家往往不由自主地使自己的问题适合于自己的技术而不是相反。从而"往往将技师、'设备操纵者'而不是'提问者'和解决问题的人推至科学的统帅地位"⑤。其强烈倾向之二是将科学分成等级,在这个等级中,物理学被认为比生物学更"科学",生物学又比心理学更"科学",心理学则又比社会学更"科学"。方法中心论往往过于刻板地划分科学的各个部门,在它们之间筑起高墙,使它们分属于彼此分离的疆域。从而在科学与其他寻求真理的人之间,在他们理解问题和寻求真理各种不同方法之间制造了巨大的分裂。方法中心论所滋养的科学正统观念的主要危险是它倾向于阻止新技术的发展并且对于科学的范围加以越来越多的限制。"以方法中心为根基的正统观念鼓励科学

---

① (美)兰德尔·柯林斯,(美)迈克尔·马科夫斯基.发现社会之旅.李霞,译.北京:中华书局,2006:23.
② (美)C·赖特·米尔斯.社会学的想象力.陈强,张永强,译.北京:生活·读书·新知三联书店,2005:54.
③ (美)C·赖特·米尔斯.社会学的想象力.陈强,张永强,译.北京:生活·读书·新知三联书店,2005:61.
④ (美)C·赖特·米尔斯.社会学的想象力.陈强,张永强,译.北京:生活·读书·新知三联书店,2005:81.
⑤ (美)马斯洛.动机与人格.许金声,等译.北京:华夏出版社,1987:15.

家保持'安全、明智、稳妥',而不是'大胆勇敢'。……它使人对于未知事物持保守而不是进取的态度。它往往使科学家成为定居者,而不是开拓者。"①由此所造成的实际效果是学术研究想象力受困于方法论抑制,以至于无论一个实验实际上多么无足轻重,只要在方法上令人满意,它就很少受到批评;而一个大胆的、向理论基础挑战的问题,由于可能会遭到"失败",常常尚未开始被检验就被批评所扼杀。

三为异化的想象力,主要表现为移花接木式、食洋不化的无语式想象。造成此种异化想象力的一个主要根源在于那种西方话语中心泛滥的激进化研究取向。近年来随着西方人文社会学科包括教育学"经典""新经典"的引进而在中国教育学界涌现出一股"尊奉"西方思想的热潮,众多思想着西方思想、言说着西方话语的唯"西"是尊的教育学人所进行的学术研究本质上只是一种移花接木式的研究,因为事实上不少此类"教育研究"其实并非都是研究者用自己的眼睛看出来的结果,而是直接用西方学者的眼睛"审读"出来的产物;并非是用中国本土实践和事实内在生发出来的结果,而是直接用西方学者思维和理论建构出来的产物。这些"教育研究"也很难说得上是真正的中国教育研究,这些学人的研究成果中"除了对西方学者的概念与观点的引用、转述或'阐释'之外,确实也别无他物,他们充其量只是扮演了西方思想的消费者、西方学者的代言人的角色"②。除了这种教育学者们充分发挥他们的想象力来理解、诠释西方思想和话语,以及用之来套解、诠释中国的社会现实并试图规引中国人的教育实践之外,他们还运用他们的想象力进行西—中之间思想话语的相互套解,这种过度诠释又造成了教育学研究中诸多概念及用语的格义附会和误读错解。这种在西方理论—中国实践之间或西—中思想话语之间相互套解的诠释与过度诠释过程中生发的想象力实在是一种异化的想象力,借助于这种异化的想象力所进行的教育研究及其成果也自然成了一种异化的教育研究和教育思想,而非对中国教育真正具有引导力的教育思想,因为后者只能形成于本土境脉与本土实践中③。

教育学研究流弊的根除有赖于治愈上述三种变异的教育学想象力,培养一种真正的教育学想象力。这种真正的教育学想象力首先应是教育社会学的想象力,它源自米尔斯所谓的"社会学的想象力"。正如米尔斯在其《社会学的想象力》一书的注释中所言,"我希望我的同事们能接受'社会学的想象力'这一术语。读过我手稿的政治学家建议应有'政治学的想象力',而人类学家则建议应有'人类学的想象

---

① (美)马斯洛. 动机与人格. 许金声,等译. 北京:华夏出版社,1987:20-21.
② 吴康宁. "有意义的"教育思想从何而来.—由教育学界"尊奉"西方话语的现象引发的思考. 教育研究,2004(5).
③ 吴康宁. "有意义的"教育思想从何而来.—由教育学界"尊奉"西方话语的现象引发的思考. 教育研究,2004(5).

力'，等等。术语没有思想重要。我希望本书能使思想得到阐明。……对我来说，这一提法的许多含义根本不是由社会学家所表达的。"例如在许多英国新闻评论、小说以及历史著作中，社会学想象力有很好的发展①。

二、教育学研究需要"社会学的想象力"

（一）赖特·米尔斯："社会学的想象力"之思想揭示

米尔斯认为社会学想象力是一种心智的品质，这种品质可帮助他们利用信息增进理性，从而使他们能看清世事，以及或许就发生在他们之间的事情的清晰全貌。"这种想象力是一种视角转换的能力，从自己的视角切换到他人的视角，……涵盖从最不个人化、最间接的社会变迁到人类自我最个人化的方面，并观察二者间的联系。"②这种社会学想象力体现在一流的社会分析家们那种介于宏大理论和抽象经验主义之间的经典研究中。一流的社会分析家会避免僵化的程序；在著作中他尽力发展并运用社会学的想象力。他排斥对概念的组合与分解，只有在有充分理由相信使用更精细的术语能拓宽理解的范围，提高引文的精确度，深化其推理时，他才应用这些术语。他不受方法和技巧的制约；经典的研究途径就是这些学术巧匠们的研究途径。解放而非限制社会学想象力要求既要掌握更要超越理论和方法，"一个人要掌握'方法'和'理论'，就得变为一个自觉的思想者，一名了解自己研究中所运用的假设和隐含意义的研究者。而他若是为'方法'和'理论'所控制，则无法进行研究，也就是说不能竭力洞察世事。"③米尔斯认为，对一流的社会科学家来说，方法和理论都不是独立的王国；方法是针对一定问题的方法；理论是针对一定现象的理论，它们好比你所生活的国家的语言。你会说它，这并不值得夸耀，但要是你不会说，那么这是件憾事，还会带来很多不便。重要的是社会科学家在研究中必须始终尽可能地了解手中的问题，因为"观念是含有经验材料的思想。如果相对于经验材料，思想过于宽泛，我们会陷入宏大理论的陷阱；如果让材料吞没了思想，我们会步入抽象经验主义的圈套"。而"大多数的经验研究介于抽象经验主义和宏大理论之间。这些研究也包含了对所观察的日常环境的抽象，但这种抽象的方向是面对社会与历史结构的。正是在历史现实的层面上，或者说正是根据具体的社会与历史结构，人们阐释了社会科学的经典问题并提出了解答"④。经验主

---

① （美）C·赖特·米尔斯.社会学的想象力.陈强，张永强，译.北京：生活·读书·新知三联书店，2005：24.
② （美）C·赖特·米尔斯.社会学的想象力.陈强，张永强，译.北京：生活·读书·新知三联书店，2005：5-6.
③ （美）C·赖特·米尔斯.社会学的想象力.陈强，张永强，译.北京：生活·读书·新知三联书店，2005：130.
④ （美）C·赖特·米尔斯.社会学的想象力.陈强，张永强，译.北京：生活·读书·新知三联书店，2005：133.

义的证明问题是怎样抓取事实而不是为事实所湮没;怎样使思想和事实紧密联系在一块而不是使思想脱离事实。一流的学术巧匠们一般不会为一项宏大的经验研究构思一个宏大的计划。他的方针是在宏观视角的思想和细节性的阐释间不停地穿梭。要彻底理解个人生活或社会历史就必须同时去领悟这两者,这就要具备社会学想象力。米尔斯认为,只有把"社会静力学"(研究社会及其组织的结构和功能)和"社会动力学"(分析社会的延续及变更)紧密地联系在一起,才能领悟和处理个人的困境和公众的问题。"一个完整的社会研究,其过程必须是从事件、历史以及这两者在社会中的相互交错等问题出发,最后又回到这些问题中去。"这就展示了社会研究的根本所在。"社会学想象力能帮助我们把握历史和事件,把握这两者在社会中的相互关系。这就是社会学想象力的任务和宗旨。"①

(二) 安东尼·吉登斯(A. Giddens):"社会学的想象力"之理论诠释

社会学是对生活、群体和社会的研究,在吉登斯看来,把作为社会存在的我们自己的行为视为研究对象的社会学不同于日常的大多数人都是依据自己生活中所熟悉的特征来解释这个世界,社会学要求以更为宽阔的视角来说明我们为什么是这个样子以及我们为什么会这样行动。"学习从社会学的角度思考问题,也就是用更加开阔的视野去观察,意味着对想象力的培养。研究社会学不能只是采用获取知识的常规途径。一位社会学家就是能够自如地跳出个人情境的即时性,同时又能够将事情放在一个更广泛的背景上来加以思考的人。社会学的研究,若是按照美国学者米尔斯的著名术语来说,就是所谓的社会学想象力。"②社会学想象力使我们发现许多看似只与个体有关的事件其实反映的是更大的问题。例如,离婚问题、失业问题。因此,社会学的实践需要唤起米尔斯所谓的"社会学的想象力"。然而何为社会学想象力呢? 由于米尔斯本人实际上也是在一种非常含糊的意义上提出和使用该术语的,并且这一术语已经被如此频繁地引用以致存在着被平庸化的危险,因而这种"社会学的想象力"需要进行理论诠释以获得内涵上的清晰性。在吉登斯看来,"它指的是社会学分析过程中几种联系在一起的不可或缺的感受力。要理解当今工业社会——指最初形成于西方的当今社会——所由产生的世界,就必须借助于三种社会学想象力,它们是历史的感受力、人类学的感受力和批判的感受力。"③

---

① (美)C. 赖特·米尔斯,(美)塔尔考特·帕森斯. 社会学与社会组织. 何维凌,黄晓京,译. 杭州:浙江人民出版社,1986:7.
② (英)安东尼·吉登斯. 社会学. 赵旭东,等译. 北京:北京大学出版社,2003:2.
③ (英)安东尼·吉登斯. 批判的社会学导论. 郭忠华,译. 上海:上海译文出版社,2007:10.

吉登斯认为,当代工业社会分析者所必须进行的第一种社会学想象,就是重新发现我们刚刚经历的过去——"刚刚消逝的世界"。只有通过这种能够对历史有所认识的想象力,我们才能够理解,今天工业社会的生活方式与此前社会中的人类生活方式有多大的不同。"但是,我们真正需要的是一种具有想象力的重构,把那些现在很大程度上已经被消灭殆尽的社会生活方式的特征重新展现出来。在这一方面,社会学家的手艺与历史学家的技能之间是不存在明显区别的。"①所谓"历史的感受力",就是要在社会学研究中保持一种纵向的历史感和历史视野,进行历时性比较,把握历史结构性特征。正如米尔斯在谈到"对历史的运用"时所言,社会科学探讨的是个人生活历程、历史和它们在社会结构中交织的问题。这三者(个人生活历程、历史和社会)是方向正确的人研究的坐标点,当代一些社会学流派的实践者放弃了这一经典传统。"每一门社会科学,或更确切点,每一门考虑周全的社会科学,都需要具备观念的历史视野以及充分利用历史资料。"历史学与社会学之间存在着如此密切的关系,以至于可以说"所有名副其实的社会学都应该是'历史社会学'"②。

如果说第一种社会学想象力主要涉及历史感受力的发展的话,第二种想象力则是要培育人类学的洞识。然而,要做到培育一种历史感以体验过去两个世纪以来的社会变迁是多么近代和剧烈这一点是困难的,而要打破西方世界的生活方式远优于其他文化的生活方式这样一种有意或无意的信念则或许更加困难。吉登斯特别强调存在于不同社会科学之间的约定俗成的边界是多么的肤浅,"人类学维度的社会学想象力之所以重要,在于它使我们能够欣赏到这个世界上存在的多姿多彩的人类生存方式……社会科学自诞生伊始,就带有人类学层面的社会学想象力的特征,以抗衡那种种族中心主义色彩的进化论思想。"③所谓"人类学的感受力"就是要在社会学研究中保持一种横向的整体感和整体视野,进行共时性比较,把握横向结构性特征,以打通个体与社会——从个人困扰通向公共论题、微观与宏观——从微观特征连接宏观结构之间的暗道。正如米尔斯在谈到"人类的多样性"时所言,社会科学应当关注的是人类的多样性。这种多样性构成了人类过去、现在和未来分别生活于其中的全部社会世界。"人类的多样性也包含着个体的多样性;这些同样须被社会学的想象力所把握和理解。"④

---

① (英)安东尼·吉登斯.批判的社会学导论.郭忠华,译.上海:上海译文出版社,2007:11.
② (美)C·赖特·米尔斯.社会学的想象力.陈强,张永强,译.北京:生活·读书·新知三联书店,2005:143.
③ (英)安东尼·吉登斯.批判的社会学导论.郭忠华,译.上海:上海译文出版社,2007:14-15.
④ (美)C·赖特·米尔斯.社会学的想象力.陈强,张永强,译.北京:生活·读书·新知三联书店,2005:208.

在吉登斯看来,将第一种感受力和第二种感受力结合在一起,社会学想象力使我们能够摆脱那种仅仅从眼前的社会类型出发进行思考的限制,而这两种感受力又都与第三种社会学想象力存在着直接的联系。"这种想象力关注的是未来的各种可能性。在批判把社会学看作是自然科学的观点时,我曾提出,没有哪种社会过程是由无可改变的法则所支配的。作为人类,自然法则的必然性力量是支配不了我们的。这就意味着我们必须意识到各种潜在地呈现在我们面前的未来可能性。第三种社会学想象力把对现存社会形式的批判作为社会学的任务。"①而批判必须以分析为基础,这也意味着批判的感受力须以历史的感受力和人类学的感受力为基础。这种基于历时与共时性结构的交叉重叠的反思性批判及其展开维度,一是指向当下实践,二是指向未来可能。如果说前面两种感受力侧重于静态的社会考察与说明,旨在提升理论的解释力,后一种感受力则着眼于动态的社会分析与预测,旨在提升理论的指导力。因为社会科学(家)的任务不能仅仅局限于"认识世界",还要在自己的权力范围内以适当的方式担当起"改造世界"的职责。在社会结构与社会实践的关系问题上,前者是后者的中介也是它的结果。"社会系统像一座建筑物,但时时刻刻被用来建筑它的每一块墙砖所重构。"②正如米尔斯在谈及"理性和自由"和"政治"时所言,社会科学家关注历史的顶点是他逐渐把握了他所生活的时代的思想,关注个人生活历程的顶点是他开始理解了人的基本天性以及历史发展过程对人之改造所设的限制。"社会科学的承诺在于重新阐述并澄清个性的危机与构建历史的危机,以及在自由的个人生活和构建历史的过程中理性所发挥的作用。社会科学的道德与政治承诺是自由与理性仍将是人们珍视的价值,人们将坚持严肃并充满想象力地运用它们来阐明问题。"③社会科学家作为文科教育者的政治职责就是不断地将个人困扰转换为公共论题,并将公共论题转换为它们对各种类型个体的人文上的意义;就是在研究中并作为教育者还要在生活中展示这种社会学想象力,促使受教于他们的公众得以养成这样的思维习惯,这就是他们的目的。他还郑重申明,虽然"我不相信社会科学能'拯救世界'",但是"我认为'力图拯救世界'根本没什么错"④。

(三)皮埃尔·布迪厄(**P. Bourdieu**):"社会学的想象力"之实践例示

总之在吉登斯看来,借助于这种"社会学的想象力"可以更好地达至一种批判

---

① (英)安东尼·吉登斯.批判的社会学导论.郭忠华,译.上海:上海译文出版社,2007:16-17.
② (英)安东尼·吉登斯.批判的社会学导论.郭忠华,译.上海:上海译文出版社,2007:9.
③ (美)C·赖特·米尔斯.社会学的想象力.陈强,张永强,译.北京:生活·读书·新知三联书店,2005:154.
④ (美)C·赖特·米尔斯.社会学的想象力.陈强,张永强,译.北京:生活·读书·新知三联书店,2005:156.

指向的社会理论:首先是历史学的视野,通过历史的回想我们可以在观念上重构失去的世界,从而对现代世界保持一种批判的目光;其次是人类学的洞见,在地理、文化的多样性面前我们会摆脱社会进化理论带来的优越感,重新发现自身的局限和其他也许在现代工业文明的大肆扩张之下趋于灭绝的社会生活与思考方式的内在魅力;再次是在对现实的清醒认识之下,对未来丰富可能性的乐观向往即满怀希望而又谨慎地保持一种"乌托邦现实主义"态度。只有这样,社会学才能在现代社会之中发挥自身的批判力量。如果说吉登斯对"社会学的想象力"提供了深刻的洞见和丰富的诠释,那么布迪厄则在其社会学实践中进行了示范性演示和实践性诠释。

就"历史的感受力"而言,在布迪厄看来,将社会学和历史学分离开来是一种灾难性的分工,在认识论上完全缺乏根据。所有的社会学都应当是历史的,而任何历史学也都应当是社会学的。历史学和社会学之间这种区分的人为性,越是到了学科的最高水平就越是明显。"在我看来,出色的历史学家同时也是出色的社会学家(反过来也经常如此)。但是,出于这样那样的原因,历史学家不像社会学家那样束手束脚,按部就班地塑造概念,建构模型,或者炮制多少有些卖弄技巧的理论或元理论话语,他们可以在精致的叙事之下,不露声色地将那些常常是根据历史学或社会学自身的考虑而对这两个学科所做出的微妙协调与谨慎适度分别处理好。"①布迪厄认为,社会科学里登峰造极的艺术便是能在十分简明的经验对象里考虑具有高度"理论性"的关键问题,而这样的经验对象,表面上看来即使不说微不足道、贻笑大方,也总是给人一种太过鄙俗的印象。但是"当一种思维方式能够把在社会上不引人注目的对象建构成科学对象(就如戈夫曼探讨面对面互动的细微场面),或者能从一个意想不到的新奇角度重新审视某个在社会上备受瞩目的显赫话题时,它的力量表现得最为淋漓尽致。后面这种转换视角的努力正是我目前在努力尝试的。"②布迪厄这么想也是这么做的,更严格地说他这么想正是基于他这么做的。就其学术生涯来看,当他巴黎高师毕业并在中学教了一年哲学后应征入伍到了阿尔及利亚并进行了人类学的田野考察工作,也正是在这里他作为一个"自学成材"的人类学家实质性地开始了他的社会科学研究,并立足于此取得了丰硕的研究成果,出版了《阿尔及利亚社会学》《阿尔及利亚的勤劳劳动者》《背井离乡》等著作及大量相关论文,培养并充分展示了一种"人类学的感受力"。这一系列研究及其成果也为后继的得到广泛承认的几部著作——法文版《实践理论大纲》及其修订完善

---

① (美)皮埃尔·布迪厄,(美)华康德. 实践与反思. 李猛,李康,译. 北京:中央编译出版社,1998:127.
② (美)皮埃尔·布迪厄,(美)华康德. 实践与反思. 李猛,李康,译. 北京:中央编译出版社,1998:341.

后的英文译本《实践理论大纲》《实践的逻辑》——奠定了基础。他采取了学术话语而非政治话语的干预模式表现出对殖民地人民苦难的同情,如果说这只是初步展现了布迪厄"批判感受力"的风采与魅力,那么《继承人》《教育社会与文化中的再生产》《区隔》《学术人》《世界的苦难》等相关研究实践与成果则充分展示了其"社会学的技艺",基于社会底层立场并充分运用"历史的感受力""人类学的感受力""批判的感受力"等"社会学的想象力"进行旨在"转向背后"的揭示和批判的社会学研究实践。可以说,社会批判是一条布迪厄全部著述的价值预设赖以成立的主线。特别是晚年的布迪厄不仅自闭于书斋中进行话语实践,而且还知行合一,利用电视媒体给他提供的机会抨击电视媒体;利用国家体制提供给他的巨大文化资本走上街头,和罢工的铁路工人、没有身份的移民和失业者一道站在凛冽的寒风中一起抗议这个国家体制。当然最出名的还是其理论上的成就,例如其总体性社会实践理论和基于其"社会学的社会学"实践之上的社会学之自我批判——反思社会学。从比较的视角看其文化社会学,在许多方面,布迪厄雄心勃勃的研究规划横跨并综合了文化理论的四个传统及其主要理论家:他像伯格(P. L. Berger)一样吸收了现象学的成果;像道格拉斯(M. Douglas)一样吸收了文化人类学的传统,特别是迪尔凯姆的影响;像福柯(M. Foucault)那样吸收了法国新结构主义的传统;像哈贝马斯(J. Habermas)那样吸收了批判传统。布迪厄认为,理论与经验研究必须同时在这两个层面上进行,而不是像今天常见的那样把注意力限于一种材料类型或分析层次。与其他当代的重要文化理论家相比,只有布迪厄力图把抽象的理论与经验研究以及对于方法的清晰反思结合起来。他同时在抽象与具体两个方向上发展,这在社会科学——特别是社会学——由于不断加剧的专业化(在方法、理论以及研究对象等方面)而变得越来越碎片化和内部不断分化的时代,是非常令人注目的。对于那些在社会科学领域工作的人来说布迪厄是一种灵感之源,因为他表明社会理论与经验研究并非不可调和,而沉浸在材料里也并不一定丧失理论的基础,相反会巩固理论的基础。布迪厄对于当代社会理论的主要贡献之一是提出了解决能动性与结构之间关系的理论。他的习性概念既为阐述能动性—结构问题提供了纲领性的研究程序,也指向了一种理想型的行动模式。"这个纲领性的程序通过声称学术研究的微观层次与宏观层次、客观层次与主观层次不应该被理论的或方法论的专门化形式加以分离而向学院化的社会学提出了挑战。"[①]

---

① (美)戴维·斯沃茨.文化与权力:布尔迪厄的社会学.陶东风,译.上海:上海译文出版社,2006:325-326.

三、培养教育学的想象力,消除教育学研究之流弊

人们通常把社会学大师们在认识社会和解释社会事实中所表现出的想象能力、穿透能力和批判能力直白地称为"社会学的学科意识",意即经由一代代大家们累积起来的学术素养和传承包括他们强烈的社会关怀的情愫实乃社会学的"根"和"魂"。"社会学如果丧失了自己认识社会和解释社会的学科意识,也就是失掉了自己的灵魂,无异于取消了自己存在的理据。"[1]这种学科意识充分体现在一代代学术大师们的经典研究中,这些经典研究中饱含着学术大师们高超的"社会学的想象力",或者说正是凭借着这种高超的"社会学的想象力"而铸就了这些经典研究及其著作文本。培养和增强这种"学科意识",对于克服时下一些号称"实证研究"的著述只罗列经验事实不作理论思考,和一些号称"理论研究"的著述只进行思想搬运、观点移植、理论套解式的理论思考不作严肃的事实观察与经验研究的流弊并避免由此导致对社会现象的单极化乃至于异化的理解来说,具有重要的价值和深远的意义。对社会学来说是如此,对于教育学来说亦是如此。特别是对于当下教育学研究的困境来说,亟须借鉴"社会学的想象力",培养一种真正的教育学想象力,消除教育学研究之流弊。

其一,对于教育学之想象式研究而致的"失明"症而言,意味着我们的教育学研究必须基于个人实践,直面教育现实,联通社会史实,运用教育学想象力之"历史的感受力",变那种"无根"的问题为一种"有根"的问题,变那种"私己的问题"甚至"炮制的问题"为一种"联通的问题"[2]——一种真正的源于个人困扰的公众议题。举例来说,面对作为教育机构的学校理应对学生的发展负责而事实上却并未负责的问题,有人认为主要原因在于学校对其基本职能把握上的偏颇,即由于人们过分强调了学校为社会选拔人才(提供人才)的职能而忽视了帮助学生身心发展的职能的缘故。因此,解决问题的关键在于学校对两种职能的履行要保持一种适度的平衡。有人认为主要原因是这些学校的校长和教师缺少对作为"人"的学生的尊重,缺少对作为"身心发展中的人"的学生的爱心,无视学生也是有着个人尊严、愿望及权利的人,因而很少设身处地从学生的立场和视角考虑问题。因此解决问题的主要途径在于加强对校长与教师的职业道德教育。但有人立足于经验事实的基础分析认为其症结并不在于学校对其基本职能把握上的偏颇,也不宜简单归结为校长和教

---

[1] (美)杰弗里·C·亚历山大. 社会学的理论逻辑(第一卷). 于晓,等译. 北京:商务印书馆,2008:3.
[2] 吴康宁. 教育研究应研究什么样的"问题"——兼谈"真"问题的判断标准. 教育研究,2002(11).

师的职业道德问题,而在于校长和教师对其切身利益的谋求,他们是为了谋求自身利益或者避免自身利益受损才不去考虑学生身心发展需要而片面追求升学率并将学生带入"考试地狱"的。为使学校真正对学生负责,就必须在加强校长和教师职业道德教育的同时,通过制度的改造与创新,使校长和教师切身利益的获取同其促进学生发展的实绩紧密关联起来①。这一新观点缘于其新视角和新方法,作者立足于社会学视野进行社会学考察,并运用"社会学的想象力"进行理论分析得出了不同于以往众人的观点。以往人们之所以"想不到"乃是因为"没去看"或者说没去真正实地考察教育实践,没有去真正扎根研究教育事实,没有先去进行基础性和描述性的研究,就想当然地进行解释性和预测性研究甚至于规范性研究了。

其二,对于教育学之单干式研究而致的"失聪"症而言,意味着我们的教育学特别是相关的分支学科研究必须从侧面进行和倾听其他学科的声音,运用教育学想象力之"人类学的感受力",既要对研究对象进行"人类学式的田野考察"以了解其丰富的多样性,也要对包括研究视角、理论视野、研究方法(论)等在内的研究工具进行"人类学式的田野考察"以掌握和综合运用,从而变那种一学科一方法"无望"全面解释和全部解决的问题为多学科多方法"有望"全面解释和全部解决的问题。这方面的典例当以法国当代社会科学研究为最。不同于美国的学院知识分子角色,法国推崇公共知识分子/"普遍知识分子"的传统造就了法国的大学不像美国的大学那么强调以学科为中心,由此可以理解,比如说为什么许多重要的社会思想家,如萨特(J. P. Sartre)、波伏瓦(S. D. Beauvoir)、加缪(A. Camus)、阿尔都塞(L. P. Althusser)、勒费弗尔(H. Lefebvre)、罗兰·巴特(R. Barthes)、福柯、朱莉亚·克里斯蒂娃(J. Kristeva)、利奥塔(J. F. Lyotard)等人都不是社会学家,也不是社会科学家。而反过来许多当代重要的社会学家如博德里亚尔(J. Baudrillard)、布迪厄、克罗齐耶(M. Gozier)等按照美国的标准几乎就不算是社会学家,因为他们的工作更多地带有社会哲学的性质。由此带来的影响是,"在法国,凡在人文研究方面有重大突破时,我们都不必把眼睛盯在社会科学的狭窄学科范围,而应在更为广阔的思想运动领域中去寻找其轨迹,这些思想运动都具有跨学科性质与公众性。"②"学科间的界限是约定性的。要使这些界限具体化,要把它们视为内在于不同领域或不同学科之间的不可违背的界限,肯定是一种错误。"③为了

---

① 吴康宁.为什么学校会对学生的发展不负责.教育研究,2007(12).
② (美)史蒂文·塞德曼.有争议的知识.刘北成,等译.北京:中国人民大学出版社,2002:138.
③ (美)巴里·巴恩斯,(美)大卫·布鲁尔,约翰·亨利.科学知识:一种社会学的分析.邢冬梅,蔡仲,译.南京:南京大学出版社,2004:211.

认识人类的多样性,为了有利于真正的科学研究,我们需要避免在学术部门随意进行专业化,而是应当根据不同的主题,而且首先是根据问题,来使我们的研究专业化。在此过程中,我们要利用将人看作历史行动者的所有研究所具有的视角、思想、材料和方法。当然,要真正掌握所有这些学科的内容、概念和方法,的确绝无可能。整合社会科学的真正含义是要阐明和解决我们这个时代的任何一个主要问题,都需要从不止一个学科中选取材料、概念和方法。"一个社会科学家不必为了熟悉某一学科的材料和视角,以便运用它们解决他所研究的问题,而去'掌握这一学科'。专业化应该以这种重要的'问题',而非恪守学科界限的方式进行。"①

其三,对于教育学之帮腔式研究而致的"失语"症而言,意味着我们的教育学研究必须扎根本土的"社会事实"和实践问题,联通本土的"历史境脉"和"话语系统",运用教育学想象力之"批判的感受力",变那种"无语/失语的问题"为一种"有语/我语的问题",变那种"异己"的问题或者说"炮制"的问题为一种真正本土化的"联通的问题"。伟大的教育家陶行知先生堪称这方面的典例,他身体力行地示范了什么是真正的教育家,什么是真正中国式的教育研究,什么是真正本土化且富有生命力的教育理论和教育实践。

综上所述,真正的教育社会学研究,需要培养和运用"教育学的想象力",借用本土话语来说就是应当坚持四项基本原则。一是实事求是原则。实实在在地做研究,不陷于"空说"。科学研究需要想象力,想象摆不脱假设,但此假设并非彼"假说"——想当然的"空说"。二是解放思想原则。创造性地做研究,不囿于"他说"/"传说"。不能盲从"经验"和"理论"两种传统权威,既不迷恋"近经验"(本土的经验与理论传统)也不迷信"远经验"(外域的经验与理论传统)(格尔兹语)。三是与时俱进原则。发展性地做研究,不拘于"一说"。基于当下的本土实践来"接着说"(而非"照着说")或"换个角度说"甚至尝试"反着说",基于局内人和局外人等多观察立场、多学科视角、多研究方法来"全面说"。四是科学发展原则。反思性地做研究,不限于"我说"。基于研究之研究的"反观性"(布迪厄语),反思"我说"和"我研究"之科学性。

基于"社会学想象力"而坚守的研究原则,本质上还是在于提高教育社会学的科学性(在对"真理"之无限逼近的意义上),提升教育社会学理论的解释力和解决力(指导力)。同时,这种坚守不仅在于理论旨趣,也在于实践旨趣。任何真正科学的研究(及其成果)在很大程度上都是基于现实根基和具有实践向度的研究,因为

---

① (美)C·赖特·米尔斯.社会学的想象力.陈强,张永强,译.北京:生活·读书·新知三联书店,2005:152.

实践始终是检验真理的根本标准。在此意义上，作为实践之"他者"的所谓某某理论、某某主义的"中国化"和"本土化"在很大程度上都是一种"实践化"，而实践总是具体的（意味着实实在在的特定的时空情境、社会条件、历史背景等——客观性、区域性、历史性）和复杂的（意味着各种因素的整体综合、变动生成等——系统性、生成性、动态性等）。这种理论的实践化主要包含（异域）理论的本土化问题和（学术）理论的实践化问题两个方面，前者含有的理论研究的本土化和理论应用的本土化两方面，实质上也还是理论的（在研究方面和应用方面）实践化问题。这个问题不仅是一个重大的理论问题，也是一个重要的现实问题。从当代中国的历史与现实层面来说，"马克思主义中国化"是一个初步成功（当然也将继续面临考验）的典例，陶行知对杜威思想理论进行中国式的实践化改造而来的生活教育理论是另一个值得关注和研究的成功范例。

从"纯粹主义"到"实用主义":教育社会学研究方法论的新动向[①]

南京师范大学 程天君

内容提要:涂尔干关于实用主义与社会学的追问今逢一个世纪。对此世纪之问"接着讲"并"对着讲",目的不在评判社会学与实用主义之高下,而在陈述(教育)社会学研究方法论的一个可能动向。作为一种行动哲学,(古典)实用主义质疑"本质主义"真理观,破除对理性的膜拜,强调"有用即真理"。承继古典实用主义基本教义的新实用主义,实乃一种反本质主义,强调事实和价值不可分离,以及实践的优先性。(教育)社会学在经历"定量纯粹主义"与"定性纯粹主义"等类似之争的过程之中及之后,初露建基"实用主义"之上的"混合方法研究"的端倪:表现在学科性质的"兼有论"、研究方法的"综合论"、研究层面的"贯通论"、因果认识的"假设论"及研究取向的"问题中心"等多层面、多侧面、多方面。

一、"实用主义"的所指与能指:兼谈问题意识

1913—1914年,实证主义社会学的巨擘涂尔干在法国索邦大学作了一个关于实用主义——称为其时"唯一流行的真理理论"——的系列演讲,并集结成书——《实用主义与社会学》。其中他言道:"我们必须扪心自问:实用主义怎么能够把带有这么多缺陷的学说强加给众多心灵呢?"怀着这样的疑问与使命,他通过深入"敌后"——号召听众通过把"我们自己变成实用主义者,先把我们内心各种反驳意见放在一边,……找到实用主义的威力所在时,我们才可以重新返回自己的立场"——从而力图知己知彼,论证"社会学高出实用主义的地方",那就是:"社会学视角的优势,就在于能够促使我们去分析那些令人敬畏的事物,即真理。"[②]为此,涂尔干在该系列演讲中,涉及社会学的问题很少,大部分是讲实用主义的真理观,他认为"实用主义的核心问题是真理问题"。涂尔干把实用主义归结为三个基本论

[①] 本文初稿曾在南京师范大学教育社会学沙龙第157期(2011年1月14日)上进行过讨论,在其后两三年间,笔者通过持续思考沙龙成员特别是贺晓星教授提出的问题,并在赴美访学深入研究的基础上,进行了充实与完善;同时,本研究受到全国百篇优秀博士学位论文作者专项基金(FANEDD—201106)、教育部新世纪优秀人才支持计划(NCET-12-0736)、江苏省政府留学基金(JGSOS—2012-180)的资助。谨此一并鸣谢。

[②] (法)涂尔干.实用主义与社会学.渠东,译.上海:上海人民出版社,2000:28,111-114.

题:真理是人的真理;真理是不同的可变的真理;真理不是既存实在的模本。对此,他基本上持批判态度,认为实用主义"有用即真理"的命题已经变成了把我们带回功利主义的公式,实用主义理论就是逻辑功利主义。而近百年之后,新实用主义旗手罗蒂则对此一一进行了反驳①。

在实用主义复兴并走强的今日,我们是接着涂尔干讲——论证社会学高于实用主义的地方,还是"对着讲"——冷静反思涂尔干当年的评论是否中肯?抑或持中陈述个中沧桑之变?无论如何,都需要认真对待实用主义对教育研究,特别是教育社会学研究的影响。然而,触碰"实用主义"这个"模糊、含混和被用烂了的词"②,无疑是自讨苦吃,但不无必要。一方面,在西方哲学史上,像"实用主义"这般引起歧义的概念是不多见的③——无论是实用主义与传统哲学之间的争斗,还是古典实用主义与新实用主义之间的争执,抑或古典实用主义三杰皮尔士、詹姆斯和杜威之间的争奇,遑论新实用主义两翼罗蒂(左翼)和普特南(右翼)之间的争论。另一方面,"实用主义"大概是除"马克思主义"之外,中国人最熟悉的哲学名号了——尽管在相当长时期内,实用主义被作为"资产阶级反动哲学"④和"马克思主义最凶恶的敌人"⑤而撂荒了学理探讨,乃至遭遇严重的"误读"⑥。

"实用主义"诞生于19世纪70年代,至今已逾百年历程,非但没有销声匿迹,且新人新作不断。20世纪头30年是其繁荣时期,被誉为美国的"国家哲学",体现了"美利坚精神"。20世纪30—50年代,在欧陆分析哲学(主要是逻辑实证主义)的冲击下,伴随着杜威之死,实用主义之古典时期结束,退居萧条期。20世纪60年代以后,随着分析哲学的逐渐实用主义化和新实用主义(以罗蒂和普特南为代表)的兴起,实用主义重新崛起,大有重振雄风之势。就此而论,"实用主义"似乎是美国的"专利",这一概念似乎有特定的所指。但自诞生以来,围绕"实用主义"的争论本身就说明,这一概念有着不同的能指。有两个典例可以佐证:一是实用主义的鼻祖皮尔士在发明了"实用主义"(pragmatism)这个词以后不久,曾鉴于其被滥用、推销和庸俗化而另创了"实效主义"(pragmaticism)一词⑦。二是实用主义的另一位奠基者詹姆斯(亦

---

① (美)理查德·罗蒂.哲学与自然之镜.李幼蒸,译.北京:生活·读书·新知三联书店,1987;(美)理查德·罗蒂.后哲学文化.黄勇,译.上海:上海译文出版社,2009;(美)理查德·罗蒂.后形而上学希望——新实用主义社会、政治和法律哲学.张国清,译.上海:上海译文出版社,2003;(美)理查德·罗蒂.偶然、反讽与团结.徐文瑞,译.北京:商务印书馆,2003.
② (美)理查德·罗蒂.后哲学文化.黄勇,译.上海:上海译文出版社,2009:243.
③ 陈亚军.哲学的改造——从实用主义到新实用主义.北京:中国社会科学出版社,1998:209.
④ (美)威廉·詹姆士.实用主义——些旧思想方法的新名称.陈羽纶,孙瑞禾,译.北京:商务印书馆,1979:内容提要.
⑤ 陈亚军.哲学的改造——从实用主义到新实用主义.北京:中国社会科学出版社,1998:3.
⑥ 顾红亮.实用主义的误读——杜威哲学对近现代中国哲学之影响.上海:华东师大出版社,2000.
⑦ Justus Buchler, ed. (1955). *Philosophical Writings of Peirce*, New York: Dover Publications, Inc, 28.

译作"詹姆士")1907年汇集其近两年演讲稿为一书——《实用主义》,而其副标题却是"一些旧思想方法的新名称"。这说明,即便在实用主义奠基者眼里,"实用主义"也无非是一个用来表达一些旧思想方法的"新名称"而已,并非什么"专利";甚至不是个十分精到的名称,以致不如改为"实效主义"这样孤陋的词,免得被滥用。

尽管"实用主义"充满歧义,但这里还是可以取其最大公约数以资利用。实用主义作为对传统哲学的反动与改造,它"原是美国本土哲学,是一种注重具体研究,注重实际效用,强调实践重于理论,强调认知中的社会、文化价值的哲学"[①]。实用主义的基本含义是:它是一种行动哲学,"有用即真理"是其根本原则,甚至可以说实用主义就是"逻辑功利主义";它强调对理性的攻击,破除对理性的膜拜,宣告绝对真理的合法性危机,质疑从古希腊至今人们孜孜以求的世界的"本质"及"本质主义"真理观。承继上述古典实用主义的传统,新实用主义者如罗蒂和普特南更是表达了如下基本思想[②]:实用主义就是一种反本质主义;事实和价值不可分离,二者之间没有任何形而上学的区别,在道德和科学之间没有任何方法论的区别;在哲学中实践是优先的,没有办法知道,什么时候一个人已经达到了真理,或什么时候一个人比以前更接近真理。

"中国具有深厚的实用主义传统"[③]。通过复兴杜威的实用主义,将美学从纯粹的知识问题(比如"什么是艺术作品""美是什么")的抽象讨论中解放出来,使之更加切近地关注各种各样的人生问题,从而复兴了实用主义美学的舒斯特曼(Richard Shusterman),在其《实用主义美学》中认为,中国哲学和实用主义最基本的共同点就是:哲学在根本上是实践的[④]。我国哲学家李泽厚基于对"经验合理性"的概括和提升,提出"实用理性"用以阐述我国传统思想特别是儒家思想之特点,他也认为人类经验来源于"实践"[⑤]。倘若再取皮尔士"实效主义"、詹姆斯"有用、便利、令人满意、兑现价值"[⑥]之实用主义的精义,并虑及杜威来华讲学所产生的"巨大影响"[⑦],在一定意义上甚至无妨说,中国不失为一个实用主义的国度,"经世致用""学以致用""成王败寇""实事求是""实践是检验真理的唯一标准""摸着石

---

① 陈亚军.实用主义:美国哲学的新希望? 哲学动态,1995(4):27-31.
② (美)理查德·罗蒂.后哲学文化.黄勇,译.上海:上海译文出版社,2009:243-251;(美)希拉里·普特南.理性、真理与历史.童世骏,李光程,译.上海:上海译文出版社,1997:138-160;Hilary Putnam (2002). *The Collapse of the Fact-Value Distinction and Other Essays*. Cambridge: Harvard University Press, 7-28.
③ 黎志敏.知识的"善"与"真".上海:上海人民出版社,2011:103.
④ 彭锋.舒斯特曼与实用主义美学.哲学动态,2003(4):30-33.
⑤ 李泽厚.实用理性与乐感文化.北京:生活·读书·新知三联书店,2005:3-54.
⑥ 陈亚军.实用主义:从皮尔士到普特南.长沙:湖南教育出版社,1999:11.
⑦ 顾红亮.实用主义的误读——杜威哲学对近现代中国哲学之影响.上海:华东师范大学出版社,2000.

头过河""不管白猫黑猫,抓住老鼠就是好猫""团结一切可以团结的力量""吸收一切文明成果""调动一切积极因素""发展才是硬道理"……诸如此类的表达都是再好不过的生动写照。撇开这些耳熟能详的俗语、常道或口号不论,实用主义的世界观(反本质主义)、真理观(无绝对真理)、价值观(事实和价值相互渗透)、认识论(反对镜式反映论)等思想,均可资借以描述和分析教育社会学学科论[①],特别是其方法论的某些突出特征乃至动向。而这点,似从教育社会学的基础学科社会学的研究方法论说起为宜。

二、从"定量—定性"研究方法论之争说起

从社会学发端伊始,就存在着实证(经验)主义(譬如孔德、涂尔干等)与诠释(解释)主义(譬如韦伯等)两种主要取向或曰范式[②]。迄今,这两种主要研究范式业已发生过多次高下优劣之争,以致人们常说,超越了涂尔干(实证主义社会学)和韦伯(解释主义社会学),社会学可能会更好;但忽略了涂尔干和韦伯,社会学一定更差。所以,我们要不断地或直接或间接地回到涂、韦两位奠基者所创始的社会学两大传统中。

实证主义范式强调定量研究方法,多采用数学模型、统计表和图表等形式。建构或解释主义范式则主张定性研究方法,多采用民族志散文、历史陈述、第一人称描述,或采用照相、生活史、小说化的事实、传记和自传材料等形式。因此,关于这两种范式的争论有时亦被称为定性—定量之争。"社会科学领域没有哪个学科可以在这场'范式'——即引导研究者的世界观或信仰体系——争论中袖手旁观而不必表明立场"[③]。在教育研究领域,争论的火药味一点也不亚于其他领域。其中,"定量纯化论者"(quantitative purists)主张,教育研究者应该剔除其偏见,奉行价值中立,认为去时间、去情景的通则化(time-and context-free generalizations)既是可能的也是可欲的[④];他们秉持定性研究与定量研究"不相容论",认为应该关上二

---

① 笔者曾就此有过探讨,见拙文:中国教育社会学"学科论"百年概要.北京大学教育评论,2010(4);价值中立与价值关联的交织——教育社会学学科性质的一个内在焦虑.教育研究,2010(12);教育社会学就是研究"教育与社会关系"的学科吗——从"教学要点"到"教学难点".教育研究与实验,2010(4);事实学科论:教育社会学的"一个或所有"问题——围绕"价值中立"观念的一个元分析.高等教育研究,2013(7).

② Anthony Giddens (1976). *New Rules of Sociological Method*: *A Positive Critique of Interpretative Sociologies*. New York: Basic Books, Inc.; Margaret M. Poloma (1979). *Contemporary Sociological Theory*. New York: Macmillan Publishing Co.

③ (美)阿巴斯·塔沙克里,查尔斯·特德莱.混合方法论:定性方法和定量方法的结合.唐海华,译.重庆:重庆大学出版社,2010:2-3.

④ R. Burke Johnson and Anthony J. Onwuegbuzie (2004). Mixed Methods Research: A Research Paradigm Whose Time Has Come. *Educational Researcher*, Vol. 33, No. 7, 14-26.

者之间对话的大门①。在另一个极端,"定性纯化论者"(qualitative purists, also called constructivists and interpretivists——亦称建构主义者和解释主义者)则性质同种方向相反地坚称,去时间、去情景的通则化既不可欲亦不可能②,其旗手(a leading qualitative purist)古巴(Guba)——数学本科和统计硕士出身,曾受过严格的数学训练,后发现完全用数量化的方法研究教育问题有局限,遂转向自然探究法(一种质的研究方法和评价方法)——断言,实证主义及与之相关的定量方法论已经不再可信,它与诠释主义(亦即古巴所言的"自然主义")在本体论、认识论和方法论上均存在根本性的不和,一方排斥另一方宛如"相信地球是圆的排斥相信地球是扁的"一样③,是一个"只能二选一"的命题(an either-or proposition)④。纯粹论的双方均视各自的范式为研究的理想,他们或明或暗地拥护不相容论——认定量化与质性研究范式连同其方法,不能也不应混合。定量—定性之争(the quantitative versus qualitative debate)是如此分裂地形成两种研究文化,以致教育机构毕业的研究生们踌躇满志地寄望在学术或研究圈谋得职业时无助地发觉他们不得不效忠其中一个或另一个研究学派⑤。

这两种范式之争波及多个重要的概念性问题的"战场",包括从本体论、认识论到价值论、通则化再到因果联系、推论逻辑等方方面面,其中主要的是"现实的本质"(nature of reality)和"因果联系的可能性"(possibility of casual linkages)⑥,列表如下:

表 1 实证主义范式(定量研究)与诠释主义范式(定性研究)的龃龉

	实证主义范式	诠释主义范式
本体论(现实的本质)	存在唯一的现实	现实存在是多元的、建构的
认识论(主客体关系)	认识主体与认识客体相互独立	认识主体与认识客体不可分割
价值论	研究是价值中立的	研究是受价值制约的

---

① John K. Smith & Lous Heshusius (1986). Closing Down the Conversation: The End of the Quantitative-Qualitative Debate among Educational Inquirers. *Educational Researcher*, Vol. 15, No. 1, 4 - 12.

② R. Burke Johnson and Anthony J. Onwuegbuzie (2004). Mixed Methods Research: A Research Paradigm Whose Time Has Come. *Educational Researcher*, Vol. 33, No. 7, 14 - 26.

③ Egon G. Guba (1987). What Have We Learned about Naturalistic Evaluation? *Evaluation Practice*, Vol. 8, No. 1, 23 - 33.

④ Egon G. Guba (1985). *The Context of Emergent Paradigm Research*, 80. In Yvonna S. Lincoln (Ed.), Organizational Theory and Inquiry: The Paradigm Revolution. London: Sage. 79 - 105.

⑤ R. Burke Johnson and Anthony J. Onwuegbuzie (2004). Mixed Methods Research: A Research Paradigm Whose Time Has Come. *Educational Researcher*, Vol. 33, No. 7, 14 - 26.

⑥ (美)阿巴斯·塔沙克里,(美)查尔斯·特德莱. 混合方法论:定性方法和定量方法的结合. 唐海华,译. 重庆:重庆大学出版社,2010:3 - 9.

(续表)

	实证主义范式	诠释主义范式
通则化	超越时间和情景的通则化是可能的	超越时间和情景的通则化是不可能的
因果联系	在结果之前或同时,必有原因	区分结果和原因是不可能的
推论逻辑	强调从一般到特殊的推论(演绎逻辑)	强调从特殊到一般的推论(归纳逻辑)

当然,上表所列两种范式各自的公理或原则,也许只是范式"清教徒"("范式斗士")们基于"范式纯粹"(paradigm purity)[①]心理而刻意提纯的结果,其秉持的信念是:定性研究与定量研究在范式上、进而在建基其上的方法论上是格格不入的、不相容的。但也有研究者如谢立中从反面指出,这些范式和方法论之间并无那么大的分歧,他用"现代主义社会学"来指称实证主义社会学、诠释社会学(以及批判社会学),认为实证主义社会学、诠释社会学(以及批判社会学)作为现代主义社会学"内部的"不同派别和范式,它们之间也存在着一些基本的共同点。这些基本的共同点至少包括:(1) 给定实在论;(2) 表征主义(谢立中译作"表现主义");(3) 相符真理论;(4) 本质主义;(5) 基础主义[②]。这里将之列表呈现如下:

表2 "现代主义社会学"的基本共同点

	实证主义社会学	诠释社会学	批判社会学
给定实在论 given realism	社会现象是"物理性"实在,具有独立性、外在性和强制性	行动意向是有待理解和诠释的纯粹自主的给定性"实在"	社会乃不以人的意志为转移的客观实在,其发展有客观规律
表征主义 representationalism	社会科学须用实证法(观察比较实验)来"再现"社会现象	只有用诠释或理解的方法才能把握和"再现"社会现实	辩证的"总体分析"方法,批判性考察,再现社会历史进程
相符真理论 correspondence theory of truth	"理论观念"与"经验事实"对照,以后者检验前者,区分"真理"还是"谬误"	诠释的二标准:"意义适当性"(意义关联)和"因果适当性"(事情前后序列的诠释)	需要理论观点去"相符"的不是观察得来的"事实",而是在该理论指引下实践的结果

---

① (美)阿巴斯·塔沙克里,(美)查尔斯·特德莱. 混合方法论:定性方法和定量方法的结合. 唐海华,译. 重庆:重庆大学出版社,2010:10.

② 谢立中. 走向多元话语分析:后现代思潮的社会学意涵. 北京:中国人民大学出版社,2009:3-10. 吊诡的是,谢立中这种迄今为止几乎所有社会(学)理论("后现代主义"除外)一网打尽并冠以"现代主义社会学"的做法,其本身就透露着强烈的"现代主义思想"的任意与武断,因而也就难以避免地具有现代主义思维所具有的"给定实在论""相符真理论""本质主义"等特征,而这恰恰是其所批判的。

(续表)

	实证主义社会学	诠释社会学	批判社会学
本质主义 essentialism	透过"现象"看"本质",eg. 现代社会:工业化(涂尔干)	透过"现象"看"本质",eg. 现代社会:理性化(韦伯)	透过"现象"看"本质",eg. 现代社会:资本主义(马克思)
基础主义 foundation-alism	现实事物之间的共同性或同一性在普遍化或概括化程度上具有等级性和种属关系,关于研究对象的各种知识之间因而也具有等级性和种属性,呈现出现代主义知识结构观念格式: 宏观(基础)理论——中观理论(分支学科)——微观研究(专题性、经验性研究)		

上述五个基本观点中的前三个构成了罗蒂等人所说的西方思想传统中的"镜喻"传统,后两个则构成了德鲁兹和瓜塔里等人所说的西方思想中的"树喻"传统;它们共同构成了谢立中所说的(也是他拟以后现代思潮予以颠覆的)、包括"现代主义社会学"在内的"现代主义"哲学和科学思潮的基本信条。

三、从两极到折中:走向实用主义的混合方法论

凡事大抵物极必反。当定量、定性纯粹论者走向极端之际,也就是拐点出现之时。面对"方法论纯粹主义者"双方的激烈争论,"和平主义者"提出了"混合方法论"(mixed methodology,亦称"混合方法"或"方法论混合"[①]),采取"范式相对主义"和"相容论"的态度,从单一方法论的执着走向混合方法的折中,从两极走向中庸,从对立走向融合,方法论上的纯粹主义在社会科学研究中日趋少见。这些范式之争的和平主义者也称为实用主义者。其中,许多有影响的研究者已经指出,这两种范式之间的分歧被强调过头了,二者之间的裂痕并不像"纯粹主义者"所描绘的那样巨大和深刻[②];"不相容论"实乃一个僵而不死的教条(dogmas die hard),无论在实践层面还是认识论上,定性研究与定量研究均不存在不相容[③];不同的研究范式可以共存于"混合方法研究"之一炉[④]。对于双方争论最激烈的两个战场即"通则化"(现实的本质)与"因果关系",有研究者专门从理论和实践两方面居中调和,

---

① 尽管在过去数十年里,不同学者就定性取向和定量取向之结合研究的概念、方法及质量标准进行了探讨和争论,但"混合方法研究"(mixed methods research, abbr. MMR)仍处于形成之中,仍有悬而未决之题,仍需保持对"混合方法"(mixed methods)这一概念的开放性讨论。不过,大体说来,它包含"作为(定性与定量)两类数据搜集与分析的混合方法"与"作为(定性与定量)两种取向综合的混合方法"两个层面;二者貌似可以互换,细究起来却可发现,前者更加聚焦"方法"而后者更加聚焦"方法论"。Abbas Tashakkori & John W. Creswell (2007). Editorial: The New Era of Mixed Methods. *Journal of Mixed Methods Research*, Vol. 1, No. 1, 3-7.

② (美)阿巴斯·塔沙克里,(美)查尔斯·特德莱著.混合方法论:定性方法和定量方法的结合.唐海华,译.重庆:重庆大学出版社,2010:10.

③ Kenneth R. Howe (1988). Against the Quantitative-Qualitative Incompatibility Thesis or Dogmas Die Hard. *Educational Researcher*, Vol. 17, No. 8, 10-16.

④ Gitte S. Harrits (2011). More than Method? A Discussion of Paradigm Differences within Mixed Methods Research. *Journal of Mixed Methods Research*, Vol. 5, No. 2, 150-166.

阐发出一种"差异中的统一"(unity in diversity)观点,认为在定性研究与定量研究的因果关系之间原则上没有差异[①];而定性研究者与定量研究者在实用主义的尝试(pragmatic trials)研究中,也均有事关知识的"通则化"的欲求和操持[②]。

应该看到,研究方法(论)之争、范式之争的根基是哲学观之争,均不脱其背后"铸就什么是知识、真实及其达成方法"的哲学假设[③],均拿哲学术语当武器使[④]。一如有学者指出,正是在哲学领域(the philosophical domain),综合方法的问题(the issue of combining methods)才经常变得富有争议,导致了"范式战争"(paradigm wars)[⑤]。为此,在哲学层面上,实用主义者不得不与范式斗士的不相容理论筑垒对抗,这一理论所依据的是认识论与研究方法之间的关联性。为了对付这种范式—方法的关联论,豪(Howe)选择使用另一种不同的范式,即"实用主义"——其主要原则就是定量方法与定性方法的相容论[⑥]。而摩根(Morgan)更是阐发了"实用取向"(pragmatic approach)这一社会科学研究的新主导范式(a new guiding paradigm)——既作为综合定性与定量方法的支撑基础,也作为一种引导人们从形而上关注到方法论关注转移的方法[⑦]。

对研究者而言,一个重要的哲学追问与方法论考量就是关于范式、研究方法与研究问题的相对重要性。作为混合方法论之哲学与范式之根的实用主义主张,应该是"研究问题主宰,而非范式或方法为王";"方法必从之于问题"。实用主义者更看重的不是所应采用的方法,也不是支持这些方法的世界观,而是他们所要研究的问题。他们坚信"通向目标彼岸(研究问题的解决)的方法论道路并不是既定的",力求避免方法论纯粹主义之"方法的暴政"(tyranny of method),而采信"有用即可"的实用主义教义,断然拒绝在解释主义与实证主义范式之间作出"非此即彼"的被迫选择。甚至认为,最优异的学者总是对其所提出的问题切思在心,而对所用具

---

① Jacques Tacq (2011). Causality in Qualitative and Quantitative Research. *Quality & Quantity*, Vol. 45, Iss. 2, 263-291.

② Denise F. Polit & Cheryl T. Beck (2010). Generalization in Quantitative and Qualitative Research: Myths and Strategies. *International Journal of Nursing Studies*, Vol. 47, No. 11, 1451-1458.

③ Russel S. Hathaway (1995). Assumptions Underlying Quantitative and Qualitative Research: Implications for Institutional Research. *Research in Higher Education*, Vol. 36, No. 5, 535-562.

④ Martyn Hammersley (1992). The Paradigm Wars: Reports from the Front. *British Journal of Sociology of Education*, Vol. 13, No. 1, 131-143.

⑤ Abbas Tashakkori & Charles Teddlie (1998). Mixed Methodology: Combining Qualitative and Quantitative Approaches. Thousand Oaks, CA: Sage. 3-13.

⑥ Kenneth R. Howe (1988). Against the Quantitative-Qualitative Incompatibility Thesis or Dogmas Die Hard. *Educational Researcher*, Vol. 17, No. 8, 10-16.

⑦ David L. Morgan (2007). Paradigms Lost and Pragmatism Regained: Methodological Implications Combining Qualitative and Quantitative Methods. *Journal of Mixed Methods Research*. Vol. 1, No. 1, 48-76.

体方法论或方法背后的范式则洒脱不羁①。宣称教育研究领域"混合方法研究"范式时代已经到来的约翰逊和奥韦格布兹在声言"我们拒绝不相容论和二选一(either/or)取向的范式选择,我们推荐一种更多元、更兼容的取向"的同时,并身体力行,在吸取古典实用主义(皮尔士、詹姆斯、杜威)和新实用主义(罗蒂、普特南等)哲学思想的基础上,据实总结和开列了实用主义的一般特征②:

表3 实用主义的一般特征

- 实用主义工程旨在找寻哲学教条和怀疑论的中间立场,找寻诸多经久的哲学二元论的切实解决之道。
- 摒弃传统的二元论,而宁愿选取建立在有利于问题解决基础上的哲学二元论的温和与常识版。
- 既识别自然和物理世界,也识别包含语言、文化、人类价值和主观思想的社会与心理世界的存在及重要性。
- 高度关注起作用的人类经验之内心世界的实在及影响。
- 知识既被视为建构的,也被视为立基于我们经历和生存世界的实在之上。
- 用自然主义、过程取向的有机环境转换论取代历史上流行的主客体区分认识论。
- 认同可错论(现行的信仰及研究结论罕能视为完美的、确定的或绝对的)。
- 理论是工具性的(其是否以及何种程度为真取决于其作用;其性能尤其取决于预测性和适用性标准)。
- 认同折中主义和多元主义(比如,不同乃至冲突的理论和视角均可利用;观察、经历和实验均是有用的手段)。
- 人类日常生活探究跟实验、科学探究同等有用。
- 视强烈而实际的经验主义为解决问题之道。
- 视现行真理、意义和知识为会随着时间而改变的暂时性之物,研究中的日常所获应被视为暂时真理。
- 大写的真理也许只是历史尽头最后的"意见",小写的真理(工具性、暂时性)则经由经历和实验而得来。
- 工具性真理的关键在其真的程度,而非停滞不前,因此詹姆斯说我们必须"准备明天称其为谎言"。
- 喜欢行动远胜哲学思维(某种意义上,实用主义是一种反哲学,an anti-philosophy)。
- 采取明确的价值定位取向,尤其认同诸如民主、自由、平等、进步之类的价值。
- 认同实践理论。
- 我们的思维处在一种动态、自我平衡的"信仰—怀疑—探究"无限循环的过程,当下永远是一个新的起点。
- 普遍拒绝还原论(如将文化、思想、信念只不过还原为神经生物学过程)。
- 提供"实用主义方法",以解决传统哲学二元论及作出方法论选择。

进而,有学者勾勒了(欧美)社会科学中研究方法论的演变路径。

---

① (美)阿巴斯·塔沙克里,(美)查尔斯·特德莱.混合方法论:定性方法和定量方法的结合.唐海华,译.重庆:重庆大学出版社,2010:19-21.

② R. Burke Johnson and Anthony J. Onwuegbuzie (2004). Mixed Methods Research: A Research Paradigm Whose Time Has Come. *Educational Researcher*, Vol. 33, No. 7, 14-26.

表4　社会和行为科学领域方法论路径的演变(以欧美为例)[①]

时期Ⅰ:单一方法或"纯粹主义者"时代(大约从19世纪到20世纪50年代)
A. 纯粹定量取向
　1. 单一资料来源(定量研究)
　2. 在一个范式/模型内,多个资料来源
　　a. 顺序的(定量研究/定量研究)
　　b. 平行的/共时的(定量研究+定量研究)
B. 纯粹定性取向
　1. 单一资料来源(定性研究)
　2. 在一个范式/模型内,多个资料来源
　　a. 顺序的(定性研究/定性研究)
　　b. 平行的/共时的(定性研究+定性研究)

时期Ⅱ:混合方法的出现(大约从20世纪60年代到80年代)
A. 同等地位设计(两种范式/方法都使用)
　1. 顺序的(即两阶段的顺序研究)
　　a. 定性研究/定量研究
　　b. 定量研究/定性研究
　2. 平行的/共时的
　　a. 定性研究+定量研究
　　b. 定量研究+定性研究
B. 主次设计(两种范式/方法都使用)
　1. 顺序的
　　a. 定性研究为主/定量研究为次
　　b. 定量研究为主/定性研究为次
　2. 平行的/共时的
　　a. 定性研究为主+定量研究为次
　　b. 定量研究为主+定性研究为次
C. 多层次路径设计(两种范式/方法都使用)

时期Ⅲ:混合模型研究的出现(大约在20世纪90年代)
A. 在研究阶段中单一使用(必须每种方法至少在研究的一个阶段中出现)
　1. 研究的类型——定性研究或定量研究
　2. 资料搜集/操作——定性研究或定量研究
　3. 分析/推论——定性研究或定量研究
B. 在研究阶段中多元并用(必须两种方法至少在研究的一个阶段中同时出现)
　1. 研究的类型——定性研究并/或定量研究
　2. 资料搜集/操作——定性研究并/或定量研究
　3. 分析/推论——定性研究并/或定量研究

其中,"混合模型研究"是实用主义范式的产物,是在研究过程的不同阶段将定量路径和定性路径结合起来的学术努力。对此的一个重要佐证就是,以"场域""资

---

① (美)阿巴斯·塔沙克里,(美)查尔斯·特德莱.混合方法论:定性方法和定量方法的结合.唐海华,译.重庆:重庆大学出版社,2010:13-14页.

本""惯习"等概念与命题为把手而成就"反思社会学"①的布迪厄,将其反思取向的社会学描述为"建构主义的结构主义"(constructivist structuralism),通过把定量与定性视为研究过程的"两个必要时刻"(two necessary moments)而致力于解决"结构—行动"问题(the structure-agency question)②。在教育研究领域,致力于教育研究之第三种研究范式(即混合方法研究)的约翰逊和奥韦格布兹宣称,定量研究与定性研究二者均重要且"有用"(useful),混合方法研究的目标不是要取代其中的任何一种,而毋宁说是吸取两者的优长并最小化其弱点。如果把定性研究与定量研究视为一个连续统的两个极端,则混合方法研究覆盖了中间区域的大量点集(the large set of the points of the middle area);如果进行分类性的思考,那么混合方法研究则坐在第三把新椅子上,而定性研究坐在其左边,定量研究坐在其右边③。也正是在过去的30多年里不同学者就定性取向和定量取向结合研究进行的持续探讨和争论、随之而来的大量文献的涌现和积累,以及混合方法论诸多问题的有待澄清和有望达成这些背景之下,由美国塔沙克里和克瑞斯威尔任主编的《混合方法研究杂志》(*Journal of Mixed Methods Research*)于2007年创刊,这标志着混合方法新纪元的开启④。

至此,可以对这三种不同的研究范式进行小结性的比较:

表5　社会科学中三种主要研究范式的比较⑤

	实证主义	建构主义	纯粹主义
研究方法	定量	定性	定量+定性
推论逻辑	演绎	归纳	演绎+归纳
认识论	客观论;认识主体与认识对象是二元关系	主观论;认识主体与认识对象是不可分割的	客观论和主观论并存;两者是一个连续谱而非对立的两极
价值观	研究是价值中立的	研究受到价值的限定	在展开研究操作及得出、阐释研究结论时,价值有很大影响

---

① Pierre Bourdieu & Loïc J. D. Wacquant (1992). *An Invitation to Reflexive Sociology*. Cambridge, UK: Polity Press; Pierre Bourdieu (2004). *Science of Science and Reflexivity*. Palo Alto, CA: Stanford University Press.
② Pierre Bourdieu (1990). *In Other Words: Essays Towards a Reflexive Sociology*. Palo Alto, CA: Stanford University Press. 123-127.
③ R. Burke Johnson and Anthony J. Onwuegbuzie (2004). Mixed Methods Research: A Research Paradigm Whose Time Has Come. *Educational Researcher*, Vol. 33, No. 7, 14-26.
④ Abbas Tashakkori & John W. Creswell (2007). Editorial: The New Era of Mixed Methods. *Journal of Mixed Methods Research*, Vol. 1, No. 1, 3-7.
⑤ (美)阿巴斯·塔沙克里,(美)查尔斯·特德莱.混合方法论:定性方法和定量方法的结合.唐海华,译.重庆:重庆大学出版社,2010:22. 引用时有节略。

(续表)

	实证主义	建构主义	实用主义
本体论	天真的现实主义(存在外在、客观的现实,研究可予确认)	相对主义(本体论现实主义,多元、主观建构的现实)	承认外在的现实;"真理"乃选择最能产生预期或想要结果的解释
因果联系	结果之前或同时,必有真实的原因	一切事物都会同时相互塑造,不可能区分原因和结果	可能存在因果联系,但我们永远无法将之确定下来

这里需要顺带提及我国的情况。据笔者目力所及,进入新世纪以来,方见有对作为"第三次方法论运动"的"混合方法"的零星译介(论文、译著合计约二三十篇/本)。倒是一个奇怪而又多少有些令人匪夷所思(若从知识社会学角度考察批判者的情形便不觉奇怪了)的现象值得留意:在我国教育研究领域,鲜见值得称道的定量研究,而对定量研究的反思乃至批判却并不罕见,有时火力还比较集中。譬如,20世纪90年代初有研究者认为,教育研究的实证化趋向把教育现象类同于自然现象,从而忽略了教育现象作为社会人文现象所具有的社会性和历史性,忽视了教育研究的独特性和复杂性。为此提出了教育研究中价值研究、事实研究和应用研究的统一,解释性研究和实证性研究的统一,整体性研究与部分性研究的统一,参与性研究和控制性研究的统一的多元化研究方法体系[①]。整个90年代,对教育研究中所谓"科学主义"和"实证主义"的批评不绝于耳[②]。有的研究者走得更远,认为人种学作为质性研究方法的源头,虽非教育的唯一方法,却是教育研究的一种根本方法[③]。这些批评虽不无道理,但总有"时空错置"甚或"无的放矢"之憾,至少显得有点像是别国的教育研究出了"毛病"(所谓"科学主义""实证主义")而让我国学人吃药。不过也有学者冷静地指出,在我国教育研究领域,科学的训练和科学的范式还没有建立,谈不上"主义";实证主义是科学主义的近亲,它虽受到挑战,但仍有其合理成分;教育研究需要多种方法、多条途径[④]。

---

① 金生鈜.教育研究实证方法的分析与研究方法的多元化.教育研究,1993(7).
② 譬如见杨东平,周谷平.我国当代教育中的科学主义取向.清华大学教育研究,1997(1);郭元祥.关于教育学研究的科学性的若干问题思考——兼析对教育学研究现状的评价.华中师范大学学报(哲社版),1997(1);毛亚庆.论教育学理论建构的科学主义倾向.北京师大学报(社科版),1997(3);张斌贤.试析当前教育研究中的"唯科学主义".清华大学教育研究,1998(1),等.
③ 王洪才.人种学:教育研究的一种根本方法.厦门大学学报(哲社版),2008(3).
④ 周作宇.没有科学,何来主义?——为教育研究中的"科学主义"辩护.华东师大学报(教科版),2001(4).

四、教育社会学研究:走向实用主义

若从实用主义之"综合""实效""折中""行动""问题中心"等蕴含[①]来看,似乎不难看出教育研究社会学,特别是我国教育社会学研究及其发展呈现"实用主义"的系列端倪,列表如下:

表6 走向实用主义的教育社会学研究[②]

横向阅读	纯粹主义Ⅰ	纯粹主义Ⅱ	实用主义
学科性质	规范学科论（中国、"二战"前后的美日）	事实学科论（安吉尔、布鲁克弗、吴康宁）	事实与规范兼有学科论（巴兰坦、柴野昌山、张人杰）
价值观	践行价值判断（教育学的教育社会学,众多"教育社会学"从业者）	奉行事实判断（社会学精神:新崛通也、"学术底线":吴康宁）	事实与价值结合论(董泽芳[③])注重问题导向、实践传统,反对"唯科学化"(刘云杉[④])
研究方法	定性研究	定量研究	混合方法论（欧美）多元综合论（董泽芳）
推论逻辑	归纳	演绎	演绎＋归纳（吴康宁、董泽芳、国外混合方法论者）
因果认识	通过质性研究,试图诠释"意义适当性"和"因果适当性"	通过量化研究,试图检验"理论观念"和"经验事实"的关联	因果认识永远处于有待验证（进一步证实）的假设状态[⑤]
研究层面	微观（"新"教育社会学、互动论、现象学、常人方法学）	宏观（20世纪60年代前,源自涂尔干、帕森斯的结构功能主义）	贯通论（董泽芳[⑥]、吴康宁[⑦]、张人杰[⑧]）

---

① 实际上,致力于教育研究之第三种研究范式(即"混合方法研究")的约翰逊和奥韦格布兹更心仪"混合研究"(mixed research)或"综合研究"(integrative research),而非"混合方法研究"(mixed methods research)这个标签,因为前两者更宽泛、更包容,更具明晰的范例性;他们使用"混合方法"这一术语也只是出于它时下的流行而已. R. Burke Johnson and Anthony J. Onwuegbuzie (2004). Mixed Methods Research: A Research Paradigm Whose Time Has Come. *Educational Researcher*, Vol. 33, No. 7, 14-26.

② 本表只是为了简便起见而制,主要应该采取横向阅读方法;除个别栏目(如学科性质和价值观)外,纵向内容未必一一对应,比如规范学科论的逻辑推理未必就是归纳、微观研究,事实学科论的未必就是演绎、宏观研究,等等.

③ 董泽芳,胡春光.从二元对立到多元综合——教育社会学方法论的历史演变.华中师大学报(人文社科版),2006(6).

④ 刘云杉.告别巴别塔:走入世界的中国社会科学.北京大学教育评论,2011(2).

⑤ 吴康宁.在假设的世界中生存——关于人的一个假设.高等教育研究,2005(9).

⑥ 董泽芳,胡春光.从二元对立到多元综合——教育社会学方法论的历史演变.华中师大学报(人文社科版),2006(6).

⑦ 吴康宁.当前我国教育社会学发展的三个基本问题.教育研究与实验,2008(6).

⑧ 张人杰.教育社会学的宏观与微观研究:区别、关系及贯通.教育研究与实验,2010(4).

（续表）

横向阅读	纯粹主义Ⅰ	纯粹主义Ⅱ	实用主义
学科资源	"与国际接轨"论（其主要身份是教育社会学研究的评论者）① 长期"学习欧美"（钱民辉）② 精读（西方）经典（闫引堂）③ 套解西语或别学科（众研究者）	"中国特色"论（独立封闭状态） 扎根"本土境脉"（吴康宁） "本土化论"（不少论者）	"三通论"④（董泽芳） "好猫论"（吴康宁） 走向"教育社会理论"（吴康宁）⑤
研究取向	学科概论为主	分支学科为主	问题中心

限于篇幅，这里只对上表中除了一些一目了然之外的若干方面撮要说明如下：

学科性质。自美国的沃德于1883年在《社会动力学》一书中提出了"教育社会学"概念伊始，以改进教育实践为直接目的的"规范性教育社会学"就占据了"二战"以前教育社会学的主流地位⑥。受此影响，日本教育社会学在其初创阶段（1945—1954）的主导取向也是注重用社会学成果来解决教育实际问题的规范性教育社会学⑦。我国自教育社会学草创至改革开放后重建的相当长时期，"规范学科论"亦占有主导地位，而且至今强劲势头不减。另一方，教育社会学在诞生不久就存在着"事实学科论"对"规范学科论"的抗争，直至取而代之成为主流。美国的安吉尔1928年首次提出与"educational sociology"相对的"sociology of education"⑧概念，后经布鲁克弗1949年的"Sociology of Education：A Definition"⑨一文进一步阐

---

① 吴康宁.当前我国教育社会学发展的三个基本问题.教育研究与实验，2008(6).
② 钱民辉.对国外教育社会学知识体系的思考.北京大学学报（哲社版），2003(1).
③ 闫引堂.精读原典 培养文科研究生的学术原创能力.学位与研究生教育，2007(2)；新制度主义的发展：领域拓展还是理论深化？——评迈尔和罗万主编的《教育中的新制度主义》.北京大学教育评论，2010(4)：176.
④ "中西融通""古今贯通"科际会通"[董泽芳，胡春光.从二元对立到多元综合——教育社会学方法论的历史演变.华中师范大学学报（人文社科版），2006(6)]。
⑤ 吴康宁从2004年反对"尊奉'西方话语、套解中国现实"而提倡扎根"本土境脉"，到2008年提出"'建设适合于中国的教育社会学'的指导方针"，2009年认同学科资源吸取方式上的"好猫论"，再到2010年提出"走向'教育社会理论'"（强调教育社会学有必要因应人文社会学科之间日增的交叉、互涉、综合而兼容并蓄其他学科的滋养，以便为解释与"解决"当下中国教育现实问题作出更加"切实有效"的贡献），可视为"实用主义"（"问题中心""综合论""实效论"意义上）色彩渐浓的一个典例。分别参见吴康宁."有意义的"教育思想从何而来——由教育学界"尊奉"西方话语的现象引发的思考.教育研究，2004(5)：19-23；当前我国教育社会学发展的三个基本问题.教育研究与实验，2008(6)：9-16；我国教育社会学的三十年发展（1979—2008）.华东师大学报（教科版），2009(2)：1-20；"社会理论"的兴起对教育社会学意味着什么.教育研究与实验，2010(4)：9-15.
⑥ 吴康宁.教育社会学.上海：人民教育出版社1998：23-28.
⑦ 吴康宁.当前我国教育社会学发展的三个基本问题.教育研究与实验，2008(6)：16.
⑧ Robert C. Angell (1928). Science, Sociology, and Education. *Journal of Educational Sociology*, Vol. 1, No. 7, 406-413.
⑨ Wilbur B. Brookover (1949). Sociology of Education：A Definition. *American Sociological Review*, Vol. 14, No. 3, 407-411.

述,直到大势所趋之下,创刊于 1927 年的"The Journal of Educational Sociology"杂志最终在 1963 年易名为"Sociology of Education"之际,事实学科论这一研究范式"终于退缩一隅"①。在中国,吴康宁的《教育社会学》一书提出"教育社会学是教育学的基础学科"的观点,确立了事实学科论的凸显地位②。与此同时也应该注意到,无论是美国(如巴兰坦)还是日本(如清水义弘、柴野昌山),均有学者持折中的"事实与规范兼有学科论"③。我国更是如此,诸如"边际学科论"④与"边缘学科论"⑤、"综合学科论"(教育社会学乃交叉、边缘学科)⑥、"(社会学的一门)具体学科+(教育学的一门)子学科论"⑦及"边缘+基础学科论"⑧等观点,均可视为"事实与规范兼有学科论"的变异体或改良式。而张人杰十年前就曾隐约表达⑨、新近更是明确提出:"我国教育社会学主流取向应当'重新做出抉择',如今看来,将'事实与规范兼有论'列为应有的一种主流取向似更合适。"⑩

价值观。作为"纯粹主义"之一的规范学科论及其研究范式践行价值判断;作为"纯粹主义"之二的事实学科论奉行价值中立,将事实判断视为教育社会学的"学术底线"⑪。而作为"实用主义"的事实与规范兼有学科论则认同事实与价值结合论,提倡行动干预和实践应用的教育社会学。有学者经对我国当前一些文献检索和教育社会学主要会议材料的分析发现,作为应用研究的文献几乎占到了 80% 以上,研究者们所关注的现象多以当前的教育政策、教育改革、教育焦点问题为主⑫。而在欧美,"所有事实均负载理论"(all facts are theory-laden)、"没有研究能够价值中立"(no research can be value-free)的观念⑬在 20 世纪七八十年代就十分盛

---

① 吴康宁. 教育社会学. 人民教育出版社,1998:10 - 31.
② 吴康宁. 教育社会学. 人民教育出版社,1998:12.
③ 吴康宁. 当前我国教育社会学发展的三个基本问题. 教育研究与实验,2008(6):16;Yoshihiro Shimizu (1972). Trends in Educational Sociology in Japan. *International Review of Education*,Vol. 18, No. 1, 113 - 117;Takayasu Nakamura (2013). Sociologization, Pedagogization, and Resociologization: Has the Post-war Japanese Sociology of Education Suffered from the Galapagos Syndrome? *International Journal of Japanese Sociology*,Vol. 22, No. 1, 67 - 68.
④ 林生传. 教育社会学. 台湾:复文图书出版社,1985:2(增订版).
⑤ 厉以贤. 试谈教育社会学的学科性质和研究对象. 北京师大学报(哲社版),1985(2):83 - 88;裴时英. 教育社会学. 天津:南开大学出版社,1988:1.
⑥ 钱民辉. 教育社会学——现代性的思考与建构. 北京:北京大学出版社,2004:9.
⑦ 楚江亭. 教育社会学研究与发展的困境及应重视的问题. 当代教育论坛,2003 (1):17.
⑧ 杨昌勇,郑淮. 教育社会学. 广州:广东人民出版社,2005:8.
⑨ 张人杰. 中国大陆教育社会学的二十年建设. 华东师大学报(教科版),2001(6):5 - 6.
⑩ 张人杰. 教育社会学研究对象探索中需要澄清的三个问题. 教育研究,2009(9):98 - 102.
⑪ 吴康宁. 当前我国教育社会学发展的三个基本问题. 教育研究与实验,2008(6):8 - 16.
⑫ 钱民辉. 中国教育社会学研究的最新动向及评述. 北京大学学报(哲社版),2009(3):73 - 79.
⑬ 最终,将这两种观念比较系统地运用于教育研究,特别是教育社会学研究而撰写专著的学者,当推美国的波普科维茨。Thomas S. Popkewitz (1984). *Paradigm and Ideology in Educational Research*; *The Social Functions of the Intellectual*. London: Falmer Press.

行——至少遍及欧洲,(教育)社会学中的"纯粹"研究被其时变得既确定(established)又面临被废除(disestablished)的悖论所围困①——以致英国方法论学家哈默斯利说其"最近已成为教育社会学中的老生常谈"②。而今更有学者提出,教育研究乃是一种"知识的实用主义理论"(a pragmatic theory of knowledge)、一种并没有撒除价值偏见的旁观者理论(a spectator theory avoiding value bias)所形塑的"实用科学"(a practical science),即一种行动研究(a form of action research)③。从某种意义上可以说,社会学的问题(特别是其经典的秩序与控制的问题)、因而教育社会学的问题,就是价值的问题;"价值",自始至终形塑着这门学科(values shape the discipline from beginning to end)④。

研究取向。无论中外,教育社会学研究乃至整个教育科学的研究总体呈现由"学科体系"取向向"问题中心而方法多元(综合)"取向转移的特征⑤。特别是在我国,重建以来的教育社会学研究,其总体性质已经历"两次转型":从"学科概论性研究为主、分支领域性研究为辅"的阶段,到"学科概论性研究与分支领域性研究齐头并进"的阶段,再到"分支领域性研究为主、学科概论性研究为辅"的阶段⑥。在分支领域研究中,又已经并正在经历从"概论性研究为主、具体问题为辅"到"具体问题研究为主、概论性研究为辅"的转向⑦——而这第三次转型的显著特征就是:"从强分支领域到弱分支领域""从有分支领域到无分支领域",注重对我国具体教育问题的"跨分支领域的""综合的""融通的""切实的"解释⑧,体现了"问题中心""取法多元"的实用主义色彩和趋势。台湾学者张建成在考察国际教育社会学流变和智慧的基础上提出,未来的教育社会学研究须"加强本门同仁内部以及与其他领域学者之团队合作(以便'将因方法而害目的的危险降到最低')"及"加强实践的性格以

---

① John Eggleston (1976). Research in the Sociology of Education. *Paedagogica Europaea*, Vol. 11, No. 1, 123-132.
② Martyn Hammersley (1985). The Good, the Bad and the Gullible. *British Journal of Sociology of Education*, Vol. 6, No. 2, 243.
③ John Elliott (2006). Educational Research as a Form of Democratic Rationality. *Journal of Philosophy of Education*, Vol. 40, No. 2, 169-185.
④ Alan Dawe (1970). The Two Sociologies. *The British Journal of Sociology*, Vol. 21, No. 2, 207-218.
⑤ 张斌贤.从"学科体系时代"到"问题取向时代"——试论我国教育科学研究发展的趋势.教育科学,1997(1):16-18;劳凯声.中国教育学研究的问题转向——20世纪80年代以来教育学发展的新生长点.教育研究,2004(4):17-21;Alan R. Sadovnik. (2011). Theory and Research in the Sociology of Education. In Alan R. Sadovnik (Eds.). *Sociology of Education: A Critical Reader*, 2nd Edition. New York & London: Routledge, 3-19.
⑥ 吴康宁.现代教育社会学丛书.北京:北京师大出版社,2003;总序;我国教育社会学的三十年发展(1979—2008).华东师大学报(教科版),2009(2):1-20.
⑦ 吴康宁.现代教育社会学丛书.北京:北京师大出版社,2003;总序.
⑧ 《社会学视野中的教育丛书》(吴康宁主编,南京师大出版社2006年至今出版发行)或可视为其代表。

促进理论与实际的整合"等注重教育实践与问题、采取综合方法的主张[①]。欧洲同仁亦指出,自 20 世纪中叶教育社会学通过摆脱功能主义的支配而发生历史转向以降,历史、社会、种族、性别问题及其与教育的紧密联系开始占据教育之社会学分析(sociological analysis of education)的要津[②];而今,如果教育社会学不再于关键领域对主要教育、社会及经济问题作出重大贡献,将会面临失势的危险[③]。美国圣母大学教授莫琳·哈里楠继 2000 年为纪念对 20 世纪教育社会学产生深远影响的詹姆斯·科尔曼而编辑出版《教育社会学手册》[④]之后,新近又编撰出版了《教育社会学前沿》[⑤],其中把泰半篇幅留给了全美知名社会科学家、历史学家、行政官员及教育家等非教育社会学家,以期用他们具有相当广度和深度的论文,为占据另一小半篇幅的教育社会学家的前沿研究(cutting-edge research)提供一个有趣的对比(an interesting counterpoint)。哈里楠本人以"增进社会学研究与教育政策的互动"为题的首章昭然亮明了她及其通道"弥合研究与实践之间沟壑"[⑥]的一贯主张。面对俄罗斯举国没有一个教育社会学研究中心——包括那些运行于俄罗斯教育研究院和科学研究院的机构在内——对俄联邦教育与科学部实施的诸如统一国家考试、教育财政机制等重大改革问题作出及时反应(预测和效果分析)这一局面,俄罗斯学人于 2009 年举行全俄"教育与社会"圆桌会议,觉悟俄罗斯教育社会学需要重新思考其使命和理论,需要变得更多地参与教育系统的改革。其中有学者严正指出,教育社会学在俄学术与高等教育空间中的位置,将取决于它是否一仍其旧地滞留于一种"纯科学"(pure science),搞成一种非常狭小圈子里的专家举行会议的场所;教育社会学的可能出路,是要确保在综合和大规模理论的基础上获得一种发展、并不断发展的社会技术(social technology)之品质,对教育政策等重大问题作

---

① 张建成. 教育社会学的流变与智慧:由 A. H. Halsey 等人所编三本教育社会学文集谈起. 外国中小学教育,2005(3):4-10.
② Mustafa Sever (2012). A Critical Look at the Theories of Sociology of Education. *International Journal of Human Sciences*, Vol. 9, No. 1, 650-671.
③ Hugh Lauder, Phillip Brown & A. H. Halsey (2009). Sociology of Education: A Critical History and Prospects for the Future. *Oxford Review of Education*, Vol. 35, No. 5, 569-585.
④ Maureen T. Hallinan (2000). *Handbook of Sociology of Education*. New York: Kluwer Academic/Plenum Publishers.
⑤ Maureen T. Hallinan (2011). *Frontiers in Sociology of Education*. New York: Springer.
⑥ Jr. Peter W. Cookson (1987). Closing the Rift between Scholarship and Practice. *Educational Policy*, Vol. 1, No. 3, 321-331; Alan R. Sadovnik (1995). Postmodernism and the Sociology of Education: Closing the Rift among Scholarship, Research, and Practice. In George Noblit & William Pink (Eds.). *Continuity and Contradiction: The Futures of the Sociology of Education*. Cresskill, NJ: Hampton Press; Maureen T. Hallinan (1996). Bridging the Gap between Research and Practice. *Sociology of Education*, Vol. 69, Extra Issue: Special Issue on Sociology and Educational Policy: Bringing Scholarship and Practice Together, 131-134.

出实际贡献①。环球而视,问题中心、方法综合、关联实践至少是许多大国教育社会学研究的一大取向和趋势。

五、困惑与讨论

（一）实用主义的魅力与困惑

实用主义被推崇为证明混合方法和混合模型的应用具有确当性的最佳范式。其天生魅力在于:(1)它为我们提供了可以从哲学上将混合方法和混合模型设计的应用包容在一起的哲学范式(换句话说,它为混合方法论提供了哲学之根);(2)它摆脱了应用那些曾引起无尽(也多为无用)讨论和争辩的形而上学概念(如"真理""现实");(3)它提出了一种非常可行和实用的研究哲学:研究你所感兴趣的和对你有意义的问题,应用你认为合适的不同方式去研究这些问题,并以能为你的价值观体系带来积极后果的方式使用这些研究的结果。

但从另一方面来讲,实用主义在研究问题上的"取我所需"——研究你所感兴趣的(有意思)、对你有意义的(好玩)或者你胜任研究的(所能)问题,在研究方法上的"法无定法"——应用你认为合适的不同方式去研究这些问题,以及在研究结果上的"为我所用"——以能为你的价值观体系带来积极后果的方式使用这些研究结果(实乃希望研究结果与研究者的价值观体系相一致)等思想信条与行动准则,是无法令人信服地回答究竟如何处理研究中诸如预设与结论、理论与事实、主观与客观等一系列问题的;也难怪涂尔干当年批评说,实用主义过度强调了个体的心理方面而忽略了社会方面。当然,衡诸实用主义的理路,诸如定性与定量、归纳与演绎、主观与客观、事实与价值、个体与社会等"二元关系"抑或"非此即彼",原本就是应该加以拒绝和抛弃的。"方法从之于问题""方法皆备于我,尽为我所用""有用即真理""确立更灵活的真理"……是实用主义响亮的口号。这类口号虽不无启发性与冲击力,但难免存在"留一半清醒留一半醉"式的无奈与自慰,也不脱"有了快感你就叫"式的痞子文化气息,更与"怎么搞都行"式的后学颓风半斤八两。

（二）"新动向"(事实判断)还是"新取向"(价值判断)

所谓"从'纯粹主义'到'实用主义'"的研究方法论动向是实然还是应然？抑或基于实然的应然？如果基于实用主义的理脉来回答,那未必就能、也不需要像小葱拌豆腐一样说得一清二楚。题目中"从××到××"的句式,只是为了表达方便而

---

① Methodological Problems of the Present-Day Sociology of Education: A Roundtable (2011). *Russian Education and Society*, Vol. 53, No. 5, 61–74.

已(当然我也承认有一种吸引眼球的"实用"考量),任何语词和表达都未免不是一种武断、简化乃至误导。在这里只想强调指出两点:第一,教育社会学方法论虽然在大体上不乏"从纯粹主义到实用主义"之历时性的端倪或趋势;但同时也有、甚至更多的是两者共时性的交错、交织与交叉,于是,那种历时性的趋势大约也就是一种螺旋式的动向了。第二,究竟是事实判断抑或价值判断,问题十分繁复,需由专文探讨①,这里只需要说明的是,本文开篇提及涂尔干在法国索邦大学发表演讲、论证"社会学高出实用主义的地方",尽管他标举实证主义大旗和客观性原则,但当时他面对实用主义横扫法国知识界之际,其内心的主要关切,其实主要不是由于客观真理与知识本身的缘故,更主要的是由于他对其时法国由激烈的反对派对抗天主教会权力而引发的社会大动乱的忧心忡忡,和对真理与知识的道德作用(moral role)的欲求,寄望由此发展出一种客观的基础(objective basis)以建立新的和谐秩序②。原来,是涂尔干举着实证主义和客观真理的大旗,伸张自己的价值和欲求罢了。

(三) 教育社会学方法论还是社会(科)学方法论,国外的还是我国的

有两个不得已的行文困惑也是需要提请读者指教的:一是能否从社会(科)学推导教育社会学,二是能否从国外(教育)社会学推导中国(教育)社会学。对于第一个问题的勉强回答是,从社会学乃至社会科学推导教育社会学,这本是本文所论走向实用主义之教育社会学的题中之意。对于第二个问题,能否容忍笔者大言不惭地以"立足中国、放眼世界"而聊以自慰?

---

① 程天君. 价值中立与价值关联的交织——教育社会学学科性质的一个内在焦虑. 教育研究,2010(12):44-50;事实学科论:教育社会学的"一个或所有"问题——围绕"价值中立"观念的一个元分析. 高等教育研究,2013(7):18-27.

② Steven Lukes (1972). Emile Durkheim: His Life and Work. *New York*: Harper & Row; Michael Young & Johan Muller (2007). Truth and Truthfulness in the Sociology of Educational Knowledge. *Theory and Research in Education*, Vol. 5, No. 2, 173-201.

文化社会学:教育研究的新空间

陕西师范大学 常亚慧

内容提要:文化社会学对日常事件细节的关注,跨越边界的可能性思考,介入现实的反思行动,无疑拓展了另一种教育研究的路径与思考的空间。

一个对学校空间中的"琐碎事件"进行分析的研究到底有多大的意义?对于一个还没有足够的能力和勇气挑战自身及其所处"学术场域"[①]中问题的新手,也许这仅仅是一个"借口",为自己的不足和浅薄进行辩解,如果有资格辩解的话。社会学的精神是什么?教育社会学研究的问题域如何拓宽?"谁的"与"何以可能"[②]之后,社会学的"学科之眼"[③]将如何洞察教育?维特根斯坦(L. Wittgenstein)说:"洞见或透视隐藏于深处的棘手问题是艰难的,因为如果只是把握这一棘手问题的表层,它就会维持原状,仍然得不到解决。因此,必须把它'连根拔起',使它彻底地暴露出来;这就要求我们开始以一种新的方式来思考。"[④]以一种新的方式来思考问题,自然就成为教育社会学的新使命。然而,当我们还不能确定这个新的思考方式到底是什么的时候,对"实在问题"的研究路径之探询,就成为寻找教育社会学新的思考方式的一种必要尝试。换句话说,我们可以在"何以可为"的层面上来介入问题,从而进一步透视"谁的"与"何以可能"的问题,以学校空间中的"琐碎"事件作为切入点,在动态的过程中展示国家与教师的关系[⑤],问题的研究落在了结构和行动遭遇的动态日常生活中。

一、批判抑或救赎

从学校日常生活出发,去解析教师的行动策略,去剖析教师与国家的互动,日

---

① "学术场域"只是一个为了方便研究问题,人为设定的边界而已。然而,要跨越一个边界,"需要的不只是勇气和信心,更需要的是智慧。""智慧"是什么?是一种提问的方式,是一种把握问题的意识,更是一种透视问题的视角。
② 高水红."谁的"与"何以可能"——教育社会学研究的两种知识学设问.南阳师范学院学报(社会科学版),2004(10).
③ 吴康宁.社会学视野中的教育.教育研究与实验,2006(4).
④ (法)皮埃尔·布迪厄,(美)华康德.实践与反思.李猛,等译.北京:中央编译出版社,2004:1.
⑤ 孙立平."过程—事件分析"与当代中国国家农民关系的实践形态.清华社会学评论,2000(1).

常生活中的"真实"如何确认和评判？这是日常生活研究无法回避的诘难，对日常生活的批判，主要是寻觅被隐藏的、被遮蔽的、被压抑的平常性背后之不平常性。如果要在日常层面上展开问题的话，就需要引入一种文化的事实，这种文化事实往往会让日常生活批判走向自己批判的对象。因此，日常生活批判本身就是需要反思和批判的，批判是一种张力的联合，并不是一味地批判。批判之后需要的是重新出发，而不是毁灭。对日常生活的批判并不是批判生活本身，批判的仅仅是日常生活中的"生存技术"。"生存技术"的作用既表现在使日常生活正常化、规范化，同时也表现在激活其内部的变化，它已经从视角上把握住了可能是作为核心的问题。其目的是要进一步揭示这些生存技术是怎样做到在学校日常生活中不只是建立秩序，同时也因为其异质性以及它们被铭刻于其实践中的异质性而被包含在对日常秩序的破坏和重建之中。如果我们要探询生存技术是怎样同时加强和削弱构成日常生活的常规安排和过程时，我们既可以继续看到日常生活批判内部的那种对从"平凡中识别出不平凡"的关注，同时，也能瞥见一种能替代那些关注，看到一种日常生活建构时由社会技术关系带来的更为丰富多样的、动态的连锁反应[1]。因此，对日常生活的批判并不是一种有效的持续手段，在很多时候，日常生活本身也是一种困境。正如斯科特（James C. Scott）所认为的，反对派话语实践远不只限于市政厅辩论，并不是人人都能在自由空间安全地陈述反对意见。因此，哈贝马斯（J. Habermas）所说的那种理想话语境地中的"对话"与"交流"是需要一定的前提和基础的，对于那些社会底层或者说是无名的下层人，比如农民工、下岗群体、无业游民或"流氓"[2]来说，是非常遥远的。这些底层，可能"一直被框定在特定的、被认为是不体面的甚至是丢人的职业结构里，因此受到来自社会各方面的歧视与凌辱，他们被排除在社会迁升的可能性之外。但就福柯意义上的权力而言，他们虽然生活在社会边缘，却同样受到权力的监控与宰制。他们被嵌入社会的底层无法自拔，就是来自当权者的法律规定"[3]。在本研究中，作为受制群体的教师正是在一种类似于底层的生存困境中挣扎的，教师在学校日常生活中的"表象的自由"和"事实不自由"之间矛盾地生活着，正如同生活在底层的人们一样，尽管他们意识到自身生存的困境，却无法摆脱这种现实的困境。不管他是不愿摆脱，还是无法摆脱，已经成为教师生存和行动的现实。在这样的困境中，教师还可以行动，是否还有一些生活在底层却无法行动的受制者呢？研究者继续在思考着这样的问题。

---

[1] 陶东风，周宪. 文化研究（第6辑）. 桂林：广西师范大学出版社，2006：252.
[2] 朱大可. 流氓的盛宴——当代中国的流氓叙事. 北京：新星出版社，2006.
[3] 范可. "底边"的叙事. 读书，2007(1).

日常生活的批判是为了展示被遮蔽的人群和行动,它只是对意识形态批判和政治生活的补充,并不是否定。因为,被掩盖在日常生活之下的只是"事实"的展示,呈现的是下层或底层的群体处于何种生存状况,及采用何种的抵抗。因此,作为一种"地方性的知识",它并不具有普遍意义,对它的解释和运用也要视情况而定。如果一个社会中绝大多数的群体享有公开表达言论的自由以及阐述意见的渠道,我们就不能过高地估计"隐蔽文本"对抗的政治意义。因此,日常生活批判仅仅局限于作为"生存技艺"的批判和揭示,并不是颠覆性批判,倘若持有批判话语者滥用手中的批判权和批判话语的话,那将是非常可怕的事情。因为,权力总是一方对另一方的压迫和宰制,对于日常生活的批判需要的是心平气和地阐释问题,"既不过于理想化又不至于妖魔化",我们需要与日常生活的平常性和平相处,而不是身着盔甲,随意挥舞手中的"武器",如果有资格拥有武器的话。不但反思研究对象,更要反思自身的研究问题和研究场域,这可能就是布迪厄所说的"反思社会学"的实践。对日常生活批判的批判可能就是一种批判的"张力",即"一种很像与日常生活批判有关的避免对相同事物的没完没了的习惯性的重复机制"[①]。在有"张力"的结构中对日常生活进行批判,其目的并不是为了批判的批判,而是要坚守一种延续性的批判,也就是说需要"更多地关心如何发展一种框架,这种框架能使对日常生活的分析摆脱日常生活批判目前所受到的两种禁锢。一是将习惯和重复的所有形式都放到社会性建构的两极(如系统对生活世界)中的一极,其结果是:习惯和重复全部被看作是通过同样的方式、带着同样的结果强化着整体的权力结构;一是将这种倾向与对人的不同评价系统合并起来,这个不同的评价系统建立在人的行为受习惯势力所统治的程度上,按照作为他们特征的自我的深度或复杂程度来划分等级"[②]。哈贝马斯尝试建立一个糅合了个人与制度层面的"双重"架构:"系统—生活世界"。他虽然采取了"系统—生活世界"这一"双重"架构去理解和分析社会现象,但从其早期学说以至晚期理论来看,都是以个人或生活世界为主导,引出"系统"层面的理性化,展现现代社会救赎的可能性,其最终也没有摆脱日常生活的批判困境,现代社会救赎的可能性在哪里?

当现代人的生活变得没有确定形式时,多元化、碎片化与片断化成为日常生活的一般状态,后现代成了在沙漠化的日常生活中的漫步者、漂泊者、旅游者以及游戏者,启蒙为个人开辟的筹划自我的方案在当代的处境中已经成为"生活政治"。

[①] 陶东风,周宪.文化研究(第6辑).桂林:广西师范大学出版社,2006:262.
[②] 陶东风,周宪.文化研究(第6辑).桂林:广西师范大学出版社,2006:262.

正如利奥塔所说,"对后现代的着迷并不意味着某种新东西的诞生,而是在现代性之下看起来熟悉的东西以及含义的种种决定性方式的一种滑移"①。不同文化中的人有自己的出发点和问题,我们应当反思我们自己当下的处境和我们的文化面临的核心问题,其中的实质问题就是文化的反思和自觉。可以设想这样一种情境:"一个遭受了极端的不公正、走投无路的弱者最终孤注一掷、铤而走险,但却完全没有能力直接向欺压他的强者报复,只能将怨恨发泄到同类或处境稍好的他人身上,而此时强者会以保护多数人利益和维护社会公正的名义将其严加惩处。在这一过程中,强者的权力毫发未损,反而因此增加了合法性和正当性。"②所以,"后现代"只是一种幻象,是一种流浪者的游戏。"作为现代性之产物及制度性反思的社会学,……随着现代性的推进,社会学在经历着种种辉煌与困顿的同时,也在不断地进行着重新定位"③。教育社会学面对这种困顿也需要反思,需要对现代性提出的问题进行应对,然而,现代性的救赎如果寄希望于后现代是无法实现的,现代性必须在自身的体系中寻找重生的可能,就如同日常生活的救赎也必须在日常生活中救赎一样。"后现代主义政治所强调的'他者'和'区域抵抗'可能在一个特定的场所繁荣兴旺。但是,它们在协调普遍被分裂的空间时,在资本主义全球化历史时代(这个历史时代处于特定时代的范围之外)的前进之中,都过于经常地服从于资本的力量"④。在全球化背景下进行教育研究,要处理好地方性知识与普遍性知识之间的关系,尽管只是一个技术的问题,却关涉到一个研究会不会成为一个学科寻找新的生长点的问题。在探讨问题的过程中,并不是要刻意地建构理论,只是需要尽量做到对整体发展的关注和回应,"现代性意味着以特定的制度监视民众,而这些制度是为了保证其效力才设计出来的"⑤。在现代性的普遍话语中,教育研究能否拥有主体性,可能首先必须有赖于教育研究能否抓住问题的根基,对建立在西方理念基础上的教育学科进行彻底的反思。反思,不是自我意识的深化,亦不是对立性的批判,而是排除任何预先立场与先验体系,经由整体事物相互之间的关系而凝聚出来的位置决定所有意义的内容。后现代仍然是停留在西方普遍性话语自身内部的问题架构,只有将西方再予以彻底地去自然化和去神话化,还原西方普遍性话语的特殊性,才能同时开启我们掌握自身特殊性的契机,创造出一直作为对方他者的我们的主体性。只有把自身与他人都视为多样性,共同作为历史的主体,才能发

---

① (美)戴维·R·肯迪斯,(美)方坦纳. 后现代主义与社会研究. 周晓亮,等译. 重庆:重庆出版社,2006:68.
② 郭于华. "弱者的武器"与"隐藏的文本"——研究农民反抗的底层视角. 读书,2002(7).
③ 成伯清. 走出现代性——当代西方社会学理论的重新定向. 北京:社会科学文献出版社,2006:序言.
④ (美)戴维·哈维. 后现代的状况. 阎嘉,译. 北京:商务印书馆,2003:299.
⑤ (法)弗朗索瓦·多斯. 从结构到解构(下卷). 季广茂,译. 北京:中央编译出版社,2004:337.

展出一个具有本土化以及开放与共享的普遍性的教育研究场域。二元对立本身就是现代性普遍性话语的产物,因此问题的核心不在于如何区分西方与中国,而是在于面对这个已经内在于我们自身的现代性,如何去提出我们自己的解释。现代性是社会理论发展过程中不可回避的问题,基于社会理论所进行的教育研究同样不能忽视现代性这一难题,文化社会学在某种意义上可以说是追问现代性问题而出现的。

二、跨越边界的对话

正是在一种张力的结构中,我们看到现代自我行动的多样性。同时,也正是在社会转型时期,在一定程度上造成了文化言路的转折和断裂,给现代自我提供了可能的"越界契机",产生了被允许进行自我界定和自我肯定的不受阻碍和流动的个性。在一定意义上,人可以通过各种斗争和反抗来打破"规范",跨越边界去倾听另一种声音,寻求另一种生命痕迹,在任何的方向上体验并开拓各种可能。一项研究总是要凸显理论上的意义,是寻求影响国家和教师作为行动者在互动策略中的一个可能的解释框架,使之可能对学校空间的秩序形成现象提供一种认识[①]。对于从事人文社会研究的学者来说,能够养成见微知著,小中见大,在微观与宏观之间循环往复的能力是异常重要的。而社会学的洞察力,正建基于这种能力之上。……社会学(社会理论)的目的,不仅仅是要开掘出具体社会领域中的隐秘,而且要展现给人们更为宏阔的学术视野,更具整体性的关于社会的知识框架。在这种意义上,具体的社会学研究只是"面",而构建起体大思精的社会思想/社会理论体系,才是他们真正的"底"。因此,应充分重视社会底层生活中的日常策略,从人们的日常行为中认识理论。

教育社会学研究既需要我们抵制学科封闭,也需要我们去除学科排斥,教育社会学研究需要的是我们基于社会现实和教育问题而进行的研究。这就需要研究者不仅敢于挑战既有的研究提问方式,还需要研究者具有敏锐的把握和洞察问题的能力,在不断超越自身学科视野的过程中把握研究的问题。研究者需要坚持"说出真相",这既是研究的任务,也是集体努力的目的,在这个追求目的的过程中,谁都没有特权。教育社会学的"学科之眼"并不是外烁的,需要自身问题意识的加强,以及提问方式的多样。只有在开放的、多元的视野之中,才能使学科走向繁荣。正如

---

① 张静.现代公共原则与乡村社会.上海:上海书店出版社,2006:236.

布迪厄所说,"哪里突破了学科的藩篱,哪里就会取得科学的进展"①。教育社会学的学科使命是什么？这可能不是一种有效的提问方式,但是我们可以在理论无法超越之时,暂时悬置理论,借用问题来凸显理论。问题来源于实践,实践中的教育是鲜活的,蕴藏着丰富的理论。对实践的关注需要的是敏锐地捕捉问题的能力和有见地的洞察问题展现方式的能力,"社会学需要抵制学科封闭以及与这种行动相伴随的学科排斥的诱惑。当然,做任何事情都需要确立一些边界,但是需要牢记的是,这些常常都处于变化之中,我们需要尽可能地开放这些边界"②。任何学科的边界都是相对的,都会被"外人"进入。文化社会学的跨学科性对教育研究起着非常重要的作用。从多元化与多层次来审视和进行教育研究,是当今教育研究的需要也是必须。教育学科的分类越来越细,教育实践对教育研究提出的课题越来越丰富和多样,如果还是坚守在固有的教育研究视域中,教育研究的趋向以及教育批判的可能都是要受到质疑的。文化社会学的多视角和跨学科性在某种程度上,可以拓宽教育研究的视域和透视问题的立场,为教育研究的纵深发展提供一种可能性。从文化社会学的发展历史和研究问题的视域来看,它非常强调开放性,在开放的过程中展开对教育问题的研究。在当今的教育研究中,教育的发展和教育研究的走向都是要求开放和跨越边界,在不同学科相互交融的视界中展开对教育问题的研究。

三、介入现实的行动

文化社会学有着强烈的对现实的介入和批判精神。这一精神也是建立在一种跨学科、分析和研究之上的。随着教育研究的不断深入和研究论题的不断延展,教育理论和教育实践的关系越来越成为困扰教育研究和发展的一个难题,面对这样的困扰和持久的难题,文化社会学的研究方式无疑会为教育研究带来一种新的尝试。从现实出发、从问题出发来展开研究和讨论的范围,既可以避免从理论出发的泛论,又可以避免没有任何理论指导的盲目实践,通过对问题的深入和不断拓展来尝试建构立足于问题之上的理论透视。在一个良性的循环中展开教育的研究,同时,立足于现实问题的教育研究,也可以规避教育研究中长期以来存在的"食洋不化"的弊病,立足于本土现实、本国文化,立足于教育本身的"真"问题来进行教育研究,从而使教育研究逃离沦为其他学科的试验田的命运。从文化社会学视角进行

---

① (法)皮埃尔·布迪厄,(美)华康德. 实践与反思. 李猛,等译. 北京:中央编译出版社,1998:197.
② (英)保罗·史密斯,(中)陶东风. 文化研究精粹读本. 北京:中国人民大学出版社,2006:118.

教育研究，就是要从传统的把教育作为整体论模式建构的架构体系解放出来，寻求以更微观的单位"深描"诠释学校中基层社会文化的可能性。

从文化社会学的视角来分析教育理论和实践的关系，实质上就是一个普遍性和地方性的矛盾，是一个一般和特殊的辩证关系。随着宏大叙事的式微，教育理论和实践的关系已经成为一个不存在的问题了，取而代之的是一个如何理解和重视地方性知识与地方性社会的问题，是一个在宏大叙事退场之后，如何应对和处理日常教学中的丰富实践的问题。实践的转向，对实践的重视和解析，成为教育研究新的生长点。教育研究不是书斋里的头脑研究，不是宏大的概念建构，而是一种在"中层"或者是在"区域"中建构起来的研究，文化社会学对地方性知识的强调、对受制群体的重视、对边缘群体的提升、对日常生活的提升，恰恰回应了教育研究的这一趋向。在对教师的研究中，往往把教师作为一个整体的阶级（阶层）进行研究，教师有着整齐划一的身份和意识，教师的行动往往也是跨越教育边界的整体性表达，而没有注意到教师作为自然人的身份和意识，教师来自不同的阶层和家庭，教师居于不同层次和空间的学校。实际上，教师所处的学校与国家之间的关系，不仅仅取决于国家政权的性质以及外来因素的制约，也受到学校内部结构的影响，而教师本身的行为和理念自然也应该在基层学校这一层面内部加以理解。基于学校空间来分析教师的行动，从而进一步展示出国家与教师的互动，这种互动，并不是直接的面对面的交往，但却是处处体现出国家权力控制方式的互动。从而更加明晰了国家控制在基层社会的体现，以及基层的丰富互动和个体的行动策略对于国家控制方式的微调甚至是改变。

对教育实践的关注从另一个层面来讲，就是关注日常教学生活中的意义，因此"这种定位于经验、理论严密、重在象征的价值研究方法，它的一个几乎可以肯定的结果就是那种由只建立于逻辑思考不建立于实际观察基础之上的理论出发而企图描述道德、审美及其他规范行为分析的衰落"[①]。在教育研究中引入文化分析，其主要目的是为了防止一种局限在边边角角的社会政策和小问题研究的桎梏。教育研究的出发点和着眼点是现实的教育问题，对现实教育问题的解释和研究，其实是要在具体层面上解决文化问题。教育社会学本身就是一门现实性极强的学科，这一学科如何面对不断变化的社会现实和教育现实，显然是一个无法忽视的问题。这个问题换一个角度理解，就是教育社会学到底能在多大程度上理解和回应社会现实与教育现实提出的具体问题？引入文化分析的视角，恰恰是为了把社会现实

---

① （美）克利福德·格尔兹.文化的解释.纳日碧力格，等译.上海：上海人民出版社，1999：164.

意义和它的文化意义结合在一起,即解决社会问题,实际上是在具体层面上解决文化问题。文化社会学的研究强调在实践中展开对问题的讨论,而教育研究本身就是一种实践性很强的研究,教育学本身就是一门实践性很强的学科。正是对实践性的要求和展开,使得文化社会学在对教育的研究过程中,重视问题的实践性,重视研究路径的契合性。因此,对教育研究而言,文化社会学的实践性是出发点也是归宿,既是研究的视角也是研究的问题。教育研究的本土化首先需要积极地与支配性的、普遍性的话语进行对话;必须通过介入各种各样的现实问题,突破学科领域的限制,重建我们的问题意识;不但需要从中—西的二元框架和学科体制中获得解放,而且还需要将整个世界纳入我们的视野。

"未来的教育社会学研究,恐须赋予'文化'适当的理论位置,以增进我们对于结构与主体互动关系的了解"①。所以,无论是作为一门学科抑或研究的策略,不可否认的是,文化社会学的巨大魅力之一就是,对习焉不察的日常生活的再审视和批判性解读,它的开放性、批判性和实践(介入)性,已经成为教育研究的新空间。作为一种研究空间,它既是"不同意识形态汇集、交流、沟通、共享、对立、冲突的公共领域,又是社群特别是弱势群体和边缘话语的表达场域"②。文化社会学的批判不是为了颠覆,而是为了寻找一种解放的可能。"在让人迷失方向的过度混沌之中,似乎人们会发现解放的希望。随着一种居于核心地位的历史理性的观念的瓦解,局部性的要素、理性和构成成分被重新发现、重新激活。在这种复杂的多元背景中,会有可能出现一种解放经验或机遇。在这些情况下,解放就成为一种可能性,而造成这种可能性的,就是我们关于归属与迷失、关于熟悉与陌生的动摇不定的体验。而这种解放的可能性实现与否,则取决于我们的反应,取决于我们如何去回应它"③。文化社会学持守的是对弱势的关注,对处于边缘和受制群体的关怀,走进日常生活,去聆听他们的声音,不要在意他们的语调,关注他们的生活,感受他们的力量,这是教育社会学研究问题意识的拓展,也是教育社会学理论发展之使然。

---

① 张建成.教育社会学的流变与智慧.外国中小学教育,2005(3).
② 金元浦.文化研究:学科大联合的事业.社会科学战线,2005(1).
③ (英)布赖恩·特纳著.社会理论指南(第2版).李康,译.上海:上海人民出版社,2003:564.

"风险社会"视角下的教育问题

内蒙古师范大学 桑志坚

内容提要：把握教育问题存在的社会基础是思考教育问题的前提。"风险社会"理论认为今天的社会结构已经出现"个体化"的特征，那么以"风险社会"为视角思考"个体化"进程中教育问题发生的转变就显得尤为必要。因为在"个体化"的浪潮中，教育问题的界定、归因以及应对都发生了明显的变化。

从一定意义上说，认识教育问题的链条"向外"可以指向教育"镶嵌"的社会网络，而"向内"则牵扯到教育中的人、人的认识和行动。但是无论是"向外"还是"向内"，社会无疑都是关涉教育问题的关键因素。因为社会提供了教育发展的条件和环境，教育中的人生活、行动在一定的社会中。因此，思考教育问题的立场并不能仅仅圈囿于教育领域，应该立足于更广阔的社会系统中。但是令人为难的是，社会的复杂程度更甚于教育，认识社会的难度更大于教育。正因为如此，人们对社会的认识也始终处于"碎片化"的状态，没能形成关于社会的完整"镜像"。但是，虽然布满了无数裂纹的"镜面"本身无法产生统一的"映像"，但每一块碎片都产生它自己完整的视角。由此视角出发都能透视出独特的景观。那么在这个意义上，本文以"风险社会"的理论为视角，试图对教育问题有一个新颖而独特的认识和解说。

一、"风险社会"视角的基本维度

"风险社会"的概念是德国学者乌尔里希·贝克（Ulrich Beck）对当今社会的描述。他认为，现代化的持续发展已经导致我们的时代处于一种超越传统工业社会的现代化而进入"第二现代性"的阶段。在现代性的这个阶段，"我们不再仅仅关心利用自然或者将人类从传统的束缚中解放出来的问题，而是也要并主要地关注技术—经济发展本身产生的问题"[1]。因此这时所谓的"风险可以被界定为系统地

---

① （德）乌尔里希·贝克. 风险社会. 何博闻，译. 南京：译林出版社，2004.

处理现代化自身引致的危险和不安全感的方式"①。而当这种"不明的和无法预料的后果成为历史和社会的主宰力量"②,并使整个社会各个方面都不同程度地发生了无法逃避的结构变化时,我们的社会就进入了"风险社会"。

与传统工业社会不同的是,风险社会强调的风险首先是现代化的后果,是工业和科学技术的快速发展带来的副作用累积的结果。也就是说科学技术的进步使我们能够相对地控制一些不确定性,像传统社会的贫穷、洪水之类,我们已经给予相对的解决。而恰恰是科学技术文明本身所带来的风险,成为新的超出我们预测和控制能力的威胁。用贝克的话说,"风险社会格局的产生是由于工业社会的自信……主导着工业社会中人民和制度的思想和行动。……它出现在对其自身的影响和危险视而不见、充耳不闻的自主性现代化过程的延续中。后者暗中累积并产生威胁,对现代社会的根基产生异议并最终破坏现代社会的根基"③。人们把这种现象称作现代性的自反性或者反思性、反身性。换言之,风险社会面临的风险是人们试图消除传统的风险努力本身的产物,是现代化自身带来的结果。

既然"风险社会"的风险是现代化的自反作用的结果,那么伴随着现代性的全球扩展,必然带来风险的全球弥散。传统的风险很多属于个人性的风险,而现在我们所要面对的则是"全球性的危险或威胁",比如,温室效应、臭氧层空洞以及最近的日本核电站泄露造成的污染,等等。只要现代化迈开步伐的地方,风险必然会留下深深的印迹。而"在现代化风险的屋檐之下,罪魁祸首与受害者迟早会同一起来"④。因此,风险社会并不是仅指工业化发达的国家和地区,在发展中国家中"饥饿的魔鬼与倍增的风险的堕落天使争斗着"⑤,现代化的风险与传统风险同时并存,甚至积聚得更快。所以,"风险社会"必然是全球社会,是"世界风险社会"。

但是,贝克认为"现代化风险的分配逻辑,是风险社会的一个重要维度,但只是其中之一"。"它们与社会的、身世的和文化的风险和不安全感相互重叠⑥",而与其相重叠的这些风险正是风险社会所涵盖的另一维度。具体来说是指它们脱离和重塑了工业社会内在的结构及其基本的生活行为的确定性,比如社会阶级、家庭模

---

① (德)乌尔里希·贝克.风险社会.何博闻,译.南京:译林出版社,2004.
② (德)乌尔里希·贝克.风险社会.何博闻,译.南京:译林出版社,2004.
③ 王小章.风险时代的社会建设.浙江社会科学,2010(3).
④ (德)乌尔里希·贝克.风险社会.何博闻,译.南京:译林出版社,2004.
⑤ (德)乌尔里希·贝克.风险社会何博闻,译.南京:译林出版社,2004.
⑥ (德)乌尔里希·贝克.风险社会.何博闻,译.南京:译林出版社,2004.

式、性别身份、婚姻、亲子关系和职业。也正是在这个脱离和重塑的过程中，现代社会的本体结构已经呈现出"个体化"的特征。也就是说，人们丧失了传统的支持网络，需要自己来决策同时也要求自己来承担责任。个人生活中的机遇、威胁和矛盾等原本可以在家庭和村社中通过求助于社会阶级或社会团体而得到解决的问题必须越来越多地由个人自己来感知、解释和处理。

依据贝克的论述，因为"风险"并不具有现实性，且现代性在不同的国家处于不同的发展阶段，所以对于"风险社会"的基本特征我们也不能获得一个特别清晰而明确的把握。但是通过上文的论述我们可以得知，"风险社会"是现代化自反作用的结果，是"世界风险社会"；更重要的是"风险社会"不仅仅是针对风险提出的一种理论。它不同于"风险的社会理论"或"风险的社会学理论"，而是"专注于当代社会的转型和变迁"，是对当代社会出现的新的运行机制和特征作出的一种总体性判断，是与"后现代""全球化""平等"之类的概念一样用来刻画整个当代社会根本特征的核心术语①。因此，这三个维度也就构成了我们思考"风险社会"视角下教育问题暂时性的维度。但是，鉴于目前学界关于教育现代化以及教育全球化的讨论已经很多，因此关于这两个方面此处将不再赘述。本文将重点讨论"风险社会"的"个体化"社会结构对我们思考教育问题的影响。

二、教育问题的个体化

贝克认为，"风险社会"涵盖的维度除了风险的分配逻辑外，一个重要的风险维度就是社会结构的"个体化"。"'个体化'既不是一种自然也不是一项 20 世纪下半叶的发明"②，而只是反身现代化掀起了个体化的浪潮。它消解了工业社会的传统变量（阶级文化和意识，性别和家庭角色，等等），使人们的生活方式和形式发生了变化和分化。具体来说，个体化具有三重维度，即三重的个体化③：一是解放的维度，也就是脱离，从历史传统中和支持传统的语境中脱离，从规定性的社会形式和义务中脱离；二是去魅的维度，即与实践知识、信仰和指导规则相关的传统安全感的丧失；三是控制或重新整合的维度，也即重新植入到新的社会整合机制中去。但是正像贝克所说，个体化这个概念虽然重要，但"暧昧不清甚至令人厌恶"，所以在《世界风险社会》中他又再次强调：个体化不是指个人主义，也不是个性化的意思。个体化是一个结构的概念，……它指的是"制度化的个人主义"，……个体化暗示着

---

① 此观点引自南京大学社会学院成伯清教授。成伯清. "风险社会"视角下的社会问题. 南京大学学报, 2007(2).
② (德)乌尔里希·贝克. 风险社会. 何博闻, 译. 南京: 译林出版社, 2004.
③ (德)乌尔里希·贝克. 风险社会. 何博闻, 译. 南京: 译林出版社, 2004.

一种集体生活方式①。对于生活世界中的社会性来说,个体自身成为再生产的单位,不再是社会阶级代替身份群体的位置。但是在这个过程中,个体并没有获得更多的自由,个体境况反而依赖于其他制度化的标准(市场、法律以及教育等),产生制度性依赖。"制度的外表成为个体生涯的内在品质。"②

那么,贝克强调的个体化如何具体在教育问题上呢?或者说,教育问题在个体化浪潮中发生了怎样的转变呢?本文试图从教育问题的界定、教育问题的归因以及教育问题的应对三个方面来分析这种变化。

(一) 教育问题的界定

众所周知,在日常的教育生活中我们每个人都会遭遇很多的"个人烦恼",但是如何使"个人烦恼"转化为"公共论题",这绝不是个人烦恼量的积累,而是包含了复杂的社会机制和过程。那么在这个意义上,教育问题并不是单纯地对教育客观状况的反映,而是社会建构的产物。何者能够成为引起广泛关注的教育问题,其中涉及复杂的社会机制,特别是不同群体之间的博弈。在一定的程度上,群体的力量关系到问题的界定。

但是贝克指出,伴随着现代化的进程,风险社会的社会结构出现的"个体化"状况使传统那种充满温情和集体意识的共同体将不可避免地走向解体。譬如,"作为社会凝聚力源泉的家庭与亲属关系的衰落,以及信任的不断下降,构成了大分裂的特点"③。社会的"个体化"过程剥夺了社会认同的阶级差别,社会群体在自我理解和与其他群体的关系中都失去了他们的独有特征、独立的认同以及成为一个成长性政治势力的机会。这时个体自身而不是传统意义上的阶级和阶层成为解释社会再生产的单位。用贝克的话说,"在整个社会结构上考虑,这一'无产阶级环境的消解'表现在根据分化和多元化的趋势,以一种经验上有意义的方式,用阶级和阶层研究来解释各种模式的特有困难上"④。

而这种社会结构的"个体化"不但使得传统的阶级概念丧失了解释现实的意义,也使阶层这个概念的解释力弱化。这就使得我们很难认定某一"教育问题"是某个人的"个人困扰"还是具有一定社会基础的"公共问题"。因为我们已经找不到属性类似的群体,整个社会出现了个体化、多元化的特征。我们不能轻易地根据阶级或阶层的概念把某一问题推论到一个相对广泛的群体。同时,当具有明显特征

---

① (德)乌尔里希·贝克.世界风险社会.吴英姿,等译.南京:南京大学出版社,2004.
② (德)乌尔里希·贝克.风险社会.何博闻,译.南京:译林出版社,2004.
③ (美)弗朗西斯·福山.大分裂:人类本性与社会秩序的重建.刘榜离,等译.北京:中国社会科学出版社,2002.
④ (德)乌尔里希·贝克.风险社会.何博闻,译.南京:译林出版社,2004.

的阶级或阶层丧失,也就意味着关涉问题界定的博弈主体的不在、博弈力量的不存。也就是说在教育问题的界定中问题的承受者丧失了发声的机会。当然社会中的大多数人本来就没有表达自身的能力和机会,他们往往需要通过其"代言人"来表达他们的诉求。但是问题的关键是具有阶级意义的群体的丧失使我们找不到问题博弈哪怕是形式意义上的委托人。因为此时的代言人往往也不具备代表能力即出现"代表性的断裂",因为没有人能代表你,所以你不属于任何一个具有明显特征的群体。

当然,这并不意味着我们完全丧失了界定教育问题的可能。在应对教育改革和发展中的种种风险时,因为知识赋予了专家权威性,从而在问题的界定中他们扮演着关键性的角色。特别是在面对教育现代化、教育全球化的变化已经超出了人们的日常生活知识所赋予的判断能力时,就更迫切需要权威性的专家来指导确认自己的"个人困扰"能否成为"公共问题",需要专家来评判其客观性。因此在教育改革的推进中,在教育规划的制定中,"专家系统"都发挥了举足轻重的作用。另外,具有"公共性"的教育问题的界定还经常需要将"个人困扰"置入公共空间来讨论,获得一定群体的认可。但是哪一个问题能够进入公共空间,不但取决于专家的力量,大众传媒在教育问题的选择上也扮演了关键的社会位置。譬如,广西等地中学生缺字典的问题,媒体在问题的发现以及解决方面担当了重要的角色。

因此,可以说在风险社会的个体化浪潮下,个体教育困扰的问题化过程更多依赖的不是问题承受者归属的阶级、阶层,而是依赖专家系统和大众媒体。当然这个转变并不是在"风险社会"下才产生的,但是风险社会浪潮下社会结构的"个体化"却使问题更加突出。

(二) 教育问题的归因

前文提到,任何教育问题的发生与解决都与其所属的社会系统密切关联着。教育问题的发生不仅仅是教育自身的问题,也不可避免地需要在社会场域中分析其产生原因,寻找其责任主体。但是贝克认为,我们身处其中的"风险社会"充斥着"组织化不负责任"(organized comlicity)的态度和行为。这使得教育问题在社会场域中缺乏明确的归因,找不到清晰的责任人,继而影响教育问题的解决。

那么何谓"组织化不负责任"? 贝克认为原先社会问题的受害者,一般可以比较容易地明确其受害的根源或者找到直接的责任者,无论它们是组织机构或者个人。"但在风险社会的复杂系统中,个别要素几乎无法单独抽离出来。高度专门化的现代化代理人,分布于商业、工业、农业、法律、政治诸多部门之中,具有系统的相互依存性,因此也就难以分离出单一的原因和责任。"① 也就是说,找不到一个明确的归因主体,每个人都既是原因又是结果,因此也就没有原因,出现了"普遍的共谋"。这样就使得我们最终只能把问题的出现归咎于系统和体制。而每个机构或个人在面对社会问题的时候都是通过这种方式扔掉"烫手的山芋"。这便是贝克所讲的"组织化不负责任"。

同样,这种"组织化不负责任"在教育问题的归因中也并不鲜见。在教育问题的追责中,相关群体和部门也是推诿扯皮。教育决策部门常常冠冕堂皇地声称自己是在听取专家意见的基础上做出的科学决策,是在各方代表讨论下做出的民主决策,责任不在自己;咨询专家则经常慷慨陈词辩护自己是在依据科学的基础上做出的慎重建议,是在尊重事实上做出的务实建议,自己毫无责任;而基层单位则往往理直气壮地诉说自己是在依决策精神落实,从实际出发办事,自己不应该承担责任。可是问题的原因究竟在哪? 我们却找不到链条的突破口。譬如,针对贵州某地区小学生中午没有午饭吃的情况,很多志愿者响应号召提出了帮助的办法。其中有些志愿者提出为孩子们提供免费午餐的办法,但是却遭到了当地教育领导部门的约谈。他们提出的不同意提供免费午餐的理由更是令人匪夷所思。"县教育局领导总共说了两方面意思:一方面是红板小学所在的中建乡有 7 所学校,情况和红板小学基本相同,如果帮助了红板小学,另外 6 所学校的问题不好解决;另一方面是援助计划涉及学生饮食,一旦发生食品安全问题,责任谁负"②。可见,责任承担问题成为教育问题解决的重要障碍,成为一个简单教育问题难以解决的核心。

而这种"组织化不负责任"的行为直接导致了教育问题归因的个人化。"个体化进程实际上导致了个体与社会之间一种新的直接性(immediacy),社会问题直接体现为个体问题。而对于以个体问题形式出现的社会问题,人们不会再到社会领域中去寻找它们的根源,而是到个体心理中去寻求解释。"③ 而这种归因的主体转换,不但无益于教育问题的解决,而且使教育问题更加复杂化,对问题的承受者来说无异于雪上加霜。

(三) 教育问题的应对

贝克认为,个人从传统的支持网络脱离,同时被纳入一种制度化的个人主义

---

① 成伯清."风险社会"视角下的社会问题.南京大学学报,2007(2).
② 贵州贫困山区小学百余学生长期无午餐可吃.参见 http://news.xinhuanet.com/edu/2011-04/02/c_121260138_3.htm,2011 年 04 月 02 日.
③ 成伯清."风险社会"视角下的社会问题.南京大学学报,2007(2).

中。但是社会不平等并没有消失而是以个体化的形式被重新界定了。"社会危机表现为个人危机,它们不再根据它们在社会领域中的根基来感知"①,而常常显示出个体起源的意义。这样,作为一种特殊的社会问题,教育问题的应对也出现了明显的个体化倾向。

教育问题应对的个体化是指个体因为缺乏群体的认同,而找不到自己合适的代言人来表达自己的利益诉求,出现了"代表性的断裂";同时教育问题在归因的过程中又遭遇"组织化不负责任"使得个体作为社会行动者不得不以个体的行动直面自己利益的诉求,可是这种个体化的诉求往往汇聚不成足以引起人们关注的力量,更形成不了可以促动改革的行动。因此,极端式的抗争、"表演式的抗争"现象就由此而发生。但是这种个体化应对并不是完全的个人主义的单打独斗,它同时表现出了制度化的依赖。按照贝克的说法,"个体化确切地说就意味着制度化、制度塑造以及在政治上结构化生涯和生活境况的能力。实际的塑造作用总是'看不见的',作为一种与组织内部问题相联系的'潜在副作用'"②。换句话说,也就是指在个体化的浪潮中,个体成为社会再生产的主角,每一个人都从预定的命数中解脱出来,并把自我置于生活的中心,自我具有决定的权利,但是同时也必然承担决定的风险。而此时的制度则以其标准化以及内在控制发挥着"环境变量"的作用。这时,教育问题的应对,更多的是依靠个体的选择,依靠他们自己的方式去解决。这对个体提出了更高的要求,个体不但需要成为"会思考的个体",同时也要面对更广泛问题的可能,因为全球化和现代化正逐步进行。

比如大学生就业难问题。在个体化的社会里,个体确实从传统的义务和支持关系中解放出来了,也就是说学生的命运并不完全靠出生的身份来决定,代之以教育体系和劳动市场的制度化以及标准化控制。那么在这种情况下,个体就要从自我出发去思考就业机会对于每个个体的命运意味着什么,其他什么人可以帮助我做什么;为了顺利地就业,我自己能做什么。也就是说,个体应把自我置于行动的中心,思考并开辟行动的机会,并把周围的社会变量作为自己作出决定的条件。但是我们发现在今天大学生就业难这个问题上,正在依赖境况和条件的个体化私人存在,有可能脱离了自己的控制范围。"失业"的风险排斥了个体的处置。这主要是因为在这种个体化的过程中,阶级差异和家庭联系并没有真正消失,而是退回到相对于个人能力以及教育水平的"中心"而言的后台。也

---

① (德)乌尔里希·贝克. 风险社会. 何博闻,译. 南京:译林出版社,2004.
② (德)乌尔里希·贝克. 风险社会. 何博闻,译. 南京:译林出版社,2004.

就是说,虽然表面上个体具有了处理应对问题的能力,因为个体化确实给了个体更大的自主权,但是实际上,个体在一定的意义上比以前更缺少应对教育问题的能力,传统的家庭联系和阶级差异与标准的就业制度形成了叠加效应,使个体失去了应对的可能。

当教育问题存在的社会基础已经发生了关键性的改变时,我们就不能期望按照惯常的思路来面对今天的问题,反而应该首先认识到这种定向语境的改变给教育问题本身范畴带来的变化,而不是忙于解决某一两个具体的教育问题,或提出改进的办法或者教育应对的策略。而这也正是本文思考在"风险社会"的"个体化"浪潮下教育问题发生变化的意义所在。

时空·记忆

在历史学与社会学之间

江苏行政学院　胡宗仁

内容提要：学科的严格分工使得历史学和社会学向来各行其是，其结果是两者出现不同程度的"学科危机"。为了促进学术发展、提升学科生命力，20世纪初，历史学和社会学开始科际整合，社会史是两个学科整合的产物。由此，社会史研究生出了异于传统史学的新品质。

相较于既往壁垒森严的学科分工，20世纪初的学科发展出现了急速分化和高度整合的双重取向，而历史学和社会学的学科互动便是在此背景下发生的。一般认为，历史学与社会学碰撞的结果是在社会学领域中形成历史社会学，而在历史学领域中则形成社会历史学，亦即社会史。与社会学研究者对历史社会学的淡漠不同的是，历史学研究者更倾向于将社会史视为历史学的分支学科，或至少将社会史视为历史学的研究范畴，表现出强烈的学科归属倾向。基于此，本文在分析历史学和社会学科际整合原因的基础上，试图揭示社会史研究的一般品质，借此表明转型过程中史学研究的基本特点。

尽管社会学在作为一门学科诞生之初，其经典作家便或多或少地运用历史的眼光审视社会的变迁与发展，但历史学和社会学真正意义上的碰撞却是发生在20世纪上半叶，究其原因则在于两者出现的"学科危机"和寻求突破的过程中研究视野间的互补性。

一、历史学的困惑

无论是何种历史学派、出于何种研究目的，"历史事实"几乎是史学研究公认的出发点，因而，出于"事实"、围绕"事实"和为了"事实"便成为史学研究的基本学术思维。实际上，这一研究方式被盛行于19世纪后半叶的兰克史学发挥到极致。在兰克史学看来，历史学应成为具有实证主义倾向的严肃的实验科学。这就要求历史学家以一种客观的、不带个人情感色彩的态度去认识和揭示历史事实，并且通过叙事和描述的方式"据事直书"，以便客观地再现历史。从某种意义上说，这种学术思维部分地反映了历史研究的特性，但当研究者将这种研究方式定为一尊，并使研究思维日益刻板化时,实际上也使史学研究逐步陷入与社会学相比较的困惑之中。

困惑之一:材料与概念。材料是史学研究的基本元素,通过对历史档案、历史事件和人物传记等材料的梳理来呈现过去的"真实面目",是历史研究的基本理路,正是在此意义上,傅斯年认为"史学便是史料学"。挖掘、收集和整理史料,在此基础上对史料进行甄别与加工的确构成历史学家的基本功,同时也是衡量合格历史学研究者的基本标准。出于对此观点的笃信和秉承,胡适先生曾就中国传统史学研究方法作出过尖锐的批评:"中国人作史,最不讲究史料。神话、官书都可以作史料,全不问这些材料是否可靠。却不知道史料若不可靠,所做的历史便无信史的价值。"①尽管这一批评难免言过其实,但用"真实"材料著成"信史"的确成为这一时期史学研究者的强烈愿望和基本共识。

但史料并不等于历史事实。撇开历史学家前设性的主观愿望,抛开历史学家"为尊者讳"的主观动机,单纯地就客观性而言,如何将纷繁复杂的史料与历史事实建立联系,本身就是一个相当复杂的问题。正如布洛赫(M. Bloch)所言:史学家应当像任何科学研究人员一样"面对众多纷繁的现实"作出"自己的选择"。但很明显,这并不意味着随心所欲或简单武断地收集资料,而是需要科学地收集资料,并应通过对这种资料的分析来达到重建和解释过去的目的②。因此,运用概念或概念化的方法来甄选史料就成为历史学家不得不选择的研究方式。但问题是,概念或概念化本身则要求研究者必须对历史事实进行适度的抽象、对史料进行相应的裁剪,通过抽象和裁剪来呈现历史面貌,而这种研究方式又与历史学所追求的"如实"状态又相去甚远。于是,历史研究者实际上便陷入了海伊(C. Hay)所分析的"概念化限度"的难题之中:对传统的历史学家来说,理论史学是一种矛盾的修饰。因为历史叙述的本质应该是尽可能详细,所以除非是有所节制和悉心修正过的概念化,否则都将是异端③。

困惑之二:事实与结构。将重点放在历史事件的描述上,通过对一连串事件的考证和分析,向人们展示历史的概貌,是传统史学较为惯常的研究方法。特别是作为客观史学重要研究领域的史料学和考据学,更是强调事实的考证和分析,强调弄清历史记载的真伪和可靠程度,以一种科学的治史态度,向人们表明历史事实和真相。因此,尽管传统历史学家,尤其是实证主义历史学家有所保留地认为史料并不等于事实,而史料考证的结果只能是"庶几接近史实",但历史学带有浓厚的"事实

---

① 胡适. 中国哲学史大纲. 北京::商务印书馆,2011.
② (法)雅克·勒高夫. 新史学. 姚蒙,译. 上海:上海译文出版社,1989.
③ (美)S·肯德里克,(美)P·斯特著. 解释过去,了解现在:历史社会学. 王幸慧,等译. 上海:上海人民出版社,1999.

情结"却是不争的事实,否则,所谓的"信史"便无从谈起。

但问题是,当历史学过分纠缠于历史事实,并将片断化的事实叠加成为历史时,是否就能呈现历史的真实面目本身便值得追问。可以认为,尊重史料、言必有证、论从史出是史学研究的精髓所在,据此,将经过考证的某个事件视为"历史事实"本身并没有多少值得深究之处,但将一系列经过考证的事件"串联"起来用以描述历史、用以说明"历史的真相",这种研究方式就为传统史学的批评者提供了口实。年鉴学派的先驱费弗尔(L. Febver)和布洛赫便认为,由各种事件拼凑而成的历史,只能掩盖真正历史活动的表面现象;而真正的历史活动则产生于这些现象的背后,产生于一系列的深层结构①。直言之,年鉴学派将历史活动的真正原因归结于诸如地理、经济、社会、知识、宗教和心理等因素所蕴含的深层结构之中,因此,史学研究应通过结构化的分析来呈现历史的真正面目,但在现实的研究中,结构化事实上是传统史学难以接受的一种方式。

困惑之三:叙述与解释。历史学的"事实情结"不仅表现在史料的考证上,而且还表现在历史的书写方式上。如果说史料考证需要的是历史学家的研究技能,那么书写方式则反映历史学家对待历史的态度和价值取向。是否能够将经过严格考证的史料"如实"地呈现出来不再是一个研究方法的选择问题,而是对历史学家人格考量的问题。从某种意义上说,历史学家的价值取向和对历史的态度,换言之,历史学家的人格决定了历史书写的呈现方式。当历史学家抱持"为尊者讳"的态度时,"曲笔著史"便成为书写历史的基本方式;而当历史学家抱持"尊重史实"的信念时,"据事直书"和"秉笔直书"便成为书写历史的基本信条。前者为"真正"的历史学家所不齿,我们姑且先将其悬置起来,单纯地来探讨后者。

传统史学在直书历史时,存在着将"书写历史"和"叙述历史"简单勾连的倾向。应该说,叙述并非直书历史的独有方法,实际上曲笔也可以用叙述的方法来表现。但问题是,一旦历史学家仅仅将叙述作为表现历史的主要方式,甚或是唯一的方式,并且将其视为"如实"书写历史的表征,事实上会带来一系列不可忽视的后果:当历史学家仅仅叙述某一历史事件时,其将难以分析现象背后的原因;当历史学家叙述事件与事件的关系时,其将难以建立事件之间的因果联系;当历史学家只看到短时段的历史事件时,其将难以从长时段的视角来考察历史的进程,等等。史学研究需要把大量复杂的社会现象与一整套分析命题联系起来;需要深入到事件的幕后和深层中去探索、分析和解释历史活动;需要对长时段的历史进程作出解释性假

---

① (法)雅克·勒高夫,诺拉等.新史学.姚蒙,译.上海:上海译文出版社,1989.

设。尽管人们可能同意"史学的工作不是做艺术的建设,不是做疏通的事业,不是去扶持或推倒这个运动或那个主义"①,但缺少解释的史学无疑会削弱历史的厚重感。

二、社会学的困境

如果说历史学重视的是"历史事实",那么社会学则主要关注"社会事实"。涂尔干曾认为:社会事实具有不同于自然现象、生理现象的特征和特殊的决定因素。社会事实以外在的形式"强制"和作用于人们,塑造了人们的意识。这种强制既指人们无法摆脱其熏陶和影响,又指对于某些社会规则拒不遵从将受到惩罚。他还把社会事实分为运动的状态和存在的状态。前者指与思想意识相关的现象,亦称团体意识;后者指一切社会组织和有形设置。这种独特的研究对象,为社会学提供了安身立命之本。但也正是由于对"社会事实"情有独钟的关注和对"社会事实"独特的研究方式,社会学同样陷入了与历史学相比较的研究困境之中。

困境之一:社会事实与个体事实。在涂尔干看来,"一切行为方式,不论它是固定的还是不固定的,凡是能从外部给予个人以约束的,或者换一句话说,普遍存在于该社会各处并具有其固有存在的,不管其在个人身上的表现如何,都叫作社会事实"②,譬如宗教、道德、法律、社团、协会、语言以及服装样式,等等。毫无疑问,这些社会现象都会对个体行为产生根本性的影响,而社会学的视角就在于通过对诸如此类社会事实的研究,表明一般社会的基本状态和个体行为的社会属性。

这里,存在着社会学研究的两个基本假设:其一,尽管社会是由个体所组成,但个体之和并不等于社会,更不可能将社会还原为个体;其二,普遍的社会事实具有独特的存在状态,因而可以外在于个体并对个体予以约束。由这两个假设推导出来的是社会事实具有普遍性、外在性和强制性。但问题是,当亨利二世为了世俗王权的利益而向教皇的神圣权威发起挑战时,当某一思想家的思想创见对社会的普遍观念产生冲击且暂时尚未得到认可时,当商鞅等改革者主要缘于个人智慧而对社会进行变革时,人们不难发现个体(或个人或个别)事实对社会事实强有力的作用。尽管个体的行为事实上会受到社会规范的钳制、强制甚或压制,社会学家仍然可以将上述个体(或个人或个别)事实转换为社会事实进行研究,但其中"无意间"被剔除和忽视的部分可能正是社会学家难以作出合理解释的内容。

---

① 傅斯年.史学方法导论.傅斯年全集(第2册).台北:台北联经出版事业公司,1980.
② (法)E·迪尔凯姆.社会学方法的准则.狄玉明,译.北京:商务印书馆,1995.

困境之二：一般与特殊。在社会学研究中，普遍性的社会事实往往被转换成一般性的社会事实，而表达一般性社会事实的基本方法就是将研究对象"类型化"。作为"理想类型"的始作俑者，韦伯认为，一种理想类型是通过单方面地突出一个或更多的观点，通过综合许多弥漫的、无联系的，或多或少存在、偶尔又不存在的具体的个别的现象而成的，这些现象根据那些被单方面地强调的观点而被整理成一个统一的分析结构。因此，理想类型作为精神产物的目的，是要对就其独特性而言是有意义的个别的具体型式做详尽的研究并将其特点系统化①。据此，伯克曾对理想类型作过经典性的界定：所谓理想型，是指一种思维建构，它简化事实，为的是强调那些重复发生的、一般的及典型的东西，这些东西展现为一簇簇文化特性或属性，以便于人们来理解②。作为既非历史现实亦非"真实"现实的概念结构，"理想类型"将有助于提高我们在研究中推断原因的能力：它不是"假设"，但它为"假设"的构造提供指导；它不是对现实的描述，但它旨在为这种描述提供明确的表达手段③。

如果说社会学的类型化果真能够达成对社会事实一般性研究目的的话，那么这里就可能出现几个值得追究的问题：将若干特殊历史事实类型化处理的前提性假设是什么？用一种抽象的方式来描述历史事实是否存在削足适履的可能？特别是概念化类型研究又是如何与具体的历史事实连接的？概念的结构与历史事实的结构是否存在同质性？如此等等，都需要社会学作出相应的回答。

困境之三：共时与历时。英克尔斯（A. Inkeles）在回答"何谓社会学"时曾认为："历史学经常以细节的明确、具体为荣，此即历史学的特征。社会学者却经常从具体的事实中抽象、分类、推论。他们所关心的不仅是对某一特定民族的历史为真，而且是对许多不同民族的历史亦皆为真的原理原则。"④如果说社会学的先驱们多少还能够将"时空"作为社会分析的基本要素的话，那么马克思和韦伯的追随者们则竞相提出横贯时空的社会进程；或者纷纷从宏大的历史架构转向现代的系统性研究，"去时空化"成为社会学研究的典型特征。应该说，这种视角的转向与社会学关注"现实社会"和通则化研究取向有关。关注现实，使社会学忽略对以往社会的探讨；通则化取向则使社会学用现代的眼光投射过去，在抽离时空的过程中建立社会演化的一般原则。

---

① （德）M·韦伯. 社会科学方法论. 朱红文，等译. 北京：中国人民大学出版社，1992.
② （英）彼得·伯克. 历史学与社会理论. 姚朋，等译. 上海：上海人民出版社，2001.
③ （德）M·韦伯. 社会科学方法论. 朱红文，等译. 北京：中国人民大学出版社，1992.
④ （美）S·肯德里克，（美）P·斯特著. 解释过去 了解现在：历史社会学. 王幸慧，等译. 上海：上海人民出版社，1999.

可以认为,传统社会学忽视了时间与地点所代表的意义。从某种意义上说,时间和空间是根本性的,因为事件发生在何时何地,将左右其走向;思想生成于何地何时,将决定其命运。因此,事件的走向和思想的命运之意义需要通过时间的流变、空间的构成加以解释,而这恰恰是传统社会学所欠缺的。

针对上述历史学和社会学画地为牢式的学科分工及其存在的缺陷,吉登斯曾提出尖锐的批评:"社会学家乐于把时间上的演进留给历史学家来研究;而作为交易的另一方,一些历史学家也准备把社会体系的结构特征交给社会学家。"[①]因此,打破学科壁垒,寻求视角和方法的互通,就成为学科发展乃至学科生命力提升的基本路径。

三、社会史研究的品质

社会史是在历史学和社会学的碰撞过程中,特别是在历史学试图摆脱传统史学的缺陷而吸纳社会学研究方式的基础上诞生的。如果将费弗尔和布洛赫1929年所纂的《经济社会史年鉴》视为社会史研究的开端,那么此后的数十年里,其经历了几个特征鲜明的发展阶段,[②]形成了几种特色迥异的学术流派[③]。应该说,在历史学与社会学碰撞之前,政治学和经济学以其独特的研究视角和方式,从概念到假设、从问题意识到命题的形成,都对历史研究产生冲击,但它们并没有从根本上动摇历史学的根基,因而,历史学完全可以也能够将其吸纳,并形成具有浓郁史学色彩的政治史和经济史,甚或可以将人类历史视为政治和经济的发展史。但社会学的介入,触及了史学研究的底线,因为"人们可以认为,社会学(或社会人类学)的理论构架在排斥历史学上是最为成功的,那是有方向地或定向地改变历史学"[④]。这种排斥导致史学出现"社会学化"的危险。史学是否真的能够"社会学化"不是本文所要探讨的问题,不过,由于社会学的渗入,事实上使社会史研究生出了异于传统史学的新的品质。

第一,社会史的穿透力。就研究视角和书写方式而言,政治事件史、英雄传记和叙事史是传统史学的"三大偶像",这"三大偶像"的存在,决定了传统史学主要以"政治中心主义"和"英雄史观"为前提性假设,叙述着国家政治和精英群体的历史,

---

① Anthony Giddens(1979). Central Problems in Social Theory. London:University of California Press,London.
② 欧美史学界在20世纪50年代以前的早期社会史研究重在社会经济史,强调宏观社会史和总体的历史;60—70年代的社会史属于历史的综合的、长时段的研究;近一二十年的社会史则侧重于社会文化史和微观研究,并出现向叙述史学回归的现象。
③ 如法国的年鉴学派、英国的新社会史、德国的新社会批判史及美国的新政治史和社会史等。
④ 蔡少卿.再现过去:社会史的理论视野.杭州:浙江人民出版社,1988.

尽管这种叙事方式能够表明历史现象和历史事实,但其绝不是全部的历史现象,也不是完全的历史真实。社会学的注入,特别是对社会底层的学术关怀和冷静、鲜明的社会批判精神的弘扬,使社会史研究具备了独特的历史穿透力。

其一,从下层看历史。在西方,社会史的概念至少在三种意义上重叠使用:(1)社会史是关于穷人或下层阶级的历史,特别是关于穷人运动("社会运动")的历史;(2)比较普遍的,常常把"社会"与"经济史"合用,必须承认,这种结合中经济所占的篇幅大大超过一半;(3)屈维廉(G. M. Trevelyan)在他的《英国社会史》一书中提出的社会史是"除去政治的人民史"①。民众的、下层的历史而不是政治的、精英的历史成为社会史研究的基本诉求。

其二,从背后看历史。相对于传统史学关注历史现象和历史事实,社会史所要揭示的是社会历史事实,而社会历史事实又常常隐藏在众多的社会表象之中,不仅难以发现,并且用传统的叙事手段根本就无法表达。因此,社会史要实现其研究目的就必须透过历史事实的表象,深入到现象的背后去看待历史。正如英克尔斯所说,社会史不仅关注传统史学学科没有关注过的"剩余"的东西,还包括历史上的各种社会制度以及由这些制度复合建构的社会关系体系,包括大量的隐藏在经济、政治、文化事象背后的潜在的内容。社会史探求的不是连续性的历史事件,不是史料直观呈现的事实表象,而是众多现象背后的深层结构②。唯其如此,社会史才能达成其意义解释的效果。

第二,社会史的整体性。社会史区别于传统叙事史学的主要特征,在于打破以往片断化的研究方式,建构起研究对象之间的联系,使之成为一个结构完整的整体,因为"历史学家无法将自己局限于简单的事实研究和叙述,他从一开始就得构建模式,以便将零星分散的材料纳入统一的系统之中,否则它们只不过同奇闻轶事相差无几。这种模式的标准是,或者说应该是其各部分可以连为一体,能够揭示特殊社会状况下集体行为的性质及其界限"③。具体而言,社会史的整体性主要表现在:

其一,将历史研究对象视为整体。从年鉴学派开始,其研究的对象,无论是从宏观的总体史到区域社会史,从整个封建社会史到单个的国别史,还是从一般社会群体的集体记忆史到普通人生活的微观史,都体现出整体性特征。尽管这些论题时而宏观时而微观、时而总体时而部分,但其着眼点仍在于从整体上表明社会历史

---

① 蔡少卿. 再现过去:社会史的理论视野. 杭州:浙江人民出版社,1988.
② (美)亚历克斯·英克尔斯. 社会学是什么. 陈观胜,等译. 北京:中国社会科学出版社,1981.
③ 蔡少卿. 再现过去:社会史的理论视野. 浙江人民出版社,1988.

事实,表明社会历史事实之间的联系。

其二,将既有的研究内容融入整体。用社会学的眼光来研究社会的历史,有着独特的研究内容,其主要包括探明社会组织结构,以及与之相应的各种制度的产生和发展;考察诸如家庭、人口、风俗、职业结构之类的相对稳定的社会现象;找出社会变迁过程中影响社会演化的各种因素等。但这并不意味着社会史必然要回避或排斥传统史学的核心研究内容,因为"即使经济和政治制度已经成了专门的、独立的学科内容,它们仍继续是社会学调查的对象。这并不是多余的,也不是学术上的霸道。任何制度和社会过程与任何别的制度和过程发生联系的方面,是它的作为行动的连锁系统的性质。因此我们可以说,社会学所研究的,是社会行动的体系和它们相互之间的关系的体系"①。

其三,通过专题研究整体地透视社会现象。社会史的整体观是将社会视为一个内部包含诸多结构要素的、相互联系的统一体。这种统一体不但指涉宏大的人类社会历史,而且也指称相对具体的社会历史事实。20世纪70年代以来,社会史开辟了越来越多的研究领域和研究专题,如人口史、家庭史、婚姻史、妇女史、性史、日常生活史、乡村史、城市史、心态史、集体记忆史等。这些看似与社会史的整体观相背离的专题研究,实际上暗含着研究者的基本假设:即便是单个的专题史本身也不可避免地包含着诸多结构性要素。因此,专题史研究的目的在于,通过对诸要素的分析,表明社会历史事实,尤其是透视社会历史事实背后的社会关系结构。

第三,社会史的时间感。在传统史学那里,"时间尺度"是认识历史事实的重要尺度,"时间特性"是历史事实演进的基本特性,而这种"尺度"和"特性"的规定性表现在研究者只要把文献资料按时间顺序编排起来,历史事实也就几乎自动地对号入座。历史学家之所以形成如此的事件概念,部分是基于这样一种假设:一切以时间为开始,一切又以时间为结束。但社会学的介入,特别是年鉴学派的形成,促使传统史学以社会的视野来看待时间尺度和时间特性的演变,从而为史学的时间概念注入新的内容。

其一,短时段之于事件。在布罗代尔(F. Braudel)看来,短时段对应的概念是"事件"。所谓事件是指同一特定的历史群体所经历的重大的具有历史意义的事变,如革命、战争和地震等。重大事件的始末都有某种变革作为标志,它们带有不同程度的突发性,趋于改变事物的现状。在此基础上,布罗代尔认为,事件是短促的时间,是个人接触的日常生活和经历的迷惘以及醒与悟,是报刊记者报道的

---

① (美)亚历克斯·英克尔斯.社会学是什么.陈观胜,等译.北京:中国社会科学出版社,1988.

新闻。

其二,中时段之于局势。中时段对应的概念是"态势"或"局势"。所谓态势或局势是指事物周期性的变动。在这种变动中事物从一个状态转变到另一个状态,转换的速度较慢,往往在以年为单位的时间内完成,然后这种状态的转换又周而复始。呈周期性波动的现象有:物价的升降,人口的消长,工资的变动,利率的波动等。

其三,长时段之于结构。长时段对应的概念是"结构"。所谓结构是指"社会现实和群众之间形成的一种有机的、严密的和相当稳定的关系"。这里的社会现实是指那些长期不变或变化极为缓慢,但对作为历史总体的人类和历史进程具有长期影响的诸因素。这是一些以世纪为度量单位,在某一个特定的历史群体看来无任何状态变化的不动的因素,如地理、生态环境、气候、人与自然的关系以及社会组织、文化传统和思想意识等①。

可以认为,布罗代尔将"时段化"时间与社会事件、社会局势和社会结构联系的研究方式,改变和深化了传统史学对时间概念的认知。其后,社会史的时间概念变得日益多样而深刻:从特定的历史事件来说,存在着独立性的时间和周期性的时间循环问题;从特定的历史研究对象来说,存在着个人时间、社会时间和心态时间的交替问题;从作为整体的历史来说,存在着时段长短的划分问题,如此等等,表现出阿尔都塞式的历史时间的"错综复杂"。应该说,在"交响乐式"的历史中各种时间是独立的,这些最后得到揭示的不同节奏,或交织成一个严密、协调一致的整体,或在它们的差异性中相互矛盾和对抗②。

---

① 蔡少卿. 再现过去:社会史的理论视野. 杭州:浙江人民出版社,1988.
② (美)米歇尔·伏维尔. 历史学和长时段. //(美)雅克·勒高夫等. 新史学. 姚蒙,译. 上海:上海译文出版社,1989.

空间·知识·权力:学校卫生学与现代学校空间的形成

东北师范大学 石 艳

内容提要:清末民初,学校卫生学在国家权力的推动之下,以一种区别以往的、崭新的知识形态介入到现代学校空间的塑造过程中。在经历过延续传统的个体清洁、改造转型中的选址规划、全面结合的科学渗透、力量延续作用下的完整规划这四个阶段后,学校卫生学成为决定学校空间形成的"元理论",在学校空间由传统到现代的转型过程中发挥着重要的作用。学校卫生学作为一种学校空间形成过程中介入的知识/权力,通过学校空间的形成和转换来"言说自身"。

空间与知识是两个不可分割的社会关系的指示物。不同的知识基础为空间的设计和呈现状态奠定一种序列。福柯(Michel Foucault)在《临床医学的诞生》中描写了关于"注视"的考古学,在目光的交汇中,关于身体的医学知识不仅改变了人们日常的健康观念,同时也改变了医院的设计和规划。福柯用医学的知识型的变化并由此带来的监控式的医学拓扑学为切入点来揭示空间与知识之间的关联。"病痛的各种形象并没有被一组中立的知识所驱逐,而是在身体与目光交汇的空间里被重新分布。实际上发生变化的那个给语言提供后盾的沉默的类型,即什么在说话和说的是什么之间的情景和态度关系。"[1]在中国,学校卫生作为公共卫生学的一个组成部分,是由西方借鉴的异域知识型。清末民初,在国家权力的"保驾护航"之下强势介入中国学校的改造过程。在学校空间的现代转型过程中,也就是在新学堂的建构过程中,学校卫生学以一种新的知识型介入其中,使得学校改变了原有的设置与规划,现代学校空间由此形成。在中国现代学校空间的形成过程中,知识/权力发挥了其特有的力量和作用,学校空间成为学校卫生学施展自身权力的中介。在学校卫生学的介入之下,现代学校空间不仅仅是一种符号化之间的关系,更成为社会空间关系下的一个安插好的"节点",由此知识/权力在社会关系中的运作方式得以精彩呈现。

---

[1] (法)米歇尔·福柯.临床医学的诞生.刘北成,译.南京:译林出版社,2001.

一、强力介入:清末民初的学校卫生学

(一)空间的知识:社会空间卫生学

西方医学从公元前 400 年就有关于卫生知识出现了。如当时的著名医学理论家希波克拉底(B. C. Hippocrates)强调:医学知识的获取应来自对自然科学以及逻辑因果关系的理解,他在其经典文集《论空气、水和空间》中曾指出,人的健康受总体环境因素的影响,包括生活习惯或生活方式、气候、地理地形、空气、水以及食物质量。但是由于中世纪宗教的影响,希波克拉底颇具现代意味的公共卫生观念并没有受到重视。直到现代医学的出现,公共卫生才被正式列入医学的范畴。在西方,现代医学的公共卫生理念是建立在西方现代医学的发展历史之上的。随着人体解剖学(1543 年)、生理学(1628 年)、微生物学和、疫学和细胞病理学的发展,人们对疾病有了进一步的认识,从疾病在躯体的表面现象,逐步认识到细胞在疾病中的表现,与此同时,人们在开始关注个体身体的同时,也将群体的身体纳入现代医学的研究范畴之中,并进一步开始将卫生和空间的概念结合在一起。19 世纪末到 20 世纪初,物理学、化学、生理学、微生物学等自然科学学科得到了长足的发展,普通卫生学在此基础上应运而生,公共卫生取得了飞速的发展,人们已经能有效地控制传染病和寄生虫疾病。于是细胞、传染、预防、控制成为公共医学的符号性词汇,作用于群体性空间,并使空间中的身体成为一种可控的对象。福柯也曾经分析了 18 世纪法国医学的发展,指出了当时的医学实践中出现了两种截然不同的趋势——他称之为"物种医学"(Medicine of the Species)和社会空间医学(Medicine of Social Space),其中社会空间医学就是我们现在所说的公共卫生学。社会空间医学是与疾病预防有关的医学,与治疗疾病无关,这意味着政府应该更多地参与调节日常生活的行为——特别是公共卫生行为。当人们广泛地建立起健康行为的社会规范之后,个体的健康也就成了医生的研究对象和政府当局的管理对象。由此,在公共卫生学中,对疾病的科学认识替代了原有的形而上学(宗教、魔法、迷信)的思想观念,疾病不再被仅仅当作是一种现有的医学知识的研究对象,同时也被作为科学控制和管理的对象。

(二)知识的措辞:卫生概念的中国化

"卫生"这一概念在中国历史久远,卫生一词最早见于《庄子·庚桑楚篇》里,之后陆续出现了一些以"卫生"命名的书籍,如《孙思邈卫生歌》《卫生宝鉴》《卫生易简方》《卫生鸿宝》等。"卫生"一词在现代之前虽然不生僻,但也并不常用,其意思与"养生"一词基本一致,多属个人经验层面。到了近代,卫生一词所指代的内涵发生

了重大的转变。1874年,日本明治政府内务省第一任卫生局局长长与专斋,在起草新的"医制"时,为了顺畅地翻译"适用于健康保护的事物"(Hygiene)一语,选用了古代中国人"卫生"的概念,汉语的"卫生"一词由此也包含了国家事务的内涵。根据台湾医学社会史研究者刘士永的研究,1870年左右,长与专斋将Hygiene翻译为"卫生"时,认为卫生"并不是单纯地指健康保护而已,它指的是负责国民一般健康保护之特种行政组织。这样的健康保护事业,东洋尚无以名之,而且是一全新的事业"①。刘士永进而指出,"从绪方洪庵对健康之用法到长与专斋之卫生,健康问题显然已从个人生理机能的良药,转而成为政府施政的要务。卫生健康不仅仅属于个人自利的范畴,而且是社会公众的整体利益,因此国家介入卫生事业的必要性要增加"②。

由此可见,从卫生学作为一个崭新的名词被译介到中国开始,原有的私人性的"养生"内容排挤出近代秩序。在养生学中,与环境的关系主要是讲究调适而不是控制和改变。长期以来,中国的卫生学与现代医学观念中人们的生活和社会空间的管理与改造并不十分相关。甲午以后,日本对中国的影响渐渐增强,"卫生"一词因无须翻译,所以被中国人直接使用,但并没有注意到其中与原有概念内涵之间的差别。致使到了20世纪30年代,陈方之感到许多流行于中国的卫生论述均与Hygiene的原始意义大相径庭,严重地混淆了公众的视听,他因而主张将Hygiene重新界定为公共卫生,以清楚地区分这个新事业与当时流行于中国的各种个体卫生的重大差异。对陈方之而言,当时市面上流行的多种"卫生"论述,不啻是对Hygiene的误解、滥用甚至绑架,徒然延误了公共卫生这一新事业在中国的开展,是一个急待匡正的谬误③。

(三)国家权力:学校卫生学的兴起

西方医学借助于坚船利炮和宗教传播使得西医的疾病、健康、卫生知识开始逐渐渗入中国的社会空间。在西方的知识体系下,一切不符合医学观念和构型的状况都被称为"病",本来被认为像健康一样是自然的一部分的疾病,成为任何"不自然"之物的同义词。④ 在西方传教士、国家官员、进步知识分子的共同推动下,在20世纪初,中国开始接受公共卫生的观念,并影响了百姓们的实际生活。卫生学,作为一个异域的知识型,能够在中国扎根、开花,其中最重要的力量来源于国家权力

---

① 刘士永."清洁"到"卫生"——日治时期台湾社会公共卫生观念之转变.台湾史研究,2001(8).
② 刘士永."清洁"到"卫生"——日治时期台湾社会公共卫生观念之转变.台湾史研究,2001(8).
③ 陈方之.卫生学与卫生行政.北京:商务印书馆,1934.
④ (美)苏珊·桑塔格.疾病的隐喻.程巍,译.上海:上海译文出版社,2003.

的推动。光绪三十一年(1905年),清政府在国家行政机构名称中首次使用"卫生"一词,并加入维护健康、预防疾病等社会内容。是年,清政府在新设立的巡警部警保司设立卫生科,1906年,升格为卫生司,"掌核办理防疫卫生、检查医药、设置病院各事"①。于是符合现代医学知识体系的在于改善和创造合乎生理要求的空间环境的概念开始出现。由此,公共医学从科学知识的构型走向了现代政治化的行为。之所以说公共卫生学成为一种政治行为,是因为当时的清朝政府将卫生纳入了政府管理的范围之中。卫生能够进入清末民初的社会制度结构之中,主要是因为卫生与身体成了一种意识形态上的权威话语。在封建统治时期,一般来说,朝廷的工作重点在于道德和社会秩序的维护,而社会空间的卫生状况是不和国家仁政直接画上等号的工作,虽然政府对于突发性的公共卫生事件,比如瘟疫的流行、水源的污染也比较重视,但是由于不关乎道统,所以很少从制度上加以建设。地方卫生事业主要由地方精英出面承办,而各地官员由于地区情况的不同,对于公共卫生事业的支持程度也有很大的差别。清末,政府官员和社会精英接受了西方的卫生理念,不仅是由于效法西方和新政的实施,更深层次的原因还在于身体的康健和国家的存亡在意识形态上紧密地结合到了一起。中国人的身体,在清末民初被西方人视为羸弱不堪,生病的身体成为丑陋的、不科学的风俗习惯的符号表征,而身体又是卫生学研究的对象,于是挽救身体和认识西方公共卫生学的必要在话语结构中完成了相互的嫁接和转换,由此,卫生成为民众认同的重要场域。国族与"卫生"联系,不只是通过想象中的公共卫生福祉和国家医政体系的实际扩展,更为重要的是人们力图借此实施对"东亚病夫"形象的共同抵抗。所以,西方的公共卫生学作为当时民族主义寻求自卫和发展的工具,西方的医学知识使得中国社会开始重新界定身体、疾病、卫生观点和公共环境,这两方面的意义不仅仅在于开启了所谓的西方科学知识的大门,更在于当西方公共卫生学的知识逐渐渗入到社会空间之后,与政治局势、文化思潮、社会形态、民族认同和国家观念形成了错综复杂的暧昧关系。由此也验证了陈方之当时所言:"今日卫生之旨,不在乎能长年,而在乎能竞存,不在乎能守清静,而在乎能任烦剧,不在专心于慎内,而在精研乎制外之道。"②

正是在这种暧昧的关系网络中,公共卫生得到官方的合法性认可。此时,卫生和教育成为国家意识形态改变的两个新生的"双胞胎",共同承担起了改造社会、救国图存的重任。由此,一方面,西方式的医院开始在中国遍地开花;另一方面,新式

---

① 刘锦藻.清朝续文献通考(卷一一九).职官五(第2册).杭州:浙江古籍出版社,1988.
② 陈方之.卫生学与卫生行政.北京:商务印书馆,1934.

学校的改造运动也此起彼伏。学校空间是社会空间中的一个公共场所,同时又担当着培养下一代具有完备体格的重任。在20世纪初期,中国的军国民思想成为一种权威性的语言,其基础就是要扭转中国人不卫生的印象,通过军国民式的新式教育,把国民培养成为政治和军事的合格成员。

> 中国人不讲卫生,婚期太早,以是传种,种已孱弱。及其就傅之后,终日伏案,闭置一室,绝无运动,耗目力而昏眊,未黄耈而骀背。且复习为娇惰,绝无自营自活之风,衣食举动,一切需人……合四万万人,而不能得一完备之体格。

由此,当学校空间成为军国民思想的主要舞台的时候,当改造身体变为一种支配性思想的时候,身体产生的空间的改造也开始变得势在必行。于是卫生和教育两者成为两条相交的曲线,在划定的轨迹中,新旧学校空间开始更替与转型。学校空间内公共卫生的实施不仅变成了民族主义目标的一种制度化表述,也成为集体行动的逻辑,以致当西方人的手术刀切入中国人身体的时候,医学的知识也宛如一把锋利的手术刀介了学校空间的现代性转型过程之中。由是,西式的卫生力量和中国新式的学校空间之间的疆界打破了以往清晰的分野,形成了由许多不同面向与不同切割方式所构成的多边形。正是在和西式卫生的近身缠斗、交引互动与疆界分割中,新式学校空间开始逐步形成。

二、旧貌新颜:学校卫生学的空间言说

1862年京师同文馆的成立标志着新式学堂的建立。其后,新式学堂渐渐推及于全国。1902年,清政府颁布《钦定学堂章程》,1904年,清廷颁布并实行新的学制《癸卯学制》。民国建立后,教育部于1912年成立并颁布《普通教育暂行办法》,规定改学堂为学校,并重新厘定学制,于9月3日颁布。次年,教育部陆续颁布了《小学校令》《中学校令》等法规,丰富了学制内容,史称"壬子·癸卯"学制。1921年9月,"中华民国教育部"召开会议,于1月颁布《学校系统改革案》并施行全国,即"壬戌学制"。此后,虽经几次修改,但"壬戌学制"作为民国学校建设的基本依据,再没有发生大的变动。在新学制颁布并施行的过程中,中国的教育处在新旧交替之时,新式的学堂和旧式的私塾并置。中国的旧式学校,特别是私立的学校,空间的选择十分随意,可以是家庭中的庭院、宗族的祠堂,也可以是乡民活动的会馆等,总之有师有生便可称之为学校。新旧学校的空间呈现着比较大的差别。新式学校的特点是比较注重空间物质层面的建设。比如,在 1936 年的《湖北界各县改良私塾暂行办法》中,就规定私塾设备最低应具备总理遗像、遗嘱及黑板、讲桌、讲椅等,并且对私塾学生的清洁卫生、节假日也作了统一规定,这就与清朝末年乡村社会的"门悬初等小学堂之牌,入视之,则十数儿童拥护一师,几案错杂,或读百家姓千字文,或读学庸论孟"①的旧式学校空间有了比较明显的区别。由萧乾先生回忆录中的关于学校教育的片段也可以验证这一点。

  (开始读的是)设在新太仓一座庙里的私塾。私塾在大殿右侧一个黑黝黝的角落里。五十来个学生挤在一座座砖砌的小台子周围。墙壁中央上端挂了一张残旧不堪的大成至圣先师孔子像,上课前下课后我们都得朝它作上三揖。每个学生面前都摊着一本《四书》,好像解闷似的,从早到完我们就扯着喉咙唱经文……大约是"五四运动"前夕,新学就像一股清风,吹进了北京城的大街小巷,……(母亲)决定送我进九道湾的一家私立的"新式学堂",那是一个路西高台阶的宅子。妈妈替我买了新式的教科书。第一课是"人手足刀尺",学校墙壁上还有图画。这个学堂的课室设在东西厢房,老师一家住在北屋。

  在新式学校空间诞生之初,建设者重视学校的卫生环境,这主要是由于中国新式学校的建设主要是效法西方和日本。那些留洋归国的政府官员和社会精英看到了一条由新式教育到新式国家的中国新政之路,但是建立新式教育,能够学习的首先是物质层面。仿照西方和日本的学校建置成为当时制定学制的依据。在为学校空间划定蓝图的过程中,一种新的知识型开始介入学校空间建设与形成的过程之中,学校卫生学就成了学校空间的主要"语言"。中国的学堂建立与学校卫生学之间的发展大体上可以分为以下四个方面:

(一) 个体清洁——延续传统

  在古时候的学院、私塾中卫生工作的着力点主要在于个体清洁,在《论语·子张》中即有"子夏之门人小子,当洒扫应对进退,则可矣"的论述。在古书《童蒙须知》中对于洒扫、清洁、个人卫生习惯等也有较多论述:"凡脱衣服,必齐整折叠箱笼中,勿散乱顿放,则不为尘埃所污,仍易于寻取,不致散失;著衣既久,则不免垢腻,须要勤勤洗浣;破绽则须补缀之,尽补缀无害,只要完洁";"凡如厕,必去外衣,下必

---

① 又人.教育杂感.教育杂志,1911(1).

盛手";"凡为人子弟,当洒扫居处之地,拂拭几案,当令洁净"。这种传统在新式学校中仍得到延续,这从当时各学堂的章程规定中可以得见。如1899年的京师大学堂禁约也规定:"学校必须盥洗洁净,衣服整齐,若使随意污秽,实为不敬,犯者记过,屡犯者斥退二戒咳唾便溺,不择地而施,屋宇地面皆宜洁净,唾咳任意,最足生厌,厅堂斋舍多备痰盂。便溺污秽,尤非所宜,是宜记过,违者记过。"①

从上面的资料中可以看出,20世纪初期所成立的新式学堂将卫生局限于个体的清洁。对于清洁的要求是基于传统伦理道德的考量,而与现代医学的基于微生物学和细胞学基础之上的清洁理念并无多大的关系。学生的"便溺污秽"之所以不宜,原因是由于"不敬"。中国传统的学校空间,是以伦理道德为基础的,一切行为的判断标准是"礼法"。合乎礼(也就是社会规范),即为正确的。传统文化中洁净的屋宇、清洁的身体、整洁的衣装是礼法的符号表征,而咳唾便溺则是后台中的行为,是礼法的前台必须要驱逐的对象。所以笔者个人认为中国清末新式学堂建立的初期对于个体清洁卫生方面的规范虽然属于学校卫生方面的要求,但是并不具有西方关于公共卫生的实质。

(二) 选址规划——改造转型

在新的学制颁布之后,中国各地建设了大量的新式学堂,从蒙学堂到专业学堂不一而足。此时学校空间从选址到空间的布置都考虑到了要符合卫生的要求。学校卫生学最早出现在1902年清政府所颁布的《钦定学堂章程》中。其中对各地学堂的周围环境作了规定,要求蒙学的学堂注意以下方面:

> 蒙学规制较简,固不能有特殊之建置,然与幼童卫生上有害之事,必须考求禁戒:一、曲房密室不通空气;二、破坏、狭隘难避暑湿;三、光线不足耗坏目力;四、房宇宽阔冬寒太甚;五、登高临深易遭危险;六、喧嚣不静妨于讲授;七、污秽不洁疾疫易滋,小学堂建设,地面以爽恺而适于卫生为宜,学堂附近之处,倘有害于儿童之习染及喧闹而有害教授者,均宜避之。②

对于小学生的建置,也作了详细的规定:

> 小学堂建设,地面以爽恺而适于卫生为宜,学堂附近之处,倘有害于儿

---

① 辅仁大学校友会编委《风云录》编辑组. 风云录(辅仁大学校友丛书之一). 北京:北京师范大学出版社,1985.
② 朱有瓛. 中国近代学制史料(第1辑下册). 上海:华东师范大学出版社,1986.

童之习染及喧闹而有妨教授者,均宜避之。现在甫经创办,或借公所寺观等处为之,但须增加修葺,少求合格;讲堂、体操场尤为注意。小学堂应有礼堂一处,以为学生聚集并行礼庆祝之用;但课修身、读经时,须合各班学生而并授者,得借用之。礼堂占最大之面积,得容一千余平方尺至而千平方尺;讲堂以广二丈四尺,长三丈三尺为度。小学堂建楼房者,每楼一座至少须备二梯。小学堂每学生百人应备食堂、盥所一处,养病所、浴室各二间,厕所数间。小学堂所用之几案凳椅,须与学生之身体长短配合,几案之广,应以一尺三四寸为度,其长二人用者四尺,一人用者二尺以上。①

清末民初,中国的学校空间是作为社会新旧关系转换的一个表征物而存在的。清末新政就是以学校变革开始,并且在维新变法的改革措施被废除之后,只有新式学堂的"代表"京师大学堂被作为改革的唯一成果保留了下来,随后进行的20世纪初的学制改革,使得学校空间进一步成为清末民初期间社会关系变化的风向标和社会空间的支撑物,并为社会关系的力量纠葛和形态转化提供了"改革"的实验地和希望的"乌托邦"。在《钦定学堂章程》中对学校环境卫生的关切表明卫生概念在中国学校空间的渗透主要是因为:清末,政府大力兴办新学,广设学堂,但因经济条件所限,很多地方不能建造新校舍,只能借庙宇、道观进行翻修办学,因此要为所设立的学校提供一个指示性的标准,其中学校卫生成为建造较好学校环境的标准之一,但是必须要注意的是,虽然对学校空间环境的设置开始考虑公共卫生的需求,但是与现代重视室内空间规划有很大的不同。

(三)科学渗透——全面结合

经过岁月的洗礼和历史的变迁,学校空间在社会转化过程中逐渐沉淀和稳定,个体的身体也不断隐匿,学校空间成为培养国家政治和经济需求的公民的所在地。学校不仅是物质化的人工创造物,也不仅仅是社会事实的指示物,而是逐渐成为一个关于身体规训的话语自我组成部分。学校空间中的功能性分隔和身体及活动方位的空间分类形成了一个场域,关于流行疾病新的概念、个人卫生学的知识、文明的社会行为规范等组成了空间中新的知识体系,因此学校成了一种考古学的符码,这种符码在它自己的知识谱系下得到了压缩和限制。其中,学校卫生学成为学校空间建构的知识基础。

清末民初的中国,正是民主和科学渗透、传播并扩大影响的时期。各种社会精

---

① 朱有瓛. 中国近代学制史料(第1辑下册). 上海:华东师范大学出版社,1986.

英人物在内忧外患的动荡中认识到了科学对于社会发展的重要,于是先进的欧洲、日本成为中国的社会体制、文化精神甚至空间设计所学习的对象。在《平阳县改良初等小学通告》中,我们看到了中国现代学校空间的设计就到处弥散着日本的影子和气息。无论是学习欧洲还是日本,中国当时寻找的都是一种富国强兵的救国之路。在维新变法、洋务运动均没能解决问题的情况下,教育成了科学和民主的"乌托邦"。于是改造科学的学校空间成为当时新式教育的重点工作,同时也奠定了中国现代学校空间的统一"语言"——学校卫生学,并一直沿用至今。

平阳县改良初等小学通告[①]

周继善

去年邑校经教育科人员调查报告者,八十有四,其中办理得法者固多,而未尽合法者,亦复不少。阅其指摘之处,大致相同。皆为普通所易犯者,因将所报各节条分缕举,订为一帙。除照发教育会自治会备查外,转行通告各校。俾各览省研究,度于改良进步,不无少补欤。

(一)设备

甲:斋舍

子:教室

初小地址,除特建校舍及借用住宅外,多就地方祠庙隔取两厢,或正厅。一两室距离勿令太近,以致声浪触接相混。

一光线入室,须在学生座位左面。不可当面直入,致损目光。

一光线须充分适用。勿令过多过少,以致损目。过少尤碍卫生。

一近黑板两旁。不宜开窗。恐光线斜入黑板,致坐远者不能见黑板之字。

一教室最须洁净,非必漆髹为净也,但勤打扫而已。每见两厢教室墙,除碧藓延。缘如画中,含霉菌颇多。宜亟除之。更有教室之外,即置便桶,秽气触鼻,不可耐,遑言卫生乎。

……

(丑)黑板

不可太狭小,若狭小则所书未竟,即须擦去重写,殊形不便,其横阔即

[①] 上海经世文社辑.民国经世文编(影印版).北京:北京图书馆出版社,2006.

视将座所依之壁,满量制之可也,其竖长可三尺。……

（寅）桌椅

桌椅构造之宜否,与儿童身体之发育,大有关系,如儿童身体之驼背损伤,及血液不华等病,多由桌椅不良,有以致之。邑校桌椅,间有全用家塾旧式者,其桌椅均高。儿童坐时终日悬脚,颇损筋血,桌与椅之距离,又复甚近,儿童坐时,易致身俯。且一人一桌,既占地面,两人一桌,又不使用,更有桌用校式,而凳用旧式者。桌低凳高,更觉不便。即有桌椅均用校式,而高下任便,并未揣量儿童之身体而制之。初年与四年一律。初小与高校一律,且有长桌长凳,合坐六七童。中有一人离座,必须左右三四人一齐离座,且有扰及前后桌者,皆未合宜者。兹略举其要如左。

附录日本文部省锁定小学桌椅尺寸表以便参考……

从这份细致入微的规定中,我们看到了从旧式私塾、家塾到新式学堂过渡期间的空间设置和规划,其中阳光、空气、潮湿、病菌这些西方医学卫生的理念已经成为空间构建的支柱。符合理念的被认为是干净的、卫生的、有利于学生健康的、符合教育目的的;而违背理念的(如桌椅的高矮不齐、厕所和操场的设置等),则是肮脏的、不卫生的、妨碍学生健康的、不符合教育目的的。这些细微的规定和其所蕴涵的功能指涉,显示出一个现代化的、以身体管理和西式健康观念为考量的空间设计已经于20世纪上半叶在中国出现。

西方公共医学的一个特点是将疾病的预防从个体走向了群体。学校空间作为一个群体共同生活的公共空间,自然要面对疾病的预防问题。面对一个群体性活动空间的建设,符合卫生要求就成了必要选择。于是,将现代西方医学的研究成果运用到学校的设计上成为一种必然的趋势和潮流,一门新的学科——学校卫生学在中国兴起,它同时也成为学校空间设计的基本规范。新式的学校空间,校址的选择、教室的设计、操场的位置都是要符合现代卫生观念的。与此同时,基于学校卫生学而设置的专门化的空间领域表征着那些以家塾、社学、庙宇等为代表的随意化的、非制度化的空间形态逐渐淡出了教育的领域。

学校空间的设计在学制和改革行动报告中明确规定要符合学校卫生的科学话语的要求,这不仅仅意味着学校空间的呈现样态由此改变,更意味着学校空间成为由新知识带来的新的社会关系领域中的关键节点,为社会关系的形成带来了重要又特殊的效果。学校卫生学通过对学校空间中的设置,将学校的日常生活纳入民族国家进行的社会动员和科学地处置身体这样的现代话语体制之内。希尔

(Hillier)和汉森(Hanson)曾经强调:"空间是知识的重要领域,它体现着分类的空间的秩序,包含着对于边界的控制。并且,从这些知识的表现中,控制可以从一些建筑计划中显而易见地读出。"[1]学校作为社会空间的一个支持元素,保证了人们在学校空间中特定的定位、移动的渠道以及组成社会成员之间符号化的共生关系。

(四)完整规划——力量延续

学校卫生学以西方的理念为主体,不但在中国学校空间的转型初期影响着新式学堂的建设,而且以后一直成为一种学校空间建设的元理论出现在中国现代学校建设的规范文件之中。现代中国的学校空间规划,呈现出了一种统一和规范的趋势。特别是在1986年国家计委组织编写出版了《中华人民共和国国家标准中小学校建筑设计规范》(GBJ99-86)之后,原国家教委以此为依据,先后组织编写了《城市普通中小学校建设标准》(送审稿)、《全日制普通中等专业学校校舍规划面积定额(试行)》、《农村普通中小学校建设标准》、《中小学教室换气卫生要求规定》等一系列学校空间设计规范。为了进一步贯彻"规范""建设标准""定额"的实施,促进学校设计标准化进程,在1998年又组织编写了《中小学学校建筑设计手册》,从校址的选择、教室的设计、行政用房和生活用房的分隔、室内环境要素(采光、照明、换气)的设置、交通系统的疏散、室外环境(采暖、通风、排水)的辅助都做了细致的规范。

西方医学理念的变化带来了当时医疗空间设计上的转变。在19世纪后的15年间,"细菌理论"的扩散直接导致了医院的空间设计发生了改变,随之带来了疾病理念和治疗方式的更新,同时医院的空间安排也在新的理论下被重新解释。细菌理论的话语在空间中的最初表达表现在医院建筑地点的选择以及手术室和实验室的设计上。"在西方的现代19世纪的医院中,在每一个卧室内有一个帆布的小床。窗户成为设计的重点,因为它是'新鲜'空气的中心,被密封,空气流通被以机械手段来进行。玻璃被使用仅仅是为了隔离不同病房内的病人,并且这些空间上的新的分割对于欧洲影响极大。在医院,对于隔离的强调在1920年就被提出,并利用玻璃门将父母、来访者和病人加以区分,但不能和病人直接联系。房间的隔离彻底地割断了建筑物的其他部分并且外部的门直接导向'街道',如此设计的目的是让那些人别再次进入建筑物之中。"[2]细菌学、传染理念不但导致医院空间的转变,也使得学校空间从选址到内部空间的规划都成为科学话语实践的"最佳注脚"。这一

---

[1] Lindsay Prior(1988). The Architecture of the Hospital : A Study of Spatial Organization. *The British Journal of Sociology*, Vol. 39, No. 1.

[2] Lindsay Prior(1988). The Architecture of the Hospital : A Study of Spatial Organization. *The British Journal of Sociology*, Vol. 39, No. 1.

点在学校卫生学对于现代学校空间的设计上体现得尤为显著。

> 校址应选在无污染的清洁阶段,学校与化学、物理和生物污染源的距离应符合国家有关防护距离的规定,……学生学习和生活的环境中超过卫生标准的铅、硒、汞、镉、铬、锰等化学元素都可导致学生急性或慢性中毒,在浓度较大的一氧化碳、二氧化碳、尘埃、煤烟等有害物质影响下,学生慢性呼吸道疾病的发生率会明显增高。①

> 教室内有数十名学生一起进行学习和活动,如不进行通风,室内空气很快就会变得污浊,二氧化碳、水蒸气以及重离子的数量增加,室温上升,降尘量增多,细菌污染的可能性增大,出现有机杂质、氨、硫化氢等物质。……教室一般应采用自然通风的形式,一般的砖墙结构只能满足教室换气需要的十分之一。因此教室内的气体主要是通过开窗换气的方法实现的,所以学校应设立合理的通风换气装备,保证每个学生所需的新鲜空间的量,并保证每小时呼出的二氧化碳的量不超过卫生学的指标。②

三、疏离下的困境:理想与现实的实践差距

在现代空间的形成过程中,学校卫生学发挥着自己知识奠基的作用。以 1934 年上海市卫生局对飞虹小学的调查为例(1929 年至 1931 年),调查共分校址、光线、通气法、清洁、卫生设备、学生用品卫生状况、水与食品、除秽、游戏场、避火设备、卫生室 11 个方面,计 10 分,调查员分别打分,并提出改善方法,如针对"教室桌椅稍有高低但有不合于学生之身长",提出"最好置高低能活动"的桌椅;"每日打扫时,并不用湿木屑。教室地面不时常擦洗",责令改正,"每星期须洗擦地板一次"等。但是,在从语言到言说的过程中,即从学校空间的理念设计到实践运作的过程中,学校空间却处处不能完成卫生学所规定的要求。在学校空间建立的初期,"在这样的建筑里难有理想的卫生条件"③。虽然在政府官员所制定的各种政策中有着详细的规定,但是如何完成符合卫生学要求的学校空间设计确是摆在实践过程中的严峻问题。

以当时上海的两所小学为例。1907 年成立的尚公小学,由具有雄厚经济实力

---

① 朱家雄. 教育卫生学. 北京:人民教育出版社,1998.
② 朱家雄. 教育卫生学. 北京:人民教育出版社,1998.
③ 秦韶华. 上海市华界中小学学校卫生状况研究. 华东师范大学硕士论文,2007-04.

的商务印书馆办理,在设施、师资力量上都非常先进与完备:"露天操场、风雨操场、会场、图书馆、理化仪器室、标本模型室、园艺基地(种花,植树,供自然科实习用)、小卖部、摄影室等"一应俱全,并且"设有工场,自己制造运动器材、实验仪器、教具、标本等,以及大量儿童图书";校舍是商务印书馆的办公楼,采光不好,加上"校址处于工厂之旁,机声震耳,煤烟横飞,妨碍卫生",基于此,学校就在设备、方法上寻找补救办法,添置很多卫生器械。但值得注意的是,尚公小学是当时上海最好的学校之一,并不能代表当时大部分学校空间的设计状况。其他学校不可能有这样的设施与师资力量,大多因条件所限无力办理,个别学校即使在公共卫生的新理念之下有意对学校空间进行改进,但由于经费拮据,学校空间的设计并不能完全达成空间规划的要求。如1909年建立的上海时化小学堂,它位于现今上海南市区淘沙场街,是由陈公祠(纪念陈化成)改建而成的私立学堂,经过翻建,它改造成三层的楼房,底层是礼堂,二、三层则是教室。从描述中可以得知,它符合当时大多数学校的现实情况。1929年的调查显示,"很少有学校的建筑是按照一定标准建造的。大多数学校由庙宇、居住区改建而成"①。所以,它的状况应具有一定的代表性。学校空间实施过程中不能达到设计要求的主要由于两个原因:

　　首先是经费的缺乏。从上一节关于庙产兴学的讨论中我们可以看出,在新式学堂的建立过程中,经费是极端拮据的,而学校自己筹集到的经费也"为数甚微"。如1937年2月26日,陈巷小学、淞江小学及谭村小学等三所学校校长联合呈文,亦以学生家庭经济困难为由,呈请减免费用。

> 学校等位处吴淞乡间,学生家境清寒者多,每学期应缴建筑费,虽只五角,然亦大多未不能缴交,甚至书籍费不名一文者甚多,职校长等每期赔垫为数非少。此次钧局训令职校等征收学生卫生费,为数虽微,按诸实情,殊多困难。②

　　1937年3月8日,怀德小学校长陈守之在呈文中写道:"查本校学生,均系农工子弟,收入甚微,维持生活,尚感苦难,其有子女入学者负担更重。"③

　　其次是权力的分配。学校空间设置与学校卫生属于不同的范畴。学校空间的

---

① 胡锁明.上海老城区内的陈公祠.上海志鉴,1977(4).
② 秦韶华.上海市华界中小学学校卫生状况研究.华东师范大学硕士论文,2007-04.
③ 秦韶华.上海市华界中小学学校卫生状况研究.华东师范大学硕士论文,2007-04.

规划属于教育部,而是否符合卫生要求是属于公共卫生的范畴,因其特殊性质,又被纳入教育范围,所以,卫生、教育两局都负有管辖的责任。1929年4月20日,教育部、卫生部召开学校卫生教育会议,明确规定"由教育机关注重卫生教育,由卫生机关办理学校实际事项,并应共同合作,以策进行"①。但因未对两局合作方式作硬性规定,实际工作仍由卫生局主办,教育局辅助,而卫生局于1929年4月在第4科(其他三科为总务、防疫、保健)内特设学校卫生股,专门办理学校卫生。其工作细目大致有:体格检查、缺点矫治、治疗病、预防传染病、卫生化验、环境卫生及卫生教育等。卫生局在学校内的工作重点在于检查学生身体、预防疾病和控制传染病,而对于学校空间的设置是无力干预的。由于教育局和卫生局之间的不同工作任务使得两者互相推诿,对于学校空间建设是否符合标准这样的审核问题都没有列入自己的工作范围之内。正是由于经费的缺乏和权力分配,使得学校卫生学虽然带来了学校空间设计规划理论上的转变,但是在实践层面上,学校空间却并不能完全达到学校卫生学的设计要求。

四、知识与权力:空间言说的"元理论"

正如医学知识的进展带来了现代的医院规划一样,学校卫生学的介入也使得现代学校空间在经历新旧转变之时,成为学校空间设计的基础。学校卫生学具有现代医学的透视效果,教室的墙壁、桌椅、阳光、空气都从根本上改变了可见性的形态。学校卫生学的发展使得学校空间从分类体系转向学校及学校成员的身体,因为在现代学校空间中,身体必须被观察。学校卫生学介入的后果是,一个特定的社会圈定一种教育范围,对其进行医学干预,将其封闭起来,并划分出封闭的、特殊的区域,或者按照最有利的方式将其毫无遗漏地分配至各个社会角落。现代学校空间引入了一种选择系统,从而揭示了一个群体为了完成社会目的而不断协调、同一、妥协,同时也是冲突、差异、抗争的场所,于是学校空间成为辩证关系的聚合处所,成为一种歧义的建构物。在学校空间中,时间的差距、政治斗争、经济影响和社会对抗在学校空间中"你方唱罢我登场"。但是,必须要指出的是,关于健康、协作的群体性空间设计并不是学校的专利。在监禁犯人的监狱中、在西式的医院里以及民族资本工业化的厂房中,我们都可以看见空间设计的一致。这些改变虽然并不足以造成全面的、普遍的空间革命,却让我们看到了在这些群体性空间下的社会成员正在随着这些特定的社会空间生成和改变。

---

① 秦韶华.上海市华界中小学学校卫生状况研究.华东师范大学硕士论文,2007-04.

这些空间的改变助长了社会对空间、对空间中身体的监控与管理，使个人空间逐渐回退到家庭狭窄的卧室中，个人与个人之间的差异，通过空间的改变而大幅缩小，甚至达到了社会与个体的相互统一。这也正是群体性空间规划和卫生学理念在中国介入的目的所在。

学校卫生学作为一种元理论出现在构建现代学校空间的话语体系中。元理论，在后现代的倡导者看来，是现代性的残余，是后现代主要解构的对象。但后现代没有脱离的一个悖论就是它在解构元理论的同时把自身也设置成了另外一种形式的元理论。元理论并不是要将自身设置成一种封闭的、至高无上的真理系统，而是一种无限制的和辩证的研究方法。正如大卫·哈维所言："元理论并不是对总体真理的一种陈述，而是与历史和地理真理达成协议的一种努力。"① 将学校卫生学视为一种"元理论"，并不是指其在学校空间的生产中成了一种全能指称的话语，而是指在具体的时空体下被构造出来，进而成为构造当时环境的一部分，并为当时其他空间体系所分享。

学校空间中的卫生学的话语实践对于现代学校空间的形成产生了重要的影响。学校空间作为一个社会构建，并不是独立于言语的知识体系之外的。学校空间是一种可以容纳、分割、结构、促进、提高甚至褒扬人类行为的容器②，它能将我们集聚起来，也能把我们分隔开来。也许并不是所有发生在学校空间的行为都意味着交流，但是大多数学校空间行为都包含了某种程度的交流，正是学校空间中的交流行为表达了学校空间的个性，孕育着价值观、生活方式、社会地位等方面的综合信息。所以说，由于学校空间本身承载的大量的特殊信息，使其在成为一种实用工具、场所之外，又成为一种具有表现力的语言。凡尔赛宫的奢华表明的是国家势力对法国各省贵族权力的制衡，拿破仑改建巴黎不仅是为了控制市民暴乱，也是用来巩固他的并不稳固的皇权，而弗朗索瓦·密特朗改建罗浮宫和凯旋门，是为了使巴黎能够无可争议地成为欧洲中心策略的核心，并且用钢铁和玻璃组成的简单几何形状的激进的建筑表示当时的法国对于现代性的追求③。修建、形成、塑造空间虽然有着功能上的、情感上的、心理上的目的，但是也有意识形态上的原因，空间用自己的方式述说着宗教的、政治的、文化的语言，将神圣、庄严、科学的精神传递给在空间中生活的人们。同样，学校空间也表达了一种语言，并能提供给我们关于空间话语的登记簿。在事实上，不仅我们能从

---

① (美)戴维·哈维. 后现代的状况——对文化变迁之缘起的探究. 阎嘉, 译. 北京: 商务印书馆, 2003.
② 石艳. 学校空间与不平等性别关系的再生产. 当代教育科学, 2007(15).
③ (英)迪耶·萨迪奇. 权力与建筑. 王晓刚, 等译. 重庆: 重庆出版社, 2007.

空间规划中读出学校卫生学的语言要素,而且,我们也能在零散的社会制度的编撰中遵从这些计划的改变。

作为一种学校卫生学的实践基地,学校空间是一种可见要素。在福柯的话语中,建筑物是不同权力话语体系中的一个机器,空间社会学的宗旨就是要面对并拆卸在建筑表面之下的不同的技术要素。学校空间的安排并不仅仅是学校卫生学或者其他学科话语的指示物,而且学校空间组织也是对于呈现出来的话语的真实表征。从旧式的书院、社学到新式的学校,虽然都是确定好的人工产物,但它们不仅仅是人类深思熟虑之后的想法和反映,而且是在混乱的、复杂的社会行动中不可或缺的创造[1]。学校卫生学作为一种在学校空间形成过程中介入的话语形式,通过学校空间的形成和转换来"言说自身"。学校空间物理设计的某些方式是知识/权力的阐明,就像文本是"活着的言说"一样。学校空间能够像言谈一样转移自身,并且学校空间的物质形式不仅为学校卫生学等知识理论构型的揭露提供了切入点,而且学校空间的实践也组成了言说的对象。

---

[1] 石艳. 书院·学校·网络——现代性与学校空间的生产. 湖南师范大学教育科学学报,2005(6).

学生符号世界的城乡区隔:时空的视角

南京师范大学　高水红

内容提要:伯恩斯坦的社会语言编码理论认为阶级制度通过不同类型的家庭作用于孩子言语的深层结构中,从而在符号类型、社会结构与经验构建之间建立了基本联系。本文则从"时空"的视角出发分析并指出了城乡时空结构与学生符号系统之间的联系:乡村学生基于乡土社会循环的时间观形成了以"现在"为时间取向的"看"的世界,其符号表达感性、生动、具体,具有特殊性、罗列性和武断性;城市学生基于都市社会变化的时间观形成了以"未来"为时间取向的"想"的世界,其符号表达明确、理性、抽象,具有普遍性、系统性和逻辑性。两者的表达与思维差异将会影响相互之间的理解、交往和共处,更会让前者游离于社会转型的结构之外。

随着中国城市化的进程,城市与乡村之间的流动增多、交流频繁,乡村学生不管是当下还是将来都已经或即将面临城市文化的碰撞,我们的问题是:乡村与城市学生之间的符号表达存有差异吗?什么样的差异?他们之间的沟通和交流是否可能?更进一步,如果符号表达存在差异,那么隐藏于符号表达之下的思维习惯、生活方式、价值观念的差异是否经由学校教育得到了自我体认、反省与改善,从而为以后可能的流动拆除藩篱、增强适应力或者增加相互流动的可能性?

我们选取了江苏省 NJ 市一所城市重点小学和江苏省 NT 市一所乡镇小学五年级 A、B 班的学生,A 班围绕"幸福"的主题、B 班围绕"上学"的主题分别完成一幅画(按照学生自己对主题的理解原创一幅彩色画),并用一段话对自己的画进行解释(字数为 200—300 字)。由于研究分工的需要,研究者在本文中只对文字符号所展现的差异作出呈现与分析。文字符号作为书面表达的一种,在经过几年强调用词准确、语法规则、逻辑清晰、修辞规范的学校教育后,学生的符号世界呈现出怎样的特征?我们在此暂且不论城乡学生在用词、语法、逻辑、修辞等方面掌握程度的高低,而是注重找寻那些根深蒂固的、经过几年的学校教育依然无力改变的,甚至影响学生思维方式的差异。

一、时空:作为一种视角

我们所生活的"周边地区"是否参与了我们生活的构造?这是显而易见的,只是它以潜移默化的、理所当然的方式驻扎进我们的思维、融入进我们的行为。个体生命更不是无着无落的,他每时每刻都处在一个特定的时空中,都在以不同的方式感受着其所处的时空、累积起周遭的整体性经验,融进其生命的历程。因此,时空对于身处其间的个体或群体而言不仅是客观存在的,更是有意义、有感情,甚至是亲切和动人的。

因此,作为一种视角而存在的时空,首先不是自然的,而是社会的。人文地理学者们追求这种"地方感"与个体经验及思维活动的关联;文化人类学家关注作为内视角的"地方性知识"。那么在社会学意义上,时空具有怎样的意蕴呢?社会学者们曾为我们提炼和概括过不同时空的结构特征,诸如涂尔干的"机械团结"与"有机团结",腾尼斯(F. Tnnies)的"礼俗社群"与"法理社会",伦斯基(G. Lenski)的"前工业社会""工业社会"和"后工业与后现代社会",齐美尔(G. Simmel)的"大都市"和"外来人",费孝通的"乡土社会"等。可以说这些概念将社会在时间维度上的定型、变迁与在空间维度上的结构关系融合起来,既有时间向度又有空间意涵,同时更具社会属性。

其次,作为一种视角的时空不是无所着力的,而是有力量的。如果说西方学者将时空的力量表述为一种结构性的促动和约束力量,那么中国学者则更喜欢整体性将之称为"场"和"时势",这种场能和势能足以将时空的力量尽显。身处其间的人们经由听觉、嗅觉、味觉、触觉不断接触、记忆、强化,获得这些力量对于个体或群体生命的入侵与构造,继而变成个体或群体的一种看似内在的知识生成、看似特殊的生活感觉、看似亲切的本土风格,一种几乎无须特意表现而自然流淌的日常经验。因此,时空问题不仅对于理解宏观社会过程具有重要理论和方法论意义,而且也是个体和群体日常社会行为的重要分析工具:"日常生活中的位置、场所、先后、次序等,就是很有趣味的空间和时间问题,其中往往包含着复杂的权利关系和社会文化意义。"[1]

最后,作为一种视角的时空,更强调身处其间的人们对于时空的感受,即时空感。也正是在这个意义上,时间与空间是可以互相转换、互相改造的。比如作为异

---

[1] (英)约翰·哈萨德. 时间社会学. 朱红文,等译. 北京:北京师范大学出版社,2009.

乡人对空间流动性的体认可能会形成其短距的时间观[①]，继而影响其表达习惯、思维习惯，乃至行为习惯。比如对于现代空间"去距离化""地球村"的体认可能会形成即时性的时间观。空间以一种特定的方式转换了时间，反之亦然。这种对于时空的主观感受是有个体或群体差异的，只有理解了不同群体的时空感受，我们才能把握不同群体最深层次的心智结构，也正是从这种差异中才能窥见时空对于人们从语言到思维方式的深刻却难以被人察觉的影响，减少由此形成的偏见[②]。

当然，"时空"的社会意蕴还需要社会学者们去进一步地挖掘，而从时空的视角出发探讨社会时空如何参与个体与群体学生的生命成长，建构个体或群体学生的心灵、智识、行为，是教育社会学者可以为之努力的。

二、现在时与未来时：城乡时间格局中的文字编码

大多数社会科学阐述都假定，时间是社会性的。涂尔干在《宗教生活的基本形式》中提出了"社会时间"的概念，认为时间是一项"社会制度"，时间范畴不是一种自然范畴，而是一种社会范畴。时间在社会中生成，因此也随着社会的不同而各有差异。

在传统的乡土社会与现代的都市社会中生活的人们，其时间感觉是不同的。乡土社会是围绕自然时间展开的，"日出而作、日落而息"，周而复始，这种时间感演绎出的是疏松的、断裂的，甚至可以妥协的生活节奏与时间意识；而都市生活是围绕非自然的钟表时间展开的，随着精确到秒的时间的滴嗒声而出现的是紧迫的、环环相扣的、致密的生活节奏。

农村学生的上学描述：

> 每个星期的星期一到星期五，几乎过着同样的日子。
>
> 第一幅写的是，我躲在床上睡觉，妈妈对我说："快起床了，陈晖，太阳都要晒屁股了。"我微微张开眼睛，看了看妈妈，妈妈正两手叉腰看着我，我说"让我再多睡会。"
>
> 第二幅写的是我左手拿杯子，右手拿牙刷刷牙，妈妈两手放在衣袋

[①] 贺晓星,仲鑫.异乡人的写作——对赛珍珠作品的一种社会学解释.南京大学学报,2003(1).

[②] 有研究显示,在美国许多中产阶级的思想观念中普遍存在着对下层阶级行为的负面成见,这些成见部分地源于以下事实:对于未来指向的中产阶级而言,后者的行为是令人反感和不理性的,它们源于一种短视的时间观,即,现在是首要的,而对未来的思考却被推到了次要位置上。因此中产阶级愤慨于社会底层因为缺乏远见而导致了高生育率,或者中产阶级会谴责下层阶级缺乏节俭的意识,这其中涉及现在指向和完成行为的不理解,而这种不理解源自一种鼓励为了未来的回报而推迟享受的立场。

里,看着我说:"好好刷牙。"我没有看妈妈,只说了声:"知道了。"

第三幅写的是吃早饭,妈妈跟我说:"好好吃饭。"我说:"知道了。"

后面五幅写在学校的事情。

最后一幅图写的是睡觉,等到第二天早上,一切照旧。

城市学生的上学描述:

清晨6点钟……"孙子和,快起来,不然就迟到啦"。一阵急促的声音在我的耳畔回荡。我终于睁开朦胧的双眼。由于我家住得离学校远,所以早早地就要起床,临睡前把衣服拿好,以便早上一伸手就可以拿到。妈妈也更早就起来了,为我做好香喷喷的早饭,为了在7点20前赶到学校晨读,我快速地揉了揉眼睛,一骨碌爬起来,以最快的速度刷完牙,洗完脸,吃完早饭,钻进小汽车……

7:20,终于到学校,……

每天一大早,学生们匆匆忙忙地起床,快速地刷牙、洗脸、穿衣服,然后,背起书包就乘着家长的车,驶向学校。……时间一分一秒地过去了,学生们自然很着急。……

从一早7:10出发,8:00到校迟到,一早一迟,路途中用时50分钟,但我的家离学校不远两公里左右,一般要20分钟即可,其中和真实时间差30分钟,是普通的2.5倍,为什么会这样?因为堵车,堵车本身浪费时间,而堵车之时出车祸,因此堵车的时间约为15分钟,车祸处理的时间也约为15分钟,15+15+20=50分钟,虽然这样,我也无能为力,我希望以后我上学的时间只是20分钟,不是50分钟。

显然,农村学生对于时间约束力的意识是比不上城市学生的,在农村学生的时间观念中,时间不是生活的标准,时间就在生活中,对于时间的体验,更多的是"自然节奏"而非"钟表时间"。因此,乡村中的时间感并不急迫,只是周而复始,永远循环,这样的时间虽有意义却没有约束力量,"从容不迫地劳作,今天完不成的就留到明天","形成了一种顺从和对时间流逝漠不关心的态度,不会梦想控制时间,消耗和节省时间……所有的生活行动都不受时间表的限制"[1]。伯格森(Bergson)曾主

---

[1] (英)约翰·哈萨德.时间社会学.朱红文,等译.北京:北京师范大学出版社,2009.

张:"时间是一种绵延,人就处在时间之中,而不应当把时间认作某种分离的要素或外在的显现。时间包含着过去、现在与未来,这些相互分离的时刻之间的相互渗透,随着过去和未来在现在被创造出来,它们各自融入其他两种时刻。"① 乡村中的人用于组织社会生活的更多是绵延的时间意识,昨天、今天和明天在上述的时间感觉中是具有同等意义的,费孝通曾把乡土社会称作"定型社会"②,这样的社会其运作是极其缓慢的,有时变化都是无法觉察的,"是一个模子里印出来的一套",在反反复复映入人们的眼帘、渗入人们的生活,在这样的社会里生活,记忆是多余的,未来也是重复和可以确定的。这样我们或许就不会惊讶于农村学生在文字表述中对于时间表达的不精确、无意识,以及关于时间用词上的不精确,也不会惊讶于其经常无意间流于笔端的时态上的混乱。

> 我觉得幸福就是一家人能在一个风和日丽的日子里,一起去春游、玩耍。那一天,我们一家人会快乐地、无忧无虑地,不再忙着做作业、做工作,而是幸福快乐的,因为我们很快乐,所以笑了,就连太阳、白云、大树也乐开了怀,我们手牵着手感觉到春姑娘正在轻轻抚摸我们的小脸蛋。
>
> 一家三口在一起手牵着手,以前多半时间不在一起,现在多半时间在一起。可能在一起旅游,在一起春游……

已经发生的、正在发生的和将要发生的是如此自然地糅合在一起呈现于读者面前,不再需要区分。在乡村学生的文字表述中,过去和将来都可以用"现在"来代替,"现在"才是他们真正的存在,已经过去的和将要到来的时间差异似乎不存在了,"现在时"成了主要的时间意识。这样一种"现在"具有怎样的深层意涵呢? 在这里,构成"现在"的时间与其说是一种感知,不如说是一种行动,这种行动的现在超越了感知到的现在,它不仅仅局限于瞬间的现在,而是包括了与现在相联系的过去和未来,因为它们都属于同一个行动的意义背景,构成现在的时间是一个行动的全部,它统一了记忆的过去和预期的未来。对于乡村的人而言,时间是被内在的感觉的,它是生命的运转而不是外在的限制,它无法与活动的经验和活动发生的空间相分离。因此,对于乡村的人而言,对于时间的感知不是连续的,不是一个时间序列,而是由一个个"现在"所构成的自我封闭的时间单元③。他们不是生活在一个

---

① (英)布莱恩·特纳. 社会理论指南. 李康,译. 上海:上海人民出版社,2003.
② 费孝通. 乡土中国 生育制度. 北京:北京大学出版社,1998.
③ (英)约翰·哈萨德. 时间社会学. 朱红文,等译. 北京:北京师范大学出版社,2009.

有着完整连续性时空的世界中,他们的"世界"细碎而割裂地存在着,因他们的种种活动而生,也因他们的种种活动而灭。

而对于生活在都市里的学生来说,每天都是新鲜的,是不可预见、值得期待的。斯特劳斯曾说现代化的过程是一个从永恒走向变化的过程。城市作为现代化进程的一个重要标志,摆脱了传统的永恒的时间观,开始了一种朝向未来的变化的时间意识。

现在,随着我们年级的增加,作业负担会越来越重,还必须做许多的课外题,为小升初作充分准备,作业要做课内的,又要做课外的,使许多同学晚睡早起,每天的课也上不好。这样一来,不少人便会对上学产生厌烦情绪,觉得上学又要上很多语文课,回家又要做很多作业,很痛苦,上课便会没精打采,大大影响了听课效率,我希望通过这幅画告诉大家:上学其实没什么苦恼的。大家可以往这些方面想:1. 隔了一天,又可以见到同学们了! 2. 今天学校会发生什么有趣的事呢? 3. 今天学校要组织♯♯♯活动。4. 今天有×××这一件好事! 这样大家就能快乐地面对上学了。

我喜欢我的学校,我们的学校周围绿树成荫,环境优美,但我觉得美中不足的是马路不够宽,……所以我画的学校马路是比较宽的。其二是,我们现在的操场有点小,……所以我画中的操场是比较大的。……

在城市学生的文字表达中出现最多的句式是"我希望……""我希望现在的这种情况能够有所好转、改善。""我希望每辆私家车每周休息一到两天,这样会给环境带来多大的改善啊!""我希望我们能永远平平安安地生活在一起,这是最大的幸福!"等等。另外一些能够指向未来的连词也经常出现在城市学生的文字中,比如"应该……""如果……""假如……"等,区别于农村学生经常使用的连接词,比如"有的……有的""也……""并且……"等。伯恩斯坦曾将连接词使用的丰富与复杂程度作为区别于精致编码与局限编码的一个特征,我们是否可以换一种方式发问:在现在时与未来时的时间坐标系中,学生的世界本身就是不同的,着眼于"现在"这一时间坐标的世界是需要去描述和罗列的,它具体、感性;而朝向"未来"这一时间坐标的世界是需要学生自己去想象、构建和论证的,它抽象、理性。连接词的简单、重复抑或复杂、丰富除了与不同的家庭教养方式有关外,是否也与这种不同的时空感受有关?当我们将时间维度转换成空间维度去理解时,答案或许会变得清晰起来。

三、时间与空间的转换：看到的世界与想到的世界

如果说乡村学生是以"现在"作为真实的时间体验,这种将过去与未来融汇于现在而不分彼此的时间取向,会导致学生的符号世界呈现出怎样的特征呢？我们发现不管是针对较为抽象的"幸福"主题,还是较为具体的"上学"主题,乡村学生描述性的叙述均占据了三分之二以上。让人印象深刻的是：过去的事情、听说的事情在乡村学生的笔下都像亲眼所见般地真切细致、形象生动。

> 一天,小苏正在上学的路上,她一想起昨天舞蹈老师教的舞蹈,便情不自禁地在马路中央跳起了优美的舞蹈。同学们应该都知道,那是多么的危险,可此时的小苏把个人的安全全部抛向了脑后,她只知道跳舞、跳舞还是跳舞,由此看出小苏十分地热爱舞蹈,她多么想当舞星,她想要把她那优美的舞姿展现给所有的人。可小苏啊,你不能把自己的个人危险忘记,你还有十分疼爱你、关心你的爸爸妈妈和好朋友呢！你不能就这样结束你的一生,你还有许多事要做。突然迎面来了一辆面包车,可此时此刻说什么都来不及了,小苏还没有察觉到,她的生命就已经这样的结束了。……

> 有一个小朋友,在上学的路上闲逛,正当他开开心心地准备过马路的时候,突然间,一辆巨大的卡车疾速行驶了过来,正当那个小朋友发现的时候,那位驾驶着大卡车的司机也有所察觉了,便连忙踩了一下急刹车,可是为时以(已)晚,借着车的惯性,疾速向前俯冲了一下,悲剧已经发生了,一摊血已经溅满了马路中心。……

以"现在"为根基的单元式的时间体验,使得过去、现在、未来的时间区分在乡村学生的思维中不再具有约束力,过去发生的、想象中可能发生的和真实发生的之间不再有区别可言。头脑中的影像开始随意拼接,过去的空间、当下的空间和未来的空间融为一体,变成了一个感性的、随意的、具体的、可见的世界。这是否意味着：在乡土社会成长起来的学生只是沉浸在直接感知到的现在,而无法想象遥远的未来？布迪厄用"即将到来"概括了乡村人的时空体验,这种即将到来本质上不同于未来,"它是内在于可以观察到的既定事实中的潜在性的领会,嵌入一种感知意识,这种感知意识的依据是信念而不是计划"。因此,这种"即将到来"不可能不发

生,是一种潜在性而不是可能性,就像一个立方体隐藏起来的面,只是没有被呈现而不是不存在,因此"即将到来"与真实的现在的被感知方式是一致的,"它已经被攫住了,就像真实的现在一样,被直接感知"①。因此,从客观时间上来看,过去发生和未发生的,虽然和现在远近不一,但仍然处于一个简单的意义统一体之中而被感知、被看到。换句话说,乡村社会"现在时"的时间意识转变成了一种可看到、可触及、可把握地看待世界的文化态度。因此,"没有什么比试图把握未来的想法更加另类,也没有什么比以下观念更加奇怪:未来是广阔的、开放的,它蕴含着无数的可能,人们能够在其中发掘和选择这些可能性"②。

与之相比,城市学生则以一种朝向未来的时间取向建构世界,这样的世界是想象中的、希望中的,甚至是正在计划中的。他的想象有多大,他的世界就有多大。

> 这是我所希望的上学的场景。孩子们三三两两地走在路上,一边走,一边吃早点。同学之间互相说笑,谈论他们昨天回家干了什么,有什么有意思的事情;今天又准备干什么,有什么新奇的发现。或可以谈谈最近自己看了什么好看的书,哪个故事情节自己感受最深,自己最喜欢里面的哪个人物,最敬佩哪位主人公,最痛恨哪个坏人,生动地再现一下书里的内容。可以说说昨天看到的新鲜事,与大家来分享;可以说一个谜语让大家来猜;可以讲一个小笑话逗大家笑一笑。男孩子则可以看看路上开的车,说说自己喜欢的类型;可以谈谈自己以后想做什么,想上什么学校,希望自己的学校怎么样。总之,最好没有大人的约束,也不要车接车送,我们自己可以上下学。

朝向未来的"想到"的世界充满着多种可能性,它是不确定的,它以"预测"的态度看待这个世界,拒绝接受事物的现在状态,希望用投射出的未来的图景来塑造现在,以此来克服所预测的未来的不确定性③。因此,诸如"或许""可能""也许"等词语在城市学生的作品中便随处可见。这样的世界不可能被直接感知到,它需要精确的推理和复杂的构想来完成,需要依靠思维的组织与计划。齐美尔认为生活于都市之中的人是"用脑,而不是用心来作出反应的"④。斯宾格勒(Spengler)在其

---

① (英)约翰·哈萨德.时间社会学.朱红文,等译.北京:北京师范大学出版社,2009.
② (英)约翰·哈萨德.时间社会学.朱红文,等译.北京:北京师范大学出版社,2009.
③ (英)约翰·哈萨德.时间社会学.朱红文,等译.北京:北京师范大学出版社,2009.
④ 成伯清.格奥尔格·齐美尔:现代性的诊断.杭州:杭州大学出版社,1999.

《城市的心灵》一文中以其诗性的语言感叹了城市的这种"智性":存在的古老的旧根源在城市的石头堆中干枯了,他们脱离了土地的束缚,存在变得越来越衰弱,理性变得越来越有力①。因此它遵循着逻辑的严密性、论证的合理性,呈现给人们的是一个秩序的、理性的、抽象的、空泛的世界。

> 我认为上学在每个人眼中是不同的。或开心,或喜爱,或讨厌,或乏味……我认为上学是一个让人难以捉摸的东西,但我觉得上学是我们人生的基础,我们不应该讨厌上学,应该把它看成一项乐趣,认为它是好玩的事,假如你爱上学,你会学得事物是十分新鲜的,不爱呢,则会觉得很乏味,但是为了将来、为了父母、为了自己,还是多多学习知识,做一个对社会有用的人,成为国家的栋梁!我们的前途将会是广大的。

相反,"看到"的世界则是确定的,是可以触及的,即便有前瞻性也意味着走标定好了的路,遵守已有的经验模式,而不是另辟蹊径。它想要或客观上昭示着:"事实就是如此",或"未来也在把握之中"。无数种可能性只有简化为过去的经验,才能确保"即将到来",才能排除各种不确定的危险。长期浸润在这种"事实就是如此"的不容置疑的思维习惯和基于"现在"的"感性"叙述习惯中,乡村学生将祈使句②频频使用在其符号世界中也就不足为奇了。

> 早睡早起,到学校里认真读书,不能马虎,认真细心地对待每一件突如其来的事情,例如同学之间发生争执、吵闹、打架,我们要热心劝导,不能让同学之间的友谊破灭,团结友爱,互相帮助。在学校的这段时间里,老师交给我们的任务都要认真对待,不得马虎,努力把这一任务做到更好、最好,这样老师才能把任务一而再、再而三地交给我们,我们的老师才会看重我们。当然,在上学的路上,如果是步行的话,一定要注意交通安全,不要被陌生人领走,当心车辆,随时随地保护自己。
> 要记住:家人就是幸福,幸福是家人创造出来的!
> 请你们对自己的父母好一点吧!

---

① 薛毅.西方都市文化研究读本(第一卷).桂林:广西师范大学出版社,2008.
② 祈使句的作用是要求、请求或命令、劝告、叮嘱、建议别人做或不做一件事,通常无主语或主语常省略。

四、在学业成败之外

乡村学生基于乡土社会循环的时间观形成了以"现在"为时间取向的"看"的世界,其符号表达所体现的这种感性、生动、具体、罗列、武断,如果延伸到其心智结构或许会表现为颇为实在的性格、过于感性的认知、缺乏计划的行动、相对狭隘的视野、不够圆通的处事、缺少预见性的想象、不善辞令的表达、顺其自然的心性等。而城市学生基于都市社会变化的时间观形成了以"未来"为时间取向的"想"的世界,其符号表达明确、理性、抽象,具有普遍性、系统性和逻辑性,形成了其浑然天成的"飞跃的想象""广阔的视野""理性的筹划""整体的构想""能言善辩""心智开放""懂得经营"等人格特点。这些延伸开来的差异已不仅关涉学业的成败,更会影响到将来面对具有现代社会特征的整个职业生涯的发展,甚至更关涉生活的成败。

因为乡村与城市事实上已经不能仅仅局限于横向的比较,它更具有纵向考量的意义。可以说,乡村与城市对应着社会转型的两端,我们所处的社会正在从传统社会向现代社会变迁,简单来说即是从农业社会向工业社会转变,从乡土文明向都市文明转变。撇开两种文明各自的优劣不谈,这一变迁趋势已经不可阻挡,这样一种变迁不可能是零零星星的,而必定是一种总体性的转变。对变迁中的人而言,意味着我们每个人都不可避免地要成为"现代人"。英克尔斯(A. Inkeles)曾概括了现代人应该具备的 14 种特征,诸如时间感、计划性、变迁的态度、关系处理等[①],对于沉浸于乡村时空的学生来说都意味着挑战。

由于语言编码的差异,不同阶层的孩子在以精致编码为主导的学校教育中,学业成败的可能性并不相同,这一结论随着伯恩斯坦的研究已为大家共知。我们认为阶层之间的流动或许会因学业本身的失败而停滞,从而在阶层再制中各归原位,回到原有的生活秩序中。但是仍有少部分劳工阶层的学生因为学业成功获得向上流动的机会,其中有一部分学生将面临从乡村社会进入城市社会;另一方面,城乡之间的流动已经被裹挟进国家现代化与城市化的进程之中,换句话说,即便遭遇学业失败,城乡之间的流动依然在所难免。在这种流动中,基于不同时空感受的经验系统、思维习惯、生活方式、价值观念将面临诸多的不适与冲突,这点已经通过流动人口二代、都市新移民较为集中地反映出来了。其实这种不适与冲突,只要是跨越

---

① A·英克尔斯认为现代人应具备 14 个方面的共同特征:(1) 效能感和自信心,不相信命运;(2) 乐于接受生活变迁;(3) 具有接受新事物的能力;(4) 乐观的生活态度;(5) 时间感;(6) 重视技术技能;(7) 待人平等;(8) 计划性;(9) 尊重他人;(10) 对陌生环境不抱戒心,具有信任感;(11) 期待子女受教育和获得现代职业;(12) 具有独立见解,能容纳不同意见;(13) 兴趣广泛,接受信息能力强;(14) 对生活中的问题具有理解力。郑杭生. 社会学概论新修. 北京:中国人民大学出版社,2000.

城乡社会时空的人都或多或少地感受过或正在经历着。更进一步说,即使不参与流动,不离开乡村,不跨越城乡,也依然无法摆脱中国社会现代化的进程。不管怎样,对于拥有乡村时空意识及其衍生出的文化态度的人群来说,改变似乎已经在所难免。

那么,经过长达十几年的学校教育,对于乡村学生而言,知识能够增加、学业可以提升,甚至语言编码可以改变,但是学生的这些思维习惯、生活方式、价值观念、经验结构是否会发生变化?学校教育是否对这些融入学生日常经验的结构性特征拥有足够的清醒和明晰?是否在学校教育过程中有意识地引导学生对其作出自我体认、反省与改善?面对和解答这些问题,或许不失为学校教育走出"再生产"困境的一种出路,也是教育应对社会转型和变迁的一种责任。

民国教育热的背后:一种想象性的社会记忆

南京师范大学　胡金平

内容提要:相同的民国教育,却在部分民国教育亲历者的回忆中与当下民国教育热中的民国"追忆"者之间,存在着极大的反差。孰是孰非,留待历史学家去争论,这儿更加关注的是,为何在远离民国60余年后,民国教育成为相当多的各界人士追忆的对象?事实上,在民国教育热的影响下,一种新的有关民国教育的社会记忆已经被塑造。

自国民党政府败退台湾后,"民国"作为一个时代的标记在大陆便已经结束,包括教育在内的一切民国符号几乎消失殆尽。受意识形态的影响,长期以来"民国"一词如果偶被提及的话,更多的是作为新政权建立之前"痛苦"或灰暗的记忆而已,包括教育在内的民国历史几乎在大众的记忆中消失殆尽。然而近年来忽如一夜之间,有关民国的历史、人物、著作、影视等大量出现在大众面前,毫无悬念地登上了各种文化出版物的排行榜。从长久无人理会到人人谈民国,包括民国教育热在内的民国热的突然出现,就不仅是一种文化现象,更成为一种社会现象。

一、民国的教育事迹一时间怎成了"范儿"

在民国"热"之中,民国教育的"热"是一个重要领域。而民国教育的"热"首先体现在量的膨胀方面。

近年来,伴随着怀旧潮的流行,民国与民国教育的"怀念"成了历史学、教育史学乃至一般高等教育研究界和社会议论的热点话题之一。在百度搜索引擎上以"民国教育"为检索词,截至2012年11月20日,蹦出的结果竟然有近300万条之多。在大陆出版界,近三四年翻印出版了诸多民国教育著作,甚至各种中小学教材也纷纷登场。在较为正式的学术研究界,民国教育历史也成为重要的研究选题,如在中国知网上,以"民国教育"为主题词的论文多达2560条,据不完全统计,自2000年至2011年,以"民国教育"为主题的硕士论文有50篇、博士论文有15篇。

民国教育的"热",不仅仅反映在相关议论、研究的数量浩瀚,更体现在"情"的表达,即"推崇性"评价的大量涌现。

例如 2008 年 12 月发表在天涯论坛上一篇名为《民国时期的中国教育,一直走在世界的前沿》的帖子,对民国时期推行的各种教育政策倍加赞赏:

教育乃千秋之大业,民国办教育的很多做法都值得今天借鉴和学习。归纳起来有以下几点:

1. 教育完全免费

中华民国成立后,孙中山立即强调在中国实行免费的义务教育。1912 年,中华民国教育部明确规定:"初小、师范、高等师范免收学费。"免费上师范成了当时很多家境贫穷的学生接受教育的唯一途径,毛泽东就是在湖南师范学校毕业的。1946 年国民政府制定了《教育宪法》,定位准确,要求明细,兹列举几条:"教育文化应发展国民之民族精神、自治精神、国民道德、健全体格、科学及生活智能。""国家应注重各地区教育之均衡发展,并推行社会教育,以提高一般国民之文化水平"等等。

2. 教育经费

《教育宪法》规定:"边远及贫瘠地区之教育文化经费,由国库补助之。其重要之教育文化事业,得由中央办理或补助之。""教育、科学、文化之经费,在中央不得少于其预算总额的 15%,在省不得少于其预算总额的 25%,在市、县不得少于其预算总额的 35%,其依法设置之教育文化基金及产业,应予保障。"

3. 教师薪水

1927 年公布的《大学教员资格条例》规定,大学教员的月薪,教授为 600 元—400 元,副教授 400 元—260 元,讲师 260 元—160 元,助教 160 元—100 元。教授最高月薪 600 元,与国民政府部长基本持平。在 20 世纪 30 年代初,大中小学教师的平均月薪分别为 220 元、120 元、30 元;而同期上海一般工人的月薪约为 15 元。20 世纪 40 年代的《教育宪法》规定:"国家应保障教育、科学、艺术工作者之生活,并依国民经济之进展,随时提高其待遇。"资料显示,当时普通警察一个月 2 块银洋,县长一个月 20 块银洋,而国小老师一个月可以拿到 40 块银洋,民国时期小学教师的地位和待遇要远远超过县长。民国时期对教师待遇的重视和投入让今人望尘莫及、汗颜不已。

4. 多样化的教育格局

私立学校跟公立学校比起来有灵活自由的优点,当时的文化环境足以让私立学校生存并且发展,社会上对于私立学校也没有偏见,这一方面得益于其时的文化生态,同时也得益于民国教育家的胸襟。

5. 不惜代价办教育

在抗战最艰难的时刻,当时国民政府却真正实现了免费义务教育!据著名学者何兆武所述:在西南联大上学时,大学生不仅免学杂费,而且还免每天的午餐费,如果学生上学仍然有困难还可以申请助学救济金,且助学救济金在大学毕业后可以不还。同时,抗战客观上为我国的西部教育带来了发展的契机,使西部诸省在基础教育方面有了很大的发展①。

虽然说该网帖对民国教育的推崇并不是建立在历史记忆的严谨基础之上,如将文本政策当作教育现实,将民国教育定位为"一直走在世界的前沿"的断语,更多的是显示发帖者的个人情绪,但这似乎并未妨碍该帖被大量转发。

在一些正式出版物中,对民国教育大为推崇的著作并不少见,如 2011 年由北京大学出版社出版、胡足青选编的《民国语文》一书,在前言中便认为:

> 这些(民国)大师深深懂得,孩子就是一个民族的未来和希望,少年强则国强。这样的大师放下身段,怀抱对国家……巨大的热忱投入到为孩子编写语文教科书的工作中。这样的教材,绝无当代社会华而不实的商业气息,却满含着大师浓浓的温情;他们把自己认为最值得传播的素质和理念,用孩子最能接受、最有效率的方式传递给他们。……如今让大多数当代中国人,尤其是对当今语文教育仍不满意的部分国民,最便捷、最充分地接触民国语文、感知民国语文的风貌与神韵,也就成了一件很有意义、很迫切的事情。

2013 年由《新周刊》主编、漓江出版社出版的《民国范儿》一书的序言(张鸣作)中认为:

> 民国很贫穷,什么都没有,但却有自由。北洋政府不管教育,国民党政府想管,也不大管得了。至于媒体、文化、艺术,大体上任由从业者随便折腾。有了自由,尽管环境恶劣,别的也可以有。……"民国范儿"就是一种教养,一种态度,一种文化,一种文人牛哄哄的劲儿。今天……"民国范儿",官场没有、学界没有、市场没有,连博物馆都没有。此时此景,说点"民国范儿",算是纪念,也是挽歌。②

学者谢泳在与《深圳特区报》记者钟润生谈及"民国热"时发表了自己的看法:"现在社会上流传的大部分关于民国的著述,多数出自作家或者是业余研究者之

---

① 参见 http://bbs.tianya.cn/post-free-1483290-1.shtml。
② 《新周刊》主编.民国范儿.桂林:漓江出版社,2013.

手。比如专门写西南联大的乐南,还有傅国涌、陈远等作者。这几位作家的研究是相当有水准的,他们最大的优点是比学院单面做研究的人会写文章,会写书。"确实如此,参与民国教育推广的人员之中,大多数是出版社人员、作家、业余的历史爱好者等,严肃的历史研究者相对而言人数较少,即使参与,也与那些充满着想象、浪漫描述以及充满"民国情结"的人员不同,他们对于民国教育的评价也相对平和。然而,会写文章、会写书,是否就写出了民国教育的真相呢?这是值得思考的。

二、另一种不同的记忆

与当下民国"热"中某些学人对民国充满深情的"回忆"不同,身处民国时期的一些教育工作者们对于所处时代的教育发展现状似乎并不满意,更遑论以充满"魅力"的无限回忆去赞美。

夏丏尊先生是民国时期的语文教育专家,他对当时中小学中流行的眼花缭乱的"无爱"教育教学改革极为不满。1924年他在为自己翻译的意大利作家亚米奇亚斯的《爱的教育》所作的序言中写道:"学校教育到了现在,真空虚极了。单从外形的制度上方法上,走马灯似的更变迎合,而于教育的生命的某物,从未闻有人培养顾及。好像掘池,有人说四方形好,有人又说圆形好,朝三暮四地改个不休,而于池的所以为池的要素的水,反无人注意。教育上的水是什么?就是情,就是爱。教育没有了情爱,就成了无水。"

当时的知识分子不仅对当时的基础教育不满,而且对于混乱的教育行政行为亦极为反感。舒新城先生1924年曾就内地湖南所见闻的教育行政的混乱情形做过批判:

> 内乱对于教育显明的影响列下:(一)省教育经费积欠至十个月;(二)指定为省教育经费的盐税附加税为军人提去四十余万;(三)地方教育经费随时被军人提取,致各地欠费自数月至十余月不等;(四)地方教育机关,随时被军人占据,学校常不能如期开学;(五)内地交通权完全为军人占据,学生不能按期到校,甚至于被危险;(六)教会学校特别发达。[①]

如果说夏丏尊、舒新城先生对于民国教育现状的不满主要是针对20世纪20年代北洋政府统治时期教育现状的话,那么进入国民政府时期,教育的情形似乎并

---

① 吕达,刘立德.舒新城教育论著选(上).北京:人民教育出版社,2004.

未得到根本改变。教育社会学家卢绍稷在1931年出版的《教育社会学》一书中,论及当时的各级教育成效时曾说:

> 我国教育,因承数千余年"偏重个人"积习之故,所以近年以来,虽尝闻有"适应社会"之呼声,而学校毕业生尚未能皆为社会上实际有用之人物。试观我国现今的学子,除少数外国留学生与国内中等以上学校毕业生讲求实学外,大都徒冒虚名,以"文凭"为目的,学非所用,用非所学,无所裨益于社会。小学毕业生,知识幼稚,姑置勿论。中学毕业生,往往学农不农,学工不工,学商不商,甚至有的在家赋闲,成为社会上之寄生虫。至大学与专科学校毕业生,对于学问虽算有一点门径,但尝见有毕业于纺织专科,而为普通中学图画教员者;有以毕业于农业专科,而为普通行政机关助理员者,甚至有留学欧美各国大学与专门学校毕业,归而应考试于书业机关,充普通编译员者。所用非所学,滔滔皆是。①

如果说卢绍稷的批评尚不够具体,则不妨引述一段叶圣陶先生在1946年发表的短文中所揭露的中小学中具体问题的情形:

"很有几个县城里,学生看不到铅字排印的书本,除了教科书,校长、教师以及家里的父兄,一致认为铅字排印的书本不是好东西,即使也有几本不妨看看,然而挑选挺麻烦,还是一律不准看方便。学生看课外书是冒险的事,要随时慎防监察的眼睛,如果被发觉了,至少受一顿责骂。……"

某一个教育行政机关对视察人员作如下的指示。一个教师,如果对于待遇不大计较,教功课认真,得到学生的好感,他就有些可疑,应加注意。一个学生,如果埋头用功,功课不错,又喜欢看课外书籍,他就有些可疑,应加注意。②

1949年之后,随着新政权的建立,虽然其中有出于政治意识形态的需求,在民国教育负面揭露的文献中不排除有失公允成分的存在,尤其是关于国民政府时期的教育举措的评判,然而在当时绝大多数民国教育亲历者的眼中,民国时期的教育并非如今天的民国教育热中的回忆那么美好则是一致的看法,而这无关政治话语。

三、一种社会记忆理论的解释

相同的民国教育,却在部分民国教育亲历者的回忆中与当下的民国教育热中

---

① 卢绍稷. 教育社会学. 福州:福建教育出版社,2011.
② 刘国正. 叶圣陶教育文集(第2卷). 北京:人民教育出版社,1994.

的民国"追忆"者之间，存在着极大的反差。孰是孰非，留待历史学家去争论，这儿更加关注的是，为何在远离民国 60 余年后，民国教育成为相当多的各界人士追忆的对象？事实上，在民国教育热的影响下，一种新的有关民国教育的社会记忆已经被塑造。

社会记忆或称集体记忆，是近年来人类学家和社会学家在讨论集体记忆如何保持和传播的问题时常用的概念，最早由涂尔干的学生哈布瓦赫（M. Halbwachs）提出（集体记忆）。哈布瓦赫的观点是："人们通常正是在社会之中才获得了他们的记忆的。也正是在社会中，他们才能进行回忆、识别和对记忆加以定位。……正是在这个意义上，存在着一个所谓的集体记忆和记忆的社会框架；从而，我们的个体思想将自身置于这些框架内，并汇入到能够进行回忆的记忆中去。"①

事实上，无论是涂尔干还是哈布瓦赫，在他们那个时代，社会记忆或集体记忆的形塑组织权常常被官方、主流社会、主流群体或媒体所掌控。但在当下网络发达的时代，这种权力已经遭到挑战。结合中国当下的社会现实，依据社会记忆理论，我们不难透过民国教育热兴起的背后，看出酿成"热"的种种现实因由。

（一）官方权威历史话语的祛魅与新历史观的重构

当官方的诚信一度被"消费"后，导致的是对政府在所有问题上各种言论、宣传的怀疑和质疑。大众可能关注的不是历史真相如何的本身，而是关心被官方加工了的社会记忆是否"破产"，而是更加相信另一类的历史解说。

历史重构与社会记忆并不相同，历史重构并不依赖于社会记忆，但历史重构的实践可以在主要方面从社会群体的记忆中获得指定性动力，也可以显著地塑造他们的记忆。美国学者保罗·康纳顿（P. Connerton）说："与旧的社会秩序彻底决裂的企图，遭遇到一种历史积淀，因此有破产的危险。新政权的渴望越是坚定，它越是专制地寻求引入一个强迫性忘记的时代。"②

建构一种社会记忆，其实就是在造成一种社会认同或文化历史认同。美国学者阿兰·麦吉尔（A. Megill）认为："记忆危机是与认同危机相伴的。尤其是在非学术背景下对记忆的关注……在认同被质疑时，记忆的价值遭到限制。"③当社会腐败危及对政权合法性的认同时，对于官方所塑造的历史话语和社会记忆的质疑亦在所难免。虽然当下中国社会的某些官员腐败不影响政权的稳定，但官方话语

---

① （法）莫里斯·哈布瓦赫.论集体记忆.毕然，郭金华，译.上海：上海人民出版社，2002.
② （美）保罗·康纳顿.社会如何记忆.纳日碧力戈，译.上海：上海人民出版社，2000.
③ （美）沃尔夫·坎斯特纳.寻找记忆中的意义：对集体记忆研究一种方法论上的批判//李宏图选编.表象的叙述——新社会文化史.上海：上海三联书店，2003.

的去魅已是事实,尤其是当官方信誉若不加遏制地一再被消费后,对于包括民国教育在内的一切官方的历史解读和塑造的历史记忆价值被抛弃,构建一种新的所谓的想象记忆、社会记忆则成为事实,一如康纳顿所说:"从事历史研究是在通过让人们摆脱原本指导他们假想和行为的传统,来创造相对于过去的新距离。"①记忆是集体框架,并不是个体记忆简单相加而建构起来的,"集体框架恰恰就是一些工具,集体记忆可用以重建关于过去的意象,在每一个时代,这个意象都是与社会的主导思想相一致的"②。

(二)民国教育的记忆果真是为了还民国教育的真相吗?

对于过去不受干扰的个体"回忆",就肯定是一种历史真实的再现吗? 其实不然,在社会学家哈布瓦赫看来,记忆是一种集体社会行为,"我们关于过去的概念,是受我们用来解决现在问题的心智意象影响的,因此,集体记忆在本质上是立足现在而对过去的一种重构"③。英国心理学家巴特利特(Frederick Bartlett)则认为个人的"心理构图"(过去经验与印象的集结)深受社会群体影响,因而我们对于过去发生的事实而言,记忆常常是扭曲的或错误的④。

"真正的过去已经永远失落了,我们所记得的过去,是为了现实所重建的过去。"⑤台湾学者王明珂的这句话充分表明了他与哈布瓦赫观点的一致,他们都认为记忆是由现在建构出来的,这种"现在中心观"主要体现在,他们坚持过去是一种社会建构,而且这种社会建构主要由现在的关注所形塑。如在哈布瓦赫看来,每个历史时期分别体现出来的对过去的各种看法,都是由现在的信仰、兴趣、愿望形塑的。

从专业的角度来看,许多对于民国教育史实的引述及解读具有相当的选择性,如关于小学教员收入的史料,明显是将文字、文件纸上的规定当作了历史事实。即使不存在史料的真伪问题,但依然存在选择性或想象性记忆的现象。

> 控制一个社会的记忆,在很大程度上决定了权力等级。所以,举例来说,当今信息技术的储备,从而借助信息处理机来组织集体记忆,不仅仅是个技术问题,而是直接影响到合法性,是控制和拥有信息的问题,是至关重要的政治问题。⑥

---

① (美)保罗·康纳顿. 社会如何记忆. 纳日碧力戈,译. 上海:上海人民出版社,2000.
② (法)莫里斯·哈布瓦赫. 论集体记忆. 毕然,郭金华,译. 上海:上海人民出版社,2002.
③ (法)莫里斯·哈布瓦赫. 论集体记忆. 毕然,郭金华,译. 上海:上海人民出版社,2002.
④ 王明珂. 华夏边缘——历史记忆与族群认同. (台湾)允晨文化股份有限公司,1997.
⑤ 王明珂. 华夏边缘——历史记忆与族群认同. (台湾)允晨文化股份有限公司,1997.
⑥ (美)保罗·康纳顿. 社会如何记忆. 纳日碧力戈,译. 上海:上海人民出版社,2000.

其实,全民对于民国教育的"追捧",并非完全是对于民国教育真相的追踪,民国热中的民国教育,只是他们心目中理想的"民国教育",是一种历史的想象而已,一如韩寒等许多大陆人对于台湾充满感情色彩的描述一样,他们只是将一种理想投射到想象中的民国教育中去而已,并不在乎这是否就是历史的真实。故从这个意义上讲,"民国教育热"与其说是教育现象,毋宁理解为社会现象。

(三)民国教育热的流行是怀旧情绪的表现吗?

民国教育热的流行,既不是基于一种学术性的历史真相的追寻,亦不是出自简单的个体怀旧性情绪的表露,乃是出自对现实教育不满的另一种话语表达。因为怀旧"不能通过某种智性的认识来整合各个个体的感觉,也无法采用书面或口传的方式传达以及灌输某种精神层面的感知,更不可能有计划有步骤地组织或规划一场对过去的凭吊或伤感,怀旧的获得是'不由自主的',是在受到时代社会的影响下产生的情感的气团"①。反观当下民国教育的追捧者,并非全都是有着民国教育经历的老者,更有许多是没有打上民国教育任何烙印的青年人。换言之,这种对于过去的"追忆",其实只是对于理想教育的期待,对于理想中教育梦想的怀念。民国教育"热"背后包含的是对教育现实的不满。例如教育体制问题、教育内容问题、教师待遇问题、教授队伍问题等。哈布瓦赫在《福音书中圣地的传奇地形学》一书中曾提出过"现在中心观"的概念,2011年欧阳悟道在其编著的《民国的那些范儿》的序言中所说的一段话,便代表了推崇民国的目的所在:

"为什么我们的学校总是培养不出杰出人才?""为什么中华人民共和国成立60多年了我们还出不了一个大师?"振聋发聩的"钱学森之问"直指中国教育的软肋。然而,经过一番热烈的讨论,求解终成无解,大师依然隐匿。逝去的时代总让人感怀,即便是民国这样的乱世也是如此。对于今人来说,民国是个特殊的时代,那是一个思想自由、学术活跃的年代,也因此出现了很多大师。他们曾经的理想,他们的面容和言行,他们的风度、气质、胸襟、学识和情趣,无不令人高山仰止。②

显然,作者在这儿推崇民国的目的,乃是反思当今教育的不是,运用的依然是中国传统的"借古喻今"的春秋笔法,只不过更加直白而已。

---

① 赵静蓉. 想象的文化记忆——论怀旧的审美心理. 山西师大学报(社会科学版),2005(2).
② 欧阳悟道.民国的那些范儿. 北京:中国华侨出版社,2011.

新中国成立以来的学校运行步调变迁：
以单位为视角的个案研究

河南大学　王　晋

内容提要：新中国成立以来，学校单位的变迁大致可以分为三个时期：学校单位创建时期、学校单位异化时期和学校单位法制化时期。在不同的时期，因单位运行环境、逻辑以及参照的变化，学校运行呈现出不同的特点。学校运行依赖于单位运行，学校的组织建设有利于学校职能的发挥，理清单位这一学校组织特性是学校职能发挥的前提。

社会学的扛鼎之人涂尔干这样写道："……历史有助于我们理解的并不仅仅是教育的组织；它还让我们看清楚这种组织旨在实践怎样的教育理念，以及是什么样的一些目标决定了这种组织的存在并赋予其正当性。"[①]在社会文化心理的巨大变迁面前，作为单位的 M 中学不可能"置身事外"。晋东 M 中学的变迁在很大程度上是社会文化心理变迁的反映，由于学校的组织类型是单位，与此相关联，上述反映的形式主要是通过单位这一组织类型传播的。我们有必要以单位的视角理清大变迁脉络下小变迁的纹理。作为单位的学校在建国近六十年来发生了哪些变迁呢？在这些变迁的时空段各体现着什么样的教育理念？这样的教育理念在实践中发生了哪些过滤？在不同的时期，国家是基于一个什么样的目标来统摄作为单位的学校的运转的？

晋东 M 中学是光绪二十九年（1903 年）由设在上城的冠山书院改建的。上城曾是汉将淮阴侯韩信破赵驻扎军队的榆关营寨，是早先县城建设的主体。这块神奇的古寨，素有厚重的文化氛围。《县志》称："背依挺拔秀丽的冠山，濒临清流激湍的黑水（城南河），驾筑于绿波映岸的嘉水之上，可谓傍山依水，钟灵毓秀之地。"[②]

---

① （法）涂尔干. 教育思想的演进. 李康，译. 上海：上海人民出版社，2003：13.
② M 中学校志编纂委员会编. M 中学校志. 北京：方志出版社，2003：1.

书院改成 M 中学之后,扩建与改建了一些房舍,慎重选用校长,严把师资关①。教育是时代的神经,学校的进退与国家民族的命运休戚相关。学校的生存状态留下了保矿运动、五四运动、九一八事变、抗日战争和解放战争的痕迹。民国 36 年(1947 年),M 中学停办后,上城校址被师范占用。1949 年新中国成立后,随着县城工农业生产的恢复发展,经济实力的增长,1956 年 9 月,"伴随着一缕金色的朝阳"②,新的 M 中学在县城东关崛起了。

一、单位创建时期(1956—1957 年)

在 1956 年,M 中学复校时,地委专署为之调来十多位具有大专文化的各科教师,招收新生 500 名,学校的工作得以正常开展。没有专署的支撑,作为单位的学校是不可能运转起来的。那年正好召开党的八大会议,周恩来总理在《关于知识分子问题》的报告中,提出要改善知识分子的待遇,贯彻党对知识分子的政策。县委和县政府对教师政治上关心、工作上信任、生活上照顾。县委、县政府的行政链条不可能直接与基层教师发生关联,这一切都是通过学校为中介来实施的。作为单位的学校初步体现出其职能,即作为国家的代理人对基层进行社会控制。

(一)黄土文明孕育了单位产生的契机

晋东地区是黄河文明的发祥地之一,人们享用着黄河母亲的恩泽,同时,也承受着黄河母亲的肆虐。由于交通等方面的原因,人们不可能为了摆脱肆虐而放弃享受恩泽。为了减少上述肆虐的危害程度,客观上需要一种社会动员能力极强的政治体制来进行大规模的防涝、防旱工程建设。集权政治就是适应了这种客观需要而形成的。集权政治需要的不是中心化的控制体系,而是非中心化的控制体系。因为中央或中心不可能对一个庞大的政治系统直接加以控制,要想维持中央权威,就必须建立相应的庞大的官僚等级体系,以把中央权力间接地渗透到基层。官僚等级体系有横向的和纵向的两种,织出的社会动员之网随之有了社会控制之力。"中国城市从古典的贵族聚集地转化为近代的商业中心以后,并没有孕育出拥有丰厚资源和自治体系的社会领域。"③M 中学没有形成西

---

① M 中学修建了新颖的理化实验室、图书馆,购置了音体美器材;校长的选用先由在太原的同乡会与县城士绅名流组成的同事会协商、提名、推荐,然后报请省教育厅批准任命;教师由校长选聘,对师资质量很严,文理教师多为山西大学中斋、文学院、法学院、西斋、工学院毕业的本科生,英语教师聘任美国牧师担任,体育教师多出身于军校。那时无所谓的铁饭碗,教师均是凭本事吃饭。
② M 中学校志编纂委员会编. M 中学校志. 北京:方志出版社,2003:3.
③ 刘建军. 单位中国——社会调控体系重构中的个人、组织与国家. 天津:天津人民出版社,2000:197.

方意义上的组织。此时,新中国的制度设计者提出了单位制度的设想并付诸实践,这种制度设计又迎合了民众对"代理人"的需求。这样单位制度兼备了合法性和合理性。概言之,黄土文明需要集权政治支撑,集权政治缺少滋养自治领域的土壤,向西方取经之路被堵死,这样客观上就需要一种土生土长的制度设计,设计出来的单位制度既满足了国家进行社会主义改造的需求,又迎合了民众的代理人需求,单位制度开始发挥作用。

(二)前单位时期的组织类型是单位得以诞生的脐带

新中国的制度设计者在设计单位制度时不可能没有原型,也不能不汲取革命根据地的成功管理模式和经验。"中国的单位体制脱胎于革命战争年代中国共产党在革命根据地的诸多经验,产生于革命根据地的诸多组织,实际上就是单位的最初雏形。"[①]据刘建军教授考证:"这一体制安排可能最早脱胎于历史上的'三湾改编',即通过班有小组、连有支部、营有党委,实现了党对军队的绝对指挥权和领导权,正是这一'党指挥枪'的权力架构才为中国革命和建设的顺利开展缔造了坚实的政治保障。"[②]按照这一逻辑,单位制度设计是从军队管理模式中汲取养分的。进一步讲,单位制度就是过去军队管理模式的延伸与拓展。这也是单位制度整体铺开之后没有遇见阵痛的可能性解释之一。中国共产党成功的经验在于能够带给民众看得见、摸得着的实惠。根据地的民众能够体验到这种实惠,也就能从自己的经验出发诠释"人民民主专政"的保含义。城市单位体制恰到好处地汲取了这一经验。有论者指出:"城市单位体制的建构从其最深远的政治关怀来说,恰好是满怀信心地把人们从压迫性的奴隶转化为新型国家和财富、精神的主人,即把社会中的所有一切都交与人民来主宰,代表人们利益的社会主义国家也必须服从于这一革命性的要求。"[③]如此说来,前单位时期的组织类型是单位得以诞生的脐带。

(三)单位功能的发挥是单位后天发育的保证

单位产生的原因不是单位存在下去的理由,单位功能的发挥才是单位生根、发芽、结果的前提。理论上,从政权形式和国家能力两个角度,可以划分出四种体制(如表一)。1950年到1957年的中国就是权威主义的强政权的典型类型[④]。权威主义保证单位制度落实的方向,强政权则保证单位制度落实的能力。

---

① 路风.单位:一种特殊的社会组织形式.中国社会科学,1989(1).
② 刘建军.单位中国——社会调控体系重构中的个人、组织与国家.天津:天津人民出版社,2000:196.
③ 刘建军.单位中国——社会调控体系重构中的个人、组织与国家.天津:天津人民出版社,2000:165.
④ 王绍光.安邦之道——国家转型的目标与途径.北京:生活·读书·新知三联书店,2007:26.

表一　政权形式的四种类型

政权形式	权威主义	民主主义
国家财政(集中财力)	权威主义的强政权	强民主政权
能力(分散财力)弱	权威主义的弱政权	弱民主政权

M中学在复校之后,其运作的逻辑集中体现着单位的逻辑,可从其教育工会的职能定位上"窥一斑而现全貌"。

教育工会在生活福利方面,每月给教工发放理发票、洗澡票,配合政治思想教育发放电影票。设立储金会,发扬互助互爱精神,为教工解决临时紧急用钱,年终按上级拨下的福利金总额,根据教工家庭困难申请,评定救济金,张榜公布,群众没意见后才发给本人。每年春节前,工会领导登门访问在家休养的老弱病残或退休职教工,向他们送慰问品与纪念品。女工的经期、怀孕、分娩、哺乳婴儿等特殊情况,主要由女工委员了解关注,及时向学校反映,在工作和生活上给予照顾,保护她们的身心健康①。

可以看出:"在毛泽东时代,中国经济依然带有强烈的伦理经济色彩。在公有制的基础上,国家用工资政策、价格政策、收购政策等杠杆控制了初次收入分配,将初次收入的差距压缩到一个很小的空间,从而减小了二次分配的必要性。如果那时仍有某些再分配的话,主要不是通过政府财政税收和转移支付的方式实行的。在城里,再分配的主体是工作单位。它为其雇员提供就业保障(铁饭碗),以及从子女入托到退休养老的全面福利计划(大锅饭)。"②这种组织类型协调民众投入到轰轰烈烈的建设家园的活动中去,表现出极大的动员效率和文化归属。毛泽东在1955年指出,这种绝大多数人属于某种组织的局面在几千年的历史中是从未有过的,这改变了过去中国令人痛心的"一盘散沙"的状况,促进了全国的团结③。但事情总是一分为二的。到1956年毛泽东发表《论十大关系》一文时,他已经注意到国家吞噬社会的单位体制,没有正确处理国家、集体和个人的关系,即国家对单位再生资源的强性提取导致了单位积极性的丧失,但毛泽东划分国家、单位与个人之关系的办法还是在单位体制内部,试图通过权力上的调整达到这样一种结果:一方面国家可以通过控制单位实现

---

① M中学校志编纂委员会编.M中学校志.北京:方志出版社,2003:124.
② 王绍光.安邦之道——国家转型的目标与途径.北京:生活·读书·新知三联书店,2007:190.
③ (美)费正清,(英)麦克法夸尔.剑桥中华人民共和国史(1949—1965).上海:上海人民出版社,1990:99-100.

对资源的汲取和社会的有效调控,另一方面个人又可以通过在单位中的准确定位完成分配下来的任务并获取一定的收益;同时单位在一定限度内拥有自主权力,以激发单位组织的主动性和创造性①。实践表明:在单位内部的修修补补并不能完全理顺国家、单位和个人之间的关系。制度一旦成型并发挥作用,就会形成一种锁定状态,寄希望于制度本身的再修正只能治标不能治本。在单位运作的过程中,出现了一些不好的苗头,即表面行使着双重代理的职责,实质上由于单位的自成一体性,"在早期的黄金岁月里(例如第一个五年计划期间),作为集中计划经济的组织体现的单位体制,曾经在大规模的经济建设中表现出较高的整体效率。但是,这种因过分依赖国家行政力量而日益僵化的组织形式越来越无法使经济获得持续的内在活力。单位不能使劳动组织合理化,也不能导致适应生产力发展的组织创新。单位组织结构的封闭性,曾经使党和国家的权力通过组织中下级对上级的人身依附而屈从于个人权威"②。单位制度的成功之处在于很好地代理了国家的社会控制职能和个人的社会表达欲望,而代理本身又是一个相对独立的角色。这样的角色导致极有可能在代理的名义下,行教条主义、本本主义之实;也极有可能在独立取向的名义下,谋本单位之私利。前者导致了单位的异化,间接地造成了教育大革命乃至"文化大革命"期间教育系统万马齐喑的局面;后者造就了单位的脱轨,成为转型时期教育改革落到实处的瓶颈。我们先来看单位异化时期。

二、单位异化时期(1957—1977 年)

(一)"文革"之前单位功能的局部异化

1957 年 5 月,党中央发出《关于整风运动》的指示,毛泽东的追求,并不是构建"两种制度",而是"一种制度",那就是走"五七道路",即把所有的学校,乃至整个社会都变成亦工亦农、学文学军的"五七公社"③。M 中学发动教职工大鸣大放。7月,开始进行"反右"斗争,4 名教工受到错误的批判与处理。1958 年春,M 中学党组织领导师生展开扫五气(官气、暮气、阔气、娇气)和知识分子向党交心、插红旗和拔白旗运动。为了贯彻毛泽东同志提出的教育为无产阶级政治服务,教育与生产劳动相结合的党的教育方针,M 中学组织教师编写农业会计、农业土壤、地理气候等乡土教材,在师生中批判"白专道路",提倡"又红又专"。1958 年 9 月,县委为加强党对教育的领导,派到 M 中学 10 名红旗干部,专门担任班主任,负责学生的思

---

① 刘建军.单位中国——社会调控体系重构中的个人、组织与国家.天津:天津人民出版社,2000:512.
② 路风.单位:一种特殊的社会组织形式.中国社会科学,1989(1).
③ 杨东平.艰难的日出——中国现代教育的 20 世纪.上海:文汇出版社,2003:175.

想政治教育。接着开展教育革命与大办"三厂"运动。9月18日，×××校长为政委、×××副校长为团长，以军事化组织带领全校1500名师生到里社、石门口、西郊等地大炼钢铁和深翻土地，进行劳动锻炼，同时以党员为骨干组成学理论小组，面向全体教职员工办起业余红专学校，形成强烈的政治学习气氛。

1959年上半年，支部工作重点为组织教师学习中共中央和国务院关于教育工作的指示，陆定一部长作了《关于教育必须与生产劳动相结合的报告》，中共山西省委文教部某副部长也作了讲话，他们指出继续开展教育革命，同时制订了党课学习计划和对党积极分子分工培养的职责。9月新学期开始后，组织教职工学习党的八届八中全会精神，开展了反右倾斗争；11月，党支部召开贯彻地委平遥现场会议，并召开全校誓师大会，提出"以整风为纲，火烧右倾，大办三厂（场）"的口号，全校师生又一次掀起了大办工厂农场的热潮。在此，我们以M中学在两年间畜牧场的建设情况为例来说明问题。1958年至1959年间M中学的畜牧场明细以及1960年学校计划发展畜牧场明细如表二所示。

表二　1958—1960年全校生产基地发展情况统计表（畜牧场）

项目 数目	1958年底实有数								1959年11—12月底现有数							
	场数	牛	猪	羊	鸡	兔	其他	总产值（元）	实际收益（元）	场数	牛	猪	羊	鸡	兔	其他	总产值（元）	实际收益（元）
合计			6	3						1	22	3	14	16			15	10
	场数	牛	猪	羊	鸡	兔	其他	总产值（元）	实际收益（元）	场数	牛	猪	羊	鸡	兔	其他	总产值（元）	实际收益（元）
			6	3				210	200	1	1	200	20	1 000	500		7 180	7 180

从上表可以看出，在校方学习平遥会议精神之后，其畜牧场数目有了一个质的飞跃。同时，农场、工厂数目也有了质的飞跃。撇开数字的泡沫不谈，在短短的不到一年的时间里，学校能够发展至如此地步，不得不惊叹单位的动员能力之强、贯彻国家意志之坚、行使国家代理人角色之到位。1960年学校计划发展数目以及效益是1959年该项目的三至数十倍，正应了那句老话："人有多大胆，地就有多大产。"M中学有的领导和教师不赞成这种以劳代教的倾向，提出劳逸结合、学劳并重的建议，但在保卫和高举三面红旗，反对右倾机会主义的"左"的思潮影响下，不仅得不到采纳，有的还受到不公正的对待。

1960年初，党支部提出要抓好教育革命，大办三厂（场）、大办民兵师等十项工作，对师生进行总路线、"大跃进、人民公社"、共产党领导、教育革命五个万岁的政治思想教育。这年4月，党支部组成"M中学五一促进团"，为推动贯彻市委五一国际劳动节的指示和推动学校十项工作的落实,总结出学(学理论)、访(访事求教)、鸣(敞开言谈)、辩(辩论是非)、干(认真实践)五字经的工作经验。

1961年学校对教职员工的政治成分进行了统计,在那时,每个单位都有一本清清楚楚的政治成分账。出身不好间或履历不端的教职工受到不公正待遇是常有的事情。1965年元月,学校结合贯彻1964年冬的临汾会议精神,让师生翻M中学的阶级斗争表现,对语文教师×××、数学教师×××进行了错误的批判斗争和处理。9月,学校对学生的成分账进行了清理。

1966年2月,学校领导和党员与一批政治上靠得住的骨干集中到地委行署学习,重点是突出政治,对"政治落实于业务"的观点,进行了错误的批判。

以上历史事件均是作为单位之学校履行国家代理人角色所进行的"角色扮演",在这段历史中,不能贴上"万马齐喑"的标签,毕竟一些领导和教师提过反对意见。可惜单位领导集体中有的人利用教育大革命另有所图,有些人沉浸在群众运动的成就感之中不能自拔,有的人慑于上级权威不想抛弃妻儿老小生计而不顾。这些教师在上面风声稍松之时,自己的职业良心就会再度膨胀。学校在这些教师的经营下,逐渐恢复了学校单位之作为学校的单位的一面。

如果把教育大革命比喻成一片沙漠的话,那么M中学教育性的恢复就是一片沙漠中的绿洲。这块沙漠里的绿洲是这样的:1961年,党中央提出"调整、巩固、充实、提高"的八字方针,学校的政治活动与支农活动、办厂活动有所控制,后来又贯彻"中教十五条",教学工作重新受到重视,各科的教学研究活动开始增多,学生的课外学科兴趣小组、文化体育比赛进一步活跃起来。学校的科研论文在《山西教育》等杂志上陆续发表,影响力不断扩大,地委宣传部组织的"学毛著"报告团指明让M中学的英语组教师参加巡回讲演,教育局决定从M中学抽调三位教师充实该局教研室力量或到其他中等学校担任领导。山西省教育厅1966年3月确定M中学英语组为当年中考出题的抽人单位,黑龙江省哈尔滨外语学院主动来信与M中学建立教研合作联系点。此时,作为单位的学校体现出其自主性的一面,学校的社会声誉不断壮大,自然也得到了其委托人——国家的认可。然而好景不长,M中学刚刚展现的瑰丽风采,转瞬即逝。究其原因,M中学国家代理人的角色在特殊的政治风波下又开始凸显出来,作为单位的学校之自主性角色被遮蔽起来。这个政治风波就是即将到来的"文化大革命"。

(二)"文革"之中单位功能的全部异化

1966年6月1日,《人民日报》发表"横扫一切牛鬼蛇神"的社论,结合学习社论精神,M中学党支部对教师进行左、中、右的政治排队,确定横扫的"牛鬼"和"蛇神",当时该毕业的留校闹革命,该学习的停课闹革命。8月8日,《中国共产党中央委员会关于无产阶级"文化大革命"的决定》公布,斗争风暴开始升级,校园墙上贴满大字报,一些出身不好的和历史不清白的教师被点名批判,教师×××、×××和×××被戴帽游街,随后,红卫兵组织兴起,在校围攻教师,到社会了打破"四旧",批判党支部运动初期执行的所谓"资产阶级反动路线",接着"大串联",学校秩序陷入瘫痪。1967年后,县里围绕"1·12"和"3·28"的夺权斗争,师生分成"红指""红战团"两派,互相指责,严重对立,1967年夺取了学校党政大权,开始批斗学校领导,学校一直陷入混乱状态,直至1969年中央发布"七·二三"布告后,两派才开始谈判结合,成立了M中学革命委员会,实行党的一元化领导。

1970年1—4月,全校教职工被集中于城里学校,在县革委政工组领导下,进行"一打三反"与清理阶级队伍斗争,受极"左"思潮的影响,40多名教师受到错误的审查、批斗、斗争,有的被降级调到农村,有的被带上帽子开出公职,接受农村劳动改造。是年9月,全校教职工被集中到西郊集训,听取、传达、贯彻《全国教育工作会议纪要》,《纪要》所谓的"两个估计"和十七年教育领域的"黑线专攻"彻底否定了建校以来党组织在教育工作中的成绩,弄得人们思想困惑,妄加自责,心情极为沉重。1970年冬,学校恢复招生,只办高中,停办初中,不进行考试,全靠公社推荐。1970年底开始入学。1971年11月,开会传达林彪的"九·一三"事件,于是批"黑线专政""批林批孔"成为党组织的中心工作,几乎每天都组织教职工学文件,读"两报一刊"社论,而后对照个人,谈心得,写体会,批判自己和解剖自己。1971年恢复招生后,教导处改为教改组。教改组的工作是负责招生、录取、编班,按"五·七"指示安排学工、学农、学军,革命大实践与学习文化课的时间。此时的文化课与"文化大革命"前的不同。安排社会实践,必须联系地点、单位,学农除下乡支农外,平时还要定期安排各班轮流到范家庄分校农场劳动。

学生入学后按"五七指示"办学,文化课成了陪衬。主要是不间断地开展革命大批判,斗私批修、批林批孔、批水浒、批"右倾翻案风",再就是学农、学工、学军。在下面的公社建立分校,添河造地1.33公顷,作为常年学农基地。一方面扩大校办厂,一方面与靠近学校的汽电厂挂钩,建立了学工基地。学军则请该县人武部或驻军单位派人来进行训练。

1973年"工宣队"进驻学校,实行"工人阶级领导一切",参与学校党政领导工作,实行"开门办学",实际上是只开门、不办学。1975年冬到1976年,随着全国大形势的变化,党支部领导开展了所谓"反击右倾翻案风"和大搞教育革命的工作。学习"朝农"经验,学习大寨教育革命经验,根据上面的布置,要"把学校办成无产阶级专政工具""上好阶级斗争主课""为现实斗争服务",因而领导教师和学生开展好学工、学农、学军和批判资产阶级,成为党支部成天考虑的中心内容。

"文革"期间的 M 中学,完全地成为国家的代理人——将国家政治意志传递到基层的教师和职工中去。作为单位之学校的教育性再一次地被遮蔽了,令人痛心的是"文化大革命"期间比教育大革命期间的遮蔽有过之而无不及。学校既不属于农业系统,也不属于工业系统,更不属于军事系统。按照工农兵领域的运作策略来运作学校,其结果只能是学校绞进政治斗争的漩涡,进而造成了教育质量的大幅度倒退,更何况此时工农兵领域的运作策略早已变味。

(三)"文革"之后单位功能的异化惯习

"文化大革命"之后,M 中学的正常教育教学活动并没有马上恢复,期间经历了一个单位功能异化惯习发挥作用的时期。所谓"惯习",在布迪厄看来:"我所说的是惯习(habitus),而不是习惯(habit),就是说,是深刻地存在于性倾向系统中的,作为一种技艺(art)存在的生成性(即使不说是创造性)能力,是完完全全从实践操持的意义上来讲的,尤其是把它看作某种创造性艺术。"①"文革"期间学校单位功能异化,是跳出这段历史对其特征进行的总结。可是,"文革"结束后,人们不会马上跳出这段历史。由"文化大革命"形成的"性情倾向系统"——单位功能异化惯习又产生出新的社会世界。因为"惯习往往提供的是原则,人们以此来选择能用于社会实践的策略"②。粉碎"四人帮"后,学校又搞了"揭、批、清"运动,由于派性作怪,伤及多人。1976 年冬又把校名改为"五七大学",停止高中招生,办了两个师资班与一个卫生班。1977 年秋,国家决定恢复高考时,M 中学教工仍然举着"五七大学"的牌子在乡下支农,继续沿着教育学大寨的轨道运行,浑然显不出对时势转折的敏锐领悟。直到山西省某县革委会颁布了《关于"五七大学"改称"M 中学"的通知》(如下所示),该校的活动才逐渐步入正轨。

山西省××县革命委员会文件

×革(1977)89 号

关于"五七大学"改称"M 中学"的通知

各公社、县级机关各单位:

    为了全面落实党中央对教育工作的重要指示,全面贯彻党的教育方

---

① (法)布迪厄,(美)华康德. 实践与反思:反思社会学导引. 李猛,李康,译. 北京:中央编译出版社,1998:151.
② 文军. 西方社会学理论:经典传统与当代转向. 上海:上海人民出版社,2006:254.

针,适应社会主义革命和建设的需要,经研究从一九七八年一月一日起,将"五七大学"改称"M中学"。该校今后的主要任务是:办好中学教育,提高教育质量,为国家培养德智体全面发展的、具有高中毕业文化程度的建设人才,使之更好地为"工业学大庆""农业学大寨"服务,为实现四个现代化服务。

特此通知。

一九七七年十二月二日

抄报:地委文教部、地革委教育局

抄送:县委常委、各部、委、局、室留存,共印100份[①]

从"通知"上面的文字看仍有"工业学大庆""农业学大寨"之类的语汇,"文革"期间单位功能异化的惯习仍旧发挥着作用。布迪厄的惯习概念不是孤立的,而是与场域、资本以及实践[②]等概念连接在一起的。在《区隔》一书中,布迪厄提出了他的发生结构主义的公式:[(惯习)(资本)]+场域=实践[③]。作为单位的学校较之其他单位来讲,资本力量是较为稀缺的,影响其他单位节奏的权力微乎其微,似乎只能跟在别的单位屁股后面亦步亦趋,故而M中学在"文革"结束一段时期内仍然沉睡着。同时,当时M中学所处的场域中,政治形势尚不明朗,人们的思想认识极为不统一,"文革"期间的惯习不可能马上消逝。再者,惯习的调整需要一个过程。这一切的叠加,使得M中学在"文革"之后的运作(即实践)处在一个暧昧不清的状况之中。

整体回顾1957年至1977年的这段历史,作为国家代理人的学校单位和作为委托方的国家的处境是极为不均衡的。后者显然是强势的一方。与其说是异化了的学校运作,不如说是异化了的国家运作。"1958年到1961年间以及1966年以后,中央下放权力,弱化了中央政府的能力,但程度还不严重。财力还大量集中在中央,因此那个时代的中国可以看作是一个权威主义的强政权,1967、1968年的无政府状态除外。"[④]权威主义的强政权的"弊端已为人们所熟知,即便是这种模式的长处(如能集中财力优先发展某些基础工业)也是以很重的代价取得的,……由于

[①] M中学校志编纂委员会编.M中学校志.北京:方志出版社,2003:520.

[②] 在布迪厄看来,场域作为建构研究对象的一种方式,是各种位置之间存在的客观关系的一个网络,或一个构型。场域是一个争夺权力和资本的空间,而资本使得场域充满了斗争力量。一个人拥有的资本数量决定了他在社会中的位置以及权力。实践乃是惯习、资本和场域相互作用的产物。无论是个人的实践还是单位的实践均可以用实践的概念来进行分析。

[③] 文军.西方社会学理论:经典传统与当代转向.上海:上海人民出版社,2006:256.

[④] 王绍光.安邦之道——国家转型的目标与途径.北京:生活·读书·新知三联书店,2007:26.

没有民主机制,花很大代价集中起来的财力很可能因为领导人错误的决定而被白白浪费掉,中国在这方面的例子举不胜举"①。M 中学在单位运作中,行使了国家代理人的职能,却丢失了自己的自主性,直接导致了教育质量的大倒退,间接导致了国家人才的断层,从而最终影响了作为委托方的国家的利益。好在一切都已成为过去,但在步入正轨之前,总有些许暗流在交锋。

三、单位法制化时期(1977 年至今)

前文提到了单位步入正轨之前,还经历了一段乍暖还寒的时期。1976 年 10 月,党中央粉碎"四人帮"的喜讯传来,全校师生欢呼雀跃,开会庆贺。随后党支部组织党员与教师展开对"四人帮"流毒的揭批清运动。当时由于"极左"思想与派性的干扰,曾对所谓的"学大寨没感情"的教工进行了不正确的批判,此后党支部领导了"教育学大寨"运动与"一联三查"的整党工作,"左"的做法仍在延续。及至 1980 年岁末大寨沉沦②之后,"左"的做法才有所收敛。

进入改革开放时期的 M 中学,早已没有过去那么多政治热情。或者说政治热情被理性过滤了。M 中学自然不会在脱离中国语境的环境生存,这样做不可能也不现实。但他们做了些许既可能又现实的事情。"可能"是因为有良好的氛围条件,在中国语境下,大多数时候氛围比规矩重要;国家依法办学的措施比较得力,既有统筹各个学校单位运作的法规出台,亦有鼓励学校单位办学积极性的法规颁布,规矩日趋成型。这样的话,氛围和规矩相得益彰,作为单位的 M 中学在此种氛围和规矩的影响下,其运作步入了法制化的轨道。其法制化的运作过程表现为:

(一)抓住关键契机,依法扩大单位规模,提升单位竞争力

1978 年 12 月,党的十一届三中全会把 M 中学重新带入事业发展的春天。M 中学根据上级指示,拨乱反正,清除极"左"影响,积极落实党的知识分子政策,平反冤假错案,文化大革命中调出去的教师陆续回校,师资力量得到充实。县里又拨专款为教师兴建家属宿舍,并在调资名额上给予照顾和倾斜。学校在这样好的契机下,定出激励方案,调动教师的积极性。整体而言,从 1977 年至今的这段时期,学校在历届高考中屡创佳绩,群众舆论比较乐观,学校进入了良性循环:升学人数多——上级肯定,群众舆论乐观——上级拨款逐年增多,社会声誉逐年提高——单位规模逐渐壮大,教师待遇逐年提高——升学人数增多……

---

① 王绍光.安邦之道——国家转型的目标与途径.北京:生活·读书·新知三联书店,2007:27.
② 凌志军.历史不再徘徊——人民公社在中国的兴起和失败.武汉:湖北人民出版社,2008:207.

近来,M 中学抓住山西省示范高中建设①的契机,向县政府提交了《关于 M 中学申报山西省普通高中示范校的报告》,向县政府建议新建一幢大楼,增加 30 名专业教师,建设一个 400 米的塑胶运动场,撤掉补习班。

县政府对上述建议做出了肯定的批复,投资千余万元强化 M 中学的软硬件设施建设。具体如下:

投资 600 万元,新建教学大楼一幢,建筑面积达 7077.38 平方米,可容纳 40 个教学班;

投资 500 万元,新建一个拥有 400 米跑道的标准塑胶综合运动场;

投资 540 万元,新建科技综合大楼,建筑面积达 6004.38 平方米,该楼集电教、图书、理化生实验为一体;学生阅览室,建筑面积达 498.68 平方米,能容纳 400 人阅览,学术刊物、杂志 400 余种,报纸 143 种;理化生实验室,全部实现标准化配置;

投资 200 万元开通市城域网。

积极落实"安居工程",新建教工住宅 2 幢,安置住户 50 户;新建教职工文化活动中心和离退休教师活动中心,为广大教职工创设了优良的生活环境。

学校制定的三年规划如期地实现了。单位的生存和发展如同人的发展一样犹如逆水行舟,不进则退。M 中学下个阶段的近期目标是实现五年设想,为实现高中教育的普及添砖加瓦。

(二) 依法统筹办学行为,争取上级单位认可,避免上级单位指责

1980 年,《中共中央、国务院关于节约非生产性开支、反浪费的通知》中规定:"一切有条件有组织收入的事业单位,都要积极挖掘潜力,从扩大服务项目合理地组织收入,以解决经费不足的问题,促进事业的发展。"②M 中学于 1984 年从内蒙古买回吉尔车 4 辆,从运输公司调来三人,组成汽车运输队,党支部支委会确定由×××教师负责,同运输公司调来的三人签订当年向学校上缴利润的协议。该

---

① 1995 年原国家教委提出取消 1980 年以来各级政府和教育行政部门《关于分期分批办好重点中学的决定》,利用五年时间分期分批建设并评估验收 1000 所国家级普通高中示范校。这一决策引起了全国人民代表的关注,建议普通高中示范校建设应根据各地区实际,在全国范围内分期分批推进创建进程。2004 年山西省政府决定开始启动创建高中示范校工程,用 5—10 年创建 100—500 所省级普通高中示范校,其中包括国家级示范校 20 所。2004 年全省有 11 所学校进行申报并验收,2005 年有 18 所学校进行申报并验收,2006 年又有 30 所学校申报。

② 刘建军.单位中国——社会调控体系重构中的个人、组织与国家.天津:天津人民出版社,2000:424.

项工作于1984年7月正式运行,年底超额完成任务。

1989年春,受"北京政治风波"的影响,社会上出现不安定因素,5月18日下午师范学生出来游行时,硬是进入M中学大院,有意对学生进行诱惑。由于党支部思想工作扎实,2000多名师生一个也没有上街游行,经受了严峻的政治考验,受到了县委的表扬。是年6月,党支部组织师生认真学习邓小平《在接见首都戒严部队军以上干部的重要讲话》,提出了在各个环节加强坚持四项基本原则思想教育的措施。

上述的单位行为都得到了上级的肯定,但不排除有些单位行为受到了上级的指责,M中学被勒令限期整改。下面的文件集中反映了单位与国家互动的这一侧面。

××县教育局
×教函字(1990)第6号
关于立即停止订购和使用各种非法复习资料的紧急通知

各联校、县直各学校:

　　现将省教委×教普函字第16号文件和国家教委"关于我省编写、出版、销售中、小学复习资料"问题的通报转发给你们,请严格按省文件规定的要求执行,各学校要杜绝擅自征订,练习、复习资料一类要经县教研室教育局图书发行站把关,如发现继续订购、使用非法复习资料,要追究学校负责人的责任。

　　附:国家、省教委文件原件

××县教育局
一九九〇年六月二十五日

　　抄报:县政府办公室、××副县长
　　抄送:局直各单位、新华书店、各有关单位[①]

从上可知,紧急通知属于不点名式的批评,这样的批评至少基于两个条件:一是违规者众,法不责众;二是违规操作在很大程度上是规则真空造成的。M中学自然不是唯一一所违规的单位,也不是第一个违规的单位。在中学所在的县教育

[①] M中学校志编纂委员会编.M中学校志.北京:方志出版社,2003:521.

界,M 中学的地位如日中天,其单位行为的号召力是无与伦比的,上级自然尤其不希望 M 中学介入违规操作中,从而导致出现别的学校单位闻风而动的局面。如果说此文件体现了上级对下级比较委婉的规制方式的话,那么由该县物价检查所出台的文件"关于对 M 中学违价行为的处理决定"的规制就比较直接和强烈了。

看来,单位利益与国家利益在很多时候不是一致的。在两者的博弈中,国家在多数情况下占上风,M 中学"被勒令限期整改"的结局便是佐证。站在 M 中学的立场上,国家的教育投入不足已是不争的事实,要想生存和发展,要自己"想办法",与此同时,还要给予单位教职员工一定的福利——子女入学免交一部分学费;而站在国家的立场上,没有法律法规、政策文件的牵头,M 中学的行为是挑战国家权威的,于是,M 中学的行为就是欠合法化的。而站在当政者的角度,当政者自己的孩子上学都没有这样的福利,M 中学的行为显然得不到精英分子的同情,且因为舆论掌握在其当政者手中,M 中学的单位行为就显得无合理性了。单位作为单位人安身立命的场所,一度时间也是唯一场所,单位行为免不了有为教职员工谋福利的目的。人是在比较中生存的,别的单位都在为自己的职工谋利,教育单位不可能也不必免俗。这样的谋利行为合法化后,单位成员的安全感提升、相对剥夺感降低,单位使命感油然而生,单位人的义务感才会经历高原期①后再度提升。

(三)依法为教职员工谋福利,提高单位员工的归属感

1980 年学校买了汽车,夏天拉西瓜,冬天拉菜,都是低价出售给教师,还决定每年为每个教师免费送一汽车烧煤,除给本地教师送煤外,还曾为家在河北、山东的教师送煤。1982 年后,学校为上灶教师每年补助细粮 6 斤(粮食市场放开后停止),过中秋节分月饼、水果,春节前分大米、白面、食油、猪肉,这个待遇一直延续。2003 年学校又成立了蔬菜服务组,每天专门从菜市场进菜,按批发价卖给教师,既省钱又不跑路,大家皆称方便。20 世纪 80 年代初期,市场上有些物品还未敞开销售,而是凭票证供应,学校曾多方努力向有关部门争取到指标木材、缝纫机、自行车、彩电票证,发给教师职工去购置。

1992 年,用政府、学校、个人各出三分之一资金的办法,在新校园图书馆东边修建教师宿舍楼一座,解决了 30 户教师的住房。1998 年,学校又采取以个人集资

---

① 作为特殊的单位,大多数教职员工的义务感毋庸置疑。不管他们在单位内外受了多么大的委屈,"为了孩子们"(晋东方言)之类的义务感都会冲淡上述委屈的负面作用,他们都会积极调节身心,将委屈抛在教育教学之外。按理说,这样的义务感举世罕见,教师的义务感提升到这个层次已然进入高原期。单位为教师争取到的福利会使教师的义务感在高原期之后突飞猛进。教师首先是人,人都有七情六欲;其次,教师是中国人,中国人大多是现世主义者,很在意别人对自己的看法与评价;再次,教师才是教师。传统中,我们对教师的看法是反过来的,首先是教师,而后才是中国人和人。由此提出对教师的种种要求,客观上是不符合人性的。

为主学校适当补贴的办法,在图书楼西边建起 6 层高的新宿舍楼 1 座,其中最大的住房面积达 120 平方米,最小的住房面积为 71 平方米,有 66 户教师迁入新居。

1985 年,国家确定每年 9 月 10 日为教师节,后来又确定重阳节为老年节。上述两节,单位都要组织相关人员集体会餐、发放节日经费。

1979 年起,国家每年为每个教职工发放 60 元年终奖。1983 年起学校另外补助 60 元。1984 年时,国家的年终奖增为 120 元,学校也另增 120 元,加到 240 元。1985 年工资制度改革①后,年终奖金进入工人工资,不让再发奖金。学校先是改为发放书报费,后来改为发放加班津贴、取暖补助。1988 年职称工资实现后,教师的工资出现了新的不平衡,如同年参加工作评过县、市先进的就评为中级和高级,未评过先进的就低一级,为此,学校决定为十几人向上浮动一级工资,缓解大家的波动情绪。后来随着职称的解决,这些待遇就取消了。

1979 年高考成绩较好,发放了高考奖金,每人 20 元,这是第一次有高考奖。1983 年高考过了百人关,县里发来奖金,教毕业班的老师去苏杭旅游(发给每人 80 元),其他教职工(每人 40 元)到北京或泰山。从那时起每年都要发放高考奖金,教职工先后到青岛、西安、桂林、广州等地旅游观光。1987 年起,发下奖金后旅游自便,那时高考班教师最多得 270 元奖金,其他工作人员最少 80—100 元。20 世纪 90 年代后,实行高考目标奖励制,奖金差距拉大,最多的可领到 2 000 多元,1999 年教毕业班的教师享有坐飞机到深圳旅游的优惠,还可领取高考奖金。2001 年高考后,高三教师到海南或云南昆明旅游,其他教工到青岛或大连旅游,全部费用由学校承担;不去旅游的奖电脑一部,价值 5 000 多元。1989 年起,寒暑假都要为毕业班补课,凡参加补课的教师学校都酌情发放补课费,前后勤服务人员则酌情给予补助。进入 20 世纪 90 年代后,补课费逐年提高,前后勤人员双休日或早晚加班都有加班费。

1988 年开始职称评定,从那时到 2000 年,县科委免费为有中高级职称的教师进行过多次身体检查,这对他们预防疾病和增强保健意识起了很大作用。1994 年后,教职工享受公费医疗待遇改为重病难病公家担负,一般人每年按工龄发给适当的医疗费。退休教师则发放 400 元,离休教师由老干部局报销。学校在图书馆三楼成立了工会活动室(卡拉 OK,投资 10 000 元),装潢 5 000 元,陈列书画展览,供教职工观赏娱乐。

---

① 1985 年,根据中央关于国家机关和事业单位工作人员工资制度改革问题的《通知》,实行新的工资制度,分为基础工资、职务工资、工龄工资与奖励工资,同时增发教龄津贴。

一段 M 中学的单位福利史即该单位的发展史。"改革开放以来,中国告别了伦理经济,进入了市场经济。……回顾过去二十多年的历史,可以说中国的改革开放已经使得每一个人都受了益。但是,某些社会阶层比其他社会阶层获益要大得多。"①中学教师在改革开放以来的 30 年,其阶层获益处于一个比上不足、比下有余的位置。在县城里,中学教师尚是令人艳羡的职业。当然,艳羡程度在各个时期不太一样。一段 M 中学的单位福利史也是其教职员工凝聚力提升史。市场经济推行之后,福利政策的"能者多得"逐渐取代了过去计划经济时期的"平均主义"取向。从 M 中学的大事记看,1990 年之前的 2 月份都是专管教育的副县长和教育局局长看望教师;而 1991 年之后的 2 月份,县委书记、副县长和教育局局长去看望的是高考班教师。高三年级的教师越来越受到重视,他们的福利在单位中也是最多的。M 中学的教师都试图通过各种正式渠道和非正式渠道带高三年级;带上高三年级的教师夜以继日地工作着,以图好的福利,以防后来者赶超;没带上高三年级的教师亦是夜以继日地工作着,以图带上高三,争取到好的福利。

以上述三点来描述 M 中学单位法制化时期的历史是可行的,但以简单枚举法来罗列单位法制化的脉络是欠周延的。况且单位法制化是一个历时性的过程,至少在市场经济推行前后,其表现形式是不一样的。那么不妨可以这样讲,以上所列三点即为改革开放后 M 中学运作逻辑的典型特征,该特征可以视为学校单位演进的"理想类型"之一——"法制化"的经验支撑。学校单位的"法制化"进程类型只是一个假设,容在后续研究中来验证这一假设。

---

① 王绍光.安邦之道——国家转型的目标与途径.北京:生活·读书·新知三联书店,2007:190.

话语·叙事

语词的政治

南京师范大学 齐学红

内容提要：人们通过语言来认识世界，在用语言表达自己对世界的认识和看法的同时，也通过语言传达自己的思想、观念和立场。话语实践绝不只是私己行为，而是涉及权力和利益，进而演化为语词的政治或话语策略。

人们通过语言来认识世界，语言是人们认识世界的工具和手段；同时，人们也不断被自己所创造的语言所蒙蔽和欺骗。为此，研究者需要对语言本身进行一番祛魅和清理。另外，人们也用语言表达自己对世界的认识和看法，通过语言传达自己的思想、观念和立场，所谓言为心声。虽然语言更多的是用于表达自己的心声，但是为了使自己的声音更有力量，能够为更多的人所倾听，言说者往往把个体的私己的"我"悄悄转换为代表大多数的"我们"。于是，"小我"就演变成了"大我"，甚至是全人类；并以我是社会一分子的名义来代替大多数人讲话，通过一定的修辞手段使之令人信服，而不去思考当事人的个人立场问题。而所谓替他人立言，代社会立言，通常被作为有社会责任感的表现。但从另一个角度来看，可以理解为言说者往往拥有更多的话语权。话语背后隐藏的往往是言说者本人或其所代表的阶级、阶层的权力和利益，只是其或因隐藏至深从不现身，或不为言说者所意识而已。而作为沉默的大多数的所谓"人民"，则往往缺少这样的话语权，很少能够发出自己的声音。于是，言说实践本身就演化为语词的政治或话语策略。话语之争从台湾大选的口水战可见一斑。当然，这样说并不能否认确有一些"道德高尚者"能够跳出一己私利，站在公共事业或全人类的共同福祉角度，思考人类公共问题的良好愿望，以及为此付出的个人牺牲和巨大努力。这里，只是从话语策略或修辞角度分析，并不涉及道德问题。

正如陆建德在《关键词：文化与社会的词汇》一书序言中所说，"其实涉及文化和社会的词语在具体使用过程中常常会有或隐或显的政治倾向，读者被期望对某些预设前提做出'正确'反应"[①]。就连最具普遍意涵的文化一词，也被赋予了政治

---

① （英）雷蒙·威廉斯.关键词:文化与社会的词汇.刘建基,译.北京:生活·读书·新知三联书店,2005.

的色彩。如我们说,没有文化的人,这种表达本身往往带有一定的文化偏见,所谓没有文化,仅仅意味着没有进入到以书面语言表达为主的主流文化当中。再如,汉语或汉文化,仅仅从使用人口的数量角度,并不能当然地确定其主导地位。新中国成立以来实行的推广普通话和简体字政策,从大国政治或国家统一的角度看,有其政治学意义,但从保存和繁荣各民族文化的角度分析,无疑是有其弊端的。与之类似,赫尔德在其未完成的著作《论人类的历史哲学》里谈到 Culture(文化)时写道:"没有比这一词的意义更不确定的事情;将这个词应用到所有国家与历史时期是最虚假的事情。……'优势的欧洲文化'这个念头其实是对于大自然尊严的一种极大的侮辱。"[①]作为一名社会科学研究者,尤其需要对话语背后的意识形态问题保持必要的警觉。例如,对我国当前基础教育改革中诸多问题的思考:分析以改革的名义出现的各种话语以及话语之争背后的力量,不失为研究教育改革的一条路径。对于各大主流媒体展开的第二轮素质教育大讨论的思考:一个公认为好的理想的教育,为什么实行起来却困难重重?一浪高过一浪的素质教育大讨论不断重演,话语之争背后的因素是什么?对于道德教育的话语批判,为什么会有道德语言的存在?道德语言仅仅是出于价值判断的需要,还是同样存在着话语政治的策略?下面将从三个方面对上述问题加以阐释。

一、"一切为了学生"——教育改革的合法化借口

(一)教育改革的关键词

社会进入了一个变革的时代,改革成为当代社会的显学或关键词。于是,在基础教育领域,素质教育、新课改、培训、教师专业成长、研究型和专家型教师、综合课程和研究型课程等新鲜名词轮番上场,不同程度地充当了"改革、进步、发展"的代名词,只要冠以这样的语汇,便可堂而皇之地进入改革者的行列,而不管是否愿意或能否化为具体行动。而"为了学生的全面发展"又成为一切改革理所当然的宗旨和最高追求。"革命、模式、策略、推进"等动词的广泛运用,在很大程度上体现了对改革进程的直线式、线性化发展的理解。在这些关键词中,有许多都是直接翻译或搬用了西方话语,体现了科学主义话语对于日常生活话语的取代,教师如果不使用这样的语汇,就无法进入基础教育改革的语境中,进而在改革这场深刻的变革中被淘汰或边缘化。而话语方式转化的背后,体现了人们对"科学、进步、发展、改革"这类"新生事物"的集体无意识的认同。不难看出,在"发展、进步、现代化、文明、改

[①] (英)雷蒙·威廉斯.关键词:文化与社会的词汇.刘建基,译.北京:生活·读书·新知三联书店,2005.

革"等词语的背后,往往赋予了人们对理想的追求和向往,作为一种措辞,客观上起到一定的鼓舞、号召作用,在某种程度上赋有一定的积极意义和政治内涵。但是,通过话语的政治,我们可以发现在教育繁荣背后隐含的深层次的教育危机和社会危机。而社会上日益严重的两极分化、教育资源配置的不均衡等教育问题,似乎并没有进入改革者的研究视野中。改革并没有触及社会乃至教育的深层次问题。在教育改革的喧嚣声中,我们听到、看到的更多的是赞美声,以及异口同声地集体认同,无论是改革的倡导者还是实践者,似乎已经脆弱得无法承受任何的批评声。作为一场深刻的社会变革所应有的文化启蒙作用并没有凸显出来。

在表述学校办学目标时最常使用的表达方式是:"一切为了学生,为了一切学生,为了学生的一切";而在表述国家的发展目标时,则更多地使用"为了绝大多数人民的利益"这样的提法。在这里,"社会、国家、一切学生、绝大多数人民",都成了集合名词,但作为社会的组成部分,个体是千差万别的,从根本意义上说,任何一个个体都是他者无法代替的。而改革者始终或者总是站在别人的立场上替他人讲话,有时不顾及个人或集体利益,这样一种"大公无私,舍己为人"的改革意图常常是值得怀疑的。改革即意味着利益的再分配。至多可以说,是在某种程度上反映了他人的心声,而最终言说者只能代表自己。中国社会已经进入了一个"利益纷争"的社会,个人利益、部门利益往往成为改革无法回避的直接动因。教育的成功与失败,除了一般意义上的合目的性、合规律性以外,更多地体现在个体层面上。1%的教育失败表现在个体身上就是100%。"面向全体学生"的全面发展的教育几乎是没有实现可能的。对于那些几乎无实现可能的教育理想和社会理想,往往只能作为一种政治口号,以及部分当权者达到个人目的的托词和借口。

(二)素质教育与话语政治

素质教育在我国的基础教育理论与实践中,无疑是作为"新思想、新观念"的代名词,它指向的是人的素质的全面发展,进而成为现代教育的象征和重要标志,同时,又是作为传统教育或应试教育的对立面出现的。现代教育取代传统教育,素质教育取代应试教育,似乎是不争的事实,是人心所向、大势所趋。在相关文件和媒体报道中,素质教育似乎一路高歌猛进,取得了丰硕的成果,如"自1999年《中共中央国务院关于深化教育改革全面推进素质教育的决定》颁布以来,实施素质教育取得了积极进展,特别是在加强和改进未成年人思想道德建设和大学生思想政治教育、改进教育评价制度等方面取得了明显成效"等类似的表述多见于报端。语言所构建的现实与实践之间总是存在着很大的反差。应试教育在素质教育的高歌猛进之下,不仅没有偃旗息鼓,而且还有愈演愈烈之势,以至于出现了应试教育由农村包围城市,各大城市纷纷引入"县中模式",竞相从农村学校教师中挖人才,城市家长竞相把子女送到升学率高的农村学校学习的现象。而这样的事实在情理之中,并不会引起人们的反思。这样的教育现实,对于素质教育理想和不切实际的报道无疑是一个莫大的讽刺。"代表最广大人民群众的切身利益"作为实施素质教育的合法化借口,并没有因此深入人心。素质教育从一个官方话语、学术话语再到走进普通百姓的日常生活,如果真的反映了最广大人民群众的切身利益,理应受到广大人民群众的广泛理解与支持。因为它关涉到人才培养质量以及千万家庭的切身利益,就像当年百姓送子参军一样,即使是做出牺牲也在所不惜。既然如此,认为素质教育实施不力的原因在家长、在大多数人民群众的觉悟不高、认识不够,是解释不通的。

设想一下,哪些群体成为素质教育的最大支持者和最大受益者?作为素质教育的提出者和倡议者,首先不是来自社会的最底层,可能不会了解广大农民的生存处境,对于他们的子女而言,通过残酷的升学考试的竞争,考上大学,跳出农门,就是他们的最大利益和生存的基本需要。是政府官员、社会的权力阶层,还是作为先进思想代表者的知识分子?抑或是最广大的人民群众?可能都不是。否则,就不会出现那些处于社会高层,甚至可能会是素质教育最大受益者的权力阶层,纷纷利用手中的权力把自己的子女送进重点校、重点班,进而提早送到国外学习的普遍现象。显然,在他们看来,在中国实施素质教育的社会大环境并不具备,他们提倡的和做的往往是不一致的。这似乎成为素质教育实施过程中的普遍现象,即在广大民众的心里,对待素质教育一向存有双重标准,即口头上讲的是素质教育,具体做法却是应试教育,而且这种言行不一的现象有愈演愈烈之势。这种现象并不仅仅存在于基础教育改革中,更是广泛存在于社会生活的方方面面,以至于人们已经见怪不怪。

从大众对素质教育的接受心理来看,当人们在口头上大谈特谈素质教育的好处之时,对素质教育却持有一种本能的恐慌,即素质教育不仅不能解决自己孩子的生存问题(考上一个好学校),而且有可能离这个目标愈来愈远。于是乎,各种名目繁多的假期辅导班屡禁不止,重点校、重点班更是不断上演着愈演愈烈的生源大战,甚至把拉生源的目标落实到人,同教师的岗位聘任联系起来。素质教育成了"皇帝的新装",人人都不肯揭穿这层纸。作为学校、教师、家长、学生,其实每个人心里都有一笔账,素质教育在他们心目中的地位是清清楚楚、明明白白的,谁都不肯拿自己孩子的前途、命运作赌注。素质教育并不能承诺每一个人都能有学上,有了文凭将来就可能找到好工作,而应试教育却能在分秒必争的强化训练中,使学子们离自己的目标越来越近。在眼前利益(考上大学)与长远发展(提高素质)的博弈中,多数人选择站在应试教育一边是可以理解的,也是非常现实的,尤其是对于广大的农家子弟而言,跳出农门就是最大的素质教育。每个人对自身现实问题的谋划,胜过任何不切实际的理想和口号,何去何从,在家长眼里,在学生、教师和校长眼里,是泾渭分明的。

而旨在缩小先进与落后地区之间差别的教育政策(也许仅仅是托词和借口),却采取了与其宗旨相悖的给予两类地区同样优惠的做法,既降低北京、上海当地学生的录取分数线,同样也降低了一些地区如新疆、海南等地区的分数线。其最终结果是造成了两类地区生源质量的下降,造成像复旦大学这样的著名大学沦为上海的地方院校。缩小先进与落后地区之间的差别成为教育改革堂而皇之的借口。同样,为了迎合家长、学生需要的"办人民满意的学校或教育",体现出"民主管理理念",实行学生给教师打分制度、学生评教制度,似乎民主的就是好的。"学生和家长就是上帝",学校、社会、家长对好教师的标定,一切的一切成为学校、教师投其所好,降低对学生要求的幌子,从而导致了教育教学质量的下降。对于何谓"民主、科学",人们是无须质疑的。

二、学校里的差序格局

处在社会改革大潮中的学校教育,不再是柏拉图的理想国,或杜威眼里自由、民主、平等的社会理想的象征。作为社会理想的寄托,学校似乎在日渐告别理想,走向世俗化,而这样的蜕变过程也成为学校顺应时代发展的标志。

(一)两极化的语言世界

人们常常使用积极性的词语,如"发展、进步、变革、公正、公平、科学、现代"等表示社会生活中积极向上的一面,而用"退步、落后、守旧"等表示消极的一面。语言世界的两极化并不仅仅是思维方式二元论的简单体现,它在很大程度上蕴含了人们对言说环境的当下判断或生存策略"。当这种生存策略进入教育场域时,往往采取的是更为隐蔽的方式,为自己的行为寻找各种堂而皇之的借口。而在学校的日常生活世界里,往往通过一系列标定学生、学校等级差别的用语,如"好学生、差生,困难生;重点校,普通校,三类学校"等建立起学校内部的差序格局。

(二)日常生活中的战争化语言——女性主义的措辞分析

例如,"策略、战略"作为一种战争语言的日常化,巩固了我与他者、同盟与敌人的二元对立思维;另外,这些象征性语言不仅把女性放在被男人"征服"的位置,还把大自然"女性化",任由人类"征服",例如把未被开垦的土地称为"处女地"等。在教育场域中，人们惯常以"革命化的语言"指称一切与进步有关的现象，如课堂教学策略、教育变革，在行为层面更是惯常使用政治运动的方式，如使用"大面积地试验"或"推进新课改"等用语。"变革、革命"成为一切社会发展、进步的合法化借口。从认知的角度看，人们往往把女性同"感性、直觉、非理性、落后"等联系起来，而男性即理性，即进步，被视为"不证自明的真理"，理所当然地成为世界的主宰。教育领域的变革成了一场没有硝烟的战争，人类在把外在世界对象化的同时，也把自身对象化了。

三、道德教育中的措辞

作为寻绎的措辞学，集中研究措辞在探索和沟通过程中所扮演的不可缺少的角色。从措辞学的角度分析，什么样的表扬、措辞可以被学生接受，即道德教育中的措辞。作为一种教育手段的道德语言，往往表现为一种话语策略，它充满着教育者个人的情感色彩、价值判断，赋有道德评判的力量，往往会对学生产生重大的影响。教师的德育用语，按其功能可以分为三类[①]：

（一）规范性用语

即下"道德义务判断"，告诉学生"应该做什么，不该做什么"，例如，"学生应当尊敬老师""做人要信守诺言"，均属道德义务判断。这种用语涉及行为，是教师规范学生行为常用的道德语言。

（二）评价性用语

用于道德价值判断，这类道德判断归根结底是对"善良生活由什么构成、什么东西具有终极价值、应当追求什么、真是什么、把什么传递给下一代"的断言，有别于"应当做什么或不该做什么"的"道德义务判断"。

（三）解释性用语

在道德教育中，不仅要告诉学生什么是对的或错的、该做什么或不该做什么、好在哪里或不好在哪里，还要向学生说明为什么对或错、为什么该或不该、为什么好或不好。

下面是一位初中政治课教师写给学生的评语：

> 杨迪：语速快一点会使你的**形象**更加辉煌！过去的一年里各方面**大有长进**！不要松懈哦！希望各方面更加**优秀**，早日超过老师我哦！

[①] 黄向阳.德育原理.上海：华东师范大学出版社，2000.

韩硕:不要永远在别人的眼神中判断自己的正误!你要先肯定你自己!**伶牙俐齿**的你自信一点,**勤奋一点**,一定会有另一片天空!

沈璇:一个**能力很强**的小女孩!老师很喜欢上课听到你滔滔不绝的想法。你是一个**敏感的**、**极有自尊**的女孩。对目标的渴望常常让你忧郁不安。多注重过程,自然会有好的结果!希望你天天快乐!

凌雪:喜欢看武打小说的你说话、做事**一身豪气**。不过那功夫也是一招一招地苦练出来的,你有没有悟到它的精髓呢?好好努力吧,假小子!特喜欢看你的笑容!

王佳妮:抚琴的你也许是最**完美**的你,让大家再多一些关于你的美好的记忆吧!让我们在课堂里能听到更多你对问题的理解,加油!

戴何宁:喜欢看见你求知的眼神,欣赏你不屈的品质,相信你会在生活的磨炼中更自主,更坚强!老师会陪着你走好成长的每一步!

写给全班同学的一句话:

"我能行"这三个字,有着一种神奇的力量。当它成为一种信念,随着时间的推移悄然沉入我们心底的时候,我们就真正长大了!

在以往的道德评价中,教师往往是站在一个客观公正的立场上,对待所有同学采取一种不偏不倚的态度,教师的评价不带任何个人感情色彩,这样的评价往往是外在于教师和学生的个人情感世界的,因此,这样的评价也是冷冰冰的。没有教师个人情感介入的评价,既不能打动自己,更谈不上打动教育对象。而这位教师则是把自己的情感注入了师生的互动过程中。教师评价的内容、用语或措辞主要是基于肯定性评价,其中评价内容包括学生的个人形象(语速)、自我评价、能力、性格(敏感、极为自尊/一身豪气)等生活的具体面向。教师选取了个性化的表达——"特喜欢、让老师最敬佩"这样一些发自内心的感叹,并毫不掩饰自己对学生的赏识、欣赏——"优秀、大有长进、伶牙俐齿、能力很强、完美",同时也由衷地表达了教师的个人希望——"肯定自己、自信、勤奋;早日超过老师;多注重过程,自然会有好的结果;天天快乐"。教师的角色不是高高在上的道德仲裁者,而是平等地与学生对话,以一个兄长的身份,介绍自己的人生经验、提供必要的建议或忠告。同样的内容用这样一些人性化的手段,配合着音乐、图像等呈现给学生,达到了内容与形式的统一,取得了理想的教育效果。形式的变化究竟说明了什么?是教师教育理念、观念发生了变化,由此带来的是道德教育根本性的变革,还是仅仅是一种修辞或治理术?

教师据以判断学生品德行为好坏、善恶的依据何在?是谁赋予了教师道德评判的权威?教师如果不对这样的权威保持一份警惕,或者滥用权威,就可能导致对学生不应有的伤害。近年来屡屡出现的中学生自杀现象,除了学生自身的问题外,作为学校、教师难道一点责任没有吗?

综上所述,从语词的政治这一视角出发,可将上述问题做如下归纳:

社会学在更大意义上是为弱势群体说话的。但是,站在他人的立场上,为他人讲话何以可能?"我"可以在何种程度上为他人讲话?谁能代表大多数人的利益?大多数人仅仅具有统计学上的意义吗?在什么情况下替他人讲话才是合理的?例如,为那些没有表达能力的人,处于社会底层被忽视的人群,如下岗职工、外来打工人群等。

道德语言存在的合理性问题:为什么会有道德语言的存在?是基于道德判断、道德实践的客观存在,还是实践者个人的价值诉求?是谁赋予了实践者这样一种话语权?基于对善的绝对命令的追求的道德用语,与作为实践者的教育实践(如有的教师并不值得尊重,现代社会普遍缺少诚信等)的可能追求,理想与现实之间的矛盾如何调整?

何谓"政治"?政治的社会学释义:政治总是同权力的运作、利益的争夺相关联,从这个意义上看,政治并不只是为政治家所专有,而是关涉每个人的切身利益,正如赵汀阳的书名《每个人的政治》[①]所示。因此,政治学无疑应成为社会学研究的对象。

---

① 赵汀阳.每个人的政治.北京:社会科学文献出版社,2010.

《山彦学校》的故事
——生活缀方运动的教育社会学意义
南京大学　贺晓星

内容提要：教育本可以有多种形式的努力，生活缀方运动式的教育应该是其中很重要的一种，尤其是联系当下中国社会与教育的实际，对尝试着去唤醒学生力量的生活缀方运动式的教育，人们本可以投以更多的关注，对《山彦学校》这一教育学的古典，本可以讨论得更深、理解得更深。然而事实却并非如此。本文对这一"并非如此"现象的原因提出了思考。

一、一个学者的去世与一本书的诞生

汪向荣去世的消息，虽然登上了《光明日报》，但除了其生前所供职的单位——中国社会科学院的有关人员以及圈内的一部分人士以外，几乎没有引起什么人的注意。教育界或教育学界，知道汪向荣这一名字的可以说寥寥无几，因此，也几乎没有人会去思考一下，他的去世到底对教育社会学研究的发展来说意味着什么。

2006年6月14日《光明日报》（第二版科教文卫版）上刊载的消息很简短：

> 汪向荣生于1920年，上海青浦县人，早年求学于日本京都大学，攻读东洋史。新中国成立后，曾在北京人民卫生出版社等单位工作。在"反右"和"文化大革命"期间受到不公正对待，被迫中断了学术研究。1978年调入中国社会科学院世界历史研究所，副研究员，是享有国务院特殊津贴的专家，1987年退休。2006年6月3日在北京去世，享年86岁。

网上报道汪向荣去世消息的也不多，2006年6月8日人民网日本版上的报道内容稍为丰富一些，在简短作了生平回顾以后，还介绍了他生前的一些重要学术成就：

> 汪向荣是我国中日关系史研究领域的著名学者。他潜心学术，辛勤耕耘，著作等身，为我国的日本古代史和中日关系史研究作出了突出的贡

献。他的主要学术著作有:《中日交涉年表》(北京中国公论社1944年版)、《鉴真》(吉林人民出版社1978年日文版,五月书房1980年版)、《邪马台国》(中国社会科学出版社1982年版)、《中日关系史资料汇编》(汪向荣、夏应元合编,中华书局1984年版)、《中国的近代化与日本》(湖南人民出版社1987年版)、《日本教习》(三联书店1988年日文版,朝日新闻社1991年版)、《古代的日本和中国》(樱枫社1992年版)、《古代中日关系史话》(中国青年出版社1999年版)、《唐大和上东征考》(汪向荣校注,中华书局2000年版)。此外他还撰写发表了大量的学术论文,是我国中日关系史研究领域发表科研成果最多的学者之一。①

从以上介绍可知,汪生前的研究主要集中在日本古代史和中日关系史领域,"是我国中日关系史研究领域发表科研成果最多的学者之一",即便用"著作等身"来形容或许稍有夸张,但属于"辛勤耕耘"的著名学者这一点确凿无疑。然而仅从以上的介绍,我们看不出他与教育研究、教育社会学研究的关系,以上罗列的主要学术著作中,没有一本是直接讨论教育问题的。然而如果将译著也收入关注的视野,我们就可以知道汪实际上有一本与教育有关的极其重要的作品,这一在其生平介绍中被遗漏掉的译著,就是《山彦学校》。

《山彦学校》是一部被誉为日本战后民主主义教育里程碑式的大作,几乎家喻户晓,也是日本各大学教育学院为那些将来立志从事教育事业的学生指定的一本必读教材。1989年3月,《综合教育技术》②杂志曾做过一项调查,调查在日本战后教育所走过的四十年历程中哪本著作最有影响,虽然填答的人数不多,只有二十几人,但结果排名第一的是杜威的《民主主义与教育》,紧随其次的便是这本《山彦学校》③。从销量上讲,此书也是长盛不衰,笔者手头虽无到底销售了多少的精确统计数据,但可以找到一些旁证:

一九五一年三月《山彦学校》初版由青铜社出版后,马上成了畅销书。五年后由百合出版出了新版。这次的岩波文库版,依据的就是这个新版。④

---

① 参见 http://www.kantsuu.com/news1/20060610093635.shtml。
② 日本小学馆(出版社名)发行的一个教育刊物。
③ 佐野真一.遠い「山びこ」:無着成恭と教え子たちの四十年.東京:新潮社,2005:12.
④ 鶴見和子.「山びこ学校」は歴史を創る//無着成恭.山びこ学校.東京:岩波書店,1995:357.

昭和二十六年三月一出版在头两年销售了十二万册,当时这乃是一个很大的畅销数字,这某种程度上是因为……①

战后五十周年的这一年(即 1995 年——笔者注)《山彦学校》被收进了岩波文库。……市场上销售的角川文库版在平成四年(即 1992 年——笔者注)一月十日发行的第三十五版后绝版了,因此……②

这本至少经历了青铜社、百合出版、角川书店和岩波书店等四个出版社,至少出过 39 个版本,至少销售了几十万册的《山彦学校》,1951 年 3 月由东京的青铜社初版,1952 年发行增订版,汪向荣是在 1952 年增订版的基础上译成中文的,1953 年 12 月由当时上海的光明书局出版,出版第一次就印刷了 1 万册。从时间上看,1951 年初版问世至 1953 年中文版诞生,其间不到三年时间;从印数上讲,1 万册的印数应该说也是一个比较大的数字,即便放在今天,也可算是一个准畅销书的标准。从以上两点可以推测出,这本书的引介,在当时的中国,还是受到相当的重视,并被期待有很大的影响的。

然而,实际上,在汪的各种生平介绍中我们很少能看到对《山彦学校》的提及,而这本书也没有能像光明书局的 1 万册印数所内含的期待那样,对中国社会,尤其是中国的教育,发生什么重大的影响。做教育研究的,包括专攻教育史的学者和专攻教育社会学的学者,很少人知道这本在日本教育史上有着重要地位的著作在中国的出版,更少有人去认真思考它在中国出版以后的境遇以及这种境遇所具有的教育社会学意义。《山彦学校》发行以后,大多作为一部文学作品而不是一部内含了重要的教育思想和教育实践的教育学著作,在很多图书馆被分类到了儿童文学的书架上③。

青铜社增补版的《山彦学校》带着一个副标题:山形县山元村中学校学生的生活记录。汪所译出的中文版在这则副标题上加了"日本"两字,成为《山彦学校:日本山形县山元村中学校学生的生活记录》。通过副标题我们可以直观地得知,这是一本有关某中学学生生活的书。《山彦学校》实际上是一本中学生的作文集,即日

---

① 佐野真一. 遠い「山びこ」:無着成恭と教え子たちの四十年. 東京:新潮社, 2005:53.
② 無着成恭. 山びこ学校. 東京:岩波書店, 1995:353.
③ 笔者查阅了国内几家有代表性的图书馆(包括一些主要大学的图书馆),中国国家图书馆和上海图书馆收有此书,而南京图书馆和浙江图书馆无此书。在国家图书馆中,《山彦学校》被分类为儿童文学,上海图书馆则分类为报告文学。在查阅的十家主要大学图书馆中,北京大学、中国人民大学、北京师范大学、华东师范大学、华南师范大学收藏此书,而南京大学、南开大学、南京师范大学则没有收藏,复旦大学和东北师范大学的查阅因故没有成功。北京大学、中国人民大学、华南师范大学都将此书归类为儿童文学。

本山形县山元村中学某班 43 个学生（22 个男生，21 个女生）的作文选编。编者是他们的班主任无着成恭，当时（1948 年）他刚从山形师范学院毕业不久，就来到了山元村中学这所离他的出生地 6 公里远的邻村学校，担任起初二某班国语、数学、社会科、理科、英语和体育几乎所有科目的教学。

43 个日本东北偏僻地区的中学生，一个刚从师范学院毕业几乎还没有什么教学经验的 20 岁刚出头的教师，他们的作品，缘何能够受到出版社的青睐，后来又成为日本教育史上影响巨大的一个里程碑呢？

"二战"的战败使得日本在战后的头几年满目疮痍、一片狼藉，人们，尤其是偏远农村、山区的人们生活在绝对的水生火热之中，学校教育所提供的教材内容与学生亲身体验到的生活实际之间存在着巨大的差距。无着成恭写道：

> 如社会科 4（当时的一本教材——笔者注）"日本的生活"中写道，"村里一般来说有小学和中学。这 9 年是义务教育，因此在村里建学校，为村里的孩子提供并完善良好的教育设施"（10 页）。但是，我体会到，这样的东西原原本本地教给孩子，那简直等于欺骗。事实上现实当中，无一张地图，理科的实验道具也无影无踪，茅草屋顶的校舍，教室的昏暗，加上破烂拉门里飞雪呜呜地刮进教室，教师只凭着一支粉笔实践着教育。而村政府也撞上了那迟早都要到的财政危机，学校里连满足教材上写的条件的十分之一的财力也没有。①

于是，至少是为了不至于去欺骗学生，无着成恭想到了在社会科的课上自己开发教材：

> 于是我第一次为文部省的社会科"不是用教科书来学习的"，是"必须培养具有为社会的进步做贡献能力的孩子的"这一深谋远虑所折倒。这也就是说，社会科是一门"如果还没有具备提供良好教育的设施"，那么它是培养"创造出具备这些设施的能力的孩子"的学科。②

以上的引用，出自无着成恭在 1950 年 11 月 15 日为青铜社初版的《山彦学校》

---

① 無着成恭.山びこ学校.東京:岩波書店,1995:311-312.
② 無着成恭.山びこ学校.東京:岩波書店,1995:312.

写的后记。1950年,作为一个初出茅庐的年轻中学教师,无着的大脑里还丝毫不会有对文部省的批判意识,而是惊叹于"社会科不是用教科书来学习"式的辩解,绞尽脑汁自己开发教材,以使得社会科在他手上能成为一门"创造出具备这些设施的能力的孩子的学科"。这时候他开发出的教材,就是学生自己的生活作文,在物质条件匮乏、纸张短缺的当时,他克服重重困难,编辑、油印并向许多教育界人士邮寄了他们自己的作文汇编——《火车头》:

　　无着,作为鲜活的社会科教材,选择了孩子们出生的山元村,选择了不带任何谎言伪造的这43人的生活记录。
　　而成其舞台的便是,班级文集《火车头》。
　　……
　　油印七十份。无着和学生自己的四十四份供教学使用,其余二十六份分送给同事、朋友,也邮寄给《少年少女广场》这样的儿童杂志编辑部。
　　……到他们从山元中学毕业的昭和二十六年(1951年——笔者注)三月,共制作了17期。后来成为畅销书的《山彦学校》,就是从《火车头》中选编的诗、作文和调查报告。①

　　佐野真一在他的《遥远的山彦:无着成恭及其学生的四十年》一书中,对《火车头》最终成为《山彦学校》的经过有过一个比较详细的描述。

　　据佐野调查②,除了无着和他的学生之外,在《山彦学校》一书诞生的过程中起决定性作用的人有两个,一个是一家名为学生书房的小出版社的出版部长吉田守,另一个是当时日本新闻工作者联盟干事,也是其机关报《为了自由的言论》的编辑,同时兼着学生书房编辑顾问的野口肇。在学生书房的一次出版碰头会上,吉田守提出了出版"社会科教育实践记录"相关书籍的方案,认为1947年9月开始实行的社会科教育改革,应该已经在全国教育第一线结出了一些可以介绍推广的硕果,若能把一线教师的工作日记等材料汇编成书,不仅会有一个较好

---

① 佐野真一. 遠い「山びこ」:無着成恭と教え子たちの四十年. 東京:新潮社,2005:30-31.
② 参见佐野真一『遠い「山びこ」』的第二章「ジャーナリスト人脈」。值得注意的是,此书从严格意义上讲并非是一部教育史的学术专著,而是一部长篇社会调查报告。虽然对于某些片段的处理,从学术的角度看仍可争议,但佐野是秉持着严肃的社会调查精神以及抱着写一部庶民社会史的学术追求来写这部书的。佐野在1992年文艺春秋出版社版的"后记"中写道:"通过对《山彦学校》毕业生们以后生活的寻访,应该能写出一部迄今为止任一战后史的著作都不曾写过的庶民的鲜活的战后史。"(佐野真一. 遠い「山びこ」:無着成恭と教え子たちの四十年. 東京:新潮社,2005:472-473.)

的销路,而且也能为战后的新教育留下宝贵的历史记录。然而,后来收集上来的所谓的教师工作日记等,大多枯燥无味流于形式,不能为商业性出版之用,作为替代,野口肇于是便提出了放弃教师的工作日记而换成学生自己的作文的方案。野口肇曾是《日本评论》杂志的名编辑加写手,组织并撰写过一系列在日本广有影响的长篇社会纪实报告,思想敏锐、眼光卓越,后因被控违反美国占领军的媒介管理条例而被迫离开《日本评论》。以学生取代教师的方案一经通过,野口便马上走访了他以前写"社会科与孩子们"的社会纪实报告时认识的教育评论家国分一太郎。国分是战前教育界生活缀方运动的重要倡导者之一,他的案头,放着不少全国各地教师邮寄过来的学生作文集,其中便有一本是《火车头》。无着在《火车头》创刊号的扉页上给国分写的一句话是:"文化离得很远交通也离得很远的孩子们的文集。请读一读吧。"

佐野写道:

  国分交给野口的作文集,许多都沾满了从美国直接进口的社会科教育的味道,而对照起来,《火车头》虽然土里土气,但根扎在对日本本土的现实认识当中,结出了沉甸甸的教育果实。野口作为新闻工作者的敏锐的直觉,让他将《火车头》与其他作文集作了本质的区别,而这又开花结果为《山彦学校》,震撼了当时的社会。①

《山彦学校》的出版颇经周折。学生书房这一家原本就已摇摇欲坠的出版社在原稿送进印刷厂印刷后终于倒闭,学生书房的老板将《山彦学校》的校样交给了野口,作为最后一笔工资的补偿。野口于是拿了校样四处奔走,被日本评论社、三一书房、理论社等出版社拒于门外之后,终于在某一天遇见了一家新成立的出版社——青铜社的老板佐和庆太郎。这次佐和没有让野口失望,出书没有问题,两人一拍即合:

  问题是书名。无着寄给学生书房的信中作为方案提的是《雪孩子的记录》。但是,野口听青木②讲过,一进到山元村就听到无着的声音响亮得冲出教室冲到山里,犹如山里的回声。这一印象加上战前被炒作成天

---

① 佐野真一. 遠い「山びこ」:無着成恭と教え子たちの四十年. 東京:新潮社,2005:45.
② 青木虹二。野口派往山元村直接与无着成恭进行出版交涉的助手。

才少女现世的丰田正子的《缀方教室》的印象,野口内心是想把它叫作《山彦教室》的。佐和认为《山彦教室》听起来多少有些不带劲。当时,朝日新闻朝刊上正好连载狮子文六的《自由学校》,广获好评。那就保留"山彦"①,下面两个字借用一下成为《山彦学校》吧。佐和的这一句话,决定了书名。②

二、《山彦学校》的惊叹、感动与震撼

一本被命名为《山彦学校》的学生作文集,产生了席卷一个国家的巨大反响,这到底又是如何的可能?

无着成恭出生于 1927 年 3 月,是家中的长子,父亲成孝是山形县南村山郡本泽村泽泉寺的住持。无着成恭在战争期间接受中小学教育,1945 年日本战败时正好 18 岁,已进入山形师范学校学习,由于战线的吃紧,被征用到造战斗机的山形航空工厂从事劳动,其中包括到附近的羽黑山中挖松树根。他也是在羽黑山中迎来日本的战败时刻的。③

战争期间所受到的军国主义教育及其与战后民主主义教育之间形成的巨大反差,以及由这一反差引发的对"欺骗"与"真实"的反思,及建立在这一"反差""反思"基础上的对"真正的教育"的追问,一直深深地烙印在无着的内心。在 1995 年的"岩波文库版后记"中,无着成恭回忆当时的情形写道:

"为天皇陛下而死,就是为悠久的大义而生。"

这句话在旧制中学毕业前的 18 年中,不知听过了多少遍。但突然变成了"可以不用去死了"。这就是战败。真是"咦,怎么啦?"的感觉。因为一直被灌输着死就是生这样的思维方式,突然被告知"可以不用死了",也真不知道该如何活法。几乎所有的日本人那时都是这样的吧。那就叫"虚脱状态"。全日本人都被以天皇为神的军国主义控制住了灵魂。当然

---

① "《山彦学校》这个书名,是比较费解的,山彦的意思是指深山里的回声,原意是说这是一本由一群在山沟里的学校中求学的孩子们所写,而能在广大的群众中引起热烈响应的文集。开始的时候,是想用《山沟里的学校》这一名称的,但几经考虑,还是决定用《山彦学校》这一书名,以保存它原来的面目。"(汪向荣.译后记.无着成恭.山彦学校.长沙:光明书局,1953:203.)
② 佐野真一.遠い「山びこ」:無着成恭と教え子たちの四十年.東京:新潮社,2005:51-52.
③ 松树根被认为可以制作成松根油,用于飞机的燃油。以上参见佐野真一:《遠い「山びこ」》的第四章"檀那寺の跡とり"。

我也不例外,但稍微早一些意识到了"如果可以不用为天皇去死了那么就说明到了一个可以为自己去死的时代了"。

这与我生在禅寺长在禅寺不无关系。学校里学"我是天皇陛下的赤子",回到家对父亲一讲,回答是"不,你是菩萨的孩子"。针对学校的军国主义教育,家庭的佛教主义教育式的东西在我身上起了作用。因此在虚脱状态中,好像有些觉得"从现在开始,是自己思考自己的生活方式的时代了。所谓的学力,乃是为了自我实现一种选择的力量、判断的力量。让孩子们掌握这些力量才是教育,而不是考试的分数"。意识到了这一点后,就觉得有一股冲劲,那好,我就这样把命交给教育吧。《山彦学校》就是这一结果。因此,这一实践中,贯穿着"众生皆有佛性＝人人都有美的一面"的思想。①

1995年的无着成恭,已经不像1950年时那样,把文部省的教条说成是对自己教育实践的启示,而是坦陈宗教思想对自己的影响。而在"众生皆有佛性"的思想意识,或者是当时的潜意识下,无着开始了一种对教育、对学力的全新把握,认识到教育绝不是考试的分数,而是一种让孩子学会掌握选择的力量、判断的力量的行为。

那么具体通过怎样的方法才能让学生拥有这种选择的力量、判断的力量呢?无着采取的方法是利用社会科的教学,或者更具体地说是通过和学生们一起编社会科用的教材,让孩子们写与自己的现实生活紧紧贴在一起的生活作文,来达到这一目的的。而席卷一个国家的反响,首先是一种对这种现实主义生活作文的惊叹。

《山彦学校》收集了学生的诗、作文(包括调查报告)、班级日记以及个人杂感。汪向荣根据1952年增订版译成的中文版,收诗16篇、作文19篇、班级日记2则,以及个人杂感集(题为"炉边杂谈")1个11篇。对照发现,1995年的岩波文库版多收了5篇作文、1则班级日记,以及题为"烧炭物语"的1个版画文字集(1幅版画配1篇短文,共13幅版画13篇文字)。无论是所收的诗、作文、日记、杂感,题材都来自学生们的日常现实生活,有的诗和作文,对学生们自己生活世界的描述细致精到、入木三分。比如排在《山彦学校》之首的一首诗《雪》,由于它内容的简朴以及这简朴反衬出的传神的想象力,日后获得了交口的赞誉,引起阵阵惊叹,成为《山彦学校》之象征性的存在:

---

① 無着成恭.山びこ学校.東京:岩波書店,1995:354-355.

雪/轰轰地下/人们/就生活在底下①

——雪（石井敏雄）

这是一个学生表现自己生于斯长于斯的山形县山元村景象的一首诗。"轰轰"两个象声字，把日本东北地区特有的多雪寒冬的区域特点形象生动地提炼了出来。佐野真一写道：

青木第一次访山元村归来背着个挎包，从里头拿出张本子上撕下来的纸，上面只见写着字，一边递给野口一边笑着说：

"绝对可行噢！"

那上面，用歪歪扭扭的字写着的，正是以后成为《山彦学校》打头的那三行诗《雪》。②

除了给野口、青木他们带来"绝对可行"之出版自信的这首"轰轰"下的《雪》以外，其他的诗与作文，包括让人联想到社会学家田野调查的调查报告，也写得贴近实际生活，细致深刻地描述了自己在现实生活中的境遇，作者在实际生活中感受自己，并提出问题。比如诗《烧不着的树根》：

吃完了晚饭，/大家围了炉子闲谈。/可是炉子里面，/却老是烧不旺。

母亲把烧不着的树根，/翻了一下，旺了。说：/"听说义宪还要升学，是吗？/你，可就算了吧！"

父亲说，/"到哪里去当个伙计吧！"

哥哥说，/"学一个瓦匠吧！"

每晚总是说这些话，/一遍又一遍的。可是，/我将来的事却还没有决定。

我，又弱，又笨。/因为身体弱，所以/我不想干瓦匠、木匠，/甚至去种田。/可是我又笨，/做些用脑的事又怕不行。

我家里，/对我的事，/就像烧不着的树根那样，/一遍一遍又一遍地翻。

——烧不着的树根（川合实）③

---

① 笔者译。汪原文是：雪，/不断的在下，/人们，/就生活在这下面。汪没有把原文中的コンコン一词译成汉语中的象声词，而是用"不断"这一表现状态的词语去表述之，虽然不能说错，但总觉得多少有损原诗的想象力。

② 佐野真一. 遠い「山びこ」：無着成恭と教え子たちの四十年. 東京：新潮社，2005：47.

③ 汪向荣译。

"吃完了晚饭,/大家围了炉子闲谈。/可是炉子里面,/却老是烧不旺。"这种简朴的语言或许离我们一般理解的诗还距离甚远,与其说我们从中期待着读出诗意,不如说是应该去体会一种日常会话式的浅白,而在这"就像烧不着的树根那样,/一遍一遍又一遍地翻"的浅白中体现出对一个农村孩子生活苦恼的入木三分的描述的传神。

除了对这些紧紧贴近自己日常生活的细致入微而又充满想象力的生活作文的惊叹以外,席卷一个国家的反响,也产生于对这部作文集的感动。

对《山彦学校》的感动,一个主要原因是人们在这本作文集中读出了生活在极度的贫困之中但却不被贫困所压垮,不屈不挠不向生活低头而且积极反思问题直面问题的一种强韧精神。比如后来获得了文部大臣奖的江口江一的作文《母亲死了以后》。佐野真一写道:

> "我家穷得很,就在山元村中,也可以算得上是最穷苦的一家了。"
> 江口江一的"母亲死了以后",是以这一句开始的。
> 报道《山彦学校》的所有杂志新闻,都会首先谈到这篇作文,是因为可以从这篇文章的每句话当中,听到无着在大声地激励着这些孩子的声音。这篇作文用揪心的现实主义笔触描写出了山元村的贫苦,描写出了快要被这贫苦压垮了的孩子。①

江口江一的父亲已经去世,母亲体弱多病,守着几分薄田,上有一个几乎失明的74岁的奶奶,下有一个幼小的弟弟(小学3年级)和一个同样幼小的妹妹。家里负债累累,主要靠社会救济金以及奶奶与母亲编织草鞋糊口度日。母亲在江一上初中二年级时终于病倒不起,不久离开人世。失去了家庭顶梁柱的母亲,弟弟和妹妹也终于不能在家再待下去,被送养给了亲戚。这篇作文就是在母亲去世后5周忌的前一天,也是弟弟妹妹被领养走的前一天写下的。作文写道:

> 十一月十三日,母亲不治而逝。十五日举行葬仪,那一天来的,除了无着先生和上野先生外,还有哲男君,他是代表我的同级同学来的,……以后,我又从老师那里听说,除了我同级同学凑款作吊礼之外,义宪君、贞义君、末男君和藤三郎君等还在全校同学之间凑钱来送我作吊礼,对于这种情谊,我除了感激以外,还有什么好说的呢?

---

① 佐野真一. 遠い「山びこ」:無着成恭と教え子たちの四十年. 東京:新潮社,2005:59.

葬仪全部完了以后,在整理账目时,祖母说:"还剩七千元,比你父亲死的时候还多!"我也禁不住地问:"真有那么多留下吗?"虽然余下的钱不算少,但是一还债就不够了,而且还少了四千五百元;所以说还是父亲死的时候要好得多。

……

"等江一长大了……"这是母亲唯一的希望,本来,这也并不是一件不可能的事。一天到晚、一年到头为逐渐增加的债务而担心的母亲,她也只能希望等江一长大了以后,来还清这些债务。每天每天在苦闷中度日的母亲,总想等江一长大了过一些快乐的日子。但是,我的母亲却依然在贫困中死去了。

到现在,我,每一想到母亲就不禁会想起:"为什么这样的辛勤,这样的劳动,还过不到一些快乐的日子呢?"我就感到很不可思议。

……

今天中午,我把我的希望写下来交给老师。这几点希望是:

(1)明年是中学三年级了,我想一定得进学校求学,除非到了实在没有办法的时候,决不去做短工。无论如何我一定要用功,使得将来入了社会以后,不至于感到什么困难。

(2)后年就可以毕业了,毕业以后就能做事。一定要勤勉地工作,挣些钱来还明年的债。

(3)没有钱要过日子,宁可去借钱,负债,可是决不想把地卖掉。因为有地,生活总还能有些办法。把地卖掉以后,谁再借钱、借粮食给我;谁都不借给我时,只有死路一条。

(4)慢慢地积一些钱,让家里的日子过得宽裕一些,能购买些缺少的东西。

(5)在知识和思想方面,我一定要好好地努力,务必做一个永远不致被淘汰的人。

(6)无论如何,我决不做一个像羊那样依赖人地等人喂着吃的人,而要做一个能和大家过同样生活的人。

除了上面所写交给老师的六点以外,还有两个问题,也是我始终想不通、愈来愈糊涂的。

第一个疑问是钱能积得起来吗?第二个是假使我有了钱去买田,那么卖田的人是不是也像我一样,卖了田不就更穷了吗?①

但是这个"一定得进学校求学"的江口江一,因为家里只剩下他一个劳动力,背柴、种地、做雪栏、除雪等劳动全压在了他自己的身上,使得他没有精神上的宽裕为他母亲的去世流泪,也没有时间上的宽裕跨进学校的大门。于是,久不见江一在学校露面的无着终于按捺不住自己找上了门。作文中有一段颇令人感动的对当时情景的交代:

十一月二十九日校长先生和无着先生到我家来看我的时候,我正在胡思乱想。无着先生问我:

"现在刚把柴背回来吗?"

"是,天天是这样。"

"柴背完了,又干什么呢?"

"把烟叶上的皱纹,一张一张地抚平。"

"大概要几天才能做完?"

"不知道。"

……

"抚完了烟叶做什么?"

"做雪栏。"

"做完后呢?"

"做完后说不定就能去学校了。"

"什么,那不就等于这第二学期基本来不了吗?……明天上午,到学校来一次,……明天把这些活的安排表做好带过来。"

……

第二天,三十日上学校把安排表交给老师,……老师就把我的计划表拿给他们(指同班同学——笔者注),先交给藤三郎君(班长——笔者注),说:"你看一下!"

藤三郎君很注意地看我这张安排表,刚看完一抬头,老师就问:"能帮些什么忙?"藤三郎君思索了一下说:"能,我们班能帮他忙,我们可以帮他干些活,好让江一君和大家一样上学而不耽误他的劳动。怎么样,大家的

---

① 汪向荣译。

意思是……"

一面说着,一面把脸向着俊一君他们,大家听了这话,都点头表示同意。那时候,我高兴得眼泪都流了出来,好容易才把兴奋的感情抑制住了。可是就那样,当我说"只是还有些柴没有搬好罢了,其余的不过都是些计划而已"的时候,眼泪还是禁不住地往外流。

……

明天,是母亲的五七忌辰,我要把这些事报告给她听;并且还要仔细地想一想,为什么像母亲那样的人,要在贫困中过她的一生?为什么像她那样拼命地劳动,而依然不能积一分钱?我还要在她灵前宣誓,坚决努力做一个有用的人,……我要努力地去用功。①

佐野真一写道:

数以百计的报纸杂志对江一的作文给予了最大的赞誉,但这并不仅仅是因为同情于那不幸的遭遇。它们深表同情和深受感动的是,虽然还是个孩子,但江一能坚毅地去承受自己的生活境遇,并顽强地想生活下去的决心。②

无着成恭自己也谈道:

在二宫金次郎背柴读书的像前被灌输进"忍耐""勤勉"的道德,一直接受着"别人干八小时你就干十小时"教育的我,被这些孩子的精神所折服,他们顽强地与这种"忍耐""勤勉"中隐藏的欺骗,即贫穷乃为一种命的宿命论的道德相抗争,努力去寻找那种能够超越贫苦的道德。③

这种"努力去寻找那种能够超越贫苦的道德"的精神上的强韧,一方面引发了无着成恭的"真正的"教育的努力;另一方面,也是这一"真正的"教育努力的一个结果。而这一"真正的"教育,引起了席卷全国的反响,在惊叹和感动的同时,还给人们带来了一种震撼,震撼来自对儿童生活中体现出来的原汁原味的自然主义,以及

---

① 汪向荣译。有改动。
② 佐野真一. 遠い「山びこ」:無着成恭と教え子たちの四十年. 東京:新潮社,2005:62.
③ 無着成恭. 山びこ学校. 東京:岩波書店,1995:323.

伴随着与儿童这种自然主义的碰撞而产生的对何谓真正的儿童的反思。无着成恭一直教导着学生要直面真实,不回避生活不回避自己,要把自己的真实"原汁原味"地写出来。在这原汁原味中,《山彦学校》于是也就收进了一些所谓儿童"残酷"的作品,比如诗《毛虫》和《兔子》。

放学回家/在俺眼前/毛虫慢悠悠地/想横穿过去/一脚踏去/青色的液体/僻地飞了出来

俺/不觉缩回了脚/想着这算什么/但总觉得有些恶心①

——毛虫(高野武)

杀兔子的时候/用小刀吭地猛击一下/"吱吱"地叫了起来/然后/把小刀插进

兔子的屁股/从那里/把皮慢慢地剥去

到了脚部/稍稍划一道口子/噗哧地掉了下来

嘶地剥去

拿在手上/又噗哧地掉了下来

到了头部/变得难剥/用小刀/嘎吱嘎吱地去刮②

——兔子(平吹光雄)

无着成恭在为青铜社版的《山彦学校》写的后记中写道,当孩子们讨论是否要把他们的作文集出版的时候,有各种不同的意见,讨论的结果是这样的:

我们(指学生——笔者注)每写缀方的时候都被告知是"为了了解我们真正的生活,为了能够有能力建设更美好的生活,必须将自己的生活剥露出来,大家拿出来学习"。从这一点出发思考的话,无论有怎样感到害羞的东西,要把这些害羞的东西解决掉,也应该把他们原模原样地印成书,让日本全国的人都来思考,不是更好吗? 多数于是意见基本倾向于

---

① 笔者根据岩波文库1995年版译出。汪译如下:从学校回来,/一条毛虫蜿蜒的在我跟前,/"他妈的!"我想,/用脚去一踩,/"僻……"一泡青粪射了出来。/我,不知不觉地把脚缩回来,/虽然想,有什么关系,/但是,心里总有些难受。

② 笔者根据岩波文库1995年版译出。汪译如下:拿了小刀,要杀兔子,/"吱,吱……"地像在哀求。/但是,刀尖已插进了屁股,/并且一些一些地向上剥了。/剥到后脚那里,/轻轻地割个口,/慢慢地剥去了。/再剥剥到前脚,/又很快剥了去。/慢慢地剥到了头,/有一些不好剥了,只听见刀的声音,/一下子就剥完了。

一致。①

结果投票表决。投票的当天有 3 个学生请假没来上学，40 个学生当中 29 票赞成出版，11 票反对。

把《雪》《烧不着的树根》想当然地斥为"这也叫诗"，把《毛虫》和《兔子》看作"果然残酷，这怎么可能是教育"并非难事，然而，教育社会学的研究只有在这"简朴""残酷"的教育中发现简朴与残酷的意义，只有认识到了将"毛虫"和"兔子"想当然地斥为"残酷"并由此推论出"这不可能是教育"这一逻辑本身的真正的残酷性，我们才能去思考汪向荣的去世到底对我们来说意味着什么，这一意味着什么的东西，又与我们生活着的当下的时代发生着怎样的联系。

青木虹二下乡联系上了无着成恭，希望无着能够答应在他们的出版社出版《火车头》。在值班室的火炉旁一边烤着火，一边聚精会神地读着无着拿过来的学生的那些文集，读到《兔子》，青木不禁脊背发凉。佐野真一写道：

青木感到了脊背的冰凉说了句"可怕"。
"来这里之前就想着农村恐怕就是这个样子的吧。日本的教育，如果必须要从这个样子开始，还真是不容易啊！"
对着吐出了这几句话叹了口气的青木，无着是这样解释的。
"要那些连自己的名字都没有写过的孩子学会写该怎么办呢？我的教育方法是通过让他们原汁原味地写自己的生活来教他们写作文。写成了作文摆在我们面前的，就是这东西。这是农民，只有农民才有的虚无主义啊，它背上扛着的是，那几百年、几千年长的历史。"②

三、生活缀方运动的思想和意义

国分一太郎为《山彦学校》做过一个定位，认为它是日本"战后生活缀方复兴的契机"，是"生活缀方的古典"，正是《山彦学校》的出版，促进了中小学生活缀方运动的重新崛起。③ 国分写道：

---

① 無着成恭.山びこ学校.東京:岩波書店,1995:309.
② 佐野真一.遠い「山びこ」:無着成恭と教え子たちの四十年.東京:新潮社,2005:56-57.
③ 国分一太郎.解説『山びこ学校』//無着成恭.山びこ学校.東京:岩波書店,1995:332,339.

战败以后，生活缀方的工作如果说有一些被谈到，或者说其作品被谈论的，并非直接在教育界，而是很少的几本有良心的儿童刊物（如藤田圭雄编的《红蜻蜓》；大久保正太郎、管忠道等编的《儿童广场》，后改名为《少男少女的广场》等）。教育界则整天埋头于引进流行的综合课程建设、社会科式的生活学习、组别学习、讨论法等。……所有的教育工作者和社会教育工作者都抱有一种疑虑："难道就没有更能贴近日本本土的、培养新的日本人的至善的方法了吗？"总而言之，人们在寻求着什么！《山彦学校》正是在这时出版的。也难怪人们会以非常的感动来迎接它。①

查《新版　教育学小事典》中"生活缀方运动"的词条，有这样的一段解释：

一种民间教育运动。通过把孩子的生活现实真实地反映在缀方当中来培养认识能力和批判能力，并将此精神扩展到教育的各个层面，试图以此来改造死板划一的、压迫式的教育。②

在"缀方"的词条中，又写着：

1900 年（明治三十三年）废此前的"作文"在国语中设"缀方"（小学校令改正同施行规则），但二次大战后又改回"作文"的称呼。③

生活作文被称作生活缀方，自有它深刻的教育思想的内在含义，这并非仅仅是指技术层面的写作、表达技能的指导，而是应该在思想层面上提高到生活教育的高度对此进行定位和认识的。因此，虽然生活缀方运动通俗地讲也就是生活作文运动，但之所以在此不用"作文"一词，乃是因为生活缀方运动在教育史上显然已经成为一个特指，有着特别的含义。生活缀方运动主要指称日本大正时期的一段强调将儿童的自我表现与实际生活及其写实性的作文结合起来，使儿童正视生活现实，在正视中实现自我的教育改革运动，以及"二战"后无着成恭对于大正时期这一段教育改革运动的复兴努力以及在他的影响下展开的相应的教育实践。

大正时期是日本教育改革方兴未艾的一个时期。生活缀方运动试图对当时死

---

① 国分一太郎.解説「山びこ学校」//無着成恭.山びこ学校.東京:岩波書店,1995:334.
② （日）下程勇吉.新版　教育学小事典.京都:法律文化社,1976:224.
③ （日）下程勇吉.新版　教育学小事典.京都:法律文化社,1976:264.

板划一的、灌输式的教育有所改革,由民间的人士在民间掀起了一个当时具有很大影响,后又遭到日本军国主义政府取缔的教育运动。"生活缀方运动""生活缀方的学习"两个词条对此历史与特点作了非常简洁的梳理:以芦田惠之助的自由选题缀方和《赤鸟》杂志的写实主义作为基础,经过缀方与生活指导的结合,以及乡土主义缀方的提倡,1929年出版了以小砂丘忠义、野村芳兵卫为中心的《缀方生活》杂志。1930年9月,这一杂志发表了所谓的第二次宣言,宣称"社会中的活生生的问题、儿童的日常生活事实,对此做仔细的观察,不仅我要把握生活中必需的产生作用的原则,也让儿童把握这些原则。树立真正的自治生活,这才是生活教育的思想和方法。吾等同人,坚信缀方乃是生活教育的中心科目,与有志之士一起以缀方教育为中心,目标是创造生活教育的原则及其方法",为运动的走势定下一个明确的方向。作为具体的方法,记录"原原本本的事实",找出问题,突破既有的概念自己思考,获得确定的认识,然后将此提高到集体认识的高度。这样的"事物的认识、思考、感受"的指导,与各科目的教育并行展开,使认识成为具有普遍性意义的东西。①

倡导现实生活与教育的紧密结合显然是生活缀方运动的一个最基本的特色,而这一结合,正如我们所看到的那样,以反复强调"原汁原味"(ありのまま)的形式出现。可以说,"原汁原味"地反映自己生活中的问题与困难,"原汁原味"地去写这一点,在生活缀方中得到了无以复加的强调,而其中如果再作具体的分析,还可以知道生活缀方运动所提倡的教育,其实内含了两种鲜明的批判性取向,以及建立在这两种批判取向之上展开的实践内容。第一种批判取向是针对知识与实践游离的批判,第二种批判取向则是针对儿童中心主义的批判。

对知识与实践游离的批判取向认为近现代的学校教育远远脱离了实际生活,教材上的知识与孩子的实际生活之间存在着巨大的鸿沟,难以跨越,而这一鸿沟,经常导致教师在教育中的"欺骗"以及教育本身变成了"欺骗"。也正是在这个意义上,无着成恭反复强调自己的教育实践是对何谓"真正的"教育的追问:

> 为什么会产生这样的缀方呢?这是因为想干真正的教育这样的一种愿望变成了动机之故。②

战前的军国主义教育当然不是教育,战后的美国直接进口的所谓的新教育理

---

① (日)下程勇吉. 新版 教育学小事典. 京都:法律文化社,1976:224.
② 無着成恭. 山びこ学校. 東京:岩波書店,1995:311.

论下的民主主义教育是否能称得上真正的教育,其实也可以打个问号。无着在找寻的,是一种更为日本本土化的,更与孩子们的日常生活紧紧贴在一起的东西。国分写道:

> 我国有我国的社会特点、生活以及文化传统。而且,虽然从大局上讲,为错误的教育方向提供了服务,但是从教育方法的角度讲,前人长期辛劳所积累的,和我国生活、文化、语言、文字、儿童的情况相妥帖的教育遗产也存在着。比如,根据我国的语言与文字的特点来培养读解能力和文章表现能力,在此过程中培养儿童的思考力、想象力、头脑的创造力的坚忍不拔的方法就是这样的一种。①

这种本土化的东西注重孩子们在现实生活中所捕捉到的社会问题,并从中发展出问题意识。生活缀方的原意包含了作为生活者的孩子所写的鲜活的生活作文的意思,并非只有贫困的故事才是生活缀方。《山彦学校》中描写儿童明亮天真的生活的作品也随处可见。很重要的需要指出的一点是,问题意识的发展具体表现为生活缀方教育方法的一大特点,就是注重"讨论"。而在讨论的指导上,老师保持低调的指导态度,回避对孩子进行公式化的直线型的裁断。每个学生都能够把自己作为一个具有坚实的想法和感受的主体对待,一步一步地使自己成长,在成长中培养出"集体意识",然后通过集体中的相互阅读和相互交流,来一起尝试解决问题的努力。鹤见和子写道:

> 我读《山彦学校》,印象最深的是以下这点,学生也好老师也好,把每个儿童所提供的一个一个具体的生活问题作为"自己也在内的集体"的问题,一起思考一起进行解决的努力。……国分在讨论生活缀方的效用时所举的"敲碎概念"。这就是指,抽象的语言与思考方式,把这一语言与思考方式放回到它生成的日常生活或者是历史的体验场所,具体地进行重新的思考。《山彦学校》中,这样的案例很多。教材中所写的,或者说教师教的应该如此如此,这些东西和山元村小孩自己实际的生活体验之间所产生的矛盾,孩子用自己的语言把这一矛盾记录下来。……所谓的"敲碎概念",更一般地讲,就是理想型(应该是这样)与现实型(实际上是这样)之间的矛

---

① 国分一太郎.解说「山びこ学校」//無着成恭.山びこ学校.東京:岩波书店,1995:333.

盾,能够让孩子自己体会到这样的矛盾的一种教育方法。①

对于强调"写",强调"原汁原味地与实际生活结合着去写"的理论意义,国分和另一位教育学家小川太郎从理论的高度对生活缀方教育的意义作了阐述。国分认为:

> 对现实事物的事无巨细的观察和凝视,只是在这样的基础之上,才得到"某一想法""感想"的这种自下而上的思考方法、认识的发展的初步方法。②

小川太郎则写道:

> 人们一般对写这一表现形式比对说的形式更有抵抗感。比如要从诸多的词语中选择最合乎事实的词语,为了要整成一定长度的句子,要分出本质性部分和非本质性部分,然后再将本质性的部分提取出来。也正因如此,为了写,必须要好好地正视现象,逼近事实。认识的现实主义从此诞生。生活缀方教育正是通过正视生活、思考生活,进行生活指导,并将指导中的事实提高到社会、自然的法则认识的高度。③

生活缀方运动的第二个批判性取向是对儿童中心主义的批判,这一取向特别针对的是儿童"清纯无邪"的赞歌。日本在 1920 年前后有许多艺术家为丰富儿童中心主义的教育进行了大量的活动,比如指导了自由画教育运动的画家山本鼎以及积极投身于童谣运动的诗人北原白秋等。他们讴歌的是儿童身上被认定为是本身固有的"清纯""纯洁""天真""烂漫",认为教育的目的就是要使儿童的这些特性得到原原本本的最大程度的发挥。但是在主张生活缀方教育的人,比如小砂丘忠义看来,儿童并非是与大人社会隔离开来的一种存在,他们在成长中已经沾染上了这个世界的"恶"。残酷、仇恨、妒忌等感情、心理也与大人并无什么区别。对于他们来说,强壮朴素的原始儿童才是真实的儿童。生活缀方教育重视的是儿童喷薄而出的能量。小砂丘忠义所推崇的一篇名为《蛐蟮》的作文是这样写的:

---

① 鶴見和子.『山びこ学校』は歴史を創る//無着成恭.山びこ学校.東京:岩波書店,1995:358,364 - 365.
② 国分一太郎.解説「山びこ学校」//無着成編.山びこ学校.東京:岩波書店,1995:342 - 343.
③ 小川太郎.生活缀方的教育方法//(日)自中野光,志村鏡一郎.教育思想史.東京:有斐閣,1978:154 - 155.

俺家的奶奶害怕蛐蟮。看见蛐蟮,乱舞手脚慌忙奔逃。

俺打草回来时钻出一条大蛐蟮。俺把这条大蛐蟮放在脸上,

喊着"蛐蟮来了噢"走过去,奶奶吓个半死逃走了。然后她骂"混蛋,不要进来"!

俺叫来弟弟,把蛐蟮斩成几段,做过家家游戏玩。然后,给蛐蟮造了一个坟。①

儿童的残酷和恶作剧在这篇被作为生活缀方教育的范文中表现得淋漓尽致。小砂丘忠义认为,这篇作文中所反映的儿童的"真实性"应该说存在于任一时代任一地点,所谓的教育,就是不但不要抹杀了这一"真实性",而且还要好好地珍惜这一"直面真实"的精神萌芽:

这不就是所谓的真正的儿童吗?喊着"蛐蟮来了噢"把家里的奶奶吓个不轻的孩子,还真想让他们对着学校的老师也来个"蛐蟮来了噢"把老师也吓一吓。这种野性——其实不是野性而是真实性——的萌芽却被过早地修剪掉了。然而,这是不管发展到什么时代都应该保留下来的孩子。尽管不再以"蛐蟮来了噢"这样的面孔出现,尽管时代会发生变化,但一定得见到那种符合时代变化必然性的面貌。②

经济学家上原专禄在1954年谈到他读《山彦学校》时的读后感,说:

我以前读《山彦学校》时,作为一个从事社会科学的人,有一种被击中了软肋的强烈的震撼的感觉。……儿童对社会的感觉和理解力,要比大人想象得远为复杂。③

也正是在这一意义上,阿利埃斯(P. Aries)的《儿童的世纪》(1960年)对于儿童的发现,虽然说在思想史上已经成为一本惊世骇俗的古典,但实际上日本早在1920年代开始的生活缀方运动中,思想已经结晶为实际的教育实践。日本著名学者中村雄二郎写过一个相当有趣的题为"儿童"的词条,对何谓儿童、何谓教育提出

---

① (日)小砂丘忠义.生活指导与缀方指导//(日)中野光,志村镜一郎.教育思想史.東京:有斐閣,1978:150-151.
② (日)中内敏夫.生活缀方.東京:国土新書,1982:45-46.
③ (日)中内敏夫.生活缀方.東京:国土新書,1982:17-18.

了尖锐的反思。虽然有点长,但因为写得确实精彩,全文录在下面:

后来才重新意识到其意义的重大,二十世纪六十年代的最初三年里,明白无误地标示出了三种新型人类的发现。由 P. Aries 的《儿童的世纪》(1960 年)发现的儿童,由 M. Foucault 的《疯癫与文明》(1961 年)发现的疯人,由 C. Levi-Strauss 的《野性的思维》(1962)发现的未开化人。

这三种新型人类正是近现代欧洲人文主义在自己社会的内外遗忘掉了的深层人类。在六十年代中期开始流行的"结构主义"风潮中,首先是伴随着 Levi-Strauss 的名字未开化人和野性的思维,然后是伴随着 Foucault 的名字疯人与疯癫得到了人们的关注。而成对比的是,Aries 的研究是直到七十年代以后才开始受到普遍好评的。

有关这一点有两个比较有趣的故事。一是 Aries 的研究首先是在美国得到了承认,但是被误认为是出自哪个美国社会学家之手倒过来介绍进了法国。另一是 Foucault 的《疯癫与文明》,推出此书的是 Aries——他是出版社的编辑顾问,在 Foucault 荣升法兰西教授(教授的最高级)的 1970 年,Aries 还默默无闻。

这两个故事表明了 Aries 的儿童发现的意义是多么难以被人理解,换言之,说明了对于现代人来讲,儿童变成了一个多么不容易看见的存在。在惰性的视线底下,身边的东西反而远远地不可把握,就如未开化人胜过疯人,疯人又胜过儿童。

那么 Aries 为我们明示了什么呢?对我们来说一直被当作是不证自明的儿童这一概念,并非自古就有,乃是一种伴随着近代家族形态的产生、成立而出现的东西,在这之前的儿童概念,整个就是面目全非。

也就是说,近代以前的传统欧洲社会,并无称作"儿童"的时期,人们一开始就被当作"小大人",而这也仅限于自己不能照顾自己的最无能的一个极短时期,一旦自己稍微可以派点用场,就被看作是"年轻的大人",被塞进大人的堆里,和大人一起劳动,一起游戏。通过这些活动习得大人的手艺,学会生活所必需的知识技能。在当时的社会,儿童——包括家景不错家庭的儿童——帮着干粗活干家务事,在家庭内细心地得到照顾乃是一种超出了想象的东西。

并不仅限于此。儿童如果在幼小的时候死去,人们虽也悲伤,但并不会认为失去了什么不可替代的东西,而是觉得会马上有儿童生下来顶替。

换言之那时儿童还处在一个被抹去个体姓名、可以交换顶替的状态。在近代以前的社会，儿童的服装亦无特定的样式，穿着亦与大人相同。

读了Aries所剖析的这些现象，我们一方面打破了近现代儿童的刻板印象，另一方面又体会到一种复杂的心情。Aries在近代以前欧洲社会所解读出的儿童的形象，实在与我们通过柳田国男（比如《儿童风土记》，1942年）等所知的近代以前日本社会的儿童形象有许多的重叠之处。比如儿童不像现代这样受到社会的特别照顾，多从年长的同伴那里学习社会生活的规范等。

进一步讲，过去的日本——正如山口昌男在谈到柳田国男时所强调的那样（《从"儿童的世界"到"大人的世界"》，1980年）——儿童更准确地说是被看作类似于神的特有存在，被认为是有其自己固有的世界。很多社会都把儿童视作神，我国古代社会也是如此。但在日常的生活中这种观念并不直接浮现在表面，而是潜意识地被当作了神。

一如柳田所指出的那样，看上去无任何深刻含义的儿童的游戏，如果究根溯源的话，很多都曾是祭神的活动。儿童因为其包括恶作剧在内的天真无邪，一直被认为是神自己显身，将自己的旨意告诉世人的最方便使用的信使。儿童所参加的许多祭事，随着对神之信仰的退潮，变成了游戏留在了社会的某个角落里。

在我国，儿童一直这样被当作了近似于神的存在。但这与卢梭在《爱弥儿》中所说的与自然之善所结合的善良与天真的观点却并不相同。卢梭的这种观点，虽然说在近代合理主义知识观君临一切的当时具有划时代的意义，但是站在今天的时点看，显然有其近代浪漫主义"儿童神话"的始作俑者的一面。而且，正如"自然期待着儿童在成为大人之前是一个儿童"这句话所表明的那样，他的观点紧连着把儿童仅仅看作是大人的前阶段的发展心理学观念。

过去的日本一直把儿童看作是一种近神的存在意味着儿童不仅仅是纯真无邪，同时也可以是凶暴与残酷——比如作为凶神，即儿童根源性地体现着的是自然。对于我们来说现在所必需的，应该说不是以大人视线下的规范或者理想状态去紧锁儿童世界或者宇宙之门，而是从整体上去把握他们的宇宙的独特性和根源性。而只有在这种时候，儿童的世界对于大人来说，才能够作为"异文化"的世界鲜活地呈现出来。

如本田和子（《作为异文化的儿童》，1982年）所说的那样，我们关注儿童的视线只有在从戴着科学面具的发展心理学式儿童观的束缚摆脱出来之时，儿童对于我们大人才会显出他们的他人性。因为儿童本身就是反秩序性的具体体现者，是作为一种文化之外的存在而存在的，其存在本身便追问着秩序的根源。儿童的越轨行为威胁着人们，使大人们陷入一种原因不明的慌乱之态。

对于儿童的这种侵犯，大人＝秩序本能地想守护自己。因而发明出了遮蔽与否认儿童本来面目的装置。另一方面，儿童也试图掩饰自己的本来面目，通过被吸收进秩序来获得和确保自己的空间。人们不是愚蠢地把这称作成长，把促成这样的成长的叫作教育吗？所以说更需要的是，鲜明地去坦陈、去把握儿童是一种他人、是一种异文化。这种时候，儿童会为我们大人重新看世界、重新构建与世界的关系提供莫大的启发。但是切记即便在这样的场合，儿童的主题化也仍然很容易掉入儿童缺场的陷阱。①

生活缀方运动从这一点上讲，正是一种从整体上去把握儿童宇宙的独特性和根源性的教育努力。

四、结　语

汪向荣并非是教育学家，更不是教育社会学家，他对《山彦学校》的认识有着一种时代的局限性和专业的局限性。时代的局限性，使得他基本上是出于一种政治目的，即反对美帝国主义和支持日本人民斗争这样一种政治目的来翻译此书的；专业的局限性，则又使得他不是从教育学的角度和教育学的价值去认识《山彦学校》，而是从国际关系的角度和价值来给这本书定位。谈到翻译《山彦学校》的动机，他在"译后记"中这样写道：

> 日本投降以后，美帝国主义和日本的反动派虽然用尽一切方法，来驱使这些从战争灾难中残存下来的日本人民，再度地和亚洲、世界人民为敌，踏进另一次新的战争中。可是日本的人民，并没有忘记了惨痛的教训，所以都团结在德田球一为首的日本共产党周围，向美帝国主义及其所支持的反动政府，展开了英勇的斗争。这种力量——觉醒了的日本人民的力量正不断地在增长着，它，也标志了和平、民主日本的成长。这种力

---

① 笔者译。中村雄二郎. 術語集. 東京：岩波書店, 1984：76-80.

量是怎样成长的呢？本书将能给你一些答复。

本书是日本东北隅深山中一个中学校的二年级学生们写的，他们都是战争中生长起来的，不是失去了爸爸，就是没有了妈妈；更普遍的是为生活穷困而苦恼着。虽然这样，可是他们没有灰心，也不气馁，更不失望，在他们的文章中只能看到寻求真理，和不合理的社会制度作顽强的斗争，以及热爱自由、渴望光明的心情。这一种意向，日本新生一代的意向，无论由两国的关系或世界和平来说，都是值得重视的，因为这种意向不但左右着他们的前途，而且也关系着我们。在这一原则下，我把这本具有代表性的文集译了出来。①

德田球一是当时日本共产党的总书记。日本人民是否团结在了德田球一的周围与"美帝国主义"展开了英勇的斗争，自有历史的公论，这超出了本文所关注的范围，在此我们不作讨论，但至少有一点可以肯定的是，汪向荣从这本书中读出的，也是他想介绍给中国读者的，是一种政治上的觉醒，他也意识到了《山彦学校》是一本涉及"力量的成长"的书，但他只在政治意义上把握这种力量成长的意义，试图用"寻求真理""和不合理社会制度做斗争""热爱自由""渴望光明"等话语来对"力量的成长"进行解读，来引导读者。汪向荣虽然从其专业——国际关系的角度尖锐地指出了日本青年一代的真理意向、斗争意向、自由意向、光明意向实际上直接关系到世界的和平、关系到中日两国的关系，但他没有意识到作为这些意向生成之根基的"不灰心""不气馁""不失望"的强韧精神的培养，在政治意义上的觉醒之前，首先是需要一种教育意义上的对何谓"真正的教育"、何谓"人的培养"的觉醒的。《山彦学校》在做政治层面也好、国际关系层面也好的定位之前，首先召唤的是教育学层面的细致深刻的解读，而这一解读，在《山彦学校》被译介进我国之后，我们也一直没有做。

然而，不管怎么说，汪向荣对于这是一本关系到"力量成长"的书的把握还是非常到位的，留给了我们很多回味以及对现实社会及教育的反思。

2004年3月23日《北京晨报》曾登载过有关刘丽娜事件的报道。所谓刘丽娜事件，是指3月19日上午，河北省曲周县侯村镇东高固小学教师刘丽娜强迫她所教班级的学生伸出手来，然后在每个学生的掌心用铅笔刀划伤并出血的事。据称，划手的动机"是为了让孩子好好学习"。事后刘被刑拘，侯村镇总校部校长和东固村小学校长因负领导责任被撤职。针对刘丽娜的报道，单士兵在3月24日的《南

---

① 無着成恭.山びこ学校.東京：岩波書店，1995：201-202.

京日报》上发表了《"刀划掌心"告诉我们什么》的文章。单在此文中要谈的问题是，"她在用刀划学生手时，为了防止学生逃跑，将教室的门顶上，班里哭声一片，有的孩子被吓得大小便失禁，晕了过去。可是就是这样粗暴的教育行为，这群五年级的孩子竟然没有一个对老师说'不'"。单说，"我以为，这才是悲剧的真正根源。……当前我们的教育太缺乏对被教育者独立人格的尊重了。从某种意义上说，当前的中小学教育不是着意培养被教育者成为能够自由思考的现代公民。正是因为这种没有'自由思想，独立人格'的教育，才使我们的孩子在面对像刘丽娜这样的残暴行为的侵害时，只能闭口不言，只能默默承受，也只能表现得那样冷漠与麻木"。单最后引用德国哲学家费希特(J. G. Fichte)的话说，"教育必须培育人的自我决定能力，不是首先要去传授知识和技能，而要去'唤醒'学生的力量"。

　　费希特的这句话经常被教育学者引用，但"教育要去唤醒学生的力量"的实践，在应试教育一边倒的当下的中国，几乎看不到多少成功的、有影响的案例。然而，也应该指出的是，倡导用生活缀方式的教育去全面取代应试教育本非本文的本意。虽然无着成恭反复念叨着"真正的教育"的"真正"两字，但对于这"真正"的本质性关怀，应该是教育学而不是教育社会学的关心所在。本文关注的是一个现象或曰一种事实：教育本可以有多种形式的努力，生活缀方式的教育应该是其中很重要的一种，尤其是联系当下中国社会与教育的实际，对尝试着去唤醒学生力量的生活缀方式的教育，人们本可以投以更多的关注，对《山彦学校》这一教育学的古典，本可以讨论得更深、理解得更深，然而事实上生活缀方的教育实践也好，理念也好，掉落在了教育学家、教育工作者思考的可能域之外，就如汪向荣的名字一样，离我们是如此的遥远和陌生。

　　汪向荣去世了，我们失去了对这一"遥远"和"陌生"进行追问的一个宝贵的机会。在直接的访谈已经成为不可能的情况下，我们或许只能做挖掘"日记""回忆录""出版史"等史料的努力。《山彦学校》在中国出版后的境遇，从这本书的诞生到被湮没的一个生命过程中，我们到底能看到一些什么样的、超越了汪的个人局限的社会力量或曰社会影响因素，使得《山彦学校》以及生活缀方运动虽然具有巨大的现实意义但却一直几乎不为人知，使得这"不为人知"一直延续到现代，以致我们当下几乎看不到"唤醒学生的力量"的教育努力？

　　汪向荣的去世以及对他的悼念，应该说为我们对这本书和这场运动之意义重新进行认识，对这本书和这场运动之引介与消化过程进行社会学追问，提供了一个恰好的契机。

"西瓜太郎"的故事：教育的发展与文化的结构

南京大学 贺晓星

内容提要：教育发展的促成因素有很多，既有宏观层面的，也有微观层面的。怎样理解日本在明治时代达成的巨大的教育成就，怎样解释教育既在数字上又在观念上的发展是如何可能的，本文围绕这一问题意识，从与文化结构，特别是家庭的关联角度，提出了一种解释。

一、教育的发展：日本教育史的一个断面

1867年10月14日，征夷大将军德川庆喜大政奉还，宣告了长达265年的德川幕府时代的终结[①]。1868年为明治元年，日本开始了现代国家建设的旅程。在维新倒幕运动中叱咤风云的几个领袖人物，虽然大多尚属"而立"甚至"弱冠"之年[②]，却有着敏锐的治理国家的嗅觉，他们知道要做些什么。一支能够在西方列强面前即便做不到战无不胜但至少也应是战而不败的现代化军队；一个能够通达全国各个边远角落的邮政通信系统网络；将城市、乡村、海岛连接起来带给这个国家一种整体感觉的一座座桥梁、一条条公路铁路；当然，还有学校教育[③]。

1872年也即明治四年，明治政府设立了文部省。维新元勋之一的江藤新平出任文部大辅，主掌教育。江藤主张：制度上，要从西方国家引入先进的学校教育制度；学习内容上，也要废除传统的"国别学科制"（皇学、汉学、洋学），设立现代化的课程。翌年的明治五年，虽国力尚弱，但明治政府颁布了可被称为教育基本大法的《学制》。《学制》的颁布是在8月3日，前一天的8月2日，以太政官[④]的名义，发出了被称为"被仰出书"的布告，首次提出了不分阶层、不分性别的机会均等的教育思

---

① 若从源赖朝开创镰仓幕府开始算起，幕府时代有670多年之久。
② 明治元年，明治维新的几个功臣元勋，除岩仓具视43岁、西乡隆盛40岁外、大久保利通38岁、木户孝允35岁、江藤新平34岁、井上馨32岁、伊藤博文27岁。而明治天皇，当时年仅16岁。
③ 被后人公认为明治政府"维新三大改革"的措施是"征兵令"（明治六年）、"地租改正"（明治六年）和"学制"（明治五年）的颁布。加藤秀俊也曾指出，日本民族国家的建设，是在(1) 道路、铁路、电信、电话、报刊、邮政；(2) 普通话，包括口语与书面语；(3) 义务教育与兵役制的基础上才成为可能的。这一过程，可以说完成于明治二十年代。ましこひでのり.同化装置としての「国語」：近代琉球文化圏の標準語浸透における準拠集団変動・知識人・教育システム.教育社会学研究,1991(48):146.
④ 明治政府的主要行政机构，按现代的理解，相当于国务院。

想以及义务教育的思想:"自今以后一般人民(华族士族农工商及妇女)邑无不学之户户无不学之子。"①

翌日颁布的《学制》,全文共 109 条,若算上追加部分,达 213 条,涉及教育的方方面面,从内容上讲,有大中小学区事项、学校事项、教员事项、学生及考试事项、海外留学生规则事项、学费事项等。《学制》规定:日本全国分为八大学区(后改为七大),每一大学区设"大学校"一所;各大学区又分为 32 个中学区,各设"中学校"一所;每一中学区又含 210 个小学区,各设"小学校"一所。这样,全国将遍布 8 所大学、256 所中学以及 53 760 所小学,按照当时的计算,平均 13 万人口有一所中学,平均 600 个人有一所小学②。现代学校教育制度雏形告成。

《学制》明确规定,"小学乃为教育之初级,一般人民须得入学"。《学制》又将小学划为寻常小学、女子小学、村落小学、穷人小学、小学私塾、幼稚小学等几类,寻常小学又分上下两等,下等对象为 6—9 岁儿童,上等对象为 10—13 岁③。另外,还设有"废人学校"(即特殊学校——笔者注),也属小学阶段的教育④。

"邑无不学之户户无不学之子"之义务教育的思想以及相应的学校教育制度建设,特别是"小学校"的建设与普及,在实施之初,也确实遭遇过一些来自"一般人民"的不理解乃至过激的反对。毕竟在国力尚弱的明治初期,教育费用须主要由受益者来承担⑤。"被仰出书"中一条很重要的内容,就是明确了"学费及其他费用,由国民自己承负"⑥。当时学生的学费,原则上分为四个档次,一般为每月 25 钱,家庭穷困者,最低也要缴纳 3 钱。另外还得负担书籍、学习用品等杂费。对于家庭极贫困者,学校以"借"的形式提供给学生"手习草纸"等,但没有完全的免费者。每月 25 钱在日常生活中是一个怎样的概念呢?明治六年大米的价格是,在东京,中等米的玄米是 4 元 80 钱一石⑦,25 钱的学费,相当于 5 升多玄米⑧。

---

① (日)中野光・志村镜一郎. 教育思想史. 東京:有斐阁,1978:129.
② (日)尾形裕康. 日本教育通史研究. 東京:早稻田大学出版部,1980:173.
③ (日)尾形裕康. 日本教育通史研究. 東京:早稻田大学出版部,1980:173.
④ (日)玉城肇. 日本教育発達史. 東京:三一新書,1956:10.
⑤ 在此意义上讲,明治初年实施的"义务教育",只强调了民众有义务将子女送入学校就读而回避了国家所应承担的为国民提供免费教育的义务,因此,或许将之理解为"普及教育"更为贴切一些。温辉指出,"在中国,义务教育是'舶来品',英文表述为 compulsory education 或 compulsory schooling,意为'强制教育',日本翻译为'义务教育'。中国是通过日本转引进的。义务一词,在汉语中有两个基本含义:其一为强迫,其二为免费。强迫性与免费性正是义务教育最显著的两个特性。显而易见,义务教育之'义务'依其译文的原意应为'强迫'之意,并且从义务教育立法的具体内容来看,义务教育也具有鲜明的'强制性'"(http://www.hicourt.gov.cn/theory/artilce_list.asp?id=421).
⑥ (日)玉城肇. 日本教育発達史. 東京:三一新書,1956:10.
⑦ 此处的"元"均为"日元",下同。
⑧ 石和斛相通。旧时,十升等于一斗,十斗即一百升,等于一斛。(日)玉城肇. 日本教育発達史. 東京:三一新書,1956:14-15.

当然,仅是学费,是不足以支撑起这么庞大的现代学校教育制度建设的。《学制》中明确规定了教育经费的负担办法。教育经费除学费外,主要由捐款、学区内集资、利息以及各种入款等构成,学费只是其中的一小部分。政府(国库)也以委托金的形式,辅助性地负担了教育经费中的一小部分①。教育经费构成的具体比例可参见表1。从表中可以看出,学区内集资所占比例最大,捐款次之(撇开"前年剩余"不论),委托金的比例很小,除了明治六年,每年的比例皆不足10%。

表1 教育经费统计② 单位:%

明治(年)	6	7	8	9	10	11
前年剩余		13.1	21.9	13.1	15.1	17.7
学费	6.3	6.9	5.2	5.7	5.9	4.9
捐款	19.1	24.8	18.2	17.8	11.0	10.9
学区内集资	43.2	33.4	30.0	36.4	40.0	41.9
委托金	12.6	6.2	8.4	9.7	8.2	6.1
各种利息	13.4	8.1	8.7	9.3	12.3	9.7
各种入款	5.4	7.5	7.6	8.0	7.5	6.7
地方税						2.1
总计	100.0	100.0	100.0	100.0	100.0	100.0
金额(元)	1 939 098	4 363 233	6 238 096	6 193 803	6 702 349	7 379 829

表2 奈良县十市郡田原村本村四小学区联合小学学资征收办法(年额)③

学费	198元	学生总数371人,内200人月额6钱2厘5毛,100人月额4钱,71人免除
户头摊派	141元45钱6厘	户数总计569户,内上等100户,每户月额4钱,中等180户,每户月额2钱4厘,下等289户,每户月额1钱2厘
人头摊派	197元50钱	总计2439人,每人年额4钱
反别摊派④	35元70钱	34町,每段步⑤米3升(米价以1石3元50钱计算)

---

① 土屋忠雄等,1968年,42
② 此表初出于江上芳郎.学制施行期における地方教育行政制度とその実態との跛行.東北大学教育学部研究年報,第6集.//(日)土屋忠雄・長尾十三二・吉田昇編.教育学全集3 近代教育史.東京:小学館,1968:43.
③ 此表初出于明治八年的《文部省第三年報》//(日)土屋忠雄・長尾十三二・吉田昇編.教育学全集3 近代教育史.東京:小学館,1968:43.
④ "反",日本传统的面积单位,10"反"为1"町"。1"反"约991.7平方米,10公顷。
⑤ "段步",等同于"反"。

(续表)

其他	30 元	各兴业场所地租收益金 10 元,村内不净场所 20 余处,"肥代"9 元①,池塘鱼代 5 元②,学校内 2 不净场所,肥代 6 元
合计	602 元 65 钱 6 厘	

往往占了 40% 以上的"学区内集资",更具体地讲,是如何征收的呢? 可以从表 2 的明治八年一个村庄的案例来管窥一下这一问题。

表 2 所示之案例,只能用"触目惊心"一词来形容。一家之长除了要负责自己孩子的学杂费以外,至少还要应付"户头摊派""人头摊派"和"反别摊派"(面积摊派)③ 三种。教育经费是重复征收的。

学区内集资,类似于我国自 1985 年开始在全国范围内向农民征收的"教育附加费"。在我国,教育集资活动"成为 20 世纪 90 年代中期农民负担进一步加重的主要原因,在一些内陆的农村地区甚至成为'逼死农民'的诸多合力中的一种","'义务教育'对于许多农民和农家子女来说,的确成了难以享受的'奢侈品'"④。应该说,同样的情况,也发生在明治初期的日本。

冈山、鸟取、三重等县,因为民众不堪教育经费集资摊派的重负,连续发生了焚烧学校的事件。明治六年 5 月 26 日,北条县贞永寺町(现属冈山县),约 3 000 余人在笔保卯太郎的率领下,喊着"废除征兵令、小学校、阳历"的口号揭竿而起,分两路向官府所在地津山进发,沿途破坏民宅、烧毁小学,翌日杀入津山,冲击寺庙和学校。明治九年的 12 月,三重县也爆发了类似的民众暴动,所到之处,官府、学校皆遭掠劫焚烧。这一暴动也波及了邻近的爱知县⑤。永井道雄也写道:

> 同年(指 1873 年——笔者注),冈山县发生的农民暴动也是反对征兵令,反对学校教育,多达 46 所小学几乎被毁。鸟取县也有 1 万农民蜂起,反对学校、征兵令、阳历。而在香川县,暴徒烧毁了 34 所小学。在福冈县,29 所小学或是被砸或是被烧。⑥

---

① "肥代",疑为卖肥料之收益。
② "鱼代",疑为养鱼之收益。
③ "反别摊派"究竟如何操作,笔者还不很确定,待找相关的资料确认。按字面理解是,各地方按土地面积缴纳一定的教育经费。作为缴纳的主体,"各地方"是虚,一定会落到实处。这一实处,最大的可能即是每一户的户主。
④ 张玉林.分级办学制度下的教育资源分配与城乡教育差距//成伯清,贺晓星,张玉林.三人行.2009(未公开出版):176.
⑤ (日)玉城肇.日本教育発達史.東京:三一新書,1956:16-17.
⑥ (日)永井道雄.近代化と教育.東京:東京大学出版会,1969:75.

但是,打砸焚烧学校的事件并没有像星星之火那样在全国燎原起来,对学校的反对之声日趋衰微,义务教育思想的普及以及学校教育的制度建设,在日本,随着时间的推移,越来越深入家庭、深入人心。"相比较而言日本的情况是,从义务教育制度的普及以及入学率的上升之令人惊叹的速度上也可以看出,家庭并不仅是被动地服务于学校,家庭一方也主动地在推动学校。"①

明治十年,也就是1877年,日本全国平均入学率还不到30%,但是,明治十年的后半期,入学率就保持在了50%上下的水平。

表3　入学率统计②　　　　　　　　　　　　　　　单位:%

年度	男子	女子	平均
明治十四年	59.95	24.67	42.98
15	64.65	30.98	48.51
16	67.16	33.64	51.03
17	66.95	33.29	50.76
18	65.80	32.02	49.02
19	61.99	29.01	46.33

表4　明治三十年以后入学率与巩固率的统计③　　　单位:%

年度	入学率 (入学生数/学龄儿童数)	巩固率 (平均出席学生数/学龄儿童数)
明治三十年	66.56	43.99
31	68.91	45.58
32	72.75	48.77
33	81.48	59.15
34	88.05	65.05
35	91.57	68.40
36	93.23	69.69
37	94.43	70.49
38	95.62	72.22

---

① 山村賢明.現代日本の家族と教育:受験体制の社会学に向けて.教育社会学研究,1989(44):9.
② (日)土屋忠雄.明治前期教育政策史の研究//(日)土屋忠雄・長尾十三二・吉田昇編.教育学全集3　近代教育史.東京:小学館,1968:55.
③ (日)土屋忠雄・長尾十三二・吉田昇編.教育学全集3　近代教育史.東京:小学館,1968:86.笔者对格式有修订。

(续表)

年度	入学率 （入学生数/学龄儿童数）	巩固率 （平均出席学生数/学龄儿童数）
39	96.28	73.77
40	97.38	75.11
41	97.83	76.83
42	98.10	80.61
43	98.14	85.43
44	98.20	89.34
大正元年(1912年)	98.23	89.40

若把辍学的问题考虑进去，实际情况与数字还是有点出入，农村依然还有很多的辍学儿童，"是一种就学儿童大半未满三年就退了学的状态"①，但明治三十年，也即1897年以后，辍学的问题逐渐得到解决，巩固率飞速攀升。明治三十七年，入学后的巩固率超过了70%，5年后的明治四十二年，更是达到了80%，2年后的明治四十四年，又直线向90%的大关逼近。

表4呈现出的一个可称为"奇迹"的现象是，明治三十年以后，入学率也好巩固率也好，虽然上升的幅度不同，但一定是逐年上升，没有反复的。明治三十五年以后超过90%的入学率以及明治四十二年以后超过80%的巩固率意味着的一个概念是，不管地处南北还是城市农村，一个家庭即便平均拥有五个孩子②，绝大多数的家长都是保证着把自己的每一个孩子，不分长幼、不分男女，送进学校接受学校教育。从这一点可以推测，日本明治时代的家长，克服着教育经费的摊派所造成的经济压力，用行动表示他们从内心接受了义务教育的理念。

另外一个可称为"奇迹"的现象是六年制义务教育的实现，表4中并没有表现出来。1900年明治政府发布了《改正小学校令》，把寻常小学年限规定为3到4年，并宣布废除征收小学学费制度，实施免费的初等义务教育。1907年即明治四十年，又颁发《再次改正小学校令》，将义务教育延长到6年，并确立了义务教育费国库补助制度。这意味着在基础教育方面，日本在大步追赶当时的英、美、德、法等主要西方国家，制度上实现了六年制义务教育，理念上不仅在"强迫"的层面，而且

---

① （日）土屋忠雄·長尾十三二·吉田昇编.教育学全集3 近代教育史.東京:小学館,1968:55.
② "1901~1905(明治三十四—三十八年)年以前的出生队列大约5个(孩子)",……"从以上三组数据可以得知,明治、大正期结婚、生产适龄期的女性(大部分结婚)，每人平均生育了约5个孩子。"[（日）阿藤誠.家族変動と教育.教育社会学研究,1991(48):26-27.]

在"免费"的意义上,更为全面地来阐释义务教育之"义务",取得了在世界教育史上都令人刮目相看的成就。

二、文化的结构:乱伦禁忌与"苗字必称令"

怎样理解日本在明治时代达成的这种巨大的教育成就[①]?怎样解释教育的这种既在数字上又在观念上的发展是如何可能的?本文围绕这一问题意识,从与文化结构关联的角度,寻求一种解释。

教育与文化的关系,乃为教育社会学研究关注的一个主题,迄今为止,积累了可以用"汗牛充栋"一词来形容的极为丰富的研究成果。这其中,其他学科领域,特别是来自文化人类学的种种创见,也在教育社会学研究中不断开花结果。文化人类学的文化研究,不仅从结构主义式的重新审视"野性思维"的研究理念上,从扎根理论之"扎根"、深入访谈之"深入"的田野调查方法上,而且还从"亲属制度的结构""礼物的流动""仪式的过程"等研究主题的选择上,都给教育社会学带来了不少启发。

文化人类学,尤其是其中的社会人类学,把"亲属制度的结构"研究看成文化研究之关键所在。马林诺夫斯基(B. K. Malinowski)和拉德克利夫—布朗(A. Radcliffe-Brown),同在1922年先后出版了《西太平洋的航海者》和《安达曼岛民》。这两位在现在被称为"功能主义文化人类学家"的先行者,在这两部具有极为广泛影响力的著作中,就是将研究的重点落在了亲属制度的结构上。他们试图通过对亲属制度结构的详细分析和描述,来呈现和理解"未开化社会"的文化本质。而这一点,后来又在结构主义的旗手列维—斯特劳斯(Claude Lévi-Strauss)那里得到了发扬光大。在《结构人类学》一书中,列维—斯特劳斯展现了极为精致的亲属制度结构的分析手法,但他不满足于此,又进一步指出:"重复出现在世界上相距遥远的不同地区和迥异的社会里那些亲属关系的形式、婚姻规则、某些类型的亲属之间同样必须谨守的态度等,都使我们相信,这些可以观察到的现象无一例外地全都来自一些普遍的隐形法则的作用。"[②]

列维—斯特劳斯的结构主义当然重在找寻那些"普遍的隐形法则"。或许亲属制度的结构还不能算是"普遍的隐形法则",但比被定义为人的生活方式和行为方式的表层文化更深一个层次却是确定无疑的。可以这样说,一个社会的文化,在更

---

① 当然,巨大成就云云,仅针对日本明治时代从观念上、制度上、入学率上普及了义务教育这一现象而言。"教育敕语"的颁布以及国家主义教育的抬头等,是不能理解为成就的。

② (法)列维-斯特劳斯. 结构人类学. 张祖建,译. 北京:中国人民大学出版社,2006:37.

深的结构层面,实乃亲属制度,即"亲属关系的形式、婚姻规则"。对于亲属制度之结构的深层次了解,会有助于更好地解读表层的作为生活方式和行为方式的文化。

亲属制度的结构,在中国体现为"宗族",而在日本则体现为"同族"。虽一字之差,但实质内容却有着巨大的差异。富永健一写道:

> 同族、宗族都是父系亲属群体,但中国的宗族是族外婚(同姓不婚)的制度,而日本的同族却没有族外婚制。因此,日本乱伦禁忌(Incest-Taboo)的范围原来是非常小的(只限于亲子兄弟姐妹)。而且日本的同族,妻子是被认作同族的成员的,但中国的宗族,妻子结婚以后,也仍然终身属于自己出生家庭的宗族(因此在中国即便是现在,妻子结婚后也不改姓)。再者,中国的宗族拥有祭祀祖先的祠堂以及记录了一族代代姓名的族谱,而日本的同族却不具有。在经济的互助方面,中国的宗族拥有作为族产的土地资产,而日本的同族却没有类似的财产。最后,在成员家族的控制方面中国的宗族发展出了牢固的内部自治、自卫的系统,日本的同族这一点也不具有。①

乱伦禁忌也就是对于可通婚范围的规定。"乱伦禁忌的范围非常小(只限于亲子兄弟姐妹)"意味着除了父亲不娶女儿、母亲不嫁儿子、兄弟姐妹之间不婚以外,其他的婚姻组合理论上皆有可能。事实上,日本也确实有过舅舅娶外甥女而社会予以容忍的案例。而在堂表不分的社会,堂兄妹之间的婚姻,更是与"乱伦"两字有很大的距离。

> 被认为是同文同种,拥有许多共同文化背景的中国、韩国和日本,在亲属组织这一点上显示出巨大的差异。中国被认为是"同姓不娶,异姓不养"。同姓的父系血缘者无论过了多少代都不通婚,养子也是从父系亲戚处领养,而不取自异姓,这一点,与日本的习惯迥然相异。据此,与父亲兄弟的女儿结婚被认作是乱伦的,而在日本却是被容许的。②

与"父亲兄弟的女儿",也就是堂姐妹结婚,在中国是不被允许的。如果说中国

---

① (日)富永健一.日本の近代化と社会変動.東京:講談社学術文庫,1990:270-271.
② (日)末成道男.第三章 親族//(日)吉田禎吾.文化人類学読本.東京:東洋経済新報社,1975:36-37.

历史上曾有过很长的一段时间将表兄妹之间的爱情与婚姻看作是美谈并且引发很多人为他们流下同情或幸福的泪水(比如《红楼梦》中的贾宝玉与林黛玉),那么无论何时还是何地,堂兄妹之间的感情与肉体的结合,绝对是为人所不齿。但在没有堂表之分的世界里,比如日本,林黛玉即便变成贾黛玉,爱情依然是爱情,泪水依然还是泪水。这样说来,让我想起了有日本《红楼梦》之称的《源氏物语》。若从中国人的角度看,被誉为"日本古典名著""日本物语文学的高峰之作"[①]的此书,乃是一本充斥着乱伦描写的文学作品。

"同姓不婚"的前提是人必须要有姓。让我们在此想象一个不仅堂表不分而且人没有姓的世界,然后再想象一下这个世界里所发生的与教育发展有关的事情。

对于中国人来说,姓是宗族、家族的象征和保证,不以某个个人的意志而转移。而日本则不同。

由国家下令让全国人一齐取姓,这事听起来似乎很不可思议,但是就发生在了明治的日本。出于殖产兴业、富国强兵、脱亚入欧的现代国家建设需要,明治三年(1870年)日本政府作出"凡国民,均可起姓"的决定,可响应者寥寥。于是,政府不得不在明治八年(1875年)强制性地规定"凡国民,必须起姓",这便是著名的"苗字必称令"[②]。

> 古代,日本人只有贵族有姓有名。公元4世纪末,日本的大和朝廷把日本列岛南部的许多小国统一成为一个国家,其政治统治的基础是氏姓制度。以大和朝廷的大王(即后来的天皇)为首的,掌握着中央政权的贵族与隶属于朝廷的小国国王之间建立了有血缘关系的集团,这些集团称为"氏",一个"氏"也就是一个贵族世家。
>
> 氏的称呼有的来自官职,有的来自居住地、统治地的地名,有的来自神名,还有的来自技艺。例如,居住出云国的就叫作"出云氏",做祭祀工作的就叫"忌部氏"。掌握大和朝廷最高权力的大王家,是当时最强大的氏。
>
> 后来,大王家又对隶属于朝廷的许多氏按与自己的亲疏、血缘远近、功劳势力大小,分别赐予"姓"。这个"姓"也不能算是真正的姓,只是表示地位、门第、职务的称号,类似爵位。当时的姓约有30个,其中"相臣""君""直"等赐给皇族及显要的贵族,是最有势力的姓。

---

① 叶渭渠. 导读//(日)紫式部. 源氏物语图典. 叶渭渠,译. 上海:上海三联书店,2005:5.
② 以下摘录自网络,有待进一步进行学术性的论证和重新表述。

由于人口繁衍,一个大的氏又有了许多分支。这些分支为自己起了"苗字"。"苗字"意思是嫩芽、分枝,即从本家分出的支。例如,藤原是一个大氏,分出之后,居住在近江国的藤原氏,便取"近江"与"藤原"的首字,称为"近藤"。住地伊势、远江、加贺的藤原氏就称为伊藤、远藤、加藤。到了明治八年,从来没有姓的人在取自己的姓的时候,也想沾点"藤"字的光,于是"藤田""藤本""藤井""藤山""藤川""藤条"等姓氏就诞生了。

由此可知,这时的氏可以表示部分家族血缘关系,但是姓只表示家族的地位尊卑,苗字则表示新的分支,但这时氏、姓、苗字只有贵族才有。

到了7世纪中叶,大化革新时期,废除了世袭的称号,表示家族地位的姓失去意义,氏与姓混合为一,有一部分成为流传到现在的姓。这时姓仍然是贵族的专利品,到19世纪,姓也只限于武士、巨商和村里有权势的人。这些人向当局申请,经特别许可,才能有姓。能够"名字带刀"是一种极大的荣誉,所谓"带刀"就是有姓,一般平民只有名而无姓。

明治天皇时,政府感觉到没有姓,编造户籍、课税征役等非常不便,这才号召大家都取姓,而且明治八年采取了强制性的措施,这时候,人们才匆匆忙忙找起姓来,举国上下兴起一股取姓的热潮。住在青木村的就姓青木,住在大桥边的就姓大桥,家门口长棵松树的就叫松下,门前有一座山的,就姓山口。于是田中、三木、山田、日光、北风、前部、上方、观音,这些中国人觉得怪怪的姓一下子涌了出来。

以地名为姓的有"上野""田中""河内"等,以职业为姓的有"味香""味美""猪饭""服部"等。有些人以古代武士的名当姓用,像"酒井""本多""上杉",这些都是古代武士的名。也有的怕官府处罚,"慌不择姓",以鱼、蔬菜、寺院、职业作姓。铃木本是神官拿在手中的标志,也成了姓。有的人实在想不出好办法,只好随便对付一个,"我孙子""猪手""犬养""鬼头""茄子川"全来了。①

---

① 笔者20世纪80年代留学日本,曾在广岛结识一位早年在山东生活了几十年的日本朋友岛田老先生,听他讲过一段非常有趣的故事:日本有许多生僻的姓,除了本人以外,谁都不知道该怎么念。在日语里面,"一"是常用字,发音いち。但有人姓"一",却不念いち,念にのまえ。什么意思呢? に是"二",まえ是"前"的意思,にのまえ就是"二之前"。"一"念成"二之前",想想也确有道理。"一"通常是排在"二之前"的。要数"二"先得数"一"。还有一个姓"五月",这个姓在日本也不能说罕见,但作为姓,一般念成さつき,但有人硬是念成わたぬき。わた是棉花,ぬき来自动词ぬく,是"抽取"的意思。わたぬき,就是"把棉花抽出来"。姓这个姓又把它念成わたぬき的人,意思是想说,五月天气转暖了,棉被不用了,里面的棉花可以拿出来晒了。写成"五月"念成"抽棉花",说有道理是有点道理,但除本人外,别人都一定不会念的。还有一个有趣的姓"小鸟遊",极为罕见,一般人都不会念,其实念たかなし。たか是"老鹰",なし是"没有"的意思。"小鸟遊"要念成"没有老鹰"。意思是:天空没有老鹰,小鸟自由飞翔。

1898年,政府制定了户籍法,每户的姓这才固定下来,不得任意更改。据说日本人的姓有十几万个,日本人口才一个亿多,平均一个姓只有几百人。最常见的有40多个,其中铃木、佐藤、田中、山本、渡边、高桥、小林、中村、伊藤、斋藤占总人口的10%,有1000多万。

日本人的姓氏不但是数量多,在其读音、汉字的写法上也相当的复杂,读音相同的姓氏,汉字有几种甚至是十几种写法,而相同的汉字也会出现好几种读音。例如:ささき就可以读作以下几个姓氏——佐佐木、佐前、佐崎、佐佐喜、佐佐贵、陵、雀等。日本人的姓复杂得连日本人自己也不知道怎么读,听到名字也弄不清楚汉字如何写。

在没有姓的时代,日本人如何区别我你呢?他们基本上就是在名字前面加个职业加以区别。形象地说,比如名叫太郎,卖豆腐的,就是豆腐太郎;卖西瓜的,就是西瓜太郎。明治政府要建立脱亚入欧的国家,要有一支能与西方列强叫板的军队,西瓜太郎的名字显然满足不了现代化的需要。枪林弹雨中西瓜太郎会想,唉,自己还是以卖西瓜为业更妥。这一表面看似乎很搞笑的问题,深入思考的话,其实冷不丁会触动我们更全面地去理解教育发展的神经。

三、关联:解释的追求

教育发展的促成因素有很多,既有宏观层面的,也有微观层面的。日本的教育确实在明治维新的时候开始受到了很好的重视,政府将教育作为殖产兴业、富国强兵、脱亚入欧的国策之一而重视它、强调它,显然是一大主因。明治中期由于甲午战争日本获得了战败国清朝的巨额战争赔款,国力有所好转,政府在教育方面的投资力度加大,当然也是眼见得到的一个影响因素。"确立义务教育制度首先就需要财政方面的保证。而日清战争(即甲午战争——笔者注)的结果从清国获得了赔偿金,其中的一部分用作了教育基金,三十二年制订了'教育基金特别会计法'和'教育基金令',同年并通过了'小学校教育费国库辅助法'。以教育费国库辅助为背景,三十三年的小学校令将寻常小学校不征收学费定为了原则"。"日清战争前后到日俄战争的十年左右的时间,入学率急剧攀升。"[①]

在政治、经济、国际关系等宏观背景下,明治政府的许多中下层官员,积极游说民众推动学校建设,工作的卓有成效也是一个不可忽视的原因。"由于地方官与学

---

① (日)海後宗臣・仲新. 教科書でみる近代日本の教育. 東京:東書選書,1979:105-106.

区督学的不同寻常的努力,以及区域居民的配合,学制虽然经过种种曲折,但还是逐渐在地方上慢慢渗透,扎根定型。"①

就这一点,还有几个比较生动的材料可以佐证。

受益者负担的学校建筑对区域居民是一种负担的强加,为了提高学校创设的意识,需要县令、郡长饱满热情的动员。长野县的一个车夫如是说:"我们村庄以前不愿掏学校本金的大有人在,所以我们也以为学校本金是不出也行的。前些时候,村里的户长大人来告诉我们,说是郡长大人亲自出差,来这里谈学校的方方面面的事情。那以后,村里的每家每户,都开始交学校本金了。我们也真正认识到学校的事情是怎样的重要,交了学校本金。"②

小田县管下的笠冈,明治六年11月张贴了"新建小学资金告示",写道:"请区内诸君不分上下尊卑或减晚酌一肴或省看剧之冗费或勤勉家业多挣一分一钱为子孙繁荣之本金有钱者出钱有力者出力不问金钱多少人力多寡为新建小学集资为子女成长给力。"③

明治五年学制颁布后,中央、地方的相关人员东奔西走动员、恳请乃至胁迫家长而募集学生的事情不胜枚举,可以说不得不实行着字面意义上的教育——Erziehung(往学校)引导。④

新学制实行后,政府为了提高入学率设立了督学制度。各地方在此基础上以各种方法做着普及教育的努力。埼玉县的规定甚至有这么一条,在学校上课时间发现有不到校的儿童,警察要上门催促。⑤

除了这些影响因素之外,作为文化结构的亲属制度的因素,其对于教育发展的意义,却少有人关注。说"少有人关注",是确实曾有个别学者敏锐地指出过亲属制度与教育发展的关系,但在笔者有限的文献查阅范围内,除了"点到为止"式的观点表达外,笔者还没有读到过更为详细的论证和展开,无论是在教育史领域还是在教

---

① (日)海後宗臣・仲新. 教科書でみる近代日本の教育. 東京:東書選書,1979:30.
② (日)飛鳥井智. 第五章 洋風学校建築//(日)井上久雄編. 明治維新教育史. 東京:吉川弘文館,1984:171.
③ (日)飛鳥井智. 第五章 洋風学校建築//(日)井上久雄編. 明治維新教育史. 東京:吉川弘文館,1984:172.
④ (日)村井実. 現代日本の教育. 東京:NHK市民大学叢書,1976:22.
⑤ (日)永井道雄. 近代化と教育. 東京:東京大学出版会,1969:76.

育社会学领域①。

在此所说的"个别学者",比如可以举出日本著名社会学家富永健一的名字。在《日本的现代化与社会变动:图宾根讲义》一书中,富永写道:

> 出身的农户有某种程度富裕的话,他们(指长子以外的男性孩子——笔者注)分不到土地,但作为交换,得到了受教育机会,成为白领。重要的是,因此,他们不是被零碎的土地捆绑着沦为贫困化,而是走向城市或是成为工业劳动力的主体,或是接受中、高等教育成为白领,培养起了要成为肩负资本主义发展重任的有用人才的动机。②

富永健一虽然也没有再做更详细的展开,但这段话确实指出了日本的传统家族制度与就学率攀升的关系。在此,教育机会乃是一份财产,从某种角度讲,与土地具有等值的意义。

在中国,"家业"两字,重点在于前一个"家"字。"所谓'家',是指超出具体家族的血缘集团,它伴随一种信念:不管其成员发生什么样的变动(如出生、死亡、结婚等),都保持其统一性而存续下去。"③而"家"要存在,要延续下去,关键的一点是"姓"要存在。在此意义上,所谓的"不孝有三,无后为大"的"后",指的是能把这个"姓"传承下去的男丁。所以生男孩还是生女孩,在传统的中国,是一个关系到家族和家庭存亡的大事。姓在家在,姓亡家亡。在宗族制度下,中国在继承制上,施行的是财产均分制。即便是家富万贯,在多子多孙的情况下(一定是多子多孙,因为那是中国人所体认的幸福所在,所追求的幸福境界),家产总会越分越小,即所谓的"富不过三代""由于祖传财产的一再分割,不论多么显赫的豪门都难逃衰败的命运"④。然而即便富不过三代,中国人还是很乐观。儿子在就是姓在,姓在就是家在,就有复兴的希望。"三十年河东三十年河西",风水轮着转,只要有男丁,就是对得起祖先,这个家族还会兴旺发达的。

然而日本不同。"家业"两字,日本人强调的是后面这个"业"字。

> "家"的含义,除了组成"家"的人员之外,还包括作为居住的房子和家

---

① 我国有关日本传统的家族制度的研究不在少数,但大多从与企业经营、企业文化、经济发展的关系展开问题的讨论,少有学者严密地论证与教育发展之间的因果关系。
② (日)富永健一.日本の近代化と社会変動.東京:講談社学術文庫,1990:273.
③ 李卓.明治民法典论证与日本的家族制度.天津社会科学,1992(6):67.
④ 李卓.明治民法典论证与日本的家族制度.天津社会科学,1992(6):68.

产、为维持家业的生产手段以及埋葬祖辈的墓地等东西。有了这种超家族的"家",于是就有了这种家的社会机能(家业),有了这种家的名(家名、屋号),有了这种家的名誉(家系),有了这种家的标志(家徽)。……

对于家庭成员来说,"家"是至高无上的,一般人都承认抽象的、超现实的"家"比生活在这个家中的具体成员更重要这一现实。所以说,在日本的家族中,与其说重血缘,莫如说重"家"。与中国的家族是以血缘关系为唯一纽带这一基本点不同的是,日本家族的血缘不单有生理上的,还有模拟的。血缘关系的模拟之第一个表现是,家族中参与家务的佣人等可以作为家族成员而存在。比如德川时代的商家中,"子饲者"(意即从小培养的人,指学徒)从小小年纪进入主家起便被视作主家的一员,经过长年的"奉公"之后,可成为主人的"别家",甚至可以从主家领取资本与作为商家标志的"暖帘"及各种用具而自行经营。这种情况不仅使家族关系与血缘混淆不彰,还往往造就了一些日本人逆来顺受和刻苦"奉公"的性格。血缘关系的模拟之第二个表现是养子制度。自永久不灭的"家"观念产生后,对于"家"来说,最大的不幸莫过于断嗣。所以,避免这种不幸的发生,则是家族成员的重要任务。除了鼓励多生育(此为孝道内容之一)之外,认领养子的方法被日本人普遍接受。①

由于不太有"血浓于水"的观念,"断嗣"对日本人来讲,主要是怕无后人来做大"家业",对不起祖宗。而"姓"本是个无所谓的东西,本来就没有姓(大部分人),生出来的也好、领养进来的也好(当然,能生的话还是自己生的更好),只要能把家业做大就好。这倒有点符合中国人的"白猫黑猫"理论。家业不断做大的一个前提是,本钱要大,所以均分制在日本人看来不能接受。在分得很零碎的家产上拼搏一个很宏大的家业,其难度可想而知。

日本的家族是典型的直系家族形态,为了"家"的延续,只能实行一子继承(一般是长子),即由这个继承人继承家督——家业与家长权。②

家业不能做小,只能做大。在长子继承制的世界里:

---

① 李卓.明治民法典论证与日本的家族制度.天津社会科学,1992(6):67-68.
② 李卓.明治民法典论证与日本的家族制度.天津社会科学,1992(6):68.

非家督继承人只能在分得少量家产之后建立一个分家,从而成为受本家约束的旁系家族。这种本家——分家序列是日本封建社会的典型家族形态。①

百万的家产,九成以上都留给了"西瓜太郎",剩下的不到一成,象征性地分给下面几个"次郎""三郎"和"四郎",这种制度,是期待着"太郎"在前一代人的基础上再把家业做得更大。而基本上是"净身而出"的"次郎""三郎"和"四郎"们,从传统所保证的选择的可能性上来讲,只能或是分家或是去做别人家的养子。这一制度的残酷性并不意味着日本的家长感情上的残酷。比如同为富家的子弟,家境富裕,然而父母就给子女可怜兮兮的一丁点钱,将他们扫地出门,既有悖于人伦常情,对父母来说,也是一件痛苦、悲惨、残酷的事情。"可怜天下父母心"的心理,无论洋之东西,应该有它的相通之处。即便是在日本,父亲对子女将来的出路,总会尽自己的可能,考虑得仔仔细细。不能给予金钱上的保证和支持,那么最好的选择就是让他们自己学会生存,掌握生存的本领和技能。而这一本领和技能,是在被称为"学校"的现代化时空里习得的。应该说,明治维新后现代学校制度的成立和建设,为日本的"次郎""三郎""四郎"的父母们,提供了一个表达父爱与母爱的绝好机会。

---

① 李卓.明治民法典论证与日本的家族制度.天津社会科学,1992(6):68.

人在江湖:游民文化的流变与江湖规则的兴起

南京师范大学　周宗伟

内容提要:在传统的农耕社会中,定居的生活方式和儒家思想中鼓励繁衍的观念相结合促使了人口过度增长,由此引发的人地矛盾是"游民"诞生的一个根本性原因。虽然游民未必会成为一种普遍性的存在,但以"游民意识"为核心特征的"游民文化"却有可能被普遍地传播而产生广泛的影响。对于这种被广泛传播并泛化至各阶层之中的游民意识,中国文化之中还有另一个更地道的说法叫作"江湖气"。江湖规则的诞生是人口大规模流动之后引发传统制度崩溃带来的结果。现代社会已经日渐成为一个"游民化"了的社会,游民所创造的江湖规则也因此得以普遍性地传播。当中国社会开始走上现代化的进程,一套新的适应人口大范围流动的正式制度尚未完全确立起来,则江湖规则便会趁机大行其道。

"泉涸,鱼相与处于陆,相呴以湿,相濡以沫,不如相忘于江湖。与其誉尧而非桀也,不如两忘而化其道。"

——《庄子·大宗师》

许多中国人在年轻时都会怀有一腔热血和一些理想,而中国的正统教育历来也教导年轻的读书子弟应该有理想,但当这些年轻人成年以后步入社会,所面临的第一个问题却不是如何实现"理想",而是如何"生存"。他们会发现,比理想更重要的是先喂饱自己的肚子,若不如此,则理想根本无从实现,而变成彻底无意义的"空想"。于是,大多数成年人的首要生存目标便成为"混口饭吃"。他们紧接着也会发现,"混口饭吃"原来比实现理想要更艰难,为了混口饭吃,他们不得不去做许多不想做的事情。不想做的原因当然很复杂,有些事是因为违背自身的兴趣爱好,有些事是因为违背自身的习惯传统,还有些事则是因为违背内心的道德原则,甚至更多的事是诸种原因兼而有之。无论是何种原因,内心的冲突和矛盾则是共同的,于是,"无奈"便成了人的一种共同的生活状态。对于这种"无奈"的生活状态,大多数中国人都有刻骨铭心的体会,他们创造了一个更生动的说法来描述这种生活状态,谓之"人在江湖,身不由己"!但凡是个中国人,几乎都会在某些时刻或多或少,或深或浅地发过这样的感慨。这仿佛暗示了,只要是个中国人,就都浸泡在"江湖"里,谁也逃不出去。中国人之于"江湖",就如同鱼之于水的关系。

"江湖"为什么会有如此大的力量?"江湖"到底是个什么东西?当我们带着这样的问题去解析"江湖",却会发现"江湖"有似鬼魅,它无相无形,如果试图寻找它的边界,却会发现它无边无际,如同空气。在中国,"江湖"已然成为一个左右人们日常生活的巨大而有力的物体,如果硬要套用一个社会学的专业概念,我们可以将此物称为"场域"。然而即便如此,"场域"也依然让人说不清道不明。"江湖"是一个什么样的场域?它如何作用于人们的日常生活?如何使人"身不由己"?要回答这些问题,或许要先从"游民"和"游民文化"说起。

一、"游民"的诞生:儒家文化的困境

自古以来,人口流动现象在人类社会中就一直存在。人口的流动导致了"流民"的诞生,"流民"也因此成为"游民"的一个来源。然而,"游民"却不是"流民","流民"也不一定就成为"游民"。在学界,"游民"一直是一个意义多歧的概念,尚未有统一的界定,有少数学者将"游民"与"流民"混用,用来指称所有流动的人群,而大多数学者则将"游民"发展成为一个特殊的概念,从而区别于广义的所指不明的"流民"。

根据学者王学泰的考证,"游民"一词最早出现在《礼记·王制》之中:"凡居民量地以制邑,度地以居民,地邑民居,必参相得也。无旷土,无游民,食节事时,民咸安其居,乐事劝功,尊君亲上,然后兴学。"如果这段话是"游民"一词的最初来源的话,则可以看出,"游民"这一概念的提出是针对"居民"而言的,"居民"和"游民"成了一对相互对立的概念,如果没有"居民",也便不会有"游民"这一说。又因为《礼记》是一部儒家思想的资料汇编,能看出儒家的传统是把"居民"视为一种常态,而将与之相对的"游民"视为一种"非常态",或者是社会的"病态",是需要纠正和改造的。

如果我们顺着儒家的这种思维来研究"游民"现象,可能会思考的问题是:为什么他们会成为"游民"?在这样的思路中,儒家思想本身不是问题。可是,如果要做更深入的研究,则必须把原本以为"合理"的儒家思想本身也看作是问题。这样一来,或许我们会换一种方式看待"游民",我们可能不会去问"为什么他们会成为'游民'",而将代之以另一个问题——"为什么我们没有成为'游民'"?而我以为,如果把"游民"作为一个客观存在的对象,若要真正看清它的面目,或许要两个问题同时进行,这样就没有了"他们"和"我们"的区别,要问的只是——"游民"从何而来?

从《礼记》中诞生的"游民"一词显然是将"游民"视为"非自然"的东西,而将"居民"视为自然之物,这样的看法是以农耕社会中的农耕和定居的生活方式为前提的。但如果再往前追究历史便会发现,实质"居民"也不是自然之物。比如在远古的狩猎和采集社会以及后来的游牧社会中,人之生存需要依赖自然环境的供给,为了获得足够的生存资料,人们必须经常性地迁徙流动。在那样的社会形态中,人口的流动乃是常态,可谓人人皆"流民"。我们可以想象得出来,当人人都成为"流民",也便没有了"流民"的说法,因其不具有特殊性而失去了命名的价值。只有到了农耕社会,当社会中的大多数人以定居为主要生活方式时,"流动"因此才具有了特殊性而被视为一种"反常"的问题。可见,是先有了"居民",然后才有了"流民"以及"游民"的说法。若要弄清楚"游民"究竟从何而来,则必须先弄清楚"居民"是从何而来的。

那么,又是谁规定了"居民"才是"正常"的生活方式?从客观的自然环境看,适合农业耕作的大河流域培养了农耕文化,而农耕劳动的特点又要求定居的生活方式以促进农业劳动生产。以农业生产为主的农耕社会,诞生的是"五谷文化",而"五谷文化的特点就是世代定居","世代定居是常态,迁移是变态"①。农耕劳动的特点是和土地紧紧绑在一起的,人是活的,但土地是死的,因为土地是固定不能流动的,所以依赖土地而生的人便也被绑在土地上不能随便流动,这是造就"居民"的客观原因。

如果仅仅是因为客观自然环境造就的农耕生产方式培养了"居民",那么便无从解释为什么在农耕社会中又会滋生出"游民"。既然定居的生活方式是必需的,人们又为什么要流动呢?当然,一个很直接而简单的原因是"被迫"流动,所谓"天有不测风云",世代定居的农民如果因为自然灾害和人为因素而被迫离乡背井,发生迁移和流动,则成为"流民"。的确,农耕社会中最初出现的"游民"都是出于"被迫"的原因,而非主动选择成为"游民",《水浒传》中的梁山好汉几乎个个都是被"逼"上梁山的就是一个极好的例证。也就是说,在农耕社会中,人非万不得已是不愿意当"游民"的,即便是在现代社会中,希望稳定的生活也是人之常情,所谓"安居乐业"是大多数人的正常需求。既如此,那么"究竟是什么原因造成了'游民'的诞生"就成为必须研究的问题。撇开非人为的自然灾害不谈,其中人为的因素是值得深究的。"天灾"虽属无奈,"人祸"就不能不问了。

按照农耕社会的理想模式,只要人人有地种,人人有粮食吃,便可人人安居乐

---

① 费孝通.乡土本色//费孝通选集.天津:天津人民出版社,1988:88,161.

业，维持长久稳定的社会发展模式。老子提出的"小国寡民"的思想便可实现这种理想的生活状态。但中国的实情是这种模式最终没有趋于理想，而是趋于崩溃，原因是中国的社会模式没有按照老子的思想发展，而是按照以孔子为源头的儒家思想发展下去的。儒家思想因为崇尚传承和延续，所以是反对"寡民"政策而鼓励繁衍和生育的。定居的生活方式本身也适合繁衍和生育，"人丁兴旺""多子多福"的观念很容易被接受并付诸行动，农耕的生产方式和儒家思想相互结合则很容易造成人口的大幅度增长。可是，依然是因为人是活的，而土地是死的，人口可以繁衍增长，土地却是固定的。人口的繁衍可以没有限制，但固定的土地所能承载的人口却是有限的。"人均四亩的底线属于古代农业生产承载力天限，是古代农业无法逾越的技术极限。低于底线，人民就会大量饿死，政治制度随之失去合法性。"①所以，当人口的繁衍超过了土地的承载力，则必定会造成一部分人被迫溢出土地而向外流动，由人口的过度增长造成的人地矛盾是"游民"诞生的一个根本性原因。而人口的过度增长又和儒家文化直接相关，否则便无从解释同样也存在过农耕生活模式的西方社会为什么没有出现过人口过度增长的问题。

中国古代社会的人口数量是在清代乾隆年间到达顶峰的，到了乾隆末叶，人口猛增至3亿多②。当然，如果以今天的眼光来看，区区3亿人口实在不算多，何以就能引发人地矛盾而造成人口大量外流，滋生大批"游民"？我们容易忽略一个问题，即在古代农耕社会中所运用的是最简单原始的农业生产方式，农业产值是极其低下的，那个时代并没有"袁隆平"这样的人物出现，在不提高农业生产力的状况下，土地所能供养的人口是极其有限的，造成人地矛盾甚至人为饥荒是件很容易的事情。而只鼓励生育却不鼓励技术改进以提高生产力依然是儒家文化的问题，黄仁宇在《万历十五年》中就曾经深入地剖析了中国传统社会"道德万能，以道德代替技术"的文官统治制度："这一帝国既无崇尚武功的趋向，也没有改造社会、提高生活程度的宏愿，它的宗旨，只是在于使大批人民不为饥荒所窘迫，即在'四书'所谓'黎民不饥不寒'的低标准下以维持长治久安。"③

儒家思想以培育人的"德行"为主要目标，而一向将科学技术视为"奇技淫巧"不予以鼓励发展，可这种重道德轻技术的思想却只适合于"小国寡民"的生活状态，在"大国多民"的状态下一定会引发生存危机和各种问题。简单地说，只鼓励生育，却不解决人口增长之后所带来的资源匮乏问题，这是儒家文化发展到一定时期之

---

① 葛剑雄. 人口与中国的现代化. 上海：学林出版社，1999：92.
② 何炳棣. 明初以降人口及其相关问题(1638—1953). 北京：生活·读书·新知三联书店，2000：329(附录一).
③ 黄仁宇. 万历十五年. 北京：生活·读书·新知三联书店，1997：53.

后必定会遭遇的困境。所谓"人口",即一人就有一口,人是要张嘴吃饭的。"道德"不能拿来当饭吃,"存天理,灭人欲"的思想不但消灭不掉"口"之欲,反而更加暴露了统治集团的无能和虚伪。土地养活不了人,被逼无奈之下,便导致了人口的大量流动,诞生了"流民"与"游民"。

二、"游民文化"的流变:"游民意识"的泛滥和影响

农业社会中失去土地的人将有可能发展成无法谋生的流浪者,成为最初的"流民"。"游民"的诞生和生活的"不稳定"密切相关,"流民"因此成为"游民"的重要来源。但是,"游民"还不同于"流民",仅仅是流动本身还不足以构成"游民"。在学界,"游民"已经成为一个有特殊内涵的概念。王学泰通过对中国传统社会的研究,考察了游民诞生的历史,严格区分了"游民"和"流民"的不同。他认为:

> "'游民',主要指一切脱离了当时社会秩序(主要是宗法秩序)的人们,其重要特点就在于'游'。""游民与流民不同。流民是指离开其故土成为'流'状态的人们,他们有可能没有脱离其所处的社会秩序。""流民,顾名思义,他们往往是以'流'的状态存在,也就是说他们是在流动,但这种流动只是他们生活中的一个短暂阶段,没有终生为流民的,也没有长久在大地上流动的流民。……游民还常常以个体的身份来面对社会,在城乡之间长时间存在。……应该说游民许多来自流民,因为流民散入城镇,城镇如果具备了他们生存的条件,他们便居住下来,如果再有谋生之路,可能就成为城镇居民。除了特殊情况以外,这些人一般很难在城市里过上安定的生活,成为长期而稳定的城镇居民。他们中的大多数还是没有安全感的,成了充满焦灼感的游民。这种城镇游民只是在宋代和宋代以后才大量出现。"①

由此可见,"游民"的核心特征并非是外在的空间地理位置的"流动"状态,而是内在的与社会规范的"脱序"关系。"流"与"游"虽同为动词,仅一字之差,其含义却完全不同。"流"常常是自然发生的,对于处在其中的人而言是被动的,"随大流"者是缺乏主体意识的;而"游"却是需要人为努力的,是主动的,"游"的状态暗含着自由。所以,"流民"只能成为一股"乌合之众","游民"却可以发展出正式的组织,并

---

① 王学泰.游民文化与中国社会.北京:同心出版社,2007:16,81-82.

形成特有的文化。"游民"概念中的"游"字,所指的是一种"游离"的状态,即游离到正式的社会范围之外,成为脱离社会秩序控制的"脱序人"①。

王学泰把"游民"界定为"脱序人",将"游民"与"流民"作了严格的区分,可谓明确了游民的概念,但即便如此,我们依然会发现,"游民"的内涵是丰富多变的,其边界是模糊不清的。如果仔细推究游民究竟是指哪些人,我们会发现它包括了小商小贩、江湖艺人、云游僧道、巫婆神汉、兵匪强盗、流氓地痞、乞丐、妓女、小偷、毒贩、街头小混混、流浪汉以及各类无固定职业和固定收入的社会闲杂人等,它涵盖的面太广,涵盖的人群类别太多,并且变动性太大。更何况王学泰先生对游民的这个界定是在分析中国传统社会中的游民时所得出的,而现代社会的社会结构和文化模式都已经发生了巨大的变化。随着社会的转型,一些传统社会中的游民已经几乎不存在,比如云游僧道、巫婆神汉等,但也因此增加了一些新的游民群体,比如大量从农村进入城市的打工者群体。还有一些传统社会中的游民群体在现代社会也依然存在,但却由传统社会中的"公开"状态转而进入"秘密"的"地下"状态,比如妓女和黑社会组织等。总而言之,无论是在古代社会,还是在现代社会,游民都不是一个单一的群体,它囊括了社会的"三教九流",其复杂性远远超出人们的想象。因而,确切地说,我们很难把游民界定成一个群体,而只能将其界定成一种生活状态,在这个意义上,"游民文化"则成为一个比"游民"更具有操作性的概念。

如果沿用"脱序人"的说法,那么则会发现几乎人人都具有成为"游民"的可能性。因为向往自由乃是人之天性,渴望脱离规范和秩序的限制是人人都会有过的心理,套用社会学中"人人都有越轨的冲动"的说法,则是"人人都有脱序的冲动",这也就意味着,人人都具有类似于游民的心理,或许我们可以将这样的心理特性称为"游民意识"。虽然游民未必会成为一种普遍性的存在,但以"游民意识"为核心特征的"游民文化"却有可能被普遍地传播而产生广泛的影响。王学泰先生就认为:"在西方异质文化传入中国以前,能够挑战和抗衡文人士大夫文化的,唯有游民文化。"②在中国的传统社会中,文人士大夫文化是社会的主流文化,它掌控着社会的主流价值观和民众的思想。然而,主流却不代表有唯一性和垄断性,在这个主流的文化形态之外还存在着与其并行发展的另一种文化类型,它的作用和影响与主流文化一样强大,这就是游民文化。

当我们去考察中国传统社会中这两条并行的文化类型时,则会发现,以儒家思

---

① 王学泰.游民文化与中国社会.北京:同心出版社,2007:70.
② 王学泰.游民文化与中国社会.北京:同心出版社,2007:483.

想为核心的主流文化其基本内涵是稳固统一的,即便是王朝历史的更替也不会对其发生太大的影响,历经千年也依然维持着不变的传统。而游民文化则恰恰相反,因为游民本身的生活即处在不稳定的状态之中,便很难形成稳固一致的传统,所以,"游动"和"变化"即成为游民文化的核心特点,唯一不变的恰恰就是"变化"本身。因而,"不守规矩""不讲原则""无法无天""怎么都行"等"脱序"的表现也便成为游民文化的一大特征。"游民成为脱离现存社会秩序的最重要的群体。他们有着不同于主流社会人们的思想性格,我称之为游民意识。……失去了宗法网络中地位的游民,同时在社会中也没有了角色位置,丧失角色位置的人们当然也就没有了角色意识。因此,由角色位置所决定的自我约束、文明规范以及社会生活必需的文饰统统没有必要了。游民意识往往表现出中国传统思想意识中最黑暗、最野蛮的一面,也就不奇怪了。游民意识构成游民文化的主体。"①

随着中国近百年来的巨大社会变迁和人口剧增,游民的数量也在大幅度增长,游民意识的泛滥及其对社会各阶层的影响也在持续扩大。鲁迅先生在他的许多杂文中都曾经针对中国知识分子游民化问题进行过深入分析,对那种以无原则为特征的游民意识(鲁迅称之为流氓意识)作过有力的抨击。他笔下的阿Q就是一个典型的游民,阿Q身上浓缩了游民的劣根性,而他笔下的孔乙己则又是知识分子游民化的典型。虽然时至今日,阿Q和孔乙己式的游民身份已经消失,但"精神胜利法"和游民意识依然在中国的文化土壤中绽放着勃勃的生命力,游民文化依然以特殊的方式在中国社会中大行其道。

三、"江湖"规则的兴起:社会的"游民化"后果

与西方以法制为核心的刚性文化不同,游民文化是极其典型的弹性文化,其伸缩变动的范围非常大,以至于其亦正亦邪,可黑可白,几乎无所不行。一个西方人进入中国社会,遇到的一个大难题就是常常听不懂中国人所说的"客气话"。比如,中国人会见亲友,常常会在告别时向对方说:"过两天请你到我家吃饭啊!"对方如果是个中国人,就会明白此中含义,嘴上应允:"好的好的!"但实质上不会付诸行动。而西方人如果第一次听到这样的话,则会真的在两天以后登门造访赴宴,弄得双方都落得个尴尬无比。原因在于中西方之间存在的巨大的文化差异。西方人说话通常直来直去,一是一,二是二,原则分明。中国人说话则喜欢半真半假,半推半就,所谓客套礼貌,不过就是好听的"假话"而已,只需嘴上表达意思,而不必以行动

---

① 王学泰.游民文化与中国社会.北京:同心出版社,2007:721.

兑现。这就是刚性文化和弹性文化的差异。

比较而言,一个中国人进入西方社会,适应西方社会的规则,顺利地生存下去较为容易,一切只要认真对待,严格按规矩办事即可。相反,一个西方人进入中国社会,若要学习中国社会的规则,掌握中国人的处事方法,则要难得多。因为在中国社会中这套弹性文化的弹性常常大得没有边际,会让西方人无从下手,摸不着头绪。事实上,不仅是西方人,即便是中国人自己内部也存在着巨大的分化,因为弹性空间的没有边际,使得中国人自己在掌握这种弹性的生存智慧之时也表现出了能力上的极大差异。能力强者,在中国的语境中谓之"八面玲珑",能力低的则谓之"死脑筋"。例如,薛宝钗和林黛玉相比,薛宝钗可谓"八面玲珑",林黛玉则是"死脑筋"。如果是林黛玉和花袭人相比,其差异就比较好理解,因为花袭人出身底层,乃游民的后代,难免会沾染上游民意识,掌握游民文化中的弹性原则则是自然。但薛宝钗却是出身豪门,是贵族子弟,且饱读诗书,可算得上是个知识分子,为何也会深谙这套游民规则?从中即可看出,游民意识虽然发端于游民,但其传播已经远远超出了游民自身的范畴,而成为跨越不同阶层被大众普遍共享的精神气质。对于这种被广泛传播并泛化至各阶层之中的游民意识,中国文化之中还有另一个更地道的说法叫作"江湖气"。

"江湖气"来源于"江湖",而"江湖"的来源则又肇始于游民的特殊生活方式。"《水浒传》第一次描写了游民生活的江湖,这个'江湖'充满了刀光剑影、权谋欺诈,与文人隐居的江湖迥然不同。它脱离了宗法网络的羁绊,构成了与主流社会不同的具有某种独立性的隐性社会。这个'江湖'是确实存在的。"[①]"江湖,就是一些特殊的人,连同他们附着的一种社会模式。这些人脱离儒教的定耕定居制度,离开家乡在外漂流,聚众谋生。……江湖并非一种人,而是相似的一个类群。除了脱离家族制度以外,其他方面并不完全相同,所以江湖一词享有多义性。"[②]"江湖"在中国几乎是个妇孺皆知的词汇,它的含义也几乎人人都懂。但若要真的描述什么是江湖,却又发现难以说得清道得明。究其原因,乃是因为"江湖"在很大程度上是个"只可意会而不可言传"的东西,它不是可以拿来摆在实验室的桌子上,明白显要地观察测量的物体,而是藏在暗处,只能不动声色地去打探和体会的东西。有一些人因为久在"江湖"浸泡,从而深谙江湖生存之道,人们称之为"老江湖",这些"老江湖"们很了解"江湖"也很懂"江湖",可是他们却不会公开传授闯荡"江湖"的道理。

---

① 王学泰.游民文化与中国社会.北京:同心出版社,2007:461.
② 于阳.江湖中国——一个非正式制度在中国的起因.北京:当代中国出版社,2007:23.

因为,"江湖"中的规矩在中国的主流社会中是不能拿到台面上正大光明地来说的,有学者将其称为"潜规则"。"江湖"的出现赫然将中国社会分成了明与暗的两面:明的一面运行的是一套以国家律法保障的正式制度,是显规则;暗的一面运行的则是一套以江湖规矩支撑的非正式制度,是潜规则。

有意思的是,为什么中国会诞生与正式制度并行的另一套非正式的江湖制度?有学者认为:"江湖和现代文化都是移民文化,用来管理移民生活的文化制度。江湖是后农业时代的移民文化,现代文明是工商时代的移民文化。……一旦中国大规模的移民局面来临,制度管理上猝不及防,故而主流制度退去,自发博弈而生的惯例取而代之,江湖规矩应时崛起,这既是一种小发明,也是一种被动的权宜之计。"[1]这就是说,江湖规则的诞生是人口大规模流动之后引发传统制度崩溃带来的结果。西方社会一直不乏大规模的人口流动,但却没有滋生出类似于中国的江湖规则,原因在于西方社会中发展出了一套顺利吸纳流动人口的正式制度。西方社会以游牧文化和海洋文化为基础,而并非以农耕文化为基础,因而并未形成长久稳固的定居的生活模式,人口流动一直是社会的常态。其后为了顺应人口的流动又较早地发展出了以商品交换为核心的商业经济模式,流动人口可以在参与商品交换的过程中通过流动创造出经济价值,故而流动人口可以自然地被整合进商品交换的体制中去,顺利地被主流社会体制所吸纳。

可是中国传统的农耕社会已经造就了一大批以不流动为目标的"居民",社会的正式体制也便发展成为接纳"居民"而排斥"游民"的模式,当游民大量诞生以后,主流社会并不具备吸纳和转化的能力。问题是,游民的诞生与主流社会能否接纳无关,即主流社会无力接纳却并不能阻止游民的继续诞生,反而因此让游民的数量越积越多。游民为了生存不得不在主流社会之外开辟出另一个空间,发展出一套与正式制度相并行的非正式制度,这就是最初的"江湖"模式。当游民的数量稀少时,这个江湖的规模也比较小,江湖中这套非正式制度的影响力量也较弱。但随着游民数量的增加,江湖的规模和非正式制度的影响力也在不断扩大,当积累到一定程度之后则足以和正式制度相抗衡,当其力量超过了正式制度则必然会导致正式制度的彻底崩溃。

现代社会的生产方式和生活方式均已经发生了巨大的变化,人口的流动范围和数量均大大超过了传统的农耕社会,一辈子固定生活在一个地方在现代社会几乎已不存在,交通的发展促成了旅游业的诞生,最起码促成了人口的短期流动,因

---

[1] 于阳.江湖中国——一个非正式制度在中国的起因.北京:当代中国出版社,2007:23.

为流动而容易滋生数量更多的游民。从某种程度上可以说,现代社会已经日渐成为一个"游民化"了的社会,游民所创造的江湖规则也因此得以普遍性地传播。当中国社会开始走上现代化的进程,一套新的适应人口大范围流动的正式制度尚未完全确立起来,则江湖规则便会趁机大行其道。"整个社会被江湖颠覆,意味着正式规则被非正式规则颠覆,这是人类社会史的奇迹,是儒教文明后期特有的大事。江湖化之所以是奇迹,因为它在数学上创造了一个悖论:体制内=体制外;或者:正的=反的。"①一个社会只要存在就总会需要一种制度去维持,如果白道不通,则必走黑道,明的不行就只好来暗的。笔者曾在国内一座靠近边境的城市里发现这样一个有趣的现象:在城市中许多街巷的墙壁上,赫然张贴书写着"替人复仇""替人讨债""出售枪支"等十分大胆的广告,广告之后是一串清晰的电话号码,仿佛这里不存在法制部门一样。国家机器的触角伸到这个边缘性的城市时已如强弩之末,正式制度难以发挥作用之时,江湖习气便取而代之。

总而言之,从现实生存的角度来看,人的大多数痛苦来源于欲望得不到满足,比如饿了却没饭吃。所以,要解救人的痛苦,方法大抵有两条:一是想办法满足人的欲望,比如给饭吃;二是想办法消灭人的欲望,比如让人感觉不到饿。西方以科技为核心的现代文明是走了第一条道路,而中国传统的儒家文化在孔子时代尚有"饮食男女,人之大欲存焉"的说法,可发展到了宋明理学则变成了"存天理,灭人欲",彻头彻尾走上了第二条道路。问题是,西方的第一条道路暂时取得了一定的效果,在一定程度上缓解了人之痛苦。而中国的第二条道路却未能见效,国人之痛苦持续不减,以儒家思想为宗旨的"明道"明显是走不通了,痛苦的国人只好自寻他路,走起了"暗道"。"江湖"是中国社会的正式制度濒临崩溃之时诞生的另一条非正式的生存之道,它的存在恰恰证明了正式制度的孱弱和失效。只要存在实质无效的正式制度,就必定会存在另一套江湖规则。"游民"是人类社会中的缺水之鱼,求助于"江湖",乃是其生存的本能和生存之必须。

---

① 于阳.江湖中国——一个非正式制度在中国的起因.北京:当代中国出版社,2007:9.

梦想的门槛:关于电影《十七岁的单车》的社会学联想

南京师范大学　周宗伟

内容提要:在日常的社会生活中,"门槛"常常暗示着等级与阶梯,由于经典的"社会分层"理论尚不足以说明现实生活中的复杂情形,因而需要发挥"社会学的想象力",借由"门槛"的比喻来分析现实生活中的社会分层现象。本文以一个乡村少年的生活个案为例,通过乡村少年对城市生活的仰慕现象来剖析社会分层现象中的"门槛"效应问题。文章又进一步分析了具有相似文化主题的电影《十七岁的单车》,通过电影中两个不同社会阶层背景少年的生活境遇揭示社会流动中的困境,并试图从文化资本和文化差异的视角反思社会平等的实现途径,对社会分层以及社会公平问题提出现实层面的思考。

一、"槛"与"坎":关于社会分层的一个联想

每个人一生中都会遭遇无数的"槛",迈得过去与迈不过去会成就完全不同的人生境遇。在汉语中,"槛"也作"坎",两个字常可互换通用。但仔细辨别,"槛"和"坎"毕竟还有一些细微的不同。"槛"原意是指门下高出地面的横木,引申下去也便成了对必须跨越的一种界限的象征。"坎"虽然也象征着要跨越的一种界限,然而,"坎"的原意却是低于地面的坑洼之处。一个高于地面,一个低于地面,高低的不同便使这两种界限的内涵有了本质的区别。

俗话说:人往高处走,水往低处流。人无不希望能够像芝麻一样节节地向上攀升,于是在攀升的过程中就不得不奋力抬腿迈过一个个高高的门"槛",只有进了门才能成为"局内人"从而享受特殊的待遇。所以,"槛"常常暗示着等级与阶梯,"槛"内与"槛"外代表了高低不同的等级层次。"槛"和"坎"通常都严格遵循着"成王败寇"的原则,跨过去了就是英雄好汉,跨不过去就是脓包败类。但"槛"本就高于地面,跨不过去跌倒了不过是从头再来而已;可"坎"却陷于地面之下,栽倒在内爬起来可不是那么容易。所以"槛"虽高,却常常让人心向往之,要跨越高高在上的"槛"虽然艰难,但这种艰难多多少少带有一点挑战的意味,会对人的"进取心"产生一些诱惑的作用。而"坎"却由于低下的位置让人联想到失败与挫折,跨越"坎"的艰难

之中常常暗藏着毁灭性的灾难，这种灾难的伤害性后果远远超过了它的激励作用，所以，"坎"常常令人心生畏惧。

但人生从来就不是一帆风顺的，人类社会的组织与分配也从来不是公平均等的，人类社会中存在着无数的"槛"，把不同的人群进行分割组合，"槛"内与"槛"外的人在身份与地位上有着很大的不同，这可以简略地概括为"社会分层"。由于"槛"的客观存在，对于社会中的个体而言，跨越一道道"槛"从而改变自己的处境、获得自己所需就成了一生中的永恒梦想。正如"槛"和"坎"之间在文字上存在着互换关系一样，现实生活中的"槛"和"坎"也常常会相互转换。许多人在奋力跨越高不可攀的"槛"的时候会遭受失败和打击，这时候，"槛"会变成让其栽倒其中难以自拔的深"坎"。

人们所遭遇的究竟是"槛"，还是"坎"？"槛"和"坎"在何种情形下发生转换？如何转换？这些其实都是社会学意义上的问题。但经典的"社会分层"理论并不足以说明这其中的复杂情形。或许我们只有充分发挥"社会学的想象力"，抛开固有的社会学知识框架，用更自由的方式来思考和阐述这些问题。我感觉，活生生的生活现实常常比抽象的理论具有更强的说服力，促使我的头脑中诞生出这一系列关于"槛"的理论联想的恰恰是自己所亲历的真实鲜活的生活事件。假日里去苏北农村拜会亲友，偶然见识的一件小事深深地触动了我，引起了我关于"门槛理论"的一系列思考。

二、"门槛"效应：一个城乡差异的案例

中国的城乡差异是一个普遍而长久的社会问题，尽管绝大多数农村都正在经历着"城市化"的进程，但"城市化"的速度和程度存在着不同的地区差异。苏北的农村在江苏这个较为发达的省份仍旧属于相对贫困的地区，从发达城市来到这里会较为明显地感受到这里是不同于城市的"另一个世界"。虽然人们的生活相比于过去已普遍地"富裕"起来，近几年内，过去的平瓦房已基本被楼房所取代，但从楼房内外使用的建筑材料的粗糙上以及房内家具的简陋上还是能够看出相对"贫困"的影子，绝大多数人家的楼房外表面仅仅涂抹着极廉价的灰水泥，房内仅有能够维持生活的简单家具，许多房间甚至空空荡荡，成为堆放农用杂物的"仓库"。同样是楼房，仔细观察之后会发现这里的楼房与发达城市里装修豪华的楼房有着天壤之别。碰上连日阴雨，泥泞的乡村道路更给每家每户的楼房地面上增添了许多泥水的脚印，对于楼房地板上的泥水脏污，大多数人家都习以为常，并不勤于去清除，这又与城市楼房内的光洁地面形成鲜明的对比。虽然去年这里刚刚给每家每户装上

了自来水,但绝大多数的村民仍旧在自家的院落内保留着手工压水的水井,能用井水则尽量不去使用那个"昂贵"的自来水。总而言之,这样的环境有种种细节提醒你这是完全不同于城市的"另一个世界",滋生出许多在城市生活中所不曾有过的念头。譬如会为自己在城市中各种"奢侈"的消费行为感到内疚;会为村民的吃苦耐劳感动;会为人与人之间差距的显要慨叹;会为社会分配的不公愤然……

一日受邀去某亲友家吃饭,走进新盖的小楼四处打量,楼房内外的设施依旧与大多数村民家一样简陋贫寒,在这样的环境里一切都显得那样平常。当我随意踏进楼下一间闲置的空房时,一辆时髦的山地车赫然映入眼帘,引起了我的注意。自行车本身并不特殊,是那种在城市里随处可见的变速跑车式样,车把向外弯曲,车龙头低,坐垫高,骑在上面必须上半身趴下伏在龙头上,这种姿势想必在许多年轻人看来要比直着身子骑普通的自行车"酷"得多。车子看上去有八成新,"捷安特"牌的,车座后没有一般自行车上的书包架,车龙头前更没有放物品的车篓,骑着这辆车的人一定是把所有要带的物品用一只双肩背的包装着背在背上,这恐怕又是一种时尚的行为吧。可是,这样一辆在城市中很普通的山地车在这个苏北农村的农户家里却显得与周围的环境十分格格不入,当地的村民所骑的自行车都是极普通的样式,没有这种山地车式样"时髦"。在用灰水泥涂抹的楼房内,与周围堆放的农具相比,这辆车显得很"不合时宜"。正当我为这辆车的来历感到好奇时,亲友领来了这辆车的主人——一位十六岁的乡村少年小强。小强的模样带给我的惊讶程度更超出了车给我的感受。小强身着运动服,脚穿运动鞋,头发弄成乱蓬蓬并且冲天向上的"爆炸式"。与车相比,小强的这副形象在这个乡村环境中更加显得格格不入。尽管这种形象在城市的时髦青年身上时常可见,但在这个并不富裕的乡村之中,这副形象则完全是一个外来品。小强是我所熟悉的亲友的子女,可以说是从小看着他长大的。隔了一年时间未见,眼前的小强与我记忆中的形象产生了很大的距离,甚至一时难以相认。当我向小强的父母感叹小强形象的变化时,这对父母也便和我聊起了这辆山地车的故事:

小强的父母均是当地的农民,小强的小学时光也是在农村度过的,在我的记忆中他一直和普通的农村孩子一样憨厚朴实,穿着打扮都十分朴素。小学毕业后,父母出于望子成龙的心理,花钱把他送到城市的中学去读书,由于家处郊区紧临城市,上学来回的路程并不算远,于是小强便开始了每天骑自行车上学的生活。不知不觉,小强已上了初三,某日,小强忽然向父母提出想要辆新自行车,原来小强不满于旧自行车的"老土"式样,想要辆时髦的山地车。普通的新自行车便宜点一两百块钱即可买到,但山地车最差的也要上千元。一千元人民币对于这个苏北农村的家庭而言并不是个小数目,过日子精打细算的父母自然不会答应这个"过分"的奢侈要求,他们提出,如果小强实在嫌车旧可以换辆普通的新车,但换山地车不可以。小强的愿望没有得到满足,但他却并没有顺从地放弃这不合理的要求,开始了和父母的不屈不挠的抗争。为了和父母赌气,他开始拒绝骑车上学,而选择步行,没有山地车骑,他宁愿走路也不愿骑原来的旧车。从家里到城市里的学校有十几里的路程,步行起来还是很辛苦的。小强用他那农村孩子特有的倔强和吃苦耐劳的性格坚持了一个月步行上学,父母终于拗不过小强,心疼小强步行的辛苦,花了一千元为他买了一辆二手的名牌山地车。

听完故事,我的心情十分复杂,多种感受交织在一起。再仔细看看眼前的小强,发觉他的唇边已长出稚嫩的胡须,说话声音也已变粗,这才意识到,昔日的小孩子已经开始发育长大了,他开始有自己的想法了。作为他的长辈,想起自己的青春时代,我能够理解他的想法。但作为他父母的亲友,我又为他的父母感到一些伤感与无奈。显然,城市学校的生活正在改变小强的价值观,在他身上体现出了城市文化与乡村文化之间的矛盾和冲突。通过进一步了解后发现,花高额的学费把孩子送到城市中的学校上学在当地农村已成为一个较普遍的现象,这些家住农村却在城市上学的孩子们正在遭遇和小强同样的文化冲击,小强只是他们的一个代表,他们也和小强一样面临着类似的问题。和这些孩子聊天后发现,城市生活对他们影响最大的莫过于物质生活的诱惑和刺激,而他们从城市学校的同辈群体中所带回的话题主要不在学习上,而在吃穿住用等物质享受上。我惊讶地发现,这些孩子们对城市生活的了解和追慕远远超出了我的想象。比如他们了解许多知名的服装品牌,男孩子大多喜欢运动服饰,他们知道"耐克""阿迪达斯""美津浓"等牌子的衣服,还知道"360度的鞋子好"。女孩子大多讲究服装的款式与外观,一个具体的例子是对色彩的选择。对色彩的理解存在文化差异,传统的乡村文化偏好鲜艳的"大红大绿",而忌讳"黑"与"白","黑"与"白"在传统的乡村文化中常常与死亡和丧葬联系在一起,被视为"不吉利"的色彩。在服装色彩的选择上,这些孩子们正在背离他们的乡村传统,趋向于城市中的现代文明主导的审美潮流。女孩子们开始拒绝传统的"大红大绿"而喜欢"黑"与"白",认为"大红大绿"太"土"而"黑"与"白"却代表了时尚。他们也不喜欢当地的乡村戏曲而喜欢城市街道上的流行歌曲。春节时当地一直有传统的地方戏演出,我这个外来者出于好奇而听得津津有味,这些孩子却对这种表演不屑一顾。我问他们喜欢听什么样的歌,他们说出的是"林俊杰""张韶涵"等我不知道的流行歌星的名字。

许多的事情都表明,这些在农村生活长大却进入城市上学的孩子正在经历一场文化的蜕变,在他们与他们的父辈之间产生了文化上的裂痕。这种文化的断裂究竟是祸是福一时难以判断。但可以肯定的是,这种断裂正在使这些孩子以及他们的父母遭受痛苦。城市与乡村之间也有许许多多需要跨越的"槛",为了跨越这些"槛",乡村的孩子们需要努力地"抗争",但结果并不总是胜利,跨不过去的"槛"会不会成为他们栽倒其中难以翻身的"坎"?作为平等的人,他们有权利追求有别于乡村的城市生活方式。但作为未成年人,他们没有经济来源,对城市生活的向往需要父母的保障,而高消费的城市物质生活对于收入并不丰厚的农村父母来讲无疑是一个沉重的负担,父母同样也有权利拒绝提供这种保障。在谈话中,小强的父母感慨道:如今的孩子为何在学校内不比学习而专比吃穿玩乐呢?但他们也说,他们最终答应儿子的要求是因为他们能理解孩子的心理,并不希望孩子在城市的同学面前抬不起头来,孩子周围的城市同学穿的用的都很体面,他们也不愿意城里人瞧不起他们的孩子。这样的话语背后藏着一股难以言表的心酸,一方面,天下的父母都希望自己的子女能够享有高质量的物质生活,但另一方面,我们也必须承认,这些乡村少年们正在城市生活的诱惑下而逐渐丧失乡村文化中的淳朴、坚忍、孝顺、体贴的美德。

三、"门槛"的困境:对电影《十七岁的单车》的社会学联想

苏北农村中的一辆山地车引起了我长久的思考,这个山地车事件让我不由得联想到了曾经看过的一部电影《十七岁的单车》(以下简称《单车》)。喜欢一部电影的理由有很多,几年前看王小帅的电影《单车》仅仅出于一个十分简单的原因,即得知这部影片获得了一个颇为重要的国际大奖,出于对获奖影片的好奇而看了这部电影。当然,许多获国际大奖的电影在看了以后都令人失望,但《单车》却真的没有让我失望,从拍摄的技巧到影片的内涵都给我留下了不错的印象。但当时的我并没有料到这部电影会在几年之后与我的研究产生紧密的联系,这个经过艺术加工的电影故事竟然与我所亲历的山地车事件有着惊人的相似之处,这不由得让我重新去看待这部电影。如果说,当初对这部电影的喜爱仅仅出于艺术层次的欣赏的话,那么今天对这部电影的偏爱则是出于一个研究者的敏感与责任。

电影的情节并不复杂,用两条平行的线索分别讲述了两个主要人物的故事。两个主要的人物为:城市少年小坚与少年民工小贵。小坚是一位城市中的在校中学生,父母离异后随父生活,父亲后来再婚,继母带来了一个与小坚没有血缘关系的妹妹,小坚就在这样一个关系复杂的重组家庭中生活。小坚的家庭虽然在城市里,但并不富裕,甚至可以称得上贫穷,因为父亲连负担妹妹上学都显得有点困难。

小坚的同学中有一帮"玩车族",他们都有高档的变速自行车,喜欢用自行车玩出各种特技表演。小坚和这帮同学十分要好,于是也迷上了玩车的活动。但小坚的家里很穷,买不起高档自行车,小坚的父亲多次许诺给其买车都没有兑现,他一气之下偷了家里的钱买了一辆二手的变速车。

小贵是一位在城市里打工的农村少年,他幸运地获得了一份在快递公司送货的工作,快递公司给每个送货员发了一辆崭新的变速车,小贵很爱惜他的新车,特地在车上做了记号便于丢失后寻找。可小贵的新车很快就被偷了,老板要求其找回车才能给予再次工作的机会,于是小贵开始了艰难的找车过程。

某日,小贵找到了被偷的车,原来就是小坚买的那一辆,小贵要拿回,小坚不让,因为小坚是花钱从二手车市场买来的。两人互不相让,最后只好约定一人一天轮流换着骑。小坚玩车的根本目的在于一个青春的梦想,他喜欢上了同班的一个女生清清,玩车是他向清清展示魅力的唯一方法。但清清最终被称霸街头的玩车青年大欢所吸引,弃小坚而去。小坚的梦想破灭了,车也失去了意义,于是他把车送给了小贵。小坚因为情感的失落而寻找大欢报仇时,被大欢及同伙追打,小贵被牵扯进来,两拨人相互厮打之后散去。影片的最后是小坚带着伤痕累累的身体和绝望的表情发呆,小贵同样带着遍体的伤痕扛着车的残骸在城市的街头穿行。

电影在两条主线之外还穿插了一个副线,即一个外表美丽的城市女孩红琴每天穿着不同的时髦衣服四处活动,可某日人们却发现,红琴不过是一个农村来的小保姆,每天趁女主人不在家的时候偷偷穿上女主人的漂亮衣服,最终被女主人发现驱赶出门。

看完电影之后的感受同样是复杂而难以言表的,影片最后的画面尤其令人震撼,这种震撼已不能简单地用"同情"来概括,"同情"这个词用在影片中的人物身上显得太没有分量,因为片中的几个主要人物都有令人心酸之处,一个简简单单的"同情"既不知该送给谁,也不知该如何分配,更不知该不该对其报以"同情"的情感。社会学以关怀弱势群体为核心追求,但是在影片所叙述的鲜活真实的故事面前,社会学的那点关怀弱势群体的理论显得十分苍白肤浅。看完影片后首先会对社会学中"弱势群体"的概念发生疑惑,"弱势群体"应当是个相对的概念,可影片向我们所展示的情节却让人无法区分其中的弱势与强势。小坚与小贵分别来自城市与农村,有着两种不同的社会阶层背景,但在影片的故事中,这两个不同背景的少年有着同样的不幸,同样值得关怀和同情。影片给人的感受是每个人都有自己的心酸史,片中几乎每个人都是弱势群体,都需要关怀与帮助。对于满眼皆是的"弱势群体",如何对他们进行关怀与帮助就是一个更加令人困惑的问题。

由电影的故事我又联想到了身边的小强等乡村少年们的故事,他们的境遇与电影中的人物有着惊人的相似之处。对于小强、小贵、小坚、红琴等人来说,今天的城市生活都寄托着他们各自的梦想,然而梦想面前都横着一道难以跨越的高高的门槛。当社会制度本身并不足以为他们撤离这道门槛时,他们该如何独自应对这道槛呢? 更重要的是,当他们越不过这道槛,甚至沦陷在其中难以起身时,他们又该如何自处?

四、跨越"门槛"的途径:关于社会公平的反思

当从制度层面去探讨社会分层与社会平等的问题时,我们往往把答案放置于一个没有门槛、没有界限的理想状态中,但这种妄图消除门槛的理想常常是一种遥不可及的虚幻梦想。在现实生活中,门槛常常是一种脱离制度控制的客观存在,对于个体而言,门槛更是无法倚仗制度的力量而只能通过个人的努力去跨越的现实物。制度对于个体的意义常常是遥远而缥缈虚幻的,作为活生生的人,每天所面对的只是具体的柴米油盐,体会的是实实在在的酸甜苦辣。如何安置日常的生活、如何应对心理的体验是个体需要解决的更实际的问题。因此,相比于制度,文化的力量是更贴近个体生活的因素。在生活的各种苦难之中,形成某种价值观、疏导某种心理、改变某种行为常常是个体应对苦难唯一的可行途径,文化的力量在其中悄悄地发挥着作用。

从文化的视角来探讨社会公平问题,对我思想触动最大的莫过于布迪厄的文化再生产理论与伯恩斯坦的关于语言编码的理论,这两种理论的共同之处在于凸显了文化的力量在制造社会不平等的过程中所起的作用。按照他们的理论思路,缺乏足够的文化资本常常是导致较低阶层的人难以实现社会升迁,改变自身命运的重要原因。在不同阶层的文化之间有一道看不见的门槛,这道门槛阻挡了很多低阶层的人进入高阶层人的世界并与他们争夺生存的资源,这道门槛是高阶层人保护其利益的一个无形屏障。布迪厄与伯恩斯坦的理论是深刻而富于启迪的,但问题是,这种对文化资本的揭示对进一步改善不利人群的生存状态有何作用? 该如何帮助不利人群改善生存状态? 一种简单的思路会把"撤除门槛"作为解决问题的直接方法,但文化的门槛究竟能不能撤除、该不该撤离恐怕还需要我们再仔细思考。文化霸权主义固然是要反对的,但彻底的文化相对主义恐怕也同样不可行。文化是个复杂的东西,对于其价值优劣的判断应当采用何种标准、如何评判也是需要进一步辨析的。

我认为,不同文化之间的界限存在两种不同的情形,一种是"质"上的界限,一

种是"类"上的界限。对多元文化的尊重应当是对不同类别的文化给予同等看待，不能以一种类别的文化压倒另一种类别，比如不同国家的语言不存在孰好孰坏的差别。但同时，我们也不能彻底陷入相对主义的牢笼而放弃最基本的价值判断，我们应当承认文化内部还是有质量上的优劣差异的，比如一个五音不全的人所唱出的歌曲其艺术造诣与专业歌唱家相比有很大的距离。所以，文化类别间的门槛应当撤除而质量上的门槛却必须维护，否则将使这个世界陷入黑白颠倒的无序混乱状态，这将是一种最大的不公正，中国在"文革"时代对大量优秀文化的破坏就是一个典型例证。那么，我们必须进一步辨别的是，不同阶层之间的文化资本差异究竟是"类"上的，还是"质"上的。如果是"类"上的，那么撤除不同类别文化间的门槛就是最好的办法，比如跳芭蕾与跳民间原生态舞蹈的都可以进舞蹈学院读书，都有资格参加舞蹈艺术的比赛选拔。但仔细辨别可以发现，不同阶层之间的文化资本差异很多时候恰恰不是"类"上的而是"质"上的。比如中国的城乡差异，城乡文化之间的差异很大程度上仅仅反映了不同的生活质量而非不同的文化类型，乡村生活往往体现了比城市低劣的贫穷、饥饿、肮脏、劳累的生活状态。这种城乡生活质量上的差异是一种客观存在的无法消除的门槛，改变农村人的不利生存状态的唯一途径不是消除这道槛，而是帮助他们更容易地越过这道槛。

在本文所提及的几个个案中，小强、小贵与小坚是三个身份不同的少年，小强是一个"农村的城里人"，小贵是"城里的农村人"，而小坚是"城里的城里人"。三个少年身上虽然有着各自不同的城乡文化的组合形态，但却有着共同的单车梦想，单车对于他们而言都象征了一种高质量的生活方式。虽然在他们的心目中，高质量的生活有具体表现方式的不同，对小强而言是"看起来和城里人一样"，对小贵而言是"有一份城里的工作"，对小坚而言是"获得城市女孩的爱情"，但城市生活始终是共同的核心目标，乡村文化的影子已日渐淡化。严格来讲，在今天的农村里已难以找到真正区别于城市的传统乡村文化，探究乡村文化消失的原因恐怕在于乡村生活质量的相对低劣使其失去了吸引力。传统的乡村文化与今天的城市文化应当还是有"类"的区别的，但对生活质量的追求通常会成为人生存的首要目标，一旦"质"的需求无法满足时，对"类"的维持也就难以为继。所以，当"质"的门槛无法跨越时，消除"类"的门槛也便成了一件无意义的事情。小强、小贵与小坚们都在城市的门槛上挣扎，帮助他们实现梦想的良策在何方？

师长·儿童

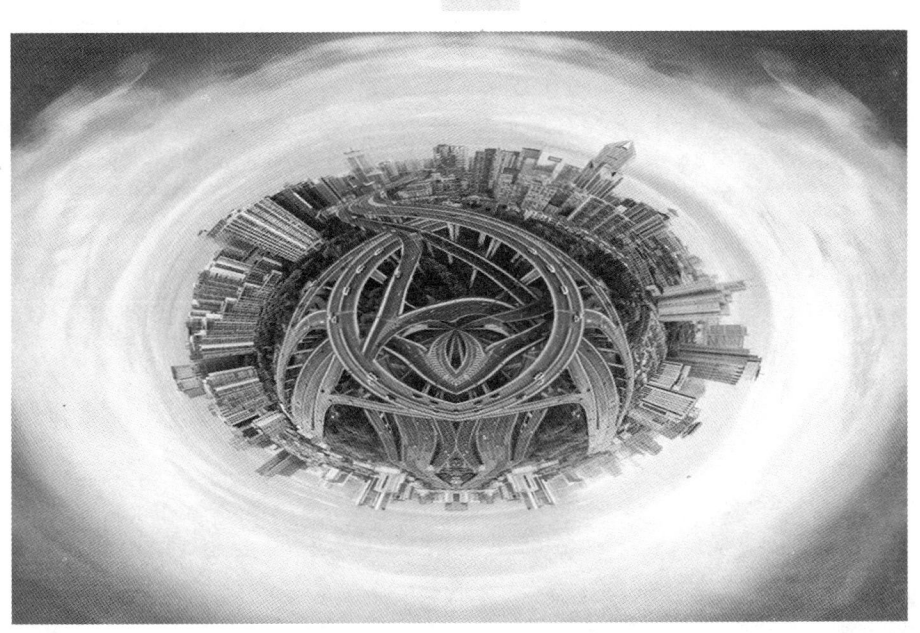

学校教育下标准化童年的生产：
基于新童年社会学的理论

南京师范大学　王友缘

内容提要：在制度化学校教育的场域下，标准化童年的生产可以从观念形态与现实存在两个层面进行探讨。在观念形态方面，源自西方的现代儿童观自五四时期输入中国，借由学校教育获得合法性，中国本土的儿童观遭到全面批判，标准化儿童观风行。在现实存在方面，通过童年的定位、标准化经验的输入、童年的测量共同生产了标准化的童年。从观念上重新挖掘中国本土性的童年内涵，从实践上探索打破一统天下的制度化教育的方式，或许是走向非标准化童年的可能出路。

自阿利埃斯发表《儿童的世纪》以来，童年是社会建构的产物，目前已基本成为共识。儿童的概念并非自古就有，而是一种伴随着近代家族形态的产生而出现的概念。不同的社会文化情境下，童年的具体形态是有所差异的。从近代以前成人与儿童不分、没有"儿童""童年"的概念到18世纪，人们发现了童年，开始尊重童年，承认有独特的儿童期，再到现代社会，大众传媒的泛滥使得尼尔·波兹曼（N. Postman）愤声疾呼童年消逝了。事实上，童年不会消逝，但是童年的形态会发生变化。现代学校教育制度建立后，儿童从田野中、从大街上、从工厂中，被劝入学校，儿童与童年就人为地与学校交织在一起。呈现在我们眼中的童年，似乎就是制度化学校教育下的童年这唯一的面向。多样化的童年隐退了，标准化的童年诞生了。研究者尝试运用新童年社会学的理论解读学校教育下标准化童年的生产，挖掘学校教育下标准化童年的生产逻辑，揭示当下的童年样态，并尝试寻找突破童年标准化的可能路径，建构多样的童年生态。

一、新童年社会学理论下的童年

社会学对于童年和儿童的关注始于20世纪80年代，克里斯·詹克斯（Chris Jenks）于1982年发表了《童年社会学》（*The Sociology of Childhood*）一书，当时并未引起很多关注，时隔十年，该书再版时童年的社会学研究已经成为社会学界热门的主题。1997年威廉·科尔萨罗（William Corsaro）出版的《童年社会学》（*The*

Sociology of Childhood),也引起了极大的反响。如今越来越多的大学和学院开始开设童年社会学的课程。此外,阿拉宁(Alanen)、艾伦·普劳特(Alan Prout)、詹姆士(James)、梅奥尔·索恩(Mayall Thorne)等学者也做了大量的研究。他们把儿童作为研究的基本单位和范畴,儿童与童年成为分析的中心,它们不再从属于诸如家庭与教育等其他的范畴,成为与阶级、性别和族群等传统社会范畴同样的分析单位。新童年社会学是相对于传统的社会化理论和传统的童年研究提出来的,并在批判传统的社会化理论中发展起来,认为传统的社会化理论没有把儿童当作"存有的人"(human beings)看待,而是将儿童视为未成熟的、有待发展的"形成中的人"(human becomings)[1]。社会化过程对于儿童来说实质上是一个痛苦野蛮的过程,它使儿童被规训为某一类社会成员,而不是有着自己的特点、充分体现自我的个体。詹克斯在《童年》(Childhood)一书中指出童年有着自己内在的冲突性与斗争性,不能用成人社会的一套解释机制来解释儿童、童年。童年不是一个类属概念,不是形式,詹克斯批判以帕森斯(T. Parsons)为代表的社会学家把真实的历史存在的儿童抽象成某种类属的存在[2]。进而指出童年是一种社会建构,随着时间以及社会的变化,童年自身的边界也不断地变化。新童年社会学日渐被人们视为童年"认识论上的突破"与"童年研究的新范式"[3]。

新童年社会学不是一个理论,而是一个理论综合体,它有共同的观点也有相互对立的观点[4]。詹姆士、詹克斯与普劳特在《理论化童年》(Theorizing Childhood)一书中总结了新童年社会学的研究框架。他们把新童年社会学的研究者分成两个阵营,研究内容也相应地分成两部分——社会结构论的童年研究与社会建构论的童年研究。在社会结构论的视野中,儿童被看作社会结构的属类,是所有社会都具有的特征,即便童年的条件会随着时间和空间的变化而变化,但是童年本身作为一种普遍的社会属类是不变的。持此观点的研究者如科尔萨罗与夸沃垂伯(Qvortrup)等。在社会建构论的视野中,以詹姆斯、詹克斯为主要代表人物,他们反对关于童年想当然的设想,反对可形成确定童年形式的社会结构的提法,支持行动者的取向,倾向于认为"儿童不是由自然力量和社会力量形成的,而是生活在他们自己以及与成人的互动中建构的意义世界里"[5]。

---

[1] (英)Michael Wyness. 童年与社会——儿童社会学导论. 王瑞贤,张盈堃,王慧兰,译. 台北:心理出版社股份有限公司,2009:165.
[2] Chris Jenks. Childhood. London:Routledge, 2005:23.
[3] Patrick J. Ryan. How New is the "New Social Study of Childhood"? The Myth of a Paradigm Shift.
[4] William A. Corsaro. The Sociology of Childhood. California: Pine Forge Press, 2005:6.
[5] Sarah L. Hollowa, Gill Valentine. Spacialityannd New Social Study of Childhood. Sociology,34(4):763-783.

社会结构论与社会建构论二元对立的童年研究是社会学领域无法回避的二元论述。事实上,无论把童年看作社会结构还是社会建构都有其限度。把童年看作社会结构,具体地讲,是把童年看作同其他社会结构的属类或者范畴(阶级、年龄、性别等)一样,是社会结构的一个具有相对稳定性的形式。通过作为社会结构属类的童年,我们或许可以更加深入地认识阶级、文化、教育乃至教育变革,甚至可以期待童年在社会学、教育学、教育实践中获得核心地位。然而,正如社会建构论者的担忧,把童年看作社会结构,容易忽视童年内部的多样性。想要得到一个超越不同社会的童年与儿童的概念将面临很多困难。而把童年看作社会建构,把童年消解成各种社会力量的形塑,同样也必须有一定的限度。童年虽则是一个相对性的概念,然而当下跨文化的童年比较研究却也非常丰富。如果说童年是由不同文化形塑的,那么在什么条件下童年的对比是可以实现的?这些都追问着两种不同童年界定的限度。

艾伦·普劳特试图从童年的双重性角度出发,来协调童年的结构与建构立场,以超越童年的二元论述。他认为要把握两个方面:一方面,儿童作为社会能动者,他们的行动可以影响社会结构的变迁;另一方面,童年是超越任何具体的儿童或成人行动的社会结构形式。普劳特强调在把童年视为结构与在既定结构中儿童的能动性之间,还存在着理论空间[①]。

普劳特关于童年二重性的思考使我们联想到吉登斯结构二重性的观点,结构二重性的基本内涵指的是社会系统的结构性特征对于它们反复组织起来的实践来说,既是后者的中介,又是它的结果,也就是说社会结构既是行动者实践的媒介,也是其结果。根据结构的二重性观念,不应将结构等同于制约。相反,结构总是同时具有制约性与使动性。这样一来,结构的二重性是可以化解行动与结构间的矛盾的。

在吉登斯结构二重性的启示下,研究者把童年界定为一种由儿童与成人共同建构的结构性的社会现象。在强调童年结构性的同时,也强调童年的生成特点与儿童的行动者地位。本研究中的标准化童年:一方面是现代学校制度建立以后对于童年样态的社会建构;另一方面,伴随着学校教育制度的结构化,标准化童年也不断走向结构化。我们正是在这双重意义上来探讨标准化童年的生产。

[①] Alan Prout, Allison James. A New Paradigm for the Sociology of Childhood? Provenance, Promise and Problems. *Constructing and Reconstructing Childhood*; *Contemporary Issues in the Sociological Study of Childhood*. London: Falmer Press, 1997: 28.

二、标准化与标准化童年

在人类发展史上,标准化现象起源很早。从原始标准化、古代标准化、近代标准化到现代标准化,标准化发展历史悠久。这里所谈论的标准化为现代意义上的标准化,即大工业生产占主导的现代社会,产生于科学发展和生产需要的标准化,是工业逻辑下的标准化。

标准化有广义和狭义之分。ISO 标准化原理研究常设委员会(STACO)经过多年的研究提出了标准化的定义:标准化是为了所有有关方面的利益,特别是为了求得最佳的全面的经济效果,并适当地考虑到产品使用条件与安全要求,在所有有关方面的协作下,进行有秩序的特定活动,制定并实施各项规则的过程。标准化以科学技术与实验的综合成果为依据,它不仅奠定了当前的基础,而且决定了将来的发展,它始终和发展的步伐保持一致。我国国家标准 GB3935.1《标准化基本术语 第一部分》规定了标准化的定义,即标准化是在技术、经济、科学及管理等社会实践中,对重复性事物和概念通过制定、发布和实施标准,达到统一,以获得最佳秩序和社会效益。这是狭义的标准化概念,仅限于工业生产、技术经济或科学及管理领域。广义的标准化概念,是指标准化广泛存于社会政治、经济、文化、科学技术各领域,甚至包括自然界。澳大利亚标准协会(SAA)对标准化的解释是:"标准化规定的方面很广泛,它普遍存在于人类生活之中。语言就是标准化的一种形式,道德准则和法律也属于标准化的范畴。"[①]法国的库蒂埃(Coutier)提出:"实质上,标准化在一切有人类智慧和活动的地方都存在。"[②]

在社会批评和社会科学的背景下,标准化过程常常指的是为处理人员、人际交往、各种案例等而建立各种标准及提高效率的过程。这样的例子包括法庭司法程序的形式化、统一的精神疾病诊断标准的建立。在这种意义上,人们在谈论标准化时往往还会同时提到大规模的社会变革,如社会的现代化、官僚化、同质化和集中化,或者同义于此类的社会变革[③]。这里所讲的标准化是广义的标准化,是指在工业逻辑下为追求效率、产品质量、经济效果而产生的标准化。伴随着现代化进程,标准化的生产已席卷社会各个层面,甚至包括制度化的教育。

制度化的学校教育是理性逻辑和工业逻辑发展的产物,现代文化(标准化文化)创造了一个人为的、理性的、系统的、有目的的生产机构——学校。"学校把消

---

① 文松山. 漫谈标准化原理——"以规矩,成方圆". 世界标准化与质量管理,1998(6).
② 文松山. 漫谈标准化原理——"以规矩,成方圆". 世界标准化与质量管理,1998(6).
③ 参见 http://zh.wikipedia.org/wiki/%E6%A0%87%E5%87%86%E5%8C%96.

费者的期待和生产者的信念结合在一起……学校教育乃是遍及全球的'货物崇拜'的一种带圣餐仪式色彩的表现形式。"[①]学校被视为一种产业的观点并不鲜见,而学校被视为社会再生产机构这一观点也深入人心,这里强调的是制度化学校教育本身所浸淫的工业生产的逻辑,对秩序的寻求、对最佳效益的追寻,导致学校教育以标准化或规格化的模式来生产。无疑,生产的对象是儿童,生产的产品符合一定标准的儿童,而在生产的过程中,标准化童年产生。本文的标准化童年意指在制度化的现代学校场域下统一模式的童年生活,包括标准的儿童观念、标准的时空定位、标准的童年经验、标准的儿童评价等。

三、标准化童年的生产

(一)生产的场域——制度化的现代学校

现代教育的孕育,可以上溯到文艺复兴时期,夸美纽斯的理论总结,标志着孕育期的成果[②]。近代学校的兴起,是教育制度化的发端,其中以19世纪"班级授课制"的普遍施行为标志,教育进入一个以规范性、系统性与管理性为内核的复合性的教育系统[③]。进入现代社会,随着工业革命及现代民族国家的建立,现代学校得以迅速发展与普及。特别是出现工业革命与工厂制度之后,大工业生产彻底改变了教育的面貌,追求秩序、理性、普遍性与效率的工业逻辑进入现代学校,使得人才培养的过程与规格和大工业生产的需求挂上了钩。而大众义务教育在全球的普及使得学校教育成为一种强迫的制度性安排。作为教育的特定空间,学校成为制度化的机构。在我国,现代学校出现于清末民初,在20世纪初叶奠定了基本形态。我国的九年义务教育启动于1986年,至2012年已全面实现普及。

以普遍主义、工业生产、成就取向、职业分化为特征[④]的现代社会盛行着工具理性逻辑。工具理性是现代性价值理念的代表,强调社会秩序和制度结构的精准性,力求使得秩序、结构符合形式性、普遍性和可操作性等形式理性标准[⑤]。现代学校嵌入在理性的现代社会系统中,其最核心的特征在于它的制度化。"现代学校所涉及的几乎一切因素都经过了统一的精密的设计与安排,这些因素包括,时间的划分、空间的安排、教师的聘用、设施设备的配备、教育内容的组织、教育方式方法

---

① (美)伊万·伊里奇.非学校化社会.吴康宁,译.台湾:桂冠图书股份有限公司,1992:62.
② 成有信.比较教育教程.北京:北京师范大学出版社,1987:34.
③ 刘燕楠.教育空间的嬗变——人类教育空间的历史演进与发展意向演进.开封:河南大学出版社,2009.
④ 熊毅军.关于当代中国社会转型研究的法哲学立场——从"礼俗社会"与"法理社会"之划分谈起.法制与社会发展,2005(4).
⑤ 刘同舫.中国语境的现代性及其现实意义.天津社会科学,2010(1).

的采用等。"①

从现代学校建立之日起,童年即被纳入现代学校的场域中。田野中奔跑与劳作的身影、大街上嬉戏与游荡的儿童形象、工厂中稚嫩的脸庞与柔弱的双手,幻化成明亮教室中整齐的背影与朗朗的读书声。多样化的童年隐退了,标准化童年诞生了。在制度化的现代学校场域下,统一模式的童年被生产出来。几乎所有特定年龄阶段的儿童都在固定的学校,学习固定的课程,拥有掌握系统客观知识的教师以及格外重视课业表现的家长,还有着共同的社会期待,即成为一名优秀的学生。而优秀的标准似乎仍然是相似的,即优秀的学习成绩、优秀的人际交往能力等。在制度化学校教育场域下,标准化童年成为唯一的童年样态。当学校把有限的、部分的知识标准合法化为毋庸置疑的真理时(至于如何合法化不是本文讨论的范围,有大量学者做出了讨论),人们开始相信,儿童只有在学校中才能学到特定的知识和行为准则。学校,是儿童通往成人社会的必经之路,也是区隔儿童与成人的重要场所。

(二)生产的逻辑

通常意义上的童年其实有两个层面,即观念形态上的童年和现实存在的童年。观念形态的童年是成人对童年形象的建构。一般意义上,童年被成人建构成饱具抒情色彩的情感对象,即使是惨淡不堪的童年,回首过去的成人也把它建构成人生当中的一笔财富,我们把它称为浪漫的童年观。现代文明中,在理念上,人们尊重童年,珍视童年的价值,"儿童中心"的论调铺天盖地。而现实存在的童年虽然同样脱不了成人建构的影子,但作为一种现实存在,则时时拷问着人们想象中的童年。被赋予了种种权利、作为"新世纪主人"的儿童被禁闭在家庭、学校之中,还要遭受考试的折磨;幼小的儿童承担起家庭的重担;天真纯洁的儿童做出成人无法想象的残暴之事。所有这些都追问着浪漫的童年观。我们并不是要去呐喊保护童年云云,呐喊、"保护"之前,首先要明了我们究竟要保护怎样的童年,童年是否需要保护,童年对于儿童、成人究竟意味着什么,这些引导我们不断地审视童年的观念形态与现实存在。因此,对于标准化童年的生产逻辑,研究者尝试从童年的观念形态与现实存在两个方面入手进行探讨。

1. 观念形态层面童年的生产

这里核心关注的问题是:什么样的童年话语进入了主流意识形态?谁决定了主流的童年观念?当下的中国主流社会盛行着怎样的儿童观?童年观与儿童观是

---

① 王有升.论现代学校的体制建构.教育学报,2005(4).

不同的概念，一般来讲，童年观包括儿童观。为了方便起见，这里主要以儿童观为例。童年是社会建构的产物，儿童的概念也并非自古就有。自现代意义上的儿童被卢梭发现之后，儿童与成人不分的状况发生了彻底的改变，儿童期作为独特的具有独立价值的时期被发现。儿童从成人世界被区隔出来，被认为与成人有着本质的不同。儿童有着与成人完全不同的身心发展规律，儿童是天真纯洁非理性的，成人则是成熟且富有理性的，成人负责向儿童提供适宜儿童特点的环境、教育与保护。显而易见，在现代社会中，最适宜儿童发展的特殊场域是学校，学校在建构现代童年的过程中发挥着重要作用。它力图使现代的童年远离劳作、侵害、经济负担与一切可能存在于成人社会的压力，专注于儿童的成长与发展。至此，先前儿童与成人不分的现实被忘却，儿童与成人不分的连续生长观念[①]被遗忘。在比较的文化视野中，沼田裕之认为现代的童年是西方现代性的结果，尤其是在现代理性二分的思维方式的影响下，17、18世纪对儿童的世界感兴趣的人将儿童与成人截然分开，在这个意义上，童年是理性思维所创造的概念，因此，不是儿童按照自己的生活方式建构了他们的世界，而是成人"发现了"儿童和童年。成人由此混淆了人为建构的童年概念和实际的童年[②]。

　　中国的情况不同于西方，现代性的启动不是植根于中国社会的土壤中，而是来自外来的压迫。如金耀基所称，中国的"现代化"不是起因于一种"内发的力量"，而是源于一种"外发的压力"[③]。鉴于中国社会落后于西方社会的不争事实，西方的现代思想与建制在由知识分子阶层传入中国的过程中从一开始即被赋予文明示范与合理性的意味，即便有着游移与排斥。自"五四"伊始，传统的"成人本位"的中国儿童观开始遭到知识分子的全面批判[④]，生动和丰富的中国儿童观戴着"小大人"的标签在现代性的法庭上接受审判。植根于民间的中国传统儿童观在精英文化中被彻底抛弃。

　　现代学校对于同属一宗的西方现代儿童观可以说是列队欢迎。现代学校把源自西方的现代儿童观假设当作自然的、天经地义的真理，赋予其合法性。现代儿童观假设经由学校的加工，成为毋庸置疑的标准儿童观。无论是通过福柯意义上的规训也罢，还是布迪厄意义上的文化再生产也罢，现代儿童观成为风行现代社会的

---

　　① 儿童与成人不分的连续生长观念受到南京师范大学教育社会学沙龙中周宗伟老师对于儿童的连续生长观阐述的启发，在此表示感谢！
　　② 马克·贝磊. 比较教育学：传统、挑战与新范式. 彭正梅，译. 上海：华东师范大学出版社，2007：238-239.
　　③ 金耀基. 从传统到现代. 北京：法律出版社，2010：115.
　　④ 需要指出的是，在新文化运动中，五四先贤对于传统儿童观落后层面的批判有其积极意义，对于提高儿童地位、重视儿童自身的价值有着重要贡献。

标准儿童观,儿童观的多元假设隐匿。而我们对于现代儿童观的反思才刚刚开始。

2. 现实存在层面童年的生产

随着大众义务教育的引进,对现代学校教育的理解是我们把握现代童年的关键。"学校是儿童最终习得日常习惯的环境,决定他们更大的社会位置,以及提供正式教育的结构。"[1]童年被囿于学校的高墙之内,并被结构化。学校为儿童提供标准化的教育经验,给予规则、价值与行为习惯,并给予明确的定位。借由学校教育,标准化童年不断地生产与再生产。

(1) 童年的定位

"时间和空间是纠缠在一起的,时间是流淌着的空间,空间是凝固的时间。通过时空的标定,个人总是被安置于某个位置上。人的任何一种行为在时空方面的延伸都要受到一定的制约,正是这种制约为社会的个体存在提供了边界。"[2]制度化的学校教育为儿童重新标定了时空,通过时间与空间的双重规训,儿童逐渐习得行为规范及其限度,童年由此定位。

① 空间规训

福柯把人在空间中的分配看作纪律的一种形式和规训个体的方式。"纪律来自空间中不同个体的组织化,因此它必须具备一个特定的空间围场。围场一旦建立了,这个方格将容纳被分布的、有待训练与监视的个体。"[3]在学校里,教室中的座位编排是空间规训的作用方式之一。它通过逐个定位使得有可能实现对每个人的监督并把全体纳入一种空间等级秩序中,实现对于儿童的肉体和精神的双重规训。在学校里,固定的座位使儿童明确了自己在教室中与教师不一样的位置关系,找到了自己在教室中的坐标。

② 时间规训

福柯指出,时间表是一项古老的遗产,它有三个主要方法,即规定节奏、安排活动和调节重复周期,时间渗透进肉体之中,各种精心的力量控制也随之渗透进去。詹姆士、詹克斯和普劳特认为,学校结构具有十分严苛的时间规训,"学校教育透过复杂的时刻表纵横交错、结构化每一日、每个星期和每年的周期,强加给儿童,对于

---

[1] (英)Michael Wyness. 童年与社会——儿童社会学导论. 王瑞贤,张盈堃,王慧兰,译. 台北:心理出版社股份有限公司,2009:162.

[2] (美)约翰·厄里. 关于时间与空间的社会学//(英)布赖恩·特纳. 社会理论指南. 李康,译. 上海:上海人民出版社,2003:3.

[3] (美)戈温德林·莱特,(美)保罗·雷比诺. 权力的空间化//包亚明. 后现代性与地理学的政治. 上海:上海教育出版社,2001:33.

他们和父母及教师在磋商学校工作时,创造出不同的空间和时间限制与可能性"[1]。

儿童的生活时间是一种绵延流淌的时间,制度化学校内的时间则是刚性的结构时间,在时间表中,儿童一天的时间安排被精确到时、分甚至秒,时间不再属于自己,不再遵循儿童自身的需要,成为一种被规定的纪律。现代学校教育制度为儿童的成长制定了标准的年龄阶梯,儿童统一在 6 岁进入义务教育系统,随着年龄的递增,所学的知识与行为规范随之不同,以生理的年龄为尺度,儿童被纳入理性的时间发展之轴。童年作为生命历程中的时间,在不同的情境脉络下是不同的。不同文化中,人们对于何谓童年、何谓成年的界定也各不相同。随着大众义务教育的推进,以及渗透其中的工业理性逻辑的推进,童年的边界受到更精细的计算与测量。在当下的社会中,童年边界的游标卡尺卡在了 18 岁。而 18 岁作为成年的时间节点显然是现代社会的产物。大众义务教育使得人们把它当作天经地义历来如此的假设。正是通过时间与空间的双重规训,儿童被固定在教室中,学习特定的知识,进行特定的活动,其生活被特定的时空结构所分割。

(2) 童年的标准化经验

有限的、部分的知识经过学校的筛选,以课程的形式进入课堂,成为现代儿童的标准化童年经验。作为一个人为的、理性的、系统的、有目的的生产机构,制度化学校教育本身浸淫着工业生产的逻辑,强调秩序与理性,强调统一与标准,强调效率与效益。阿普尔(Michael W. Apple)强调,课程领域植根于社会控制的土壤之中[2],工业化以及与之相伴的劳动分工使得一致性、社会一体化、大群体意识成为课程的目标[3]。以学科为中心的课程统治绝大多数学校,至少部分地是由于学校在最大限度地生产高地位的知识,而这与学校在相对分化的社会中,为满足经济与社会要求所起的选择机构的作用紧密相关[4]。课程的内容与形式、教材的审编与解读、设施设备的配备与要求、教师的知识结构与人格品性都有着固有的大纲与严苛的标准。所有这些都共同生产了标准化的童年经验。

(3) 童年的测量

在人们的日常观念中,童年是一段一去不复返的美好时光,是生命成长的原初阶段,是满载浪漫与追忆的情感对象。准确无误的标尺如何测量这样浪漫的童年?

---

[1] (英)Michael Wyness. 童年与社会——儿童社会学导论. 王瑞贤,张盈堃,王慧兰,译. 台北:心理出版社股份有限公司,2009:162.
[2] (美)迈克尔·W·阿普尔. 意识形态与课程. 黄忠敬,译. 上海:华东师范大学出版社,2011:55.
[3] (美)迈克尔·W·阿普尔. 意识形态与课程. 黄忠敬,译. 上海:华东师范大学出版社,2011:79.
[4] (美)迈克尔·W·阿普尔. 意识形态与课程. 黄忠敬,译. 上海:华东师范大学出版社,2011:41.

然而,浪漫的童年观无力对抗儿童可度量的现实世界。

制度化的学校已然成为一个可测量的世界,它以规范化的目光打量学校围场中的儿童,并进行比较、分类、排列、同化与排斥。儿童在特定的年龄,被期望达到特定的知识层次,习得特定的行为规范。教学变成监督与分类的过程,而考试评分制度、发展量表成为最有用的标尺。童年不仅可以测量,更可以修正。伊里奇(Ivan Illich)提到:"人们一旦甘于接受由他人确定的用以测量自己个人成长的标准,那就很快会用同样的标准来衡量自身。"[①]对于儿童来说,他甚至没有选择的权利,在没有学会质疑的情况下首先学会了标准化认同。

四、非标准化童年的可能出路

多样性的童年样态在我们进入制度化学校的旅程中被忘却了,传统的中国儿童观被我们追赶现代儿童观的脚步甩在了身后,当现实只剩下一种选择、一个声音的时候,那是不是最悲哀也是最需要警醒的事情?中国的童年也是如此。

在制度化学校教育一统天下的局面下,有的家长选择局部斗争的方式实现突围,诸如在家自行教育的出现。在家自行教育是指在家长的安排下,由符合条件的专门人员对学生进行有目的、有步骤的教育,最终完成基础教育任务。这种独特的教育方式于20世纪80年代在欧美等发达国家兴起,如今正迅速影响着各国的基础教育[②]。2013年8月底,民办非营利机构21世纪教育研究院发布《中国在家上学研究报告(2013)》,报告指出中国大陆约有1.8万名学生"叛逃"学校,选择"在家上学"。调查显示,在家上学的孩子主要处于小学阶段,选择在家上学的家庭主要原因在于不认同学校的教育理念。在家自行教育的出现是对工业逻辑下的制度化学校教育的无声抗议,反映了人们对于多元教育方式的需求与期待。并不是说在家自行教育优于体制内教育,它也有许多隐忧。但是在家自行教育的出现使得一统天下的制度化学校教育打开了一个缺口,为我们展现了新的可能性,也促使我们反思现行的教育制度。

同样,在理性二分的现代儿童观风靡社会的背景下,传统的连续的中国儿童观隐匿,对于中国传统的童年观念与形态的挖掘几乎尚未起步,而寻找与源自西方的现代儿童观不同的本土性童年内涵,从中发掘童年的新的生命力,是走出标准化童年的可能出路之一。

---

① (美)伊万·伊里奇.非学校化社会.吴康宁,译.台湾:桂冠图书股份有限公司,1992:56.
② 参见 http://tech.hexun.com/2012-05-31/141963388.html.

幼儿家长：学前教育中的特殊角色

南京师范大学　王海英

内容提要：家长在学前教育中扮演着特殊的角色，在某种意义上，家长需求甚至会成为幼儿园工作的出发点。家园关系存在着和谐与冲突两种状态。在家园关系和谐一致的情况下，幼儿家长扮演的可能是"单位式"家园关系下的福利享用者、"顺从式"家园关系下的跟随者、"迎合式"家园关系下的上帝角色、"引领式"家园关系下的观念改造者、"合作式"家园关系下的伙伴等五种角色；而在家园关系冲突的背景下，家长则可能是经济利益冲突下的消费者、信息冲突下的被蒙蔽者、观念冲突下的挑剔者等角色。

学前教育一向强调其教育性与福利性的双重属性，教育性主要指向幼儿，而福利性主要指向家长（尽管对于政府或社会提供的这种福利，家长有选择享受或不享受的权利）。家长在学前教育从诞生到现在的发展历程中起着极其特殊的作用，幼儿园工作各个时期的任务都强调是双重任务。而且，从横向的比较来看，家长在儿童一生不同教育阶段的参与性，也数学前教育阶段最为突出。在学前教育阶段，幼儿园特别重视家园联系，每学期有家长开放日、亲子运动会，有固定的家园联系簿，有特别设置的家长助理、家长委员会、家长学校。家长工作做得好的幼儿园，甚至还让家长参与幼儿园的课程设置、班级管理、日常教学。因此，研究学前教育不能不关注占有举足轻重地位的家长，呈现他们在学前教育发展历程中的地位变迁和角色转换。

一、家长的需求：幼儿园工作的出发点之一

1903年，我国教育史上的第一个学制《癸卯学制》诞生了，其中有一部分关涉蒙养院制度，即《奏定蒙养院章程及家庭教育法章程》（以下简称《章程》）。《章程》规定："以蒙养院辅助家庭。"新中国成立后，满足家长的需求一直是幼儿园日常工作的重中之重，只不过各个时期满足的方式有所不同而已。1952年的《幼儿园暂行规程草案》中规定，幼儿园的任务是：根据新民主主义教育方针教养幼儿，使他们的身心在入小学前获得健全的发育；同时减轻母亲对幼儿的负担，以便母亲有时间

参加政治生活、生产劳动、文化教育活动等。1979年的《城市幼儿园工作条例》中指出幼儿园的任务是：根据党的教育方针和毛主席"好好地保育儿童"的教导，对幼儿进行初步的全面发展的教育，使幼儿健康、活泼地成长，为入小学打好基础，同时也减轻家长在教育孩子方面的负担，使他们能安心生产、工作和学习。1989年的《幼儿园工作规程（试行）》中规定幼儿园的任务是：实行保育与教育相结合的原则，对幼儿实施体、智、德、美全面发展的教育，促进其身心和谐发展。幼儿园同时为幼儿家长安心参加社会主义建设提供便利条件。1996年的《幼儿园工作规程》中重新强调幼儿园的任务是：实行保育与教育相结合的原则，对幼儿实施体、智、德、美诸方面全面发展的教育，促进其身心和谐发展。幼儿园同时为家长参加工作、学习提供便利条件。

从幼儿园为家长服务的变迁来看，幼儿园一开始主要是面向有特殊需要的家长，如因社会化大生产而不得不参加工作与生产劳动的家庭。在为家长服务时，幼儿园倾斜的对象主要是母亲。如1952年的规程草案里反复强调："保证生产，尤其是在妇女的劳动权和生产力，如农村的季节性幼儿园、幼儿园放假以母亲的工作时间为准等。"1956年的《教育部、卫生部、内务部关于托儿所幼儿园几个问题的联合通知》中也提及："为解决劳动妇女的孩子寄托和教育问题……为了帮助母亲们解决照顾和教育自己孩子的问题。……卫生、教育行政部门并应办好几个托儿所和幼儿园使它们起示范作用。"同年，《教育部、教育工会全国委员会关于中小学、师范学校的托儿所工作的指示》中也提出："近年来，各地教育行政部门和中小学、师范学校行政领导为了解决女教师带孩子的困难，贯彻党和政府对妇女和儿童关怀的精神……"所以，从某种意义上来说，学前教育的福利性几乎是家长的福利性，尤其是母亲的福利性。从妇女解放和男女平等的角度来看，幼儿园的诞生使妇女有可能走向社会、走向职场，成为一个有薪水的人，这既在某种程度上提高了妇女的社会地位，又在一定程度上改变了传统的中国妇女在家庭中的结构性地位。在费孝通所描述的江村，由于缫丝业的女性特色，妇女在家庭经济结构中的地位便有了一个彻底的改变。

在当下，不管什么类型的幼儿园，都有一个工作目标，就是办家长满意的幼儿园，只是让家长满意的方式不一样，私立幼儿园会比较多地抓硬件设施，搞形象工程和形式主义，甚至对家长言听计从，千方百计地取悦家长，迎合家长的需求，打出"一切为家长"的横幅，忘记幼儿园的教育引导责任。而有些幼儿园则在引导家长教育观念的基础上力图通过细节、专业和孩子的变化来让家长满意。

家长对幼儿园事务的参与也有一个从被动到主动、从消极到积极的变化过程，变化的转折点主要是家庭结构的改变,特别是独生子女政策对家庭结构的影响。随着独生子女成为我国的新现实,家长的期望由原来多子女时的"选择性期待"到独生子女下的"唯一性期待",家长对孩子不再抱着一种"望天收"的心态,而是把所有的期望、所有的力量全部投入到一个孩子的成长过程中,因为他们知道,孩子的成长是不等人的,错过的机会不可能在第二个孩子身上得以弥补,所以整个家庭几乎是全力以赴地关注孩子的成长,家长的焦虑、忐忑比任何时候都更强烈,家长的脆弱也比任何时候都更明显,一个孩子的失败几乎转变成一个家庭的失败。

二、幼儿家长的角色变迁

任何角色都是关系视角下的角色,不基于一定的情境,个体是很难扮演好特定的角色的。作为非义务教育的一部分,学前教育的发展在很多方面是需要家长付费的,而家长付费的原则是以适当的费用换取适当的教育。因此,家长对学前教育的认识、需求、期待会在某种程度上影响学前教育的办学方向、服务宗旨,而家长所扮演的角色也必然会随着其所付费用的高低而发生变化。而且,当下核心化的家庭结构也使父母越来越多地投入学前教育、关注学前教育。家园关系、亲师关系是当下幼儿园必须要处理好的重要关系,一方面因为家庭教育与幼儿园教育密不可分,另一方面因为家长对幼儿园拥有越来越多的话语权、参与权和决策权。在家园关系的建构中存在着两种可能:一种是两者利益的一致与协调,另一种是两者的利益出现了矛盾和冲突。

(一)利益一致下的家园关系及家长角色

从为孩子服务上来看,家园之间的根本目的是一致的,因为家园之间有共同的愿景,都是为了促进幼儿的发展。目标一致了,两者才能在共同目标的基础上实现各自的利益。幼儿园从为孩子、为家长服务中获得其品牌效益、经济效益和社会效益,提高幼儿园的整体社会资本和综合竞争力。而家长则通过让孩子进入幼儿园获得其成长与发展的资本,享受与其经济付出相应的资源与教育。从幼儿园与家庭的关系来看,历史上大概有这样几种家园关系。

1. "单位式"的家园关系:家长是福利享用者

"单位式"的家园关系是"总体性社会"格局在学前教育中的特定反映。自新中国成立以来,我国实行的是一种"企业办社会""单位办社会"的资源控制模式,其后果是幼儿家长社会属性的同一化,教师、家长和幼儿都生活在单位体制下的"熟人社会"中。在这样一种熟人社会和单位体制下,家庭与幼儿园之间的利益空前一致,家长在幼儿园中扮演的主要角色就是福利享用者。家长的身份比较单一,家园之间的关系异常密切。

2."顺从式"的家园关系:家长是跟随者

"顺从式"的家园关系多发生在家庭结构复杂化的阶段,即家庭子女较多、家长对学前教育的关注度较低、对幼儿园作为专业机构的认可度较高、家长的信息渠道较窄的情况下。"顺从式"的家园关系常常是那些有悠久历史的幼儿园或资深教师在回忆往事时最为甜蜜的"黄金时代",那时的家庭与幼儿园之间建立的是一种相对特殊的关系,家长较多地把教师看成专业者和懂行的人,对幼儿园提出的建议和要求言听计从,有些家长甚至对幼儿园、教师有一种莫名其妙的崇拜感。在这样一种光环效应下,家长较多地扮演着配合者与跟随者的角色,家园之间的关系也相对简单与纯洁,是一种朴素的教育关系。

一位有二十年工作经验的老师回忆道:"家园工作一直在悄悄地发生着转变,早先的家长会更多地依赖幼儿园,认为将孩子交到幼儿园就算完成了任务,你该干吗就干吗,甚至打骂都可以。那时的老师不仅在孩子面前是权威,在家长面前也是权威。但现在不行了,家长会更多地关注孩子在园的状态,如小班的家长更多关注有没有吃好、睡好等生活方面的事,有的家长甚至给老师提出各种要求,如送来一包毛巾,要求老师经常性地给其擦汗,不断地打电话来提醒给孩子喝水等。到中班的时候,家长与幼儿园基本建立起了信任关系,家长会比较多地关注孩子的认知、交往、情绪等方面,而大班末期时则会较多关注入学适应。"

3."迎合式"的家园关系:家长是上帝

"迎合式"的家园关系则是市场经济建立过程中出现的新现象,这时的家庭和幼儿园本身都在市场经济的冲击下形成了不同的分层,处于不同阶层中的家庭和处于不同评价体系中的幼儿园之间建立起了错综复杂的关系。在这种情况下,幼儿园与家庭之间再也不是最初的教育关系,而是有了太多的经济关系与利益交换的色彩。一个孩子入园的过程简直就是一个"整体动员"的过程,家庭与家庭之间拼不同的社会资本,幼儿园与幼儿园之间拼各自不同的原始积累,包括社会声望、家长口碑、园所等级、课程特色等。在市场经济下,有人将幼儿园喻为"不冒烟的工厂",而幼儿入园的过程就像一场没有硝烟的战争。占据优势资源的家庭在这场"择园大战"中可以纵横驰骋,在不同类型的幼儿园之间反复比较权衡,尽享选择的自由与畅快,实现自我利益的最大化。而那些资本欠缺的家庭则从各个层面被剥夺了选择的权利。教育是一个让人各安其位的过程,阿道司·赫胥黎(Aldous Huxley)早在《美丽新世界》中就进行了生动的描绘。

家庭与幼儿园之间关系的复杂化,使得家长在学前教育中扮演的角色也越来越复杂化,家长不得不经常扮演着多重的角色。在当下的幼儿园中,"迎合式"的家园关系较突出地表现在企业园、集体园、民办园身上,不管是大规模的还是家庭式的,这种现象或多或少地存在。在"迎合式"的家园关系中,教育关系演变为服务关系、供求关系、生产与消费的关系等。一位幼儿园园长说:"家长工作当然重要啦,幼儿是我们的财产、希望、饭碗、生源,甚至是衣食父母。我们园采用的是 ISO9001 企业文化,家长有对幼儿园的选择权,为了吸引生源,幼儿园要经常搞一些大活动。幼儿家长对教师的生存起了决定性作用。幼儿园不得不把家长看成上帝。"

在昆山的某所幼儿园,一学期一度的家长开放日异常得隆重,不仅幼儿园要进行上上下下的总动员,而且老师们在家长会上的发言也要经过反复彩排,做到万无一失。更夸张的是,幼儿园每天的入园接待有超"仪式化"的表演,不仅老师要在幼儿园门口列队欢迎,鞠躬微笑,而且还有两排挂着绶带的礼仪男孩和礼仪女孩,随后还有一系列的班级团体表演。园长解释说,"这不仅是做给现有家长看,也是做给'潜在家长'看的"。

这种情况只是表面上、形式上的迎合,还有好多幼儿园因为生源和利益的问题,对家长的意见和要求缺少应有的"免疫力",家长需求什么就教什么,有时甚至故意挑起家长的需求欲。信息不清、观念不明的家长就在这样的幼儿园中被蒙蔽化和傀儡化,糊里糊涂地扮演着"上帝的角色"。

4. "引领式"的家园关系:家长是观念改造者

与"迎合式"的家园关系不同,"引领式"的家园关系强调幼儿园是专业机构,强调教育者的自尊与责任。"引领式"的家园关系通常缘于幼儿园与家庭之间在教育观念上的分歧,有的幼儿园会采取一些变通的方式。如一位园长所说:"我们在搞家长会的时候会经常性地邀请家长进行互动,许多家长觉得这是很放不开的,很没面子的。但参与过后他会有不一样的感觉,他会通过互动、通过参与回忆起自己的童年生活,得到某种精神上的满足。有的时候,幼儿园发放的观察记录表也会在某种程度上让家长感受到幼儿园工作的踏实、不容易,并且通过这种填写观察表的过程使家长了解如何来细致地观察孩子、评判孩子。当然也可以通过家长助教的过程让家长感受幼儿园老师的不易,加深双方的理解。"

有经验的园长和有勇气对家长说"不"的园长通常也会强调与家长进行沟通的方式,如一位园长所说:"与特殊的家长交流要注意运用特别的沟通方式,有时老师要没事找事,主动地与家长进行沟通,尤其是那些对老师敬而远之的家长。幼儿园通过渗透在课程中的一些大活动,通过家长的全程参与,通过幼儿园的各种动员,让家长了解幼儿园的教育观念,从而自觉地更新教育观念。"

对于那些不遵循教育规律、完全迎合家长的做法，一位园长认为："幼儿教育的自尊、个性需要加以重视和强调，不能一味地迁就家长。与家长做工作，有时就需要斗智斗勇，需要用智慧。一些私立幼儿园在晨间接待、大型节日、家长开放日都要搞一些仪式化活动，我们觉得这也没什么不好，也有合理的成分，只要不是完全为了功利的目的，都可以借鉴。我们幼儿园有家长的口碑，在家长中有良好的信誉度，所以在六一节、家长开放日等活动中，我们也会关注形式，如让所有幼儿来参与表演，享受参与的乐趣。但我们不会大量地训练，劳心劳力，我们会用其他的东西，如漂亮的服装、华丽的舞台、幽默的主持来增添节目的可看性，渲染节日的气氛。有些孩子在舞台上基本上是呆呆的，但这并不妨碍。在他的记忆里，他有上台表演的经验，家长也能感受到孩子是被接纳的。"

5. "合作式"的家园关系：家长是伙伴

毫无疑问，当下的社会是一个分层的社会，而且这种分层显得越来越固化。从幼儿园家长的社会归属来看，几乎是特定类型的幼儿园为特定类型的家长服务，也就是说，同一个幼儿园中的孩子大多来自同一社会阶层。基于这样一种相对简单的阶层关系，家园之间的合作才有了可能。形象地说，在合作式的家园关系中，父母是左手，教师是右手。

强调家园之间的合作，并不是说家园之间就没有矛盾和冲突，而是基于这样一种根基，幼儿园会不断地研究家长的需求，并将其合理的部分加以转化，但绝不迁就。因为，幼儿园相信，家长是教师的教育合作者，是家园共育的教育合力中不可或缺的因素。幼儿园会通过各种方式让家长形成这样一种意识，即家长将孩子送到幼儿园，不是其教育责任的移交，而是家长有幸在教育孩子方面增加了专业的合作者。

在家园关系上，家长所可能扮演的角色是由多种因素决定的。一些幼儿园为什么倾向于建立某种家园关系是由幼儿园已有的社会资本决定的，有些幼儿园，特别是一些公办园，有着浓厚的原始资本积累，它的已有资本已经构成对家庭资本的优势，所以幼儿园可以选择"引领式"或"合作式"的家园关系。而对于一些资本存量不足、资历较浅、依赖家长资源生存的幼儿园则完全会选择另外一种家园关系，如迎合式的家园关系。因此，从这个意义上来说，幼儿家长的角色多重性会是一个长期的状态，而不是一个短暂的状态，因为社会需要是多元的，幼儿家长的内部分层是长期的。

此外，幼儿园与家庭之间的关系也可用供方与需方来加以解释。幼儿园是供方，而家庭则是需方。当供大于求时，幼儿园会较多地迎合、顺从于家长，而当供需基本平衡时,家园之间可能形成一种相对默契的合作性关系,而供少于求时,幼儿园则会变成稀缺资源。

(二) 利益冲突下的家园关系及家长角色

前面说过,幼儿园与家庭在促进幼儿的发展上有共同的目标和愿景,但这种共同目标和愿景有时也会产生分歧,因为家庭要促进的是一个孩子,而幼儿园要促进的是所有的孩子。在计划经济体制下,家园之间更多的是一种单位性关系,没有根本的利益冲突,而现在这种单位纽带已不复存在,幼儿园与家庭一样面对着市场的压力,幼儿园与家庭之间不得不面临一种与经济、交换划不开界线的复杂关系。

家园之间有了敏感的经济关系的介入,沟通上就会出现困难,容易形成对立关系,家长会更多地以投入与产出的方式来要求幼儿园。在家园冲突的关系背景下,家长的角色就会发生质的变化。

1. 经济利益冲突——家长是消费者

人们对投入往往是渴求回报的。现在的家长在幼儿身上的投入比任何时候都要大,为了选择一所合适的幼儿园,家长要交赞助费;为了进入一个合适的班级,家长要进行关系动员。有的家长说孩子上幼儿园比上大学所花的费用还要高,否则10万一年的天价幼儿园就不可能存在。诚然,与中小学相比,幼儿的生均经费是比较高的,原因就在于幼儿的特殊性以及由此带来的幼儿园所提供服务的特殊性。中小学可以有很高的师生比,而幼儿园一个班级需要配备两教一保,师生比通常在1:9左右,这种特殊性就必然要求家长付出比中小学高得多的教育投入。

而家长通常是不愿意以完全的消费者面目出现的,因为在当下的中国,幼儿园之间存在着明显的不公平,公办园的事业经费很大部分是由政府负担的,家长的投入相对少一些,而非公办园的经费则全部要从家长那儿收取。即便如此,他们在付出了比公办园家长多得多的金钱的同时,也无法享受公办园所提供的那种优质教育,家长的付出与其期待之间会有落差,在这种状态下,家长对幼儿园的挑剔、质疑就会相应增多。

有些园长反映,幼儿园的家园冲突比较多地发生在大班,因为这个时候家长已经无所顾忌,他们会不太在乎幼儿园、教师的反映,三年的恩怨会在这个时候得到一种充分的彰显。所以,为了缓解家园之间的紧张,在大班末期,有些幼儿园会精心准备毕业汇报演出,努力化解家园矛盾,使家长、孩子改变对幼儿园的敌对态度,留下美好的回忆与印象。

2. 信息资源不对称的冲突——家长是被蒙蔽者

家庭和幼儿园之间存在着大量的信息不对称现象,有的幼儿园为了忽悠家长,可以用各种幌子来骗取家长的信任。如在招生期间,幼儿园为了抬高赞助费的价格故意放出风声说,幼儿园现在已经名额爆满,各种各样的条子层出不穷,幼儿园已经不能再容纳任何一名幼儿了。这种故意造成的入园恐慌导致幼儿园的招生一再地提前,原来暑假才开始的招生现在则早已提前至春节前后,家长为孩子的入园问题忧心忡忡。

如一位园长在访谈中说道:"家长工作重形式很容易,但如何呈现内涵则较难,以前说酒香不怕巷子深,我觉得不是这样的,现在的社会对幼儿园的宣传、包装还是必要的,我们会比较真实地宣传,不做完全虚假的东西,但宣传的结果就是要造成一种声势,让所有的家长都想进来,但又很难。"

3. 观念的冲突——家长是挑剔者

由于经济利益的介入,家园之间的关系已经很复杂。家长认为自己为孩子的教育付出了那么多,理应得到合理的回报,理应有更多的机会介入幼儿园的日常教学与管理。如在《家长给幼儿园的一百条建议》中,有家长认为,幼儿园应要求教师化淡妆,每天以良好的精神状态接待孩子[①]。

再如,平行班的家长会问:你们班怎么没搞那个主题? 怎么没有那个活动? 小1、小2、小3都搞了,你们班为什么不搞? 在隔壁班与平行班之间,形式上的差别会一目了然,而家长首先关注的恰恰就是"形式上的公平",而理性的家长则会进一步去关注班级课程的实施情况,关注实实在在地发生在幼儿身上的教育与引导上的差异。在有些幼儿园,家长对幼儿园的介入程度越来越深,不仅是日常生活方面,在课程实施、生活服务、兴趣培养方面都会提出不同程度的意见。

有些幼儿园将家长的这种介入称为麻烦的制造者,而有的幼儿园则会吸取家长意见中的合理成分,主动改进自己的工作。任何事物都是一体两面的,家园关系的特殊化带来了管理、服务上的特殊化,但是也带来了幼儿园在发展空间上的特殊化,幼儿园可以通过各种关系获得特殊资源。

---

① 北京市教委学前教育处.家长给幼儿园的一百条建议.早期教育,2000(5).

论教师课堂中的行动逻辑

南京师范大学 胡金平

内容提要：本文提出的问题是：理念真的能直接影响教师的课堂行为吗？即，什么是教师课堂中的行动逻辑？影响教师课堂行动逻辑的因素是复杂的、多元的。在关注改变教师教育理念的同时，也应重视其他因素对教师课堂行动逻辑的影响。

一、问题的提出

2001年，中国大陆在政府部门的推动和部分学者的强力支持下，开始了一场自上而下的、大规模的、以课程改革为核心的基础教育改革运动。其重要标志是2001年6月，教育部颁布了《基础教育课程改革纲要（试行）》，决定从2001年秋季开始，用5年左右的时间，在中国大陆地区实行基础教育新的课程体系。

按照教育部《基础教育课程改革纲要》的前提预设，传统的基础教育课程存在着诸多弊端：有过于注重知识传授的倾向，在课程结构中存在过于强调学科本位、科目过多和缺乏整合的现状，课程内容"难、繁、偏、旧"，且过于注重书本知识；在课程实施过程中则过于强调接受学习、死记硬背、机械训练；此外，在课程评价过程中过分强调甄别与选拔的功能，而课程管理则过于集中[1]。为此，要求在基础教育来一场"深刻的变革"[2]。而对新课改持积极支持态度的课程专家、学科专家们同样认为："这次课程改革顺应了时代发展的精神脉络，有其特定的社会经济文化背景，折射出不同于原有课程的全新理念，并对课程与教学领域的既定假设进行了重新解释和概念重建，对教师观念的转变也提出了新的要求。"[3]

然而，作为对原有课程体系进行颠覆性批判之后构建起来的新的课程体系，对普通中小学教师来说无疑是教育领域的"一场革命"，甚至被一些行政官员认为既是一次思想解放运动，又是充满着艰辛的探索过程[4]。无论是政府官员，还是教育

---

[1] 基础教育改革纲要(试行)//钟启泉.新课程师资培训精要.北京：北京大学出版社，2002.
[2] 袁贵仁.加强新课程师资培训 提高教师专业化水平//钟启泉.新课程师资培训精要.北京：北京大学出版社，2002.
[3] 钟启泉.新课程师资培训精要.北京：北京大学出版社，2002.
[4] 杨善德.从理念到行动.南京：南京师范大学出版社，2004.

专家,他们均认为,要将理念落实到行动当中,教师的理解和介入,成为左右课程改革的关键。教师是课程的实施者,是影响课程推行的关键因素。如果中小学教师能够自觉加入课程改革的阵营,能够对新课程的理念心领神会,能够为了实施新课程而自觉提高课程素养,则基础教育课程改革就有了一个光明的未来[①]。

对于中国大陆普通小学专任教师达到561.26万左右(2007年的统计数据)的庞大群体而言,全体成员均参加由新课程设计者(包括教育行政人员和专家)直接授课的"高端"新课程、新理念的培训既不可能,也不现实。为此,大陆地区采取了依托教育行政机构、继续教育机构、大专院校和中小学校,分层次、分批次的全员培训方略,具体方案是由各级政府提供财政支持,在培训对象上不同层次各有侧重,其中国家级培训只针对各地区少数中小学教师"精英"进行,省市县级培训的对象相对较宽,大多数小学均有教师参加培训。不过,对于大多数教师而言,尤其是对于农村地区的村小教师而言,获得参与县级以上教育部门组织的培训机会也并不多。因而,在当今的大陆,新课程的培训更多的是依托于所供职的学校,通过"校本教研"的方法和途径获取新课改的理念,改革课堂教学,达到精英们所期望的目标。

许多研究者认为,通过新的课程培训带来了中小学教师观念上的变化,使教师成为课程主体,在课堂教学中有了极大的施展空间[②]。一些研究者断言,理念是行为的先导,只要对小学教师进行了新理念的灌输,便能改变其行为。一些身处基层小学的教师也直言:新的课程理念使他们的专业有了较大发展。然而,本文提出的质疑是:理念真能直接影响教师的课堂行为吗? 即,什么是教师课堂中的行动逻辑?

二、研究过程与方法

本研究在方法上,主要采取的是访谈法。我们选取了4位入职时间不一、所在学校不同、教学年级有异、执教学科也不完全一样的小学教师——L、J、C、T作为研究对象。由于小学中存在"阴盛阳衰"等具体现实,故本研究选取的访谈对象均为女性教师。在2008年10月到2009年3月间分别对这4位小学教师进行了访谈。

对4位教师的访谈,主要围绕三个问题进行:第一,个人参加新课改的培训情况;第二,个人对校本培训模式的看法及感受;第三,影响自身教师课堂行为的主要

[①] 钟启泉. 新课程师资培训精要. 北京:北京大学出版社,2002.
[②] 杨善德. 从理念到行动. 南京:南京师范大学出版社,2004.

因素。

1. 受访者背景

L教师，49岁，1980年从一所中等师范学校毕业，后来通过夜大、自学考试等获得大专、本科学历。自1980年以后一直从事小学语文科教学和班级管理工作，至今已有29年教龄和27年担任班主任的经历，是目前所供职小学中为数不多年龄在50岁左右的老教师。现担任五年级一个班的语文科教师，并兼任该班班主任，同时也是学校年级组长、教科研方面的重要成员之一。

J老师，35岁，教龄15年。1994年从当地一所中等师范学校毕业后便在当地一所镇中心小学工作，两年后调入现在的县城小学工作。J通过自学、函授等成人教育形式先后获得了大专、本科学历。现担任该校三年级的语文科教学，同时兼任学校教导处副主任。

C老师，29岁，2000年从一所中等师范学校的大专班毕业后，进入目前供职的这所小学工作，教龄已近9年。工作两年后，通过自学考试获得了英语本科的学历。现担任这所小学三年级的数学科教师，同时兼任年级数学教研组的负责人。

T老师，24岁，2005年毕业于当地一所中等师范学校的大专班，当年下半年进入某城市的一所质量较好的小学，入职时间3年左右。现担任小学一年级的语文科和品德与生活（社会）科教学，同时兼任该班的班主任。

2. 受访者接受培训的途径及感受

在4位教师中，C所在的学校是当地最早进行新课改的试点学校之一。C自己在2002年便参加了省级教师培训；T较为年轻，基本上没有参加过教育行政部门组织的正规培训，主要是通过校本培训的方式来提高专业素养；J在2004年参加过一个月的省级骨干教师培训，且对那次培训印象非常深刻；L没有参加过系统的新课改培训，新课改精神主要依靠学校邀请教育行政部门领导或专门从事课改的省、市教研员传达、报告。

大致言之，虽然4位教师参加培训的层次等不一，但均认为目前的依托于校本培训、校本教研效果更好，更能对自己的教学有帮助。

C所在学校的校本培训活动主要是通过学校内部的业务行政组织如教科室、学科组、年级（段）教研组等来开展。其中学科组主要负责全校某门学科的教研活动，组长多由教导处主任或副校长兼任，主要职责是负责该学科的教研活动，包括新课改精神的学习、贯彻，以及集体备课等；年级（段）教研组成员由该年级（或年段）的同学科教师组成，主要由该年级（段）的教研组长负责。这也是大多数学校校本培训的模式。

J所在学校的校本培训主要采取三种形式：第一种是讲座，由学校领导轮流开设，讲座讲究互动；第二种是利用校园网中的"专业阅读"栏目开展对教师的培训；第三种是集体备课。J认为自己学校的教师在集体备课时都能开诚布公地表达自己的看法，"不管什么课，不管什么时候，不管什么活动，反正哪一个人上（课），其后面就是一个团队支撑的，我觉得挺好的"。

L所在学校的校本培训主要有三种形式：一是请区级教研员来校作新理念指导下的课堂教学改革之类的讲座；二是通过集体备课的形式统一对教材的理解和课堂教学行为的认识；三是观摩校内优秀教师的示范课，并进行讨论。L表示："我们学校的校本培训对我们影响还是大的。报告带实例这是最有效的。比如讲到某个地方看的实例，比如播放某个学校经验介绍，既有理论又有事例，空讲没有用。"

T所在学校的校本培训（教研）主要有两种：一是每到双周有一个理论学习班，35周岁以下的青年教师都参加。二是分学科的教研活动。教研活动有两种形式：一种就是年级组在一起备课，二次备课；另一种就是全校的示范课。T认为作为新老师，接触新课改最实用、印象最深的是从听课开始。"我小的时候是应试教育，有些时候老师说，我们在下面记，就像我们现在指导孩子读书的时候。我们现在知道老师的一些评价也是在指导孩子读书。以前不知道，这是我们自己感悟出来的。"

3. 受访者对自己课堂行为的解释

对于影响自己课堂行为的因素，4位被访者表示专家宣传的新理念确实使自己的教学观念发生了很大的变化，在备课和上课时会注意到师生互动、发展个性等理念的渗透，在有人来听课时更是如此。笔者曾经旁听了J老师的一堂语文课，确如其所言，备课便是按照新理念来准备，课堂教学中更是充分注意师生互动、发展个性等。然而她们更倾向于接受同群体教师一起研讨时的教学建议。同时，自己的教学经验、学生学业考试成绩的提升也是指导自己课堂行为的主要因素之一。下面不妨呈现一下受访者中教龄最短的T和教龄最长的L的自述。

T自述上大学时与小学实践后，对于教育教学的感受完全不一样。"到小学发现理想跟现实还是有差距的。"我们今天很希望弄一些活动，但是落实到最后，你还是要应试的。比如我们现在给孩子搞一种像拓展的联想，或者模仿说句子，比如说"雨点落在哪里""什么东西倒映在池塘里"、"像什么"这样一些比喻句，其实这样的句子孩子们说也许说得还可以，就是用词不太准确。有些孩子会说楼房倒映在池塘里，想了一下，像一根带子。其实我觉得他的想象也许是对的，但是落实到考试，可能老师会认为它不是那么准确，所以我们会引导他像一个积木，但是后来我们发现很多孩子在写的时候，他们写得不是那么准确，如果我们为了应试怎么办？那么我们就会让小朋友们写像白云,因为白云像很多东西,怎么写都不会错。但是我们有些时候觉得这样会限制孩子的发展。有时我们上课会允许他们这样说,但是落实到写的时候,有时候为了应试,我们会采取另外一种方式。

相对于T老师的年轻,作为有着多年教学经验的老教师L,对于自己的课堂教学行为,则有着自己的标准。她明确地向笔者表示,绝大多数时候的课堂教学,会根据自己的经验来行事。当笔者追问:"你作为一位老教师,有人来听课当然上的是另外一回事,没有人听课呢你会这样来讨论吗?"L略带迟疑地说:"我很少很少用,但是我觉得有的地方……我的想法是,大家都在用这个,好像感觉这就是课改的一种标志。我觉得一点不用呢,好像是不是也脱离这个课改精神,我会在我觉得实际有效的环节上用一下,但是我用的通常还是比较有用的,没有用的我基本上不用。"作为骨干,L深度地介入学校的教学科研工作,且常常接受学校领导安排,为全校教师开设公开课,因而对于自己的课堂教学颇为自信。当笔者问:"你现在的教学,是根据你认为有效,还是根据专家传播的新理念来做?"L明确表示是前者。L老师坦言:其实我觉得开始那段时间(指新课改初期——作者注)还是浪费的。大多数人都接受了,大概是公开课的时候,运用讨论的、合作的(方法),但实际上自己的课不一定用那么多,但是老用别的方式……但是很多的时候让学生讲得多,比如注意引发学生各种答案,可能各种角度让其回答,这方面我们的老师到现在都非常注意,另外就是各学科的东西融合在一个课堂里面。

三、分析与讨论

1. 新理念并不必然导致行为的改变

从访谈获得的材料来看,新课程培训确实使教师们接受了新的教学理念,如注重学生自主性、创造性的发展,注意师生互动,强调人文性与科学性的统一等。这些新理念的接受并不是因为它们是专家传授的缘故,而更多的是因为确实触及小学教师们普遍感受到的当代小学教育中存在的弊端。但新理念的接受并不会直接导致课堂新行为的形成,这既有不愿的因素,更有不能的缘故。因为对于大多数小学教师而言,仅凭其自身的理论功底是很难完成从理念到实践的转换的。正因如此,那种既有理论讲授,又有实例指导的培训便很受教师们欢迎。也因为这个原因,"高端"培训反而不如校本培训更受教师喜爱,对其日常教学更有指导性。

各层次、各级别的新课程培训使教师们能较娴熟地掌握新课程标准中所包含的理念,逐渐地内化为自己的东西,并会部分地自觉或不自觉地在课堂中运用。但是教师对于培训中接受的新理念会有自己的选择标准。教龄越长的教师,其对于激进的变革质疑会越多。对于这些质疑不能简单地用意识形态话语将其归结为对于传统经验的留恋、固守。此外,新理念即使为教师们内化了,也未必会转化为行为。4位教师均表示新理念确实不错,但当评价制度不改变时,在常态的教学中依然会按照自己"提高成绩"的经验或他人被自己认可的经验而行动。

2."知识生产"的参与度决定着行动者的行为

一些社会科学研究者认为,知识生产和再生产的活动并非完全是一种个人性活动,还有一种"集体性"的知识生产的存在。今日的中国,正处于"自上而下"的"知识规划"时代。在这个规划时代,存在着两大知识生产趋势以及相应的两种知识类型,这两种知识类型是"规划的知识"和"违背知识场域逻辑的知识"。其中前者是不以理论脉络和知识发展范式为依凭而是以某种规划为根据的知识方式下的产物,后者则也不是以理论脉络和知识发展范式为依凭,而是以社会需要、经济需要、政治需要等为根据的知识生产方式下的产物。从某种意义上讲,这些类型的知识并不是个人性知识活动的结果,而是由某种特定的"集体性"的知识生产机器生产和再生产出来的[①]。按照这种观点,当下的新课程所包含的新理念其实也是教育行政官员、专家学者、普通中小学教师共谋后,通过这种"集体性"的知识生产机器生产出来的产物,它也成为一种权威,具有强大的强制力和约束力。

按照教育组织行为学的观点,如果教育行政人员没有能力直接改变和影响组织参与者的内心状态,或曰动机的话,却可用间接的办法做到这一点。创造一种促进组织成员个人发展的组织环境——一种支持创造、团体建设和参与解决问题的环境[②]。也就是说,组织环境能更有力地影响人们的动机和行为。尽管有部分教师并不理解新课程改革,但在以新课程为组织文化特征的活动中,并不愿意或准确地说不敢将自己的不满说出。相反,普通小学教师将会用从各种场合获得、接受的新理念在这种组织活动中进行交流。

如果对新理念缺乏认同或掌握,教师在这个组织中便很有可能被边缘化。接受访谈的4位教师均谈到,接受课程培训的对象主要是中青年教师(教龄一般在20年以内),C在谈到自己学校中的老年教师时便说:老教师虽然也乐意参加年级组织的校本教研活动,但他(她)们一般不发表自己的意见,多数时间只是静静地听其他教师的发言。不过这种情形其实并不表明老年教师对于新理念方面的知识接受存在障碍,而是由于老年教师常常依据自己的教学阅历来判断教育改革的成效,

---

[①] 邓正来.学术与自主.北京:北京大学出版社,2008.
[②] (美)罗伯特·G·欧文斯.教育组织行为学.窦卫霖,温建平,王越,译.上海:华东师范大学出版社,2001.

而对于新知识生产的参与度较低。虽然在新课改的话语权为专家掌握的大环境下，他们不敢非议，但对实践中走向极端的行为常常会拿起"沉默"这种弱者的反抗武器来表达其不满，这种情况在课改初期尤其明显。

校本培训组织与专家培训相比更能够对教师课堂行为产生直接的影响，不仅仅是前者对教学实践的熟悉，也不仅由于教师是处于学校组织的权力控制之下，而是与教师处于组织之中，须受"游戏"规则的限制有着密切的关系。按照法兰西学派的组织观，组织中的行动成员虽然享有选择的自由和行动的自由，然而他并不能恣意妄为。他的态度与行动必然会受到组织的限制，受到其他行动者的制约与影响，因此他会考虑到其他行动者对他的行动可能会做出的响应，他会以别人的反应为参照，来做出任何有关行动决定。这样一来，行动者在组织中便被紧密地联系在了一起，彼此在决策方面高度依赖对方，这种在决策上彼此之间高度依赖对方的背景之中所从事的有组织的集体行动，即是克罗齐耶与费埃德伯格所称的"游戏"。即对行动者的行为进行规约与限定，也为行动者达到自身的目标提供可能性与条件①。正因如此，学校中的培训如年级学科组的集体备课、同年级的评课等，直接影响着教师的课堂行为。教师对于"知识生产"的参与度越高，其行为受所生产的知识的影响也越大。

3. "有效性"判断是影响教师课堂行为的重要因素

一些组织社会学家认为，组织或组织成员的工具性行为一方面植根于所欲求的结果，另一方面依赖于对因果关系的信念。当人的因果信念所支配的活动被用于创造所欲求的结果时，技术或者技术理性便不可避免。所谓技术理性有两个衡量标准：一个是设定的行为是否事实上生产了欲求的结果的工具性问题；另一个是结果是否在资源的必要耗费最少的基础上取得的经济性问题②。这是两种不同的标准，也使得在追求相同的欲求结果时，有着不同的路径。对于小学教师而言，都赞成将促进学生的发展作为教育的最终目标，但选择哪条技术路线，更多地取决于组织群体的取向。当群体组织及其领导者更多地关注于提高学业成绩的效率时，则其便会使得群体中的教师在课程教学中将应试作为其行动的指南，便会将促进每位学生发展的新理念置之不理，而采取他们依据其缄默知识认为更"有效"的方式。

简而言之，"有效性"判断是决定小学教师课堂行为的主要依据。所谓"有效

---

① 张月,陆丹. 组织的全新界说与释义. 中州大学学报,2008(2).
② （美）詹姆斯·汤普森. 行动中的组织——行政理论的社会科学基础. 敬乂嘉,译. 上海:上海人民出版社,2007.

性"并不是指一种恒定的"客观"的外在标准,而是指行动者自身对行为后果的判断。具体而言,一是指对影响自己在整个群体中地位的判断,二是指应对外部因素(如家长、校长等)要求的判断。

影响教师在组织中地位的因素较多,除了组织中扮演的角色(法定权威)影响外,还与教师的专业权威拥有与否有着极大的关联。在课改初期,课改话语权完全为专家精英所掌握,新课改理念已经成为学校"集体性"的知识环境中,教师课堂教学行为优劣的判断标准简约化为教师的教学理念是否符合新课改的新理念。因此,当教师需要面对组织中其他成员的听课、评课时,与独自课堂教学时便有了极大反差,前者更容易从形式上模仿被认为符合新理念的行动。被访者均坦言,如果有人来听课(尤其有专家或外校教师听课),肯定更多的是有意识地按照新课改的理念来行动。但当没有其他教育者来听课时,即使课前有着集体备课,教师依然会依据自己的缄默知识选择自认为更合理、更有效的教学方式、手段进行教学。不过,一个值得注意的现象是,当有公认的专业权威存在时,则教师的行为易自觉地受其评点的影响。

社会因素无疑对学校内部的行动也会产生影响。教师的行动不仅仅受制于所在小群体的制约,同时还受到更大系统的影响。新理念无疑对教师会发生影响,但掌握新理念并不意味着教师将完全按照理念行动。事实上,教师在课堂教学中的行为常常会被迫应对外部对自己的种种要求,而放弃自己的教学理念,因为外部的这种压力不仅会影响到自己在教师群体中的地位,而且可能威胁到自己的生存。

根据法兰西学派的组织观,所有行动者都可能是决策者。行动者在其自身存在的环境中,首先关注的是其如何生存以及如何更好地生存。行动者是能动的决策者,会根据自己对环境的领悟,做出于己有利的选择和决定,甚至有可能根据自己的需要以及自身存在的环境,逾越组织规则,不按游戏规则行事[①]。当教师面临的生存危机大于教师群体中的地位危机时,其选择克服前者的决策便不难理解了。

总之,影响教师课堂行动逻辑的因素是复杂的、多元的。在关注改变教师教育理念的同时,也应重视其他因素对教师课堂行动逻辑的影响。

---

① (法)埃哈尔·费埃德伯格.权力与规则——组织行动的动力(译者序).张月,等译.上海:上海人民出版社,2005.

夹缝生存：教师教育者身份认同的内卷化困境

南京师范大学　杨　跃

内容提要：随着我国高师院校教师教育改革实践的深入，"教师教育者"的身份认同与建构问题逐渐突显。现代大学日益凸显的学科文化等级、积重难返的学术惯习以及无可奈何的个人学术资本，是导致教师教育者身份认同内卷化困境的重要因素。

一、研究缘起

"身份"是众多社会科学研究的兴趣热点，也是理解学校教育实践的有效分析工具。研究者指出："身份"是教师生活和工作的组织原则，关涉教师的专业发展及其应对改革的态度和能力；我国中小学教师普遍持有"学科中心"的专业身份，"师范生毕业时觉着自己是中文系毕业的而不是中文教学系毕业的"[①]是一种司空见惯的现象，这与社会发展和教育改革所要求的教师专业身份不相适应，但又是历史演化与现实需要共同促成的，而非一朝一夕所形成的。近年来全国各类师范院校的教师教育改革热潮迭起，然而，改革发起者和推动者的美好愿望和艰辛努力并没有随着改革的深入而获得预期的成效和成功。"师范教育"的困惑与沮丧并没有伴随着"教师教育"的诞生而获得根本性的解决，甚至更加濒临"失范"。其中的原因错综复杂，但作为教师教育灵魂的"教师教育者"是否与改革同步建构起自我新的身份认同，是不容忽视也无法回避的。

教师的职业具有典型的"双学科专业性"，既要懂"教什么"（学科知识），又要懂"怎么教"（教育知识），还应懂得"特定学段教育（如基础教育）学生所需掌握的学科

---

① 卢乃桂，王夫艳.当代中国教师教育改革与教师专业身份之重建.教育研究，2009(4).

知识怎么教"。大学场域中的教师教育者①包括以下三类教师群体:学科专业教师(教授学科知识)、教育专业教师(教授教育知识)以及学科教学论教师(即从事学科课程与教学论的研究和教学,教授特定学段如中小学学生所需掌握的学科知识怎么教的教师)。

"身份是社会成员在社会中的位置,其核心内容包括特定的权利、义务、责任、忠诚对象、认同和行事规则,还包括该权利、责任和忠诚存在的合法性理由"②;"认同说到底是对自我身份的寻找和确认。"③身份是教师生活和工作的组织原则,关涉其专业发展及应对改革的态度与能力;若一位担任教师教育之责的人对自我身份并未拥有归属感、稳定感和一致感,则难以认同和热爱教师教育,改革也很难真正成功,因为"身份认同具有政治上的重要性……任何社会运动如果想要蓬勃发展,就必须为其源源不断加入的个体提供某种共同的身份,唯有如此,人们才会一直参加下去"④。"教师教育者"对自己身份的理解关涉其应对教师教育改革的态度、能力及其所从事的教师教育教学实践的效能等。教师专业化要求一支专业化的"教师教育者"队伍来开展教师教育,教师教育改革能否成功也极大程度地取决于"教师教育者"的自我专业身份意识与改革要求的匹配程度如何。当教师教育改革要求教师教育者转变乃至重构自我专业身份意识时,这个过程必然极其复杂而艰辛。事实上,"教师教育者"的自我身份认同危机正是教师教育改革最主要的困境之一。

在如火如荼的教师教育改革背景下,隐藏在"教师教育者"这一特殊群体日常言行背后却深刻影响其自我身份选择、认定与建构的场域特征有哪些? 导致教师教育者身份认同的内卷化困境的原因是什么? 如何建构教师教育者的身份认同? ……对这些问题的回答将有助于我们清醒地认识改革阻抗、有效地调整改革策略并切实地推进教师教育改革与发展。

---

① "教师教育者"(teacher educator)即"教师的教师"。在西方教育著述中,为职前与职后教师提供教育指导的教师都可谓"教师教育者",既包括大学教师教育机构中负责教育、辅导准教师(teacher-to-be)的指导教师以及为在职教师(in-service teacher)提供继续教育的教师,又包括中小学校里协助指导实习教师的合作教师(cooperating teacher)、辅助初任教师顺利度过入职阶段的指导教师。本文关注的"教师教育者"主要指负责教育、辅导师范生的高校(特别是师范院校)中的教师(university-based teacher educator)。大陆教育学术自从 2002 年首次将"教师教育者"作为一个概念指称出现后,专门研究"教师教育者"的文章逐年增多。[王少非.校长的教师教育者角色刍议.山东教育科研,2002(7);杨秀玉,孙启林.教师的教师:西方的教师教育者研究.外国教育研究,2007(10);李学农.论教师教育者.当代教师教育,2008(1);冯晓艳,洪明.教师教育者团体在美国当前教育改革中的立场与观点——基于"美国教师教育院校协会"(AACTE)对 NCLB 的修正意见.教育与考试,2009(1);孙自挥.教师教育者的学科教学知识研究.中国教师,2009(2);张小菊.国外有关教师教育者特征及职业素质的研究.湖北师范学院学报(哲学社会科学版),2009(5).]

② 张静.身份认同研究:观念·态度·理据.上海:上海人民出版社,2006:4.

③ 贾英健.认同的哲学意蕴与价值认同的本质.山东师范大学学报(人文社会科学版),2006(1).

④ (美)迈克尔·阿普尔.被压迫者的声音.罗燕,等译.上海:华东师范大学出版社,2008:99.

二、研究视角

多学科不约而同兴起的"边界"研究(从"组织边界"到"心理边界")对思考、分析教师教育改革语境下"教师教育者"自我身份认同的建构颇具启发意义。

"心理边界"指人的心理活动的限制线,这条限制线将个体/群体/组织与周边的环境区分开来,是人能够实现心理控制功能的最终界限,对内维系了秩序性,对外起到了保护个体/群体/组织的作用;心理边界是"心理围墙",使我们能够确立一个心理范围,在这个范围之内我们可以探索世界的意义。心理边界是人们理解世界的工具。

在诠释心理边界的形成与演进的多学科视角中,不同于心理学侧重从个体层面研究心理边界的社会认知理论(其对认知因素的强调突出了心理边界的主观性和个性化)和强化理论(突出环境因素在心理边界形成、演进中的作用),社会学视角下的社会认同理论和自我分类理论则是从群体层面理解心理边界,强调心理边界是个体对其在所属群体中地位的认识,以及赋予这种地位的价值和感情上的重要意义。这可以促使个体产生强烈的归属感和适宜感,激励个体将内群体与外群体间的差异最大化,将内群体的差异最小化;还激励个体自觉接受原型所描述的群体规范和行为方式。

社会认同理论认为心理边界是区分内群体—外群体的限定界限,边界越清晰,个体越积极地表现出所在内群体的类别特征。该理论特别强调群体成员资格(group membership)对于认同形成的重要性,人们依据群体成员资格来建构的身份被称为社会身份,而依据个人的个性、特质而建构的身份被称为个人身份。每个人都追求积极的自我形象,而社会认同是自我形象的重要方面,可以从个人所属的群体来获得,通过这个群体来界定和评价自己。导致群际歧视的决定性因素不是利益冲突和先有敌意,而是社会类属化(social categorization),即仅仅把人们划分为两个群体就足以形成内群偏好和外群敌意,个体与个体之间可以没有互动,群体之间的利益冲突可以缺失。也就是说,社会认同与社会类别化密不可分。一般而言,社会认同由三个基本历程组成:类属化(categorization)、认同(identification)和比较(comparison)。类属化指人们将自己归入某一群体;认同是认为自己具有该群体成员的普遍特征;比较是评价自己认同的群体相对于其他群体的优劣、地位和声誉。通过这三个过程,人们抬高了自己的身价和自尊。但是,在现实生活中,人们的群体成员资格和社会认同往往是多元的,在一个特定情境中,何种群体资格和社会认同会被激活和凸显,就成为一个不可回避的问题。

自我分类理论是社会认同理论的延续和发展；但不同的是，自我分类理论认为心理边界是个体在不同情境中对自我身份的识别。任何个体都拥有多重的自我概念，个体可以依据所处情境的不同，从不同维度进行人际和群际比较，识别自己的身份特征。此时，心理边界具有一定的弹性。自我分类理论指出，由于减少不稳定性动机的存在，人们努力降低他们在社会生活中以及所处位置的主观不稳定性，他们期望了解自己是谁，怎样做出行为，以及其他人是谁，他们又会怎样行为等。尤其是自我概念的稳定性，可以让个体知道应该如何感知和行为，并且较准确地预测自己的行为，因此也就能使个体避免受伤害并且计划有效的行动。一个人的自我概念不稳定，其心理边界就会呈现模糊性的特点，他不清楚自己是谁，应该怎样做，他人会有怎样的反应。不稳定性的存在促使一个人努力从属于高度一致化的群体，这样的群体具有明确而统一的原型和规范。

组织变革要求个体将自我进行重新归类，根据新的原型来表征群体才能获得内群体的相似性，心理边界也在变革中重新划定并被赋予新的意义，将新的去人格化的过程应用于自我，遵循新的恰当的群体方式。这一重新界定的过程显示了心理边界的动态性。组织变革研究发现，隶属于规模小、地位低的群体中的个体会对变革更积极，因为变革会使他们成为具有比较优势的新群体成员。心理边界具有多种属性：清晰性与模糊性、稳定性与动态性、渗透性与屏蔽性、个性化、复杂性、主观性和一定的路径依赖性。

边界运作(boundary work)理论认为，边界运作在自我的建构中居于核心位置，与其在两个既有的社会实体(social entities)之间寻找边界（譬如社会认同的研究就着重于探究"我们"与"他们"之间的分隔/segmentation），不如从边界本身出发探究人们是如何通过边界而创造出实体的。"边界"又分为"符号边界"(symbolic boundaries)和社会边界。符号边界指由社会行动者所制造的概念差异(conceptual distinctions)，这种差异将人们分为各个群体并形成同类相吸的感觉(feelings of similarity)和群体成员资格(group membership)。社会边界则是社会差异(social differences)的客观化形式，表现为群体之间在资源分配和社会机遇等方面的机会不平等。符号边界与社会边界又密切相关，不过社会边界是制度化的，而符号边界会随着群体之间的分类斗争(classification struggles)而发生位移，在这种斗争中优势群体(majority group)总是试图维持附着在其地位上的特权。只有当符号边界得到广泛承认、能够扮演一种限制性的角色时,才能够转变为社会边界①。

三、研究素材与分析

在教师教育专业化改革中,师范院校从事师范生培养工作的教师队伍包括纯学科背景者(他们会自谦"我不懂教育")、纯教育背景者(他们会焦虑地表示"我没有学科")以及"既有学科又懂教育"者,他们遭遇的身份认同危机及其表现各不相同。

(一)"晕场"

在教师教育专业化改革语境下,师范院校从事师范生培养工作的教师队伍中,除学科教学论教师外,还会有纯教育背景者和纯学科背景者。前者即"没有学科者",主要指从事教育类课程(包括教育学类课程和心理学类课程)教学的教师(其中有些人也有学科学习或从教经历)。近年来教师教育改革尤为重视教育类课程的改造与创新,特别强调加强与中小学学科教学实践的结合等。这些教师在教育类课程的教学中要紧密结合师范生所学的学科专业,显然不是一件易事;他们在教学与研究中,没有学科的切肤之痛是难以言表的:"每当拷问我自己'你是合格的教师教育者吗?'之时,一种习得性无助感便将自己紧紧裹住,近乎窒息。""没有学科,真的很难受。""我教师范生的教育学公共课这么多年了,再读一个本科也早读出来了。""很羡慕那些有学科的教师,要不是年龄这么大了,不然真想再去读一个学科。""有学科真让人羡慕!"……

可是,一位以文学博士身份进入某师大教育院系从事以教师语言艺术、书法艺术等课程为主的教师职业技能教学与研究工作的年轻教师 A,在发给笔者的邮件中则直言不讳地也表达了进入教育场域后的"晕场"感:"进入学术生涯(呵呵)的第一次迷茫,是对文学研究产生了某种说不明的质疑,文学研究真的有助于更好地进入文学和理解文学吗? 不过,那是很久远的事了,但这一'为什么研究'的质疑或许就留在了心中吧。第二次迷茫应该是在进入教师教育学院以后。毕业时在选择专业还是选择学校之间,我选择了后者,除了现实利益的考虑外,一个重要的原因是想摆脱长期以来对于导师的依赖,想在学术上独立起来,想走一条和师兄、师姐们不一样的路。但后来真正进入教师教育学院这个新的场域后,我开始'晕场',陌生

---

① 熊易寒.当代中国的身份认同与政治社会化:一项基于城市农民工子女的实证研究.上海:复旦大学博士论文,2008:31-32.

感、边缘感、无力感和孤独感是情不自禁地,其实我根本没有准备好!"(摘自 A 教师发给笔者的邮件)

（二）"夹缝生存"

教师职业及教师教育的双学科专业性使"教师教育"这一知识领域近乎天然地具有了学科与教育、理论与实践、科研与教研等二元制度特征。特别对学科教学论教师来说,自我专业身份认同即对"我究竟姓什么""我的价值是什么""我到底应该干什么"等一系列关涉"我是谁""我的家在哪里"的问题的回答。在既有的多重二元结构中,"夹缝生存"可谓他们真实而形象的身份隐喻。

1. "我究竟姓什么":学科与教育的夹缝

学科教学论究竟姓什么？这个"不是问题的问题"其实是一个学科归属问题。"我是一个语文学科教学论教师,还有一位同行。我和她都是身兼双职,甚至多职。在从事语文学科教学论教学的同时,我还从事语言学教学,有时还上中国文化概论公共课。她则兼授语文学科教学论和大学语文两门课程。系里面传统的做法是以学科的不同将全体教师划归若干教研室,如古代文学教研室、现当代文学教研室、古代汉语教研室、现代汉语教研室、文艺学教研室,等等。而学科教学论只有两位教师,总不会两个人成立一个教研室吧？没办法,只好按照所教的另一门课程的性质将我们归入现代汉语教研室,有一度还分开,她归文艺学教研室。不管怎样,形式上团体归属是有了,可心理上总是别扭得很,毫无归属感。每每组织教研活动,五六位老师在热烈研讨汉语问题,我总不能不识时务地拿学科教学论插上一杠子吧。"①

2. "我的价值是什么":理论与实践的夹缝

伴随着教师教育话语的转换,教师教育理念也发生嬗变。鉴于传统开设的教育学、心理学、课程教材教法等课程(俗称"老三门")存在"理论空洞""学了没用"等不足,加强理论联系实际上便成为各级各类师范院校共同的改革行动,"教师教育重心下移的势头日趋明显:教师自身、教育实践、个体知识、教育经验、教育情景、关键事件等日渐成为教师发展、教师学习的依靠性力量。相比较而言,教育理论、教师教育者、培训课程则门庭冷落,教师对之的不信任感增加,甚至将之当作导致教师教育效能低下的根源之一来归因"②。在"实践成师""以己为师""教师为本"的教师发展方式被抬高到无以复加的程度的背景下,师范院校的改革重心也是"加强

---

① 史晖."我"将何去何从——高师院校学科教学论教师的生存困境.教师教育研究,2009(4).
② 龙宝新.对当前我国教师教育中存在的"钟摆"倾向的反省.教师教育研究,2009(1).

实践"。这一实践取向的改革潮流是否有助于学科教学论教师的身份认同呢?

高师学科教学论教师的构成大致有几种类型:一是将学术兴趣和重心转到学科教学论领域的学科专业人员;二是具有较丰富中小学学科教学实践经验的人员;三是长期致力于学科教学论研究和教学并且长期工作于高校与基础教育之间的人员;四是学科教学论专业方向的博士、硕士等教育科班人员①。其中,无论是文理学科还是教育学科出身,只要从未在中小学校工作过的人,都会被视为"对中小学教育不熟悉",特别是缺少学科专业背景和中小学学科教学经验的教育学科出身者,总是"遭人诟病,被认为只会空谈理论,解决不了实际问题,脑门上贴的标签是'理想主义'或'乌托邦'"②。实践取向的改革对这类人的本体性安全构成重大威胁,改革带来的不舒服感不难想象;而对那些有过基础教育学科教学经历的人,又产生哪些影响呢?下面是笔者与 G 师院 A 教师的一段对话:

笔者:实践取向的改革是不是让像您这样有过基础教育实践经验的教学法老师如鱼得水了?

A 教师:按道理讲,应该是有优势的。但说到归属和地位,好像也没有像你说的如鱼得水。为什么呢?关键还是在世俗眼里,没有人把教学法当作学问,在教育学这个圈子里,可能还当回事;但到教育学这个圈子外面,根本不当回事。这又要说到教育学在学术体系里面本来就地位比较低,所以,永远都不会有人承认你做的是学问。你看,我们教学法老师当中,也有人终于评上教授了,但别人会说:"他那也是教授?"(摘自对 G 师院 A 教师的访谈)

对学科教学论教师来说,无论其是否具有基础教育的学科教学实践经验,新一轮的教师教育改革似乎并没有为其夹缝生存境遇带来实质性改变;即使那些为教育学科出身者无比羡慕的"由中小学学科教学一线教师华丽转身而成的高师学科教学论教师",在实践取向的教师教育改革大潮中,依然"被先验性地贴上缺乏理论的'实践型'的标签而遭另眼相看";而那些缺少基础教育学科教学经验的教师更是被抛入理论与实践的夹缝之中。改革中教师教育者再次遭遇边缘化的命运安排:"进也难,退也难;理论不被看好,实践又觉得不上层次,直让人有无所适从之感。"③

---

① 杨启亮. 反思与重构:学科教学论改造. 高等教育研究,2000(5).
② 史晖."我"将何去何从——高师院校学科教学论教师的生存困境. 教师教育研究,2009(4).
③ 史晖."我"将何去何从——高师院校学科教学论教师的生存困境. 教师教育研究,2009(4).

学科教学论教师面对新的改革要求所产生的无所适从、焦虑、自我怀疑、自我否定乃至恐惧等内在心理体验,正是其自我认同危机的表现。在安东尼·吉登斯(Anthony Giddens)看来,自我认同是个体根据对自身经历的反思所理解到的自我,即个人在特定社会环境结构中通过与他人的长期互动和不断反思所形成的关于自我的认知,自我认同能帮助个体清晰地了解自己的生活经历、个性倾向、社会期待及人生理想等,使个体对"我是谁""我将走向何方"等问题不再有彷徨迷失之感,在个体的社会化过程中实现自我要求与社会期望的整合;而处于自我认同危机中的个体则会在充满变迁的外部环境中缺乏自我的连续感,对可能存在的风险充满忧虑,产生自我感的分裂,并丧失自我的意义感和价值感。

教师社会学研究表明,教师的工作是高度自我涉入的,教师的自我认同和人格特质是构成教师教学实践的重要因素。如果教师面临外部评价与自我评价的矛盾、理想期待与现实认知的冲突、时代挑战与自身素质的落差等,就会对"我是谁""我拥有什么""我能够做什么"等产生疑惑和动摇,就会对自我价值和成就产生困惑和否定,进而影响对自我和职业的认同。在教师教育改革中,学科教学论教师的自我认同危机是内在因素(如本体安全)和外在因素(如社会环境)共同作用的结果。内在因素表现为维系自我连续的本体安全(特别是职业安全)受到威胁、自我内在统一性遭到破坏、自我身份建构模糊不清;外在因素则集中表现为改革所要求的角色转换与重新定位、素质提升与完善等。比如,进入教育学院的学科教学论教师可能并未深刻理解改革对自己新的角色规范的要求,对自己即将扮演的角色缺乏充分的思想准备和扮演动力,也并未着手进行角色转化。因此,虽然自己的空间位置发生了变化,但仍然不自觉地沿袭着自己原先的角色习惯和心理来处理现实环境问题,未能用新的角色规范来约束和完善自我。而自我连续感的缺失使角色衔接出现断裂甚至迷失,既找不到过去的"我",又不是理想中的"我","觉得自己不是自己了",角色的完整感被打碎。"与其说自我是一个实体,还不如说它是一个过程";自我是不断发展而非与生俱来的,是在社会经验和社会活动中出现的;"自我从本质上来说是一种社会结构,是从社会经验中产生的";"完整的'自我'的统一性和结构反映了一个整体的社会过程所具有的统一性和结构"[①]。在充满流动性和不确定性的现代社会尤其如此。从这个意义上说,教师教育改革需要善待并重估教师教育者的价值:"绝不能因怀有'一朝被蛇咬,十年怕井绳'的心态而将实践成师的路径一下子追捧到极端化的地步。给教师教育者正名,让教师教育者回归其

---

① (美)乔治·H·米德.心灵、自我与社会.霍桂桓,译.北京:华夏出版社,1999:152-156.

辅助、加速、引领教师专业发展的本然角色,是当代教师教育迈向复兴的关键一步";"教师教育者只是促进教师发展的一个重要辅助条件,如何利用好这个条件来使之充分服务于自身的发展取决于教师自身"①。

3."我应该干什么":科研与教研的夹缝

笔者与 E 师大 A 教师(A 教师多年承担全校师范生的"公共教育学"课程)有过一段对话:

> 笔者:如果现在你们学校决定在你们教科院之外再单独成立一个教师教育学院,而且将现在的公共课老师一律调入教师教育学院,你是不是会感觉到自己受重视了?
>
> A 教师:是的。这样的话,公共课就不再附属于专业课了,在教科院总归是优先考虑专业课的。但是不是就会感觉自己受重视了?这不好说。对于具体老师来说,那倒不一定就愿意去!我就不愿意去!在人们的印象中,公共课在理论层面上总归是低于专业课的。你看,现在的大学老师不都更愿意搞科研而不愿意搞教研吗?你看在我们大学里,所谓教学型的老师,课上得好,人们虽然欣赏但并不佩服;而研究型的教师,课虽然上得不好,但没有关系啊,人们照样很佩服他们!领导们更是了!欣赏和佩服还是不一样的。学校里不是有一句口号吗,叫"教学为中心,科研为先导"。说到底还是科研第一,是火车头,教学才是第二,是火车身体。师范大学,首先是大学,大学是第一,而大学就是要有理论,要搞学术,这是根深蒂固的,不是一两个人的思想认识问题。比如,数学教育,就姓"数"而不姓"教"。所以,在师范生的培养上,师大的老师还是不太重视培养师范生的技能,甚至有一种观点很普遍,那就是:"既然招进来了,那都是会说话、会写字的,至于普通话说得好不好、字写得好不好,那哪里管得过来啊!""专业课学好了,还担心不会上课啊?不会当老师啊?"
>
> 笔者:现在学术界倡导建设教师教育专业、建构教师教育学科,你怎么看?
>
> A 教师:这应该还是有意义的吧。但我觉得更多的还是实践意义,对于教师培养的实践工作而言的。但并不是有了一个教师教育专业、教师教育学科,从事教研就提升了自己的学术品质和学术地位。当像我这

---

① 龙宝新.对当前我国教师教育中存在的"钟摆"倾向的反省.教师教育研究,2009(1).

样两种身份都有的时候(指既教面向师范生的"公共课",又在教科院教"专业课"),当然更倾向于专业了。

正是这种科研导向使学科教学论教师又被抛入科研与教研这个更深的夹缝之中。浓烈的崇尚科研之风使他们从事教学研究的特长不仅不是优势,相反恰恰成了劣势。别的大学老师可以依据自己的价值取向、能力优长和目标追求等,在两者之间做出自主选择;之所以大多数人不选择做教研,主要还是出于功利算计:"虽然学校也有许多申报教研课题的机会,但是,一方面教研课题也不是很容易申请到的,不是你申请就能得到的,另一方面教研课题申报下来,要好好完成也不是很容易的,最起码是要付出努力的吧。所以,有这个工夫、精力和能力的话,还不如直接就申报科研课题呢!"(摘自对 E 师大 A 教师的访谈)然而,教学法老师似乎连这个自主选择的机会都没有:"我天生就是从事教学研究的,中学××学科的教学研究就是我的科研任务!所以,我申报的科研课题,无论级别多么高,在旁人眼里永远都只是教研项目,真是一点办法都没有!更何况,我们也不可能有高级别的科研项目申报。"(摘自对 A 师大 C 教师的访谈)

学科教学论教师中的各学科专业出身者和教育学科出身者,要成为改革要求的教师教育者,各有所长也各有所短,因人而异,不可一概而论。比如,同样是学科专业出身者,虽然都拥有学科专业背景,但并不意味着都对学科教学论研究充满兴趣和热望,很可能"由于不能很好地驾驭学科专业教学,任由领导指派或出于生存需要只好改教学科教学论";"'专业课教不了,只好教教学法'并非一句戏言,也从一个侧面说明了学科教学论的学科地位"[①]。

> 我给你介绍三位教学法老师:一位数学专业的,非常非常熟悉中学数学教育,在附中上课绝不逊色于中学的名师。另外一位是自己申请来当教学法老师的,为什么呢?因为他觉得教学法老师自由、轻松,也不需要做什么研究。还有一位教学法老师也是自己申请来的,但原因不同,是因为觉得自己专业课搞不下去,或者说搞专业研究太吃力,干脆申请去从事教学法研究吧。可见,在教学法老师的任职资格审查上,学校管理层面是有很大不足的,这样的老师,功底都存在欠缺,怎么搞得好教学法的研究和教学呢?像那种毫不逊色于中学名师的教学法老师太少、太少,凤毛麟

---

① 史晖."我"将何去何从——高师院校学科教学论教师的生存困境.教师教育研究,2009(4).

角! 而且在现在这种体制下,甚至不可能再有了。也就难怪在大学里教学法老师的地位不高! 这说明学校层面并没有真正重视教学法,更谈不上认真培养教学法老师(比如送他们去中学蹲点锻炼等)。(摘自对 E 师大 A 教师的访谈)

(三)"被收编"

在大学学术架构中,学科教学论是一个特殊的知识领域和学术阶层;学科教学论教师显然是教师教育改革中独特而重要的主体力量,但他们究竟该归属教育(教师教育)学院还是文理学院,则是各级各类师范院校教师教育改革中极为"纠结"的焦点。

学者指出:鉴于"课程与教学论专业的学术队伍,通常分布于师范院校各院、系,是个最庞大也最松散的学术群体,如不能优化调整凝聚成学术合力,极容易形成诸侯割据、各自为政的局面",以及"之所以发生学科教学论偏重学科忽视教学论的根本性失误,在很大程度上是因为它们各自的学科学术环境","显然,这支队伍是教育学科的队伍,至少在学位点建设中,它的学术依托及环境应在教育科学学院或系,或研究所而不宜散建于其他院、系"[1]。各级各类师范院校蓬勃开展的改革便致力于调整学科教学论师资力量,改变过去那种分散在各文理学院的游离状态,以整合全校范围内的教师教育资源,改革举措也实施了不少(比如将其全部归入教育/教师教育学院)。然而,改革举措似乎并没能改变学科教学论教师在学科专业组织和教育专业组织中的双重边缘化处境,他们的身体定位即使转移到教育(教师教育)学院,与此相伴的学术位置迁徙仍然不过是在新的学术部落内部复制原先那种二元体制;甚至原本弱势、尴尬的身份进一步出现逐渐凝固化的趋势,使其自我身份认同呈现出内卷化[2]困境,表现为其学术地位

---

[1] 杨启亮. 课程与教学论学位点建设中的学科教学论. 学位与研究生教育,2002(5).
[2] "内卷化(involution)"是中国社会学研究中为数不多的几个被认为和中国社会某些特色联系密切且使用频次较高、影响较广泛的概念之一。Involution 源于拉丁语 involutum,原意为转或卷起来,引申为内卷、内缠、纠缠不清的事物以及退化、复旧等意。内卷化一词滥觞于康德,经美国人类学家戈登威泽(Alexander Goldenweiser)和格尔茨(Clifford Geertz)的再运用,成为人类学、社会学中描述社会文化发展迟缓现象的专用概念;并随美国汉学家黄宗智教授两部名著的面世而在中国农村研究中受到关注。(黄宗智. 华北的小农经济与社会变迁. 北京:中华书局,1986;黄宗智. 长江三角洲小农家庭与乡村发展. 北京:中华书局,1992.)"内卷化"概念指一种文化模式达到某种最终形态以后,既没有办法稳定下来,也没有办法使自己转变到新的形态,取而代之的是不断地在内部变得更加复杂,即系统在外部扩张条件受到严格约束的条件下,内部不断精细化和复杂化的过程;因外部条件严格限制或内部机制的严格约束,社会经济或文化制度在发展过程中出现一种惰性,导致没有发展的增长即内卷化。[杜赞奇. 文化、权力与国家:1900—1942 年的华北农村. 南京:江苏人民出版社,1995;刘世定. "内卷化"概念辨析. 社会学研究,2004(5);甘满堂. 社会学的"内卷化"理论与城市农民工问题. 福州大学学报(哲学社会科学版),2005(1);郭继强. "内卷化"概念新理解. 社会学研究,2007(3).]

的底层凝固化和水平移动化形成的只是"没有发展的增长",学科教学论教师仍然身陷在学科与教育、理论与实践、科研与教研的夹缝中,甚至"原先是一堵墙,现在是两堵墙"①。

教学法老师去了教育学院,还是没有归属感!教育学院的人会认为"他是物理的""她是化学的",这里有一个很重要的文化融合的问题……知识分子嘛,都是要面子、要尊严的,去了教育学院,会有一种编外的感觉,像个外来户,自己也会有被收编的感觉,自我就很不认同啊!收编的主体也自觉不自觉地会有、会流露出这种思想。我们师院最早是并进了1所师专和1所教育学院,后来又把2所中师并进来,各个学院就让这些中师并进来的老师当教学法老师,他们原先是教小学语文教学法、小学数学教学法的,现在就教中学语文教学法、中学数学教学法。他们虽然是被并进了各个文理系科,不是进教育系,但心路历程都是一样的,大多都有一种被收编的感觉。(摘自对G师院A教师的访谈)

有研究者指出:"××师范大学在成立的'教育学院'下设'学科教学系',将学科教学论教师与教育学专业有关师资力量整合起来,从而满足他们的归属感需要,已取得了初步的成效。还有的师范大学是依托'课程与教学论研究基地'或'课程与教学论研究所',将分散在各文理学院的学科教学论师资和教育学院的师资整合起来,以发挥学科教学论教师的整体优势。"然而,这些旨在促进教师资源整合的改革举措,是否必然成为推进教师教育专业化的良好途径呢?这是需要实证探究的。就在该文发表的同一年,该师大并入教育学院的学科教学论教师又重新回到文理学院,"教学论老师于2009年又回到各个文理学院,这是事实"。下面是该校几位学科教学论教师对笔者提出的几个问题的回答(摘自该师大学科教学论教师A发给笔者的邮件):

笔者:就您所在的学院和教育学院相比,您对哪一个更感觉有归属感?

B教师:教育学院是专门研究教育原理、一般规律的学院,而师范教育专业学院的教学论老师是以某专业知识为基础,采用教育学原理、心理

---

① 选自南京师范大学教育社会学研究中心胡金平教授在教育社会学沙龙的发言(2010/06/23),特此致谢。

学原理来研究某专业学科教学规律的教师,因此在专业学院更有归属感。

D教师:应该是现在的学院更有归属感,因为专业的缘故,专业教学与教学专业是有区别的,专业教学强调的是专业。("专业教学"中的"专业"指文理学科专业——笔者注)

F教师:自己本专业学院。

笔者:如果说教学论老师在学院有边缘感,请问您去了教育学院后是否也有一种边缘感呢?两者相比,在哪一个学院边缘感更强烈一些呢?

B教师:在教育学院边缘感更强烈一些。如:无法讨论专业知识问题;开展中学实验教学困难重重,学生实验安排无论是指导老师还是学生都不方便;学生实习,教育学院无法管理(摊子太大,也不懂专业)。(这里的"专业"仍指的是文理学科专业——笔者注)

D教师:应该是在教育学院边缘感更强一些。主要还是专业的问题。在教育学院要融入专业好像共同专业语言更少一些。

E教师:在教育学院,教育系老师说我们抢了他们的饭碗。

F教师:在教育学院边缘感强烈,因为自己的教学对象是本专业而不是教育学院的学生,教育学院的本科、研究生教学都没办法融入进去。

笔者:能用一个(或几个)词描述一下您在教育学院的感受吗?

B教师:后妈养的。

D教师:专业差异。

促使学科教学论教师建构清晰、明确、稳定的身份感,消除身份认同的内卷化危机,需要多管齐下的制度变革。"中国教师教育制度历史性转换的实质,就是以新型的教师专业组织活动于大学的学科专业体系中"①;"如果学校单独成立教师教育学院,我肯定愿意来教师教育学院,大家都是平等的,都是从事教学研究的,不会有被收编的感觉。"(摘自对G师院A教师的访谈)"学科教育的教师在一起,可能更有一种归属感,因为共同语言多些,有时也可适当地交流。""最好的办法是单独成立教师教育学院。也许会好的。可以实实在在做点教师教育改革的工作。"(分别摘自前述师大学科教学论教师B和E的邮件)

2010年春,××师大在推进教师教育学院实体化改革中,就学科教学论教师岗位设置问题在人事处网站上发布了如下通知:

---

① 李学农.教师教育组织的重构.教育评论,2004(2).

关于纳入教师教育学院实体化试点学院
学科教学论教师岗位设置和工作安排的通知

各相关学院：

根据《××师范大学推进教师教育实体化建设2010年度工作方案》文件精神，学科教学论教师一般应在师范生转入教师教育学院的同时转入教师教育学院，按规定办理校内调动手续。当年未随学生转入教师教育学院的，根据教师教育学院的需要，可承担2007至2009级师范生培养的相关课程教学和教育实习指导工作。至2012年上半年，教师教育学院根据需要面向校内外公开招聘相应学科教学论教师。请纳入教师教育学院实体化试点的××院、××院、××院、××院、××院、××院将学校的上述文件精神传达给本院学科教学论教师，并征询其是否转入教师教育学院的意愿。相关学院学科教学论教师慎重考虑后填写《××师范大学学科教学论教师岗位设置和工作安排意愿选择表》，学院签署意见后于2010年5月31日前交人事处人事科。

特此通知

××师范大学人事处
二〇一〇年四月十三日

附：《××师范大学学科教学论教师岗位设置和工作安排意愿选择表》（略）

全校各个专业方向的学科教学论教师对此反应各不相同。有的老师表示："肯定是去教师学院啊！不去，在院里干什么呢？院里都已经表示积极支持学校的改革，连我们的实验室都给我们带去教师学院。所以，我们几个人都会去教师学院的。"也有的老师表示："肯定不去！他们请我继续上××教学论的课，我就继续上，不请我上，我就在院里教其他课程，我原先就是专攻……研究方向的。"有的老师则经历着艰难而痛苦的权衡与抉择："坦率地说，在两边都没有归属感，都觉得被边缘化；但在我们学院，毕竟这么多年了，说实话，我也知道，我就是现在说去教师教育学院，我们学院也许不会有什么舍不得；但到了教师教育学院，我又算什么呢？我觉得自己还是会不舒服。因为在我们××学科领域，我也是做得不错的，起码我一直坚持在做，我两边都在做，都有感情。不去教师教育学院，不搞学科教学论，我照样可以做××××（指其所在学科门类的一个二级学科领域），这些年我也一直坚持在做，做得也相当不错。但我毕竟做学科教学论这么多年了,付出了这么多,虽然在我们学院也还是边缘,但我也习惯了,虽然人们对学科教学论并不觉得怎么了不起,但至少院里的同事都知道我在这个领域做得还是不错的;所以,现在要我决定是否离开这个熟悉的环境去一个陌生的新环境,确实很难,想想没有几年也要退休了,做这个决定确实很痛苦!特别不舒服的是,学校就这样给你张表,要你自己签个字、表个态,感觉就像被'招安'了,我很难接受,很不舒服;不是我要什么名誉、待遇,而是至少你学校要给我一个说法。我什么信息都不知道,什么情况都不了解,怎么让我做决定呢?信息不对称,谈何对我们老师的尊重呢?"还有的老师处于犹豫、观望的状态。

人类社会制度的变迁大致有革命(revolution)、演进(evolution)和内卷(involution)三种路径力量在起作用;其中,革命是一种间断性、突发式或剧烈的社会制度改变与更替,演进是一种连续、缓慢、增进性、发散性或沿革式的社会变迁,内卷则是一种社会体系或制度在一定的历史时期中在同一个层面上内卷、内缠、自我维系和自我复制[1]。"制度变迁是一个复杂的过程。这乃是由于制度变迁在边际上可能是一系列规则、非正式约束、实施的形式及有效性变迁的结果……制度变迁一般是渐进的,而非不连续的。""一些微小事件的结果以及机会环境能决定结局,并且,结局一旦出现,便会产生一条特定的路径。"[2]这便是路径依赖(path dependence)。内卷化作为一种负的路径依赖机制,包含了更多非正式制度约束的因素;制度、体制一旦形成,极易产生强大的制度惯性;各种群体的利益博弈又制约着制度变革。

师范院校内部的教师教育专业化改革牵涉各院系间的人事分配、经费划拨、利益分割等棘手的现实问题;改革也无法规避利益(包括学术利益和经济利益)博弈。学科教学论教师的身份定位也与学科教育关涉的利益分配相连。比如,各学科方向的硕士研究生和教育硕士的招生、培养权归谁?长期积累形成品牌的《中学××之友》期刊归谁?此类问题不仅涉及利益,更是生存命脉。

要将教学法老师并到教育学院里,必须有依托,要有大量的教育硕士。这样,这些教学法老师就可以在教本科生的那一点"教学法"课之外,还能够带教育硕士,这样工作量才有保证。否则人来(教育学院)了,事情不来,还是不好办。我们 G 师院也曾经想过是不是要把教学法老师统一

---

[1] 韦森. 斯密动力与布罗代尔钟罩——研究西方世界近代兴起和晚清帝国相对停滞之历史原因的一个可能的新视角. 社会科学战线,2006(1).

[2] (美)道格拉斯·C·诺斯. 制度、制度变迁与经济绩效. 杭行,译. 上海:格致出版社,2008:7,129-130.

并到教育学院去,后来仔细想想,还是觉得行不通。像我们这样的普通地方性师范学院,没有教育硕士培养权,那些教学法老师只能教那么一点点的"教学法"课,去了教育学院,那更没有事情做了,毕竟在自己的学院里,还可以兼着教一点专业课。(摘自对 G 师院 A 教师的访谈)

(四)"什么都不是"

如果在师范院校内部建立了专业的教师教育组织机构,学科教学论教师不知道自己该归入哪个群体的自我身份迷惘和身份认同危机,是否就能够为"教师教育者"这一新的身份所化解?"教师教育者"真的能够成为新的"第三种身份"吗?

笔者问过很多学科教学论教师这样一个问题:"对您身份的称谓,'学科教学论教师'和'教师教育者',您更喜欢和愿意接受哪一个呢?为什么?"他们几乎众口一词地表示:"那当然是'学科教学论'啦!"有的继而询问:"'教师教育者'?什么意思?"至于"为什么",一位学科教学论老师如是说。

> 因为前者好歹还有一个圈子。而后者,对于我们来说,如果不能成功转型的话,就真不知道自己的学术圈子在哪里了……到教育学院后,感受比较复杂,我也是被动地又转向现在的研究领域。很多时候,专业兴趣受你的岗位的影响很大,特别是不太坚定,或者是在起步阶段的时候。因为缺少专业氛围,更缺少专业发展的机会了。所以,这种边缘感更加强烈一些。例如,我们的研究生招生,我们没有专业选择的权力。还有就是,我们没有机会参加**学科教学论方面的学术会议……你要我用一个词描述在教育学院的感受,那就是……"打杂"。(摘自 I 师大 A 教师发给笔者的邮件)

身份认同不是简单地由社会结构所决定,而是在社会结构与社会情境中,通过自我与他人的互动,在事件的驱动下,间歇性地生产出来的;身份认同既具有结构性又充满建构性,既具有确定性又充满权变性。认同依循群体认同、社会认同和自我认同三个层次展开,个体首先从所在群体获得一种信仰系统并通过该群体参与社会、获得归属感和社会认同感,而后产生自我认同的内在动力,直接影响个人的自我参与。其中,社会认同源于个人对其所属社会群体地位的认识以及赋予成员地位的情感价值。个体通过社会分类对自己的群体产生认同,拥有共同的信仰、价值和行动取向。

学科教学论是一个极具学科互涉性的独特知识领域,作为一种结构性力量,在某种程度上为学科教学论教师这一中国百年师范教育历史所形成的特殊知识群体设定了基本的身份边界,但这只是社会归类(social categorization),远非自我认同(self-identification);而自我认同与社会归类之间常常存在紧张与冲突。学科专业和教育专业的双重边缘特征使他们总是有一种"找不到队伍"的本体性焦虑,身份游移中总也没有安全感。虽然他们会认为自己是"搞教学法"的,但往往并不认为自己是"搞教育研究的"(教育研究在他们的话语中其实是指教育理论研究);他们更愿意认为自己是"搞学科专业的","搞纯教育理论的"在他们眼里也是"不懂专业的";但在学术界的集体无意识中,他人并不这样界定他们的身份,也不这样对他们进行社会归类。因此,在专业学院的学术同行面前,他们又很少这样陈述,即使他们会努力争取成为"搞学科专业的"。

人的自我观念是在与他人的交往及在想象别人对自己的评价中形成的,总是受"镜中我"的影响。吉登斯认为,自我认同在个体的反思活动中被惯例性地创造和维系着,作为反思性理解的自我;反思又源于主体的生活实践和社会文化心理结构。从这个意义上说,身份确立也是一个社会控制过程,"人们在日常的沟通中,将微妙地、温和地从他人那里了解到哪种特定的身份是不恰当的";当人们在现实生活中逾越了约定俗成的身份边界时就会遭遇"惩罚"(如特定情境下消极而痛苦的情感体验),渐渐地就会产生适宜的心理防御机制以尽可能最大限度地逃避这种痛苦的"惩罚"①。当学科教学论教师觉得自己"什么都不是"时,这种心理情结恰恰构成其防御性认同的心理机制②。

四、研究结论

(一)夹缝生存:学科教学论教师身份认同的"内卷化困境"

由于传统师范教育时代的人事政策与制度并未被完全突破,教学法教师的身体定位即使转移到"教育学院",与此相伴的学术位置迁徙仍然不过是在新的学术部落内部复制原先的那种二元体制。教师教育改革对教学法教师定位的变革只是在上述二元制度框架下的小修小补,只是一种新的迁徙和复制,并没有实质性突

---

① (美)乔纳森·特纳,(美)斯戴兹.情感社会学.孙俊才,文军,译.上海:上海人民出版社,2007:96-99.
② 身份认同具有两种不同面向,兼具自我展示和自我保护的功能,分别形成进取性认同和防御性认同,两者经常相互冲突。身份的自我展示即自我向外界展现自我的优越性或独特性,通过进入一个相对优越的群体(如炫耀性消费)而产生进取性认同;身份的自我保护则是由于社会结构对身份认同的刚性限制使得任何逾越社会边界的身份认同都可能受到惩罚,为了规避惩罚,人们有时会倾向于选择相对劣势的社会身份,从而激发防御性认同。进取性认同是将自我投射到理想身份中,防御性认同则表现为个体在日常生活中会"过滤"掉那些危及自我完整性的威胁而建立保护带。[(英)安东尼·吉登斯.现代性与自我认同:现代晚期的自我与社会.赵旭东,方文,译.北京:读书·生活·新知三联书店,1998:59-60.]

破,在从事教育理论研究人多势众的"教育学院",教学法教师仍然没能找到安置自我身体和心灵的"舒适地带"。虽然教育硕士专业学位教育的兴起和"课程与教学论"学位点下"学科教学论方向"研究生教育(硕士、博士)的迅速发展为"学科教学论"提供了发展机遇,但历史形成的"学术层次偏低""理论内涵单薄"的"工具性""技艺性"学科定位已经成为人们头脑中根深蒂固的社会记忆。在新一轮的教师教育改革语境下,教学法教师无论在学科专业还是教育专业组织中,仍然都处于边缘地位;正是这种"双重边缘化"使其自我身份认同也表现出"内卷化"特征(或者说在自我身份认同上产生"内卷化"危机);而这种身份认同的"内卷化"困境则直接影响到他们对教师教育改革的认同、支持和付出的程度。

(二)"教师教育者":一个"想象的共同体"

改革话语中的"教师教育者"也只是更多地被视为有着共同职业和学术使命(所谓的"教师教育")的人的集合体,而不是真正的社会群体,是存在于纸上(迄今为止也只是停留在学术论著和学术话语中,尚未进入官方文件等政策话语中)的群体(group-on-paper),而非"现实的群体"(group-in-reality)。"纸上的群体"作为一种标签群体,其身份是外部社会强加的,其内部则在很大程度上缺乏有机的社会联系和凝聚力,仅仅在某些方面(如学术使命)具有原子意义上的相似性。"现实的群体"则是一种内聚群体,其同质性植根于社会互动或文化传统之上。学科教学法教师在各个文理学院中往往被视为"搞教育的",而在教育院系中则被视为"搞学科的"。虽然在学科体系中,"学科教学论"位于"教育学"一级学科、"课程与教学论"二级学科之下,但个体未必因此在"身体感"上能够获得本体性安全感和身份认同感。同样,即使有新的支配性制度去规范身份定位,但也只有当行动者将之内化并且环绕着内化过程而建构自我身份时,才会真正具有认同的力量。

教学法教师会认为自己是"搞教学法"的,但往往并不认为自己是"搞教育研究的"("教育研究"在他们的话语中其实是指"教育理论研究"),或许他们更愿意认为自己是"搞学科专业的",但因为在学术界的集体无意识中,他人并不这样界定他们的身份,也不这样对他们进行社会归类,所以他们一般也就不会在其他同事面前这样表达,大多认为自己"什么都不是"。

正像皮埃尔·布迪厄所描述的那样:"当惯习遭遇了产生它的那个社会世界时,如鱼得水,得心应手:它感觉不到世间的阻力与重负,理所当然地把世界看成是属于自己的世界。"[1]

---

[1] (法)皮埃尔·布迪厄,(美)华康德. 实践与反思——反思社会学导引. 李猛,等译. 北京:中央编译出版社,1998:172.

"在世"与"在线"

——兼论虚拟生存中人的自由向度

广西师范大学 王彦

内容提要：电脑革命开启了网络虚拟空间,人类的日常生活由实体存在空间拓展到虚拟实在空间,"在世"与"在线"成为人的两种生存状态,两者存在本质的差异,同时又相互嵌入、相互作用。虚拟生存是人对自由的追求与实践,通过在线与在世的交替超越实在世界的边界和限制,但这依然改变不了人永远挣扎在自由与不自由这两种状态之中的状况。在虚拟空间中,"复生"与"复死"是主体自由性的一种表现,也是解决主体在"在世生存"与"在线生存"纠缠在一起的矛盾状态中的一种策略性选择。

20世纪下半叶的电脑革命,无疑已对人类社会产生巨大的冲击。而电脑科技持续快速的发展,特别是以电脑及其信息网络技术架构起来的一个网络虚拟空间的出现,对人类的日常生活方式产生更加深远而广泛的影响。曼纽尔·卡斯特(Manuel Castells)在《网络社会的崛起》一书中指出:"作为一种历史趋势,信息时代的主要功能和方法均是围绕网络构成的,网络建构了我们社会的新社会形态,而网络化逻辑的扩散实质地改变了生产、经验、权力与文化过程中的操作和结果。虽然社会组织的网络形式已经存在于其他时空中,新信息技术范式却为其渗透扩张及整个社会结构提供了物质基础。"[①]对于生活在现代社会中的人们来说,信息技术的发展在不同层面改变着人们的生存方式,特别是电脑及其联通的网络技术的迅速发展,对人们的生存状态形成了一种巨大的冲击,可以说,随着互联网在人们的社会生活中的广泛应用,人类的生存方式受到了前所未有的挑战。尽管互联网从本质上来讲只是一种信息传播的工具或平台,但是,由于互联网把越来越多的媒介联系并整合在一起,创造出一种新的社会,形成了人类生活和工作的一个"另类空间",所以现代人的生活状态和生存方式便发生了根本性的变革。

[①] (美)曼纽尔·卡斯特.网络社会的崛起.夏铸九,等译.北京:社会科学文献出版社,2001.

一、"在世"与"在线":人的两种生存状态

（一）实在与虚拟实在:"在世"与"在线"的本质差异

1. 生活空间的分化

在网络技术没有产生之前,人们的生活空间是以现实世界中的物质为载体而建构起来的一个物理空间和社会空间。尽管物理空间与社会空间存在差异,但是,这两个空间在本质意义上是相同的,即它们都依赖于人的身体在场而存在。随着网络技术的问世和发展,人被区分为两大群体:一个群体与网络技术和网络生活不直接发生关联,我们可以把他们称为平民,他们的生活空间仍然是原初意义上的物理空间和社会空间;但另一个群体的日常生活则与电脑和网络密切联系在一起,网络生活成为日常生活中的重要组成部分。他们的生活空间便开始急剧分化,形成截然不同但又有着密切关联的两个部分:一个是实体存在的生活空间,这是我们传统的物理学意义上的现实空间;另一个则是虚拟的生活空间,即指由电脑及其互联网技术架构而形成的空间。笔者把这些人在现实空间中的生存状态称为"在世"生存,在虚拟空间中的生存方式称为"在线"生存,也就是笔者所说的虚拟生存。由此,"在世"与"在线"便成了网民日常生活中的两种生存方式和生存状态。

2. 实在与虚拟实在

实在是现实空间的本质特征,而虚拟实在则是虚拟空间的本质特征。

从本体存在的意义上来看,人及人周围的所有事物和现象的存在状态都可以归结为两大世界:一是实在世界,即指直接存在的物质世界;二是信息世界,即借助于物质而间接存在的信息世界。

实在世界所涵盖的内容非常丰富:"一是直接存在物,如实体（具有静止质量的）、场（不具有静止质量,可由能量来表征）,或许还要加上超弦理论中所预设的'弦'之类的东西;二是直接存在的方式,如运动、时间、空间、差异、层次、结构等;三是直接存在的关系,如直接存在的功能、相互作用与转化生成的过程等。"[①]人在这个实在世界中的生存是以人与物的相互作用而展开的,即人的存在方式依赖于具象化的物质世界。人与世界的关系体现在人的活动过程中,而在这一活动过程中,物是人的工具,人与人的互动亦是经由物作为媒介,并且以人的身体和意识的同时在场而展开,在人与物、人与人的互动过程中获得对世界的感知和理解。因此,人在实在世界中的生存方式便受到了物质世界的制约,从这个意义上来说,人是不自

---

① 邬焜.信息哲学——理论、体系、方法.北京:商务印书馆,2005.

由的。

　　信息世界则与实在世界不同,它作为实在世界的"自身显示"的世界而成立,尽管是以实在世界为物质载体,但是因为信息本身的可存储性、可传输性、可共享性、可复合性、可重组性以及载体的可替代性,决定了信息世界不是与实在世界一一对应的机械模式。信息可以脱离它具体对应的实在对象,而与其他的信息内容进行复合和重组,进而产生与其物质载体相异的新的多重信息模式。

　　信息世界有广义和狭义之分。最广义的信息世界包括人的观念性活动(如思维)、人依据主观对客观的反应所创造出来的一切符号系统(如文字、图画、书籍、数据)、人类通过主观构想制作的实物模型以及依靠高科技手段所产生的一切信息(如依靠一些智能机器人所产生的信息、依靠网络技术所传递的感知和体验的信息)。最狭义的信息世界则是指由电脑及其网络技术所产生的信息而构成的世界。笔者所指称的信息世界主要是针对狭义的信息世界而言的。这个世界尽管不会完全脱离人的观念性活动以及人创造出的符号系统等而存在,但是,电脑作为人脑的延伸,增强了人脑对外部世界的加工能力,促进了信息的再生产,以电脑为基础的网络技术,集书写、口语和视听于一体,表面上看是把电脑与电脑联结在了一起,但实质上是把使用电脑的人联结在了一起,人可以在某种程度上摆脱实在世界的限制,生存在自己的空间当中,人在这一空间中的生存方式也便与现实生活中的生存方式迥然不同。最为明显的表现就是,在实在世界中的生存身体和意识同时在场的,"人们的存在就是他们的实际生活过程"①,"个人怎样表现自己的生活,他们自己就是怎样的"②。而在虚拟空间中,主体可以打破物质世界的时空边界的限制,其意识可以在身体不在场的情况下,以一种数字化、符号化的方式进入到一个"异度空间",体验一种全新的生活,这种生活状态和生存方式即笔者所指的虚拟生存。

　　(二)虚拟世界中的实在:"在世"与"在线"的内在关联

　　如前文所说,虚拟实在是虚拟世界的本质特征。但这种对实在的虚拟并不是虚拟实在世界中的物质本身,而是由物质所派生出来的符号信息。由此可以认为,虚拟实在在本质意义上说是虚拟了信息。所以说,在世生存是实在世界中的生存状态,而在线生存则是在虚拟信息世界中的生存状态。但并不能由此否认在世生存与在线生存两者之间的内在关联。把人的这两种生存方式关联在一起的,正是虚拟世界中的实在。

---

① (德)马克思.马克思恩格斯选集·第一卷.中共中央译局,译.北京:人民出版社,1995.
② (德)马克思.马克思恩格斯选集·第一卷.中共中央译局,译.北京:人民出版社,1995.

何谓虚拟世界中的实在？简而言之，就是虚拟世界所依赖的实在世界中的内容，即前文所说的直接存在物、直接存在方式和直接存在关系。

虚拟世界不可能完全脱离实在世界而存在，虚拟世界的形成和建构，必须建立在相应的实在世界之上，必须以实在世界的物质为载体，必须以相应的实验提供所需的物质设施，必须依赖于主体在实在世界中的具体操作及在操作过程中所呈现的物的存在方式和彼此的交互关系。比如，三维立体电影的观赏需要借助于特定的眼镜、头盔等技术设备，主体在网络空间中的精神漫游和与他人的互动需要通过主体与电脑的交互作用来完成，远程操控看起来是人的跨域操作或机器人的虚拟出场，实质上却是主体与其实在对象物之间相互作用以及在此作用基础上产生的主观体验。即使是人在虚拟社区中的生存方式和体验，也是植根于现实社会中的人与人的相互作用而形成的社会关系。正是这些构成虚拟世界的实在物把人的在世生存和在线生存紧密地关联起来，由此也必然导致人的两种生存状态的相互影响、相互制约和相互作用。

二、自由与不自由：人类生存状态的悖论

自由与不自由是人类生存状态的两大悖论。可以说生存本身就是人对自由理想和价值的向往、追求和实践，这种向往、追求和实践根源于人类生存的不自由，同时又在追逐自由的过程中带来新的不自由。网络社会拓展了人们的生活空间，人可以超越实在世界的边界和限制在实在世界与虚拟世界中往复，通过在线与在世的转换和交替，而选择过一种自认为"有意义的生活"，但这依然改变不了人永远挣扎在自由与不自由这两种状态之中的状况。

（一）网络化与去中心

1. 网络与网络化

网络并不是计算机互联网所独有的一个概念。网络原初有双层含义，一是被视为一种分析对象，二是被视为一种分析技术和方法。作为分析对象的网络，是指一组相互连接的节点以及由这些相互连接的节点所呈现的结构。作为分析技术和方法的网络，是用于分析社会关系结构的社会关系网络分析方法，发端于20世纪二三十年代英国社会人类学对于离开乡村的移民在城市中的支持性联系的研究。在美国，网络分析始于社会心理学的小群体研究，如雅各布·莫雷诺(Jacob Levy Moreno)分析小群体关系结构的"社网图"。20世纪70年代，网络分析方法开始从社区和小群体扩展到更广阔的社会生活。

源自曼纽尔·卡斯特意义上的"网络社会"之"网络"的概念也应该与传统网络

分析视角一脉相承,因为作为虚拟实在的网络社会本身与社会组织的网络形式有着千丝万缕的联系,但是,网络生活具有不同于日常生活的现实性,集中表现为网络社会是由无数突破时空限制的各个无中心、无等级、去极化的节点集结而成的一个技术集合体。这种"网络化的逻辑",使得每一个网络的使用者都有可能在某种程度上超越在世生活的诸多限制,在网络中获得自己的一个独特而有用的位置和角色。具体而实在的主体被文字、图像和声音等高科技所制造的信息而代替,网络交往和互动的匿名性使得人和人之间的相互作用变成简单的符号互动,网民与网民之间更多地不被在世生活的地域、身份、地位所约束,而是以某种特殊的需要、兴趣等集结在一起进行沟通和交流,在这一交流过程中,相貌、衣着、气质等实在世界中人际交往的因素被淡化,主体的内在需要得到满足而产生的愉悦感成为网络行为的直接驱动力,这便为人对个体自由权力的向往、追求和实践提供了广阔的空间,如此,虚拟空间中的社会网络则一改现代社会中集权制的金字塔形结构,而是以相对平等自由的扁平化结构存在。

2. 多重建构

主体在虚拟空间中的自我建构是在与他人发生作用的过程中完成的。正是因为虚拟生存中人与人之间的关系是以一种平等、自由的网络结构而存在,所以,同一主体可以同时与多人在时空上发生作用,进而可以多重建构自己,呈现出不同的"我"。这种多重建构首先是由虚拟空间中多重建构的途径提供技术支持,其次才可以通过多重的途径实现多重身份的建构。

个体在虚拟空间中与他人互动的途径依赖于网络技术的发展。今天网络技术的迅猛发展为主体自我建构的多元化提供了强大的技术支持。在今天,互联网技术的发展催生了多重的人与人在虚拟空间中的交流互动方式,主要体现为交流工具的变革,包括Email、BBS、ICQ、Blog.等四大类型以及如263跑车、新浪UC等一些专门的聊天工具。Email是一对一的互动方式,是现代信件沟通交流的一种延伸;BBS论坛是一对多和多对多的交流方式,由帖子并列形成,一个帖子由主帖和回帖构成,相继伴随的行为有"帖出"和"帖入",帖出是为了引出话题,帖入是为了交流和互动;ICQ及其他的一些聊天工具与Email和BBS论坛最大的差异在于这是一种即时性的沟通和交流,随着技术的发展,它统合了一对一和一对多以及多对多三种沟通和交流方式;Blog.是一种简单即时的"个人出版系统",表达个人思想和网络链接,内容按照时间顺序排列,并且不断更新的出版方式,在现代社会被视为个人的另一张名片,所以,这种交流方式与之前几种方式相比较而言,个人建构的色彩要更浓厚一些。

这种多重的交流方式形成了多重的空间，只要愿意，主体可以同时采用几种方式在不同的空间中与不同的人群发生作用，正是因为主体在虚拟空间中身份建构途径和方式的多元化，导致人在虚拟空间中可以同时体验几种不同的，甚至是反差极大的生活方式。

（二）"在世"与"在线"的相互嵌入

在线生存是主体追求自由生活状态的展现，但虚拟空间同样也充斥着一种不自由。所以，即使在虚拟空间中，个体也永远挣扎在自由与不自由的相互纠缠的状态之中，具体表现为在线生存存在的一些悖逆性的特征：给予与索取、游离与沉溺、信任与怀疑、合作与对抗。而这种悖逆性特征的呈现，根源正是因为在线生存与在世生存的相互嵌入。

尽管在线生存中可以隐藏自己在世生存的诸多身份性的特征，但是在线生存并不可能完全从实在世界中剥离出来。因为个体在虚拟空间中主要凭借文字、图像和声音符号系统与他人产生互动，而这些人们主观创造出来的信息系统本身具有一种区隔的功能。在互动过程中，人们往往可以从对方的语言文字、图像选择和声音特征等方面来判断对方的欣赏品味、社会地位和职业身份。再加上现代网络技术的迅速发展迎合了一大批人自我暴露的心理需要，很多交互式的工具都加入了视频、音频技术，可以在主体自主选择的前提下双方实现即时性的场景再现。比如新浪 UC 这一工具除了具备 ICQ 本身的基本功能之外，还在 ICQ 视频聊天的基础上增加了视频聊天室，不同的聊天室由一些志趣相投的网民占有，具备开放和关闭的功能，网民可以轮流"上麦"和"出视频"，与多人进行交流沟通。这种交流方式从某种意义上来说愈加使得在世生存的诸多要素敞亮起来。而这种敞亮本身尽管是建立在网民自由选择的基础之上，但同时也引发出了在追求自由过程中的新的不自由。

三、复生与复死：在线生存的策略性选择

在现实生活中，死而复生是传说和神话，但是在虚拟空间中，人们可以凭意愿使这种神话变为现实。所谓复生就是主体可以根据自己的需要创造出多个 ID，获得在线的多次生命或多种生命。而所谓复死就是指主体通过离线或废弃自己在线身份的方式随时"死亡"。

人在虚拟空间中的在线生存是以虚拟的 ID 为表征的生存方式，ID 类似于人的名字，一个 ID 就代表一个主体，但一个主体可以同时拥有多个 ID。可以说，ID 就是主体在虚拟空间和实体空间中的结合，ID 相对于人的物理意义上的身体而言

是虚拟的,但对于在线生存的主体而言,ID 就是具体的存在。从各个无中心、无等级的电脑登录网络的主体,通过把自己的身体虚拟化为任一 ID 号及任一串密码,从而把自己真实的身份隐藏起来,这就解构了主体所具有的自律性和工具理性,使身份具有了流动性,身份不断地以电子书写的方式重新建构着。这种流动的特性就体现在网民可以随意处置自己的 ID 来改变自己在特定时期里在某一虚拟空间中的生存状态。对于主体而言,复生与复死是主体自由性的一种表现,主体拥有积极自由和消极自由两种权力,主体可以根据与他人互动的方式和状态,自由选择自己以何种面目示人,并且可以任意决定自己何时生或何时死,从而实现了自主选择、自我设计并自我实践的复生复死、多重复生多重复死的生存方式。这正是主体在"在世生存"与"在线生存"纠缠在一起的矛盾状态中的一种策略性选择。

制度·梦想

"命运"的社会学意涵

安徽师范大学　周元宽

内容提要：作为一种独特的学科视角，社会学不但有关注"命运"的必要和可能，在解读或解释"命运"方面不同于经验常识、宗教神学、哲学等其他视角，而且社会学对此还存在着更多的学术使命和社会责任。

引言：社会学关注"命运"的必要性与可能性

"命运"一词，首先属于一个日常用语，其次才（可能）是一个专业术语。在日常用语的层面上，似乎是人人皆用、人人皆知的常识，它包含了人类（生活）历史和人生历程中的某种常态、常理。这种常态、常理，自有其历史的或实践的合理性，也存在着固有的似乎是与生俱来的合法性。于是，对于"命运"这种常识的批判是难的，超越常识则是更难的。在此，我们并不试图去"连根拔起"（那主要是哲学的任务），而是努力来"另辟蹊径"，探询社会学视野中的"命运"之可能的意涵。

赖特·米尔斯（C. Wright Mills）在《社会学的想象力》一书开篇中说道："现在，人们经常觉得他们的私人生活充满了一系列陷阱。他们感到在日常世界中，战胜不了自己的困扰，而这种感觉往往是相当正确的……他们对超越其切身所处环境的进取心与威胁越了解——不管这种认识多模糊——就觉得似乎陷得更深。……造成这种跌入陷阱的感觉的，是世界上各个社会的结构中出现的似乎非个人性的变化。当代历史的事实同时也是每个男人与女人成功或失败的故事。""然而，人们一般不是根据历史的变迁与制度的冲突来确定他们所遭受的困扰。他们一般不将自己所享受的幸福生活归因于他们所处社会的大规模起伏变动。因为他们对自身生活模式与世界历史的潮流之间错综复杂的联系几乎一无所知。"[①]

五十年前关于美国的"社会生活的状况"乃至"时代的精神状况"的这些断语，似乎也可以用来形容今天中国的状况。其中所描述和概括的问题，似乎是跨越时代的"个人困扰"乃至于超越时空的"公众议题"。在当下的中国，有一个"老、大、

---

① （美）C.赖特·米尔斯.社会学的想象力.陈强，张永强，译.北京：生活·读书·新知三联书店，2005：1-2.

难"问题,可以将其概括表述为"命运的不公",让人们慨叹不尽、心神不宁甚至于愤愤不平。人们难以释怀并纠结不清的困惑是:为什么同一时代中不同人群、同一人群内不同个体乃至于同一个体在不同时空中会有不同的命运?

基于社会学想象力,从作为一种公共问题或"公众议题"的"个人困扰"(如失业、蜗居、底层二代)中联想到社会中的个人命运:社会历史进程中的个人生命历程,个体行动之于社会结构的能动与被动、有力与无力、机遇与无奈、选择与被选择、自由自主与不自由不自主。其背后则存在着一系列社会学的宏大主题,表征着社会与个人、结构与行动、情境与定义等二律背反式的矛盾纠结。

对于当下突显的如此事关"个人命运"和"社会命运"的"个人困扰"及其背后的"公众议题",一向以研究社会、"发现社会"为己任的社会学没有理由不给予应有的学科关注、学术关切和学理观照。社会学的学术使命在于"理解历史与个人生活历程,以及在社会中二者间的联系"。"社会科学家首要的政治与学术使命是搞清当代焦虑(个人困扰)和淡漠(公众议题)的要素。"[①]

基于社会学研究"社会事实"、转向社会背后的学术理路,社会学对于"命运"的关注、关切和观照,意味着需要正视并直面"命运"的历史存在和逻辑存在,反思并探询"命运"的经验逻辑和理论逻辑。立足于"命运"存在的客观事实并着眼于"命运"之可能的存在逻辑,社会学可能提出探询之旅的思维路线图并努力回答其中的若干问题:命运为何(何以提出)?何谓(能指、所指是什么)?谁的命运(命运的主体是谁)?谁在解读或何种解释(解读和解释的视角及其观点是什么)?影响、主宰乃至决定命运的是谁(什么)?何以可能(即影响/主宰/决定命运的具体机制是怎样的)?

一、命运的社会学解读之度

(一)命运的解读和解释:可能的视角

显而易见,对于命运这个老话题存在着诸多的解释,诸如经验解释、神学解释、哲学解释以及科学解释(不同学科视角)。

1. 命运:经验的视角

命运之所以成为一个问题,源自人们的日常生活经验和体验。命运意识或命运感正是人们对于自身的生活故事、生存经验或生命历程的自觉不自觉的感悟、感叹和感性思考。它首先关乎着一个人的生命、性命的存在与否,即生死问题,进而

---

① (美)C·赖特·米尔斯.社会学的想象力.陈强,张永强,译.北京:生活·读书·新知三联书店,2005:4,12.

它关系着一个人的生存状态,即与贫富、贵贱、祸福、快乐或者痛苦等生活质量相关的状态,正所谓"生死有命,富贵在天"。从最初的事物之语词表达上来看,汉语《辞源》中没有"命运"条目,有的是"命途"条目,释义为"平生的经历、遭遇"。显然,这里的命途就是命运,不但同生命有关,还同生活质量有关[①]。

在人们的经验层面上,对于命运的认识和态度,日久而成的一种典型的命运观就是"命运命定论"。所谓命运命定,说的是一个人的命运是由前人、他人以及其他一些神秘因素决定并主宰的。但是,只要排除了神,命运命定论便无法明确指出主宰命运的究竟是什么,只能笼统地断言为"命中注定""命该如此(命不该绝)"等。在典型的命运命定论看来,命运就是冥冥之中的定数,命运本身就是因,重要的是要了解命运如何,命运将带来什么,而不是去弄清楚决定和主宰命运的是什么。

2. 命运:神学的视角

凡科学知识尚未到达并控制的领域,往往是宗教和迷信盛行的地方。对于命运的认识和解释来说,更是如此,也更加突出。人们关心自己的生存(生死与否)和幸福(生活质量),揭开自身"命运"的谜底,破译人生"命运"的密码,便成为一个普世的终身问题。宗教神学给出了自己的解释之理和破译之术,建构了不同的命理学体系。其要义集中体现为"命运神定论",认为人的命运(包括个人、家庭的命运乃至国家的命运)是由神(包括上帝、真主、佛祖、菩萨等)决定或主宰的。破译之术就是求神拜佛(算命、看相、求签、占卜、看风水等是更形而下的具体方术),借助于神的启示了解自己的命运信息。人们希望借助于这些活动获得有关自己命运的信息。祷告、祭祀等就是希望得到神的保佑,帮助人们改变命运(避免厄运、面临好运)。神定命运论是所有宗教基本的、普遍的观点,世界三大宗教(基督教、伊斯兰教、佛教)无不宣扬尘世之人的命运是由神决定的。同命运命定论一样,神定命运论也带有浓厚的神秘色彩。

3. 命运:哲学的视角

命运源于人的反思和自我意识。哲学要研究人,必然思考人的命运。其主要关注的是什么是命运、有没有命运、谁主宰命运、应如何对待命运等问题。哲学视野中的命运,区别于经验视野和神学视野的首要一点是破除了命运的神秘性,把命运之思从彼岸带回了此岸,把命运之力从神转到了人。体现在命运观上,主张命运环境定论或命运人定论(命运自定论)[②]。所谓命运环境定论,即认为人的命运甚

[①] 马志政.反思:命运和命运观.浙江大学学报(人文社会科学版),2001(5).
[②] 马志政.反思:命运和命运观.浙江大学学报(人文社会科学版),2001(5).

至万物的命运,不是人、物自己决定的而是取决于周围的人和事物,取决于周围环境。如在古罗马政治家西塞罗(M. T. Cicero)、法国唯物主义者霍尔巴赫(P. H. T. Holbach)等人看来,周围环境的原因系列(即种种原因之结合的系列)造成了各种命运。由于对原因系列及导致结果的理解不同,它又分化为两种见解,一种强调命运与偶然性相关联,另一种强调命运与必然性相关联。所谓命运人定论,即认为人的命运是人自己造成的。如培根(F. Bacon)、德国哲学家费希特(J. G. Fichte)等皆反对宿命论,主张命运人定论[1]。

马克思主义哲学明确肯定命运问题提出的积极意义,认为命运问题是在人们看到社会上不同的人有着截然不同的境遇的条件下形成并提出来的,命运观念的形成是人类自我意识增强的结果,命运问题的提出,虽立足于现实尤其是当下的痛苦和不幸,但关注的重点却在于未来。在马克思主义哲学看来,命运具有先验性和后验性的特点,是两者的辩证统一。前者体现为命运的终极性、时代性和历史性,以及命运受个人素质和偶然性机遇的影响等不可抗拒性。后者指的是命运的可抗拒性、可把握性和可改变性。于是,在对待命运的态度和方式上就要坚持唯物辩证的原则,既不夸大命运的先验性、不可抗拒性,也不夸大命运的后验性、可抗拒性[2]。

4. 命运:社会学的视角

从现已发表的理论成果来看,就笔者目力所及,尚未有明确提出从社会学视角来探询命运问题的专题研究。显然,即便如此,并不代表已有的关于命运问题的诸多思考和思想,从来没有社会学视角的观照,或者完全缺乏社会学的学术味道。譬如,既有的命运环境定论和命运人定论之思想(立场、观点、方法)中就不乏社会学的视角和视野。这恰恰从另一个侧面表明,基于社会学的视角来解读和解释命运问题,完全是可能的和可行的。

当然,由于存在着不尽相同的社会学观,更由于社会学学术大传统中存在着诸多不尽相同、各有侧重、各有所长的小传统,因此,即便是关于"命运"的社会学意涵,源于不同的社会学研究范式和学术理路,以及不同的社会学"眼睛"和"眼镜",也可能会揭示出或发现不同面目的社会学视野中的"命运"。在前文关于社会学关注"命运"的必要性与可能性之阐述中,笔者已经扼要地交代了本研究拟用的问题路线和研究理路,基于此所要揭示或所能发现的"命运"之社会学意涵,自然也只是

---

[1] 马志政.反思:命运和命运观.浙江大学学报(人文社会科学版),2001(5).
[2] 刘衍永,刘玉芳.关于命运的哲学思考.南华大学学报(社会科学版),2008(3).

"命运"的社会学面目之一种而已。

(二) 命运的社会学含义

"命运"作为一种存在或事实,源于人们的生活实践和生命感悟;"命运"作为一个语词或术语,缘于人们的生存反思和自我意识的表达。从发生学的角度来看,无论是在"能指"还是在"所指"的意义上,"命运"总是关联着人的,总是人的"命运",指称的是关于人的生存和生活的过程与状态。因此,"命运"是(起码最初仅仅是)直接关涉人生的。后来发展出了引申义,主要指一个民族、国家或一个团体、政党的前途,喻指发展变化的趋向。如毛泽东在中共七大的开幕词就以《两个中国之命运》为题发表。这里,"命运"之主体超越了具体的个人而转化为民族、国家、政党等人群集合体或人格化了的团体,或可视之为群主体、类主体,或可称之为群人、类人。无论是具体的人(个人)、群体的人(群人)还是总体的人或抽象的人(类人),总体上仍然属于人的范畴,具有人的特点。

人之为人、人之属人的根本在于人是社会人,社会属性是人的根本属性。人是"政治性动物"(亚里士多德;Aristotélēs)、"文化性动物"(恩斯特·卡西尔;E. Cassirer)、"游戏人"(约翰·胡伊青加;J. Huizinga)、"社交人"(山崎正和;やまざき まさかず)等诸多命题,皆从不同侧面表明了人乃"社会性动物"这一根本命题。一直以来,"人(个人)"是社会学研究中绕不开的一个重要内容。如果说"人(个人)"是社会学的逻辑起点,那么个人与社会的关系便是社会学的核心议题。社会学视野中的"人(个人)"总是与社会相对的存在,在社会学传统的奠基人中,齐美尔(G. Simmel)提出了"社会学的基本问题:个人与社会"的命题,迪尔凯姆(E. Durkheim)的社会学思想提出的一个重要问题是"个人进入运行着的社会整体并与之结合为一体的方式",韦伯(M. Weber)则将目光投在了"个人在现代文明中的命运"的深切关怀之中[1]。

可以说,自社会学诞生之始,个人与社会的关系就成了一个必须破译的问题,而"个人"本身就深藏着这一问题的谜底。作为社会中的个人,是社会结构中的行动者,是进行社会化的主体人,是具有现代性的社会人。在个人身上内嵌着社会规定性。人(个人)作为具有主体人格的行动者,在其角色扮演中与他者(个体行动者和集体行动者)的情境互动以及由此而来的一系列行动后果及其累积的个体或社会效应的总和,构成了人之社会生活实践和个体生命历程的全部内容。此即人(个人)的命运。这就是社会学视野的命运,可以称之为命运的社会学含义。

---

[1] 郑杭生,魏智慧,杨敏. 社会学的"个人":意涵、问题及前景. 河北学刊,2010(3).

（三）命运的社会学意义

基于（或借用，严格地说是套用）社会学（尤其是知识社会学）的设问理路，探讨命运的社会学意涵，首要的问题是："命运：谁的命运？"这探询的是命运的主体问题。从语用学的角度考察，存在着两种情况，即人的命运与物的（人格化/拟人化的）命运。后者如国家的命运、单位的命运、学科的命运、某本书的命运等。但更基本的也是更常用的是指具体个人的命运。从语义学的角度考察，由于现实中的人指涉着不同形态的存在，包括具体的个人、具象的社会群体以及抽象的个人集合体，如果分别称之为"个人"（个体之人）、"群人"（群体之人）和"类人"（总体之人）的话，那么，所谓人的命运，就既包括个人如张三的命运，也包括类人如人类的命运，还包括群人如女人的命运、农民的命运、犹太人的命运。

社会学在语源学上的意义是关于社会的学问，由拉丁文 societas（社会）或 socius（社会中的个人）和 logos（词、学说、学问）两个部分组成。社会是由人所构成的，在齐美尔的眼中，社会只不过是对互动着的一群人的称呼。社会学在初入中国时，就被称为"群学"或"人群学"。在此意义上，社会学视野中的"命运"，是"群人"的命运，是基于"群人"的视角或者说群际比较来探询"命运"的内涵。其基本的切入点是：特定社会中的不同"群人"是否拥有同样的命运？答案是否定的。于是，其核心关切所指向的问题是：命运的人群差异是何以可能的？命运对于不同"群人"来说究竟意味着什么？显然，探询"命运"的社会学意涵对于弱势的"群人"如何看待和应对自身的命运问题，具有更多的意义。

二、命运的社会学解释之维

倘若社会学视野中的命运所关切的核心问题是命运的人群差异是何以可能的，对此问题的社会学解释，至少可以从结构—因素、机制—过程、功能—效果三个层面或者说以三种方式展开。

（一）结构—因素分析：人（群人）—社会（情境）的关系

社会学的核心议题是个人与社会的关系问题，而人（个人）是社会学研究的逻辑起点。因此，尽管社会学是研究社会或人群的学问，但社会学研究总是从人（个人）着手开始的。社会学视野中的人的形象，首先是社会人，不是完全独立存在的原子个人，不是先验存在的纯粹个人，而是仅仅具有相对独立性的不断形成中的人，即社会化的人或社会建构的人。社会学视野中的人，是"社会人"，是"社会性动物"，是"一切社会关系的总和"。"社会人"表明了人存在的基本属性——社会属性，"社会性动物"表明了人存在的结构性特征——身居特定社会中，"一切社会关系的总和"表明了人存在的机制性特点——社会性的建构。因此,人(群人)与身居其中的社会(环境)是密切关联着的,后者深深地、全面地、全程地影响——限制/便利、模塑/建构甚至于决定/制约——着前者。

社会学视野中的人的形象,其次是行动者,是具有主体人格的人,是具有行动意愿和行动能力的人,是身居于特定社会结构、社会场域或具体的行动领域、行动情境中的并与他者(个体行动者/个他、集体行动者/群他)进行互动的行动者。这一特定的社会结构、社会场域或具体的行动领域、行动情境,既构成了行动者行动的总体性环境或情境,也构成了行动者行动的总体性支撑条件和约束条件,实际上还成了行动者行动的总体性对象。反过来看,从社会(环境)的角度而言,身居其中的行动者只是它的一个组成分子,一个能动的且运动着的分子,一个可以完全自主却并不完全自由的活跃分子,一个在互动中影响着社会(环境)同时被社会(环境)影响而改变着自身的行动者。

这里,作为行动之总体性情境的"社会(环境)",包含了所有身居其中的与行动者及其行动有关的外在于行动者的前提基础和背景条件,包括时代状况、社会结构、社会机制、社区环境、家庭条件(资本/资源)、行动情境等,它们构成了行动者行动的总体性外在条件——既是支撑条件又是约束条件。若从行动者的情境定义的角度来说,情境包括时空维度——变动着的结构与要素:形与势,大到时代(经济、社会、文化)状况、社会制度、社会结构——宏观情境,中到社区状况、社区制度、社区结构——中观情境,小到组织或群体状况、制度(价值规范)、结构(互动模式)——微观情境(包括特定的具体的互动情境)。在此意义上,情境就是作为行动之总体性情境的"社会(环境)"。

作为行动主体的行动者,这里的"人(群人)"的总体性内在条件包含了所有与其行动有关的内在于行动者自身的前提基础和准备条件,包括个人的行动资本和能力(先天遗传素质、后天自致能力——身体资本、文化资本、经济资本、政治资本、社会资本等)、行动意愿和目标(文化目标、价值观、规范)、行动模式和惯习(手段、方式、策略、情境定义)等。值得强调的是,显而易见,不同的"人(群人)"所拥有的总体性内在条件和外在条件都是不同的,在主导性社会地位上,人(群人)际间差距越大,其所拥有的总体性内在和外在条件差异就越大。

(二) 机制—过程分析:人(群人)—社会(情境)的互动

"人(群人)"—"社会"(环境)的关系之发生并持续存在,之所以可能,在于其中的微观机制,即两者的互动。这种互动,既体现于人之自我形成或社会化方面,也体现于社会之形成或结构化方面。就人之自我形成来看,所谓的"镜中我"(库利或者说"我看人看我"(费孝通),实际上就是在人(个体行动者)—群(互动的群他)过程中形成的。就社会之形成来看,个人之间处于不断地互相作用的过程之中,由于个人的互相作用而联系起来的网络就是社会,即所谓的"模式化的互动关系网络"。就此而言,在严格的意义上,既非社会决定论,亦非个人决定论,而是人—群互动决定论。互动总是作为行动者的人的情境行动,而情境行动又总是基于一定的情境定义之上的。另一方面,行动者的情境定义及支配着的情境行动又构成了作为行动对象的他行动者的行动情境,刺激和引发了对方的情境定义以及继之而来的情境行动。其中的情境定义和情境行动,既非纯粹基于"先赋性因素",也非纯粹基于"后致性因素",而是基于综合因素。因此,从总体上来看,既非"先赋决定论",亦非"后致决定论",在行动者情境定义(即观念性建构)的意义上,是互动决定论(弱决定或强决定)。其中,这些作为行动成分的情境定义、情境行动乃至情境本身都是(起初部分是、最终主要是)互动的产物。

互动的主导机制:情境定义和情境行动。所谓的"情境行动",指的是情境(场域结构+行动要素)中的行动(情境定义+情境行动)。行动者的情境定义和情境行动,意味着:在情境中(情境之中的定义和行动,局内人,即调阅和动员的历史情境——历史的脉+络),基于情境(定义和行动所立足的当下情境,即关注和把握到的既定情境——当下的构+形),为了情境(定义和行动所要改造的当下情境,即期待和指向的未来情境——未来的局+势)。情境定义的制约因素或基本依据:感知的情境(结构性的环境)、惯习(相对稳固的思维模式)、利益(价值需要、取向)、资本(价值实现的手段及可能性判断)。

互动的传导机制:"历史性路径依赖"[①]和"优势和劣势的积累"(马太原理或马太效应)。"优势积累"是一个自我放大的过程,其中在"获得一定活动领域中的机会结构"的最初差异会使某些个体获得"持续扩大的机会",从而促进他们的工作和"随之而来的奖励"。因而,作为与选择性优势积累相关的过程,在获得机会结构中的最初的劣势,可导致逐步扩大的结构变化,结果就会造成生活机会、利益等方面的高度分化和最终极化性分配[②]。

(三)功能—效果分析:人(群人)—社会(情境)的互构

人是社会人意味着:一是在社会中——处于特定时空情境中的人,具有社会性的人;二是基于社会——社会形塑的人,即有意(有意识地主动接受社会的改造或

---

① 谢宇.社会学方法与定量研究.北京:社会科学文献出版社,2006:15.
② (波)彼得·什托姆普卡.默顿学术思想评传.林聚任,等译.北京:北京大学出版社,2009:216.

"社会化")或无意(无意识地作为适应社会生活之行动的附属物或功能)地被社会建构和不断重构;三是为了社会——模塑社会的人,即自觉(自觉地以改造社会为直接的行动目标)或不自觉(作为满足自我需求之行动的附属物或功能)地建构或不断重构社会。人—群互动论本质上是人—群互动生成论,即在人—群互动中互构生成。

"命运"作为自然历史过程的人生历程中之"命"和"运"的统一体:生命的运动轨迹、存在状态和变迁形势。所谓变迁形势,包括"形"和"势"。所谓"形",是就静态的结构状况而言,包括两个方面:一是内部结构,主要是生理结构或身体心理结构;二是外部结构,主要是社会结构或社会—历史结构。内在结构制约其"对内功能",结构功能所预设而在互动中不断生成的运动轨迹,即意味着路径依赖。外在环境制约其"对外功能",影响其情境定义和情境行动,环境条件所预设而在互动中累积生成的行动模式,即意味着情境依赖。相对于行动者在特定时空中的情境定义和情境行动而言,这样的路径依赖和情境依赖在很大程度上构成了行动者后续行动的前提决定和基础制约。这种带有决定性的前提路径和具有制约性的基础情境以及居于其中的情境行动及其可能的后续行动,一起构成了所谓的"势"。

进一步而言,"形"指的是所有先在的行动条件,包括内部和外部的各种主客观条件,如生理结构及其机能、社会环境及其结构等。一般说来,在特定的时空节点上,这是既定的客观现实,往往也是难以改变的。因而,虽然它主要是一种初始状态、起点条件,但是它也可能是自始至终的条件和状态。除非,源自行动者之外部的力量而改变它,或源自行动者自身的行动而改变它(或改造了它——身居于它并使它发生了变化,或置换了它——逃避了它而流动到一个新的环境)。后者即为"势",它指的是所有后来的行动条件的变化或变化着的行动情境,以及变动不居的行动者的情境行动本身(包括了过去的行动轨迹、当下的行动状态以及未来的行动趋势)。

这种变化何以可能?从大的方面来说,无非是行动者自身的行动力量和行动者身居其中的外部环境——在某种意义上可以视之为作为一种集体行动的社会行动——力量所导致的。当然,在历史实践中,两者往往又是一体的或相互渗透的。就后者而言,它是一种大的历史环境的改变或社会变迁,其中可能包含着某种社会变革,它往往不以身居其中的行动者(个人或群体、个体行动者或集体行动者)的意志为转移,属于"时势""大局"。在此意义上,行动者的命运并非掌握在行动者手中,而是由"社会"决定的(主导的)。就前者而言,它是一种小的行动情境的改变或个人变化,其中可能包含着某种或某些个人的主观或客观条件的变化,属于前期行动(在特定的社会历史环境中并与之相互作用下所形成的)的历史性后果,在个体身上累积并在一定程度上外显乃至投射到其行动场域中——累积的行动效应或行动的累积效应,它显然是(但同样又显然不全是)以行动者的意志为转移的,属于"英雄""小局"。在此意义上,行动者的命运又是(当然又不全部是)或者说部分是掌握在行动者手中的,是由"个人"部分地决定的(主导的)。

源自历史性路径依赖,作为一种初始状态和起点条件的"形",可能会持续性地影响着"势"。这种影响,或大或小,或多或少,或明或暗。这种历史性的路径依赖,若着眼于行动者与身居其中的社会历史环境的相互作用的微观领域和具体场域来看,则在于行动者的变动不居的行动情境,这种行动情境聚合了社会结构的力量与个人行动的力量,是两者的交集,也是两者的纠结。在其内在的运行机制上,行动者的累积性行动效应——行动者行动之链的前后关联及影响、行动者行动与情境之链的关联及影响——发挥着重要作用。

从社会结构的功能和作为行动效应的后果来看,人(群人)—社会(环境)的互构关系到命运中的"机遇"的诞生。所谓机遇,意味着"机"(机会)+"遇"(遭遇)。从作为互动主导机制的情境定义和情境行动的角度来看,观念(情境定义)感知"机会"——把客观的机遇转化为主观的机遇。行动(情境行动)实践"遭遇"——把外在的机遇转变为内在的机遇。感知机遇(情境定义敏锐感受的机遇)意味着观念上存在着一个倾向性或方向性的期望或预期性观念,使得行动者能够保持足够的特定机遇的敏锐感受力。所谓"机会只偏爱有准备的头脑"。把握机遇(情境行动间接创造/直接抓住的机遇)意味着行动所累积的个体(素质)效应——累积优势,即行动者先前的行动所累积的自致性因素使得机遇被行动者成功地抓住和实践了。所谓"扼住命运的咽喉"。制造机遇(情境行动直接创造的机遇)意味着行动所累积的社会(环境)效应。

机会可能是偶然的,也可能是必然的,或者是偶然与必然的统一。在很多时候,机会是纯粹由社会给予的——社会结构、制度性的变迁引发的,而社会给予的机会是面向(所有或特定的)群体的。此时,特定个体是否位于这一机会的受众范围内,既可能取决于社会,也可能取决于个体。当特定个体属于这一机会的受众,能够敏锐地感知到机会和成功地把握住机会,则很大程度上——还要取决于机会的分配机制的公平、公正性——取决于主体自身。在某些时候,机会则主要由特定个体自身所创造或争取,属于个体先前的系列化行动的累积性社会效应和个人效应的综合反应。显然,在此过程中,机会主要源自主体自身。

三、命运的社会学解决之策

基于社会学的学科视角和学术理路，意味着社会学者必须培养和践履社会学的想象力，并据此来启发社会大众，正确地认识和把握时代性群体命运之中的个体命运。其关键在于认清个体所属群体的命运——一种特定区域内人群的集体行动的自然历史过程及其社会历史后果。这种后果，从总体上或整体即社会的视角来看或视野来说，就是特定社会的时代命运：时代的经济社会状况和文化精神状况。这种后果，从具体或局部即个人的视角来看或视野来说，就是特定时代社会中的个体命运：个人的生存发展状况和精神状况，即生活处境和心境。它意味着人们需要认清时代命运和个体命运。认清时代命运之维——个体处境性困扰之上的社会结构性论题，在于明白个体命运的社会性结构制约——外因与内因。认清个体命运之维——社会结构性论题之下的个体处境性困扰，在于明白个体命运的历史性路径依赖——前因与后果。

由于在一定社会时空里，社会结构和社会制度对社会行动者的处境以及他们对自身处境的反应往往具有决定性影响，社会行动者基于其处境而采取的行动又会反过来引起社会结构和社会制度的变迁。这样一种人—社会互构关系，同样适用于或者说存在于个体与其行动的情境关系中。从现实来看，同一行动者的行动情境是在变化着的，这是显而易见的。不那么显而易见的是，即使是同一时空背景下，不同行动者之间的行动情境也是不一样的——无论是客观意义上的行动环境还是主观意义上的行动情境（或者说行动情境的客观形态和主观形态），因为前者对于具体的行动者而言意味着微观场域或具体形势是不一样的，在此基础上后者对于具体的行动者而言就更可能是不一样的。这意味着，社会学的一个重要的社会使命在于启示社会大众：把握命运和改变命运，着眼于把握和改变社会，着手于把握和改变个人——积极的社会情境定义和积极的个人情境行动。

结语：命运的社会学解放之道

如果说把启蒙社会大众作为社会学的一项重要的学术使命，它意味着社会学善于认识社会并将这种认识传递给社会大众。那么，社会学还有一项重要的学术使命，就是保卫社会——更明确地说就是保卫大众社会，保卫社会的大众性。倘若这一使命逾越了"学术"范围，则它就应该是社会学者的一项重要的社会使命。投身于揭示社会、解释社会的学术研究，意味着需要有良好的专业特长，如何投身和投身于什么样的揭示和解释社会的学术研究，则意味着需要有良好的社会情怀。

就揭示和解释社会大众的命运、进而致力于让社会大众更好地把握和改变自己的命运来说,社会学者不仅需要有良好的专业特长,更需要有良好的社会情怀。对于当下的中国社会学者来说,这一问题尤其重要。在此,引用一位中国社会学人的一段话,权且作为结语。

  中国社会学工作者的价值立场应该是:自下而上地关注与透视今天中国社会的大变革,尤其是今天中国社会底层人民在这个变动中的命运,把自己的命脉与生生不息的社会现实联系在一起,否则就是懦弱和逃避。……学术是我们介入现实的方式,我们表达的对于现实社会苦难的关注和批判,其实是希望这个表达能发生作用,是对"好"社会的诉求,这是民主,也是政治[①]。

[①] 封颖.中国社会学与底层视角//http://wenda.tianya.cn/question/20dca67d5587f6e6.

高等教育制造精英[①]

——兼论扩招背景下研究生教育的精英性

湖南科技大学　彭拥军

内容提要：高等教育是实现精英生产和精英循环的重要机制，它有助于把精英神话还原成社会现实。当高等教育制造精英的使命似乎被大众化浪潮阻碍之时，处于高等教育顶端的研究生教育应该担负起制造精英的使命，以确保高等教育精英制造的合理性与合法性。

精英是一个意义丰富或者说含义模糊的概念，在很多场合，精英都被视为狭义的统治精英。广义的精英，可以指在自己的活动范围内取得成功并得到人们认可的小部分人。在人类历史上，精英是社会神话，它满足了人们实现抱负的愿望。而在人类教育史上，大学最初就带着满身贵族气息降生到世界上。欧洲的古代大学自诞生起即享有自治特权，到了当代，在那些高等教育已经进入深度大众化的欧美国家，大学的贵族本性依然没有消解在大众化和普及化的洪流中。而我国古代的"大学"，实际上也是培养统治者的学校。中国古代教育倾向于让士子成圣贤，而欧洲的古代大学则制造世俗社会的政治贵族和宗教社会的精神贵族。高等教育一直承担着制造精英的社会使命。

一、制造精英：真实的社会需要和社会存在

（一）制造精英是一种社会事实

社会需要合适的制度设计来保障权力、财富和声望等稀缺资源分配的合理性和合法性。这里的制度设计，除了社会基本制度设计外，更倾向于一种精英再生产和精英循环的机制。可以肯定地说，精英再生产和精英循环一方面需要合适的机制来实现，另一方面精英地位也需要各种机制来维持。米尔斯在《权力精英》一书中指出，如果我们使美国100名最有权的人、100名最有钱的人和100

[①] 江苏省社科基金"高校扩招后的研究生教育质量问题"（07JYB003）成果。"制造精英"这个概念是在吴康宁老师所主持课题的讨论中逐渐形成的集体智慧的成果。

名最有名的人,远离他们现有的地位,远离人际关系和金钱,远离目前聚焦在他们身上的大众传媒,那么,这些人将变得一无所有,没有权势、没有金钱、没有声望。因此,权力并非属于个人,财富也不会集中在富有者身上,声望并不是任何人格的内在属性。要想声名显赫,要想腰缠万贯,要想权倾天下,就必须进入主要机构,因为个体在机构中所占据的位置,很大程度上决定了他们拥有和牢牢把握这些有价值的经历的机会。[①] 托夫勒(Alvin Toffler)则对制度化的精英生产做了更为简明的注脚,他认为一部人类历史,其中基本的权力资源不外乎三种:暴力、财富和知识[②]。但人们如何才能拥有这些权力资源并使之具有人们认可的合理性和合法性?这就需要我们通过某种制度设计来保障甚至放大权力。在中国,教育被视为精英生产和再生产的制度化手段,具有深厚的历史渊源。教育一直自觉或不自觉地充当着制造精英的工具,高等教育实际上成了制造精英的机构。可以毫不夸张地说,在传统的中国,权力与知识的结盟是因为知识可以为权力所用,可以增强权力的合理性和权威性,而权力可以保证知识产生更大的影响力并获得更多的社会资源[③]。

(二)制造精英具有一定的学理基础

制度化的精英制造满足了社会对带有神话和传奇意味的不平凡现实的需要,可以提高个体发奋向上的抱负水平。高等教育制造精英,表达了社会神话梦想的现实诉求,也容易使社会中的人、个人所从事的职业更好地与自己的才能和愿望相匹配。制造精英的社会诉求也可以从不同学科找到一些支撑力量。

制造精英的生物学基础在于不同个体存在智力和能力方面的不平衡性,这种不平衡性受个人先天生物学差异的影响。个人在智力和能力方面的差异往往会影响到他对社会做出可能贡献的大小和个人发展的速度与水平。所以,社会需要通过合适的机制识别精英和制造精英。

制造精英的经济学基础在于资源的稀缺性和社会配置的效率追求。处于不均衡状态的物质性资源按照其稀缺性所形成的结构需要,与不均衡分布的人才资源结构进行合理和有效的对接。在理想状态下,社会呼唤精英主要寄希望于把人才稀缺资源和物质性稀缺资源进行更加合理的匹配,以便使社会运行更加富有效率,更好地实现人尽其才、物尽其用,更好地增加人类的福利总量。

制造精英的社会学依据是动态社会分层和业绩标准。社会个体总是依附于

---

① (美)米尔斯.权力精英.许荣,王崑,译.南京:南京大学出版社,2004:9.
② (美)阿尔温·托夫勒.权力的转移.刘江,陈方明,等译.北京:中央党校出版社,1991:20.
③ 彭拥军.高等教育与农村社会流动.北京:中国人民大学出版社,2007:1.

不同的社会阶层或群体,这是社会有序化的重要基础。但依赖血统、种族等先赋性因素来实现社会分层会出现劣币逐良币的逆向淘汰,不利于社会长久的稳定和发展。因此,确保社会中上层为精英所占据,及时淘汰出身于社会中上层的才疏学浅者、选拔来自社会中下层的精英进入社会中上层的教育制度客观上在制造精英。

制造精英的历史学依据就是,文官制度的创生标志着政治昌明和制度优越,其对社会稳定和发展产生积极作用。中国古代的科举制度实际上是在全世界首倡教育培养文官的制度,中国当代的高考制度实际上在很长一段时间内,都着眼于为社会生产公务员(技术性和政务性公务员)。这些人员在某种意义上都是教育为我们制造的、是我们社会所需要的精英。

值得指出的是,制造精英是一个带有浪漫理性意味的词汇,它并不意味着我们完全是理性的。它实际上表明了我们逐渐意识到我们并不是那么有理性,因此现代时尚倾向于把我们称为"制造的人"[①]。

(三)高等教育制造精英的意义

合法性的意识形态或价值系统,如同教育现实的其他方面一样,是建构起来的。教育实际上就是在做知识的选择、人的选择[②]。高等教育作为一种符号,不是平常的或者真实的生活,但它有着甚至求助于生活的真实性和严肃性,生活的真实性和严肃性又反过来求助于高等教育这种符号,并把它转化为日常生活所需要的一部分,它装饰生活,扩充生活的范围。

首先,高等教育可以作为一种相对可信的社会公共选择的符号标识。社会需要一种选择符号。在古代西方,宗教成为获得神圣性的符号;而当传统宗教在走下坡路的时候,我们仍然必须相信,只有具备了能够使集体成员团结起来的共同信仰,社会才能保持其结构和维护其一致性。社会精英成为标示社会合理差异的符号,社会既把精英符号神化,又努力把这种神话作现实还原。美国梦的真实可信是因为有了林肯小木屋出总统这一类典型事例,它使人们更容易相信美国民主制度和开放社会的真实性;我国古代的科举制度把"朝为田舍郎,暮登天子堂"这类长距离的社会身份地位转换变成了现实,使人看到布衣卿相不再是远离生活现实的神话梦境。

其次,高等教育是制造精英的重要制度化符号。高等教育制造精英,实际上是

---

① (荷兰)约翰·赫伊津哈.游戏的人.何道宽,译.杭州:中国美术学院出版社,1996:1(前言).
② (英)麦克·F·D·扬.知识与社会控制.谢维和,朱旭东,译.上海:华东师范大学出版社,2002:15.

在引导社会采取一种业绩标准,体现了竞争性社会流动的要求。高等教育是生产知识分子和知识分子产生社会影响的重要场域。随着社会的发展,知识分子在文化建构和社会建构中发挥着越来越重要的作用。知识是权力合法性的重要心理和社会源泉,它甚至可以放大权力。中国古代的政治制度在当时世界上的相对优越地位主要体现在政治制度框架可以制度性地容纳社会精英进入官僚体系,由此滋生了"学而优则仕"的制度文化和催生了读书、应试与做官三位一体的人生发展流程以及相应的社会文化心理。高等教育作为一种社会符号的生产方式,超越了纯粹的物理或生物学活动的界限。高等教育作为社会符号的高度重要性以及必要性或者至少是有用性都作为一项功能被普遍地预设,它既为生活所需要的严肃生活而预设,也是一种对个人的必要的克制的练习。可以毫不夸张地说,法律和秩序、商务和谋利、艺术和诗歌、智慧和科学都与高等教育或者高等教育的符号化日益关联起来。

第三,高等教育用符号形态创造着与日常生活相关联的秩序。符号依存秩序,也在创造秩序,符号与平常的日常生活有一定的联系,也有距离。高等教育作为一种文化符号就像人们的面具一样,带着我们超越平常生活又走向平常生活。无论是在观念上还是在物质上,它都从日常环境中被圈画出来,带有神圣的仪式化特征,形成符号内与符号外的圈里人与圈外人之间的距离。但由于其自身固定的规则、秩序和特定的时空界限,它可以推动团体的形成,就像中世纪大学具有行会性质那样。同时,由于高等教育以文化的传承和创新为使命,而文化作为一种重要的符号,为人类的交流与互动提供了基础,它同时也是统治的一种力量来源。艺术、科学以及宗教(实际上,所有的符号系统,包括语言本身),不仅塑造着我们对于现实的理解、构成人类交往的基础,而且帮助确立并维持着社会等级。[①] 高等教育作为高雅文化的标志和生产社会精英的符号,客观上承担着制造精英的使命。

二、制造精英:高等教育面临挑战

高等教育作为一种符号,具有隔离性和有限性。它包含着自身的过程和意味,与社会生活存在一定距离。它有自己的特殊规则。高等教育作为一个文化权力争夺和社会权力预演争夺的场域,在高等教育大众化浪潮中,连研究生教育精英性的命题都需要重新确认其合法性,研究生教育精英性问题就有了更丰富的社会意蕴。

---

① (美)戴维·斯沃茨.文化与权力:布尔迪厄的社会学.陶东风,译.上海:上海译文出版社,2006:1.

（一）高等教育大众化引起了人们对研究生教育精英性的怀疑

随着高等教育的大扩招和大众化的来临并逐步向深度推进，研究生教育受教育发展所积蓄能量、社会发展张力的影响，加上高等教育大众化向顶部的逐步上移，我国研究生教育的发展步入了赶超型发展时期，研究生教育规模迅速扩大甚至膨胀，出现拥挤性特征，研究生教育精英性逐步受到质疑。

首先，研究生教育的持续快速扩张威胁着研究生教育的精英性。在全国范围内，从1978—1998年的21年间年均招收研究生20 238人，与新中国成立初期相比，研究生教育规模已经有了巨大发展，从1949—1965年的年均招生量1 353人增加到1978—1998年间的年均招生20 238人，增长了1 396%。如果单纯从增长比例上看，这种增长速度十分惊人；但与中国巨大的人口总量相比，其稀缺性实际上仍然极为显著。所以，不管怎么说，在1949—1998年间，我国研究生教育规模还比较小，50年间（其中12年没有招生）只招收了44.75万人，几乎只相当于1999—2003年5年间招生总量的52%。从1999年开始出现研究生教育的超常规飞速发展。与1998年相比，2006年的研究生招生数增加到32.55万，2006年研究生招生数是1998年的5.5倍。与1998年相比，1999—2006年研究生招生人数的增长率依次为27.2%、77.2%、127.9%、179.4%、270.9%、349.7%、403.2%和449.0%，2004年后，与上一年相比，每年的增长率虽明显减缓，但增长量仍然十分可观。与1998年相比，扩招的前8年间硕士生招生数的增长率依次为25.7%、79.8%、131.5%、183.5%、283.0%、374.8%、439.1%和494.8%，2006年硕士生招生数差不多是1998年的6倍；与1998年相比，扩招的前8年间博士生招生数增长率依次为32.7%、67.3%、114%、155.3%、224.7%、255.3%、265.3%和273.3%，2006年博士生招生数是1998年的3.7倍。我国博士生招生数在2003年就超过了4.5万，到2006年达到5.6万，我国因招生数量已经连续几年多于美国的4.5—5万而成为世界上博士研究生教育规模最大的国家。由于连续多年硕士研究生和博士研究生招生数都保持了比较高的增长速度，到2006年，在校研究生数已经突破了100万大关[①]。研究生教育数量快速扩张必然引发两个相关问题：一个是数量扩张与质量提高的矛盾，一个是精英更精还是精英坠落的问题。

其次，研究生教育的现实制约影响研究生教育精英性的社会认同。在我国，学术界和社会大众都一直把研究生教育视为精英教育。在高校扩招的背景下，研究生教育在数量上已经逐步变得比较巨大，在类型上日益变得多样化，研究生教育问

---

① 以上各项数据根据教育部各年度全国教育事业发展统计公报相关数据计算得出。

题比以往更为复杂。学者普遍认为,我国研究生教育质量主要受到以下几方面的制约:第一,学术制约。指导研究生的教师都是具有高级职称的学者,这类学者的成长速度远远赶不上研究生规模的扩张速度;与此同时,研究生导师在学历上也存在着具有博士学位者比例偏低的问题。所以,无论是从研究生导师的职称结构还是学历、学缘结构、数量增长或学术成长等方面来看,都难以满足研究生教育快速发展的需要,客观上产生了对研究生教育质量的学术制约。第二,经济制约。高等教育的快速扩张与高等教育收费的同步飙升缠绕在一起,研究生教育所需要的物质资源难以得到有效保障,研究生导师往往成为学校获取各种项目和参与创收的主力军,而研究生为了生计而四处兼职,由此造成师生在教育活动中的投入显著降低,甚至导致了人们对研究生教育的认识偏差和行为偏差。第三,回报制约。随着研究生教育的快速扩展,研究生教育层次的劳动者在市场竞争中面临趋于激烈的形势,他们的相对工资收入下降,他们与较低教育层级劳动者的收入差距缩小,并有部分受过研究生教育的人被渗漏下来干那些无须接受研究生教育甚至无须接受高等教育的人就能胜任的工作。造成这种局面的原因有两个:一是由于非竞争集团的存在抑制了劳动力市场的充分竞争;二是研究生教育的扩张与经济社会发展不够协调,社会吸纳研究生能力的增长速度大大滞后于研究生的增长速度,产生了人才培养和社会吸纳之间的显著不匹配,造成研究生供应相对过剩。没有被社会合理吸纳的研究生容易被视为非精英,从而影响研究生群体的精英形象。

(二)高等教育制造精英还受到其他力量的威胁

第一,社会需要制造精英的机制带有假定的简单性。社会需要合理的机制使人得到与其能力相当的地位,这种说法尽管比较容易得到人们的主观认同并与常识比较接近,但其终究还只是一种假设。从事实层面看,在目前已经经历的人类历史上,从来没有真正出现过一种无可挑剔的人尽其才、物尽其用的精英制造机制,尽管人们特别希望找到这样一种机制。从逻辑层面看,如果在某一现实社会中,每个人真的都可以获得与自己能力相称的地位,那么从事低等工作的人就只能大失所望,因为他们无法指责命运和社会的不公平,只能抱怨自己无知和少能。这实际上有人为地为既存社会格局和既得利益者辩护的嫌疑。尽管教育是精英识别和精英制造工具的说法能够得到较为广泛的认同,研究生教育作为教育金字塔的塔尖部分,其制造精英的社会使命也昭然若揭,但每当研究生教育在其稀缺性、社会回报的有效性等方面都出现现实威胁时,人们怀疑其制造精英的确切性也就成为十分自然的事情。

第二,存在编外精英的事实在一定程度上驳斥了高等教育制造精英的神话。

无论是传统社会还是现代社会,任何一种制造精英或精英筛选的机制,都会遗漏英才,从而在现实社会中出现大量的编外精英或制度外精英。中国古代重要的科学技术和发明创造(比如四大发明),大多不是来自正规教育系统和制度化精英所在的场域,这一铁的事实几乎无可辩驳地表明教育制造精英的现实缺陷。即使到了现代,随着教育民主化、普及化程度的日益提高,高等教育制造精英的优势更为明显,但仍然存在权力精英、财富精英和其他社会精英产生于高等教育大门之外的事实,他们都是高等教育大门外的编外者,不是研究生教育的接受者。编外精英的存在,在一定程度上挑战了高等教育制造精英的权威性和有效性。

第三,高等教育实际上也生产庸才,并给他们贴上精英标签。无论是精英高等教育阶段,还是大众或普及高等教育阶段,高等教育在制造精英的同时,也在生产着很多才智平平的一般劳动者。高等教育培养人才的序列本来就存在着分化格局,在其中的下部积聚着大量不够优秀者。值得指出的是,无论在精英高等教育阶段还是大众高等教育阶段,研究生教育都居于高等教育的高端,应该当之无愧地制造精英,但实际上研究生教育仍然呈现着参差多态的格局,研究生教育作为高等教育的精英部分仍然包含着精英不精的尴尬成分,而我们的研究生教育却毫不吝啬地给所有研究生都贴上了精英标签。

第四,精英制造的另一个方面是大众的生存。精英的社会功能性期待就是希望精英能够把人们引入更高等级的生活,它的目标是形成一个这样的社会:在这个社会里,一切职业都将受到尊敬,因为所有的职业归根到底都具有相同的性质,都以工资维生,都为社会造福。研究生教育制造精英不是把精英置身于大众的对立面,尽管在一定的社会现实中,往往可能出现精英与大众之间存在或长或短的利益等方面的不一致,但就其根本而言,精英和大众应该都是社会的成员,都是社会的职业人,至少在这一点上将会是越来越一致。遗憾的是,即使到了现代社会,社会差别性的扩大似乎没有能够满足人们的美好期待,制造精英的社会合理性仍然出现问题。研究生教育作为精英生产的高端,无论对研究生教育的接受者还是对社会,似乎都没有很好地满足社会福祉显著提高的期待。

三、走出制造困境:高等教育的合理应答

中国高等教育必然向精英教育与大众化教育两个方向发展[①],制造精英是高等教育的一大使命。把高等教育视为精英制造者确实具有适合于思想单纯的人所

---

① 潘懋元.大众化阶段的精英教育.高等教育研究,2003(6).

需要的简洁性和适合于喜欢探究细枝末节的人所需要的耐人寻味性。在精英高等教育阶段,高等教育制造精英是一个比较容易让人接受的命题,而在高等教育走向大众化的时候,高等教育制造精英的合理性和合法性无论在横向学历还是纵向学历意义上都面临挑战。从纵向学历意义上,我们以研究生教育为例来加以探讨。

(一)确保高等教育制造精英的国家行动

今天,人类社会已经步入一个以知识(信息)资源和智力资源的占有、配置、生产、分配、使用(消费)为主要特征的知识经济时代。在知识经济时代,知识和科学技术在各种生产要素中的重要性越来越大,知识和智力成为重要资本,成为经济增长的主要推动力。如果国家能够采取有效行动,使高等教育致力于知识创新,使研究生教育担当起培养知识自主创新国家队的任务,将有利于确保研究生教育的精英性。

首先,要在认识上处理好精英与大众的关系。一般而言,大众化的整体推进从长远看不仅不会削弱精英教育,反而会加强精英教育。"万木成林,必有大树",只有我们努力搞好大众化,大众化才会对精英教育有所促进。大众化是精英高等教育发展的基础。只是我国高等教育发展的路径不是从大众教育走向精英教育,而是从精英教育走向大众教育,多样化的高等教育容易在一定的发展阶段遮蔽高等教育应有的精英性。

在我国高等教育大众化的过程中,高等教育资源的供给速度远远落后于高等教育发展的速度,这是人们普遍担心高等教育精英性丧失的一个重要现实原因;另外,许多中等职业学校和专科层次学校成建制的升格为网络教育、各种形式的民办高等教育,影响了人们对高等教育精英性的良好预期。我国的考试和招生由于录取中的区域不公平,一是像清华、北大这类精英型大学所招的学生就全国范围来说并不是真正意义上的精英,这种格局本身就影响精英型大学的精英性;二是研究生教育除了资源性约束外,入口、过程和出口的把关不严也影响了研究生教育的精英性。

其次,国家在政策和制度层面上形成高等教育制造精英的环境。高等教育能够培养出具有创新精神和创新能力的高水平人才,即科技精英、文化精英等各个领域的精英。目前,发达国家的科技对经济增长的贡献率普遍达到70%—80%,而我国仅为30%左右。我国每万人口劳动力中从事研究与开发的科学家与工程师为8.4%,只相当于中等发达国家的1/5和发达国家的1/9;每10万人被收录的科技论文,发达国家一般在100篇以上,而我国不足3篇;高层次人才比例偏低,高级人才仅占专业技术人员的 5.5%①。因此,我国应大力培养高科技人才,这是知识经济时代高科技发展的内在要求,是社会进步、参与世界竞争的必然要求。而高层次人才的培养有赖于国家对精英高等教育的重视,有赖于精英高等教育质量的提高。因此,培养一批具有世界水平的科学家和研究团队,确保研究生教育的精英性,并形成比较完善的中国特色国家创新体系是高等教育改革的重中之重。要完成这些任务离不开一流大学制造精英,以及确保研究生教育的精英性来支撑。

（二）确保高等教育制造精英的社会行动

在社会发展的一定时期,社会进入一个尊重学历的发展阶段具有一定的合理性。学历社会既有身份社会的痕迹,又有业绩社会的特征②。尽管在学历社会中,学历成为相对凝固的"第二身份",形成了有学历者和无学历者的身份差别,但应该肯定:首先,学历社会强调的是后天的努力和平等的竞争,它致力于减弱代际的权力、身份、地位和财富等因素带来的影响;其次,学历在多数情况下比较真实,也容易度量和评价,具有可靠性和容易操作的特性;其三,学历是公平竞争的结果,是一种能够为多数人认同的制度性结果,不是人为的随意安排;其四,学历反映着一种向上的精神,具有示范性和激励性。

遗憾的是,在我国现阶段,学历社会尚未真正完全成型的时候,就多次遭到各种形式的强烈抨击,高等教育制造精英的积极功能也得不到最有效的发挥。造成这种状况的原因很多:一是经验主义在作祟。许多人甚至大众传媒认为,一个人在岗位上获得的经验经常胜过从书本上获得的间接经验。二是对知识分子政治上的不信任仍然存在,知识治国的观念没有深入人心,知识还不是获取权力和其他资源的最重要依据之一。三是国家整体文化素质偏低,"集体性平庸"造成对知识和知识分子的短视仍然大面积和大范围地存在。四是既得利益者(尽管这批人中不乏通过教育阶梯成功实现个人向上的社会流动者)的排斥。从 20 世纪 80 年代末"文凭不等于水平"的流行所隐含的对知识分子的排斥,到现在某些官员挖空心思捞学历文凭和学术性职称的热情不减,以及官员学历具有很强的流通价值,这些现象背后都或多或少,或明或暗地反映着我们尚未形成真正的学历社会。对学历不加分析的批判实际上危害着高等教育制造精英和研究生教育精英性的保持,并容易造成高等教育发展的人为冷暖变化。

（三）确保高等教育制造精英的学校行动

首先,高校要形成精英意识和精英文化。精英意识和精英文化要以学术文化

---

① 张忠元,向洪. 人才资本. 北京:中国时代经济出版社,2002:216.
② 朱光磊. 大分化新组合. 天津:天津人民出版社,1994:37.

为核心,这种文化具有价值导向性、艺术蕴积性和科学前沿性的特点,它从本体论的基点对人们的价值观、人生观、审美观、历史观的形成起着重要作用,表达着对人和客观世界以及生存意义的终极关怀。因而,精英文化要作为大学的精髓文化加以传承、创新和发展。因为追求真理和科学历来是大学的本质,舍弃了这一点,大学难以成为大学。雅斯贝尔斯(Karl Jaspers)以其独特的睿智指出,"由于众多大学并存的现象,造成了毁灭真正学术的趋势,因为学术研究为了拥有读者,只好投大众之所好,而大众往往只顾及实际的目的、考试以及与此相关的东西。受其影响,研究工作也只限于那些有实际用途的东西上。于是,学术就被限制在可了解、可学习的客体范围内,本来应是生存在永无止境的精神追求中的大学,这时也变成了普通的学校"[1]。

其次,高等教育制造精英需要高校有合理的分工和定位。高等教育要切实做到尊重每个学生的个性,为其提供不同的学习条件,以保证每个人的天赋潜能得到最大程度的发挥,才有可能办好满足一部分人发展需要的精英高等教育。美国的研究型大学(主要是研究型大学Ⅰ型)为美国培养出许多高质量的世界顶尖人才。法国的大学教育实行双轨制,作为其中一轨的大学以少而精为特色,始终保持着精英教育的传统,成为高级官员、高级管理人才和高级科技人才的主要培养基地。可见,多层次、多样化是高等教育的发展规律之一,而大众化乃至普及化阶段的精英高等教育仍然受到广泛重视,高等教育结构的层次化反过来又促进着精英高等教育的发展。每个层次的学校都有各自的历史传统、办学特色、师资力量等,各校根据自身的特点合理定位,这样既有利于高等学校自身的发展和竞争,也有利于政府根据社会发展的实际需要来合理配置教育资源,提高高等教育的质量和效益,办出各自的特色与水平,从而使高等教育为国家发展做出更大贡献。与此同时,处于高等教育体系高端的研究生教育在日益分化的形势下,不能以牺牲研究生的质量为代价,而应该采取不同的质量标准和培养方式,使学术性研究生和应用型研究生都达到很高的质量水准,而确保精英性是其共同的质量追求。

(四)确保高等教育制造精英性的学生行动

首先,在认识上要认清精英所具有的社会价值。在社会的各个领域,精英都起着中流砥柱的作用。精英人才辈出的时代也是社会快速发展的时代,社会对精英的需求不会随着高等教育大众化而消失,精英阶层的长期存在决定了精英教育也将长期存在,精英阶层的重要作用决定了精英高等教育举足轻重的地位。因此,在

---

[1] (德)雅斯贝尔斯.什么是教育.邹进,译.北京:生活·读书·新知三联书店,1991:6.

高等教育大众化迅速推进的同时,有条件的个体要发奋努力去接受精英高等教育,这是一件利国利民又利己的事情。

其次,个人要对成为精英的困难有恰当的估计。高等教育只能赋予个人一种精英符号标识,尽管符号权力的拥有者或符号权力的被剥夺者都可能自然地认同这种符号区隔,都会认为这种符号是合理取得社会其他权力和利益的合法基础之一,但取得这种符号和对符号的遵循与成为社会现实精英之间仍有距离,并不是每个接受了高等教育所赋予的精英符号的个体都能够成为现实社会中的真正精英。

总而言之,高等教育的质量与规模以及与之相伴随的知识与技术的创新成就,可以成为衡量一个国家高等教育发达程度以及科技、经济、文化发展水平和前景的重要标志。对于一个地方而言,高等教育的规模和质量往往成为衡量其高等教育发达程度及其经济社会发展潜力的重要尺度,以及它在一个国家高等教育体系中的地位;对个人而言,高等教育经历不但记录着他在学习或学术阶梯上攀登所达到的高度,同时也昭示着他在学习上的知识积累和进一步获得学习的能力与潜力。

高等教育规模扩张背景下的入学机会差异分析

淮阴师范学院 孙启进

内容提要：始于20世纪末的高等教育规模扩张,在带来高等教育入学机会大量增加的情况下,并没有完全解决高等教育领域中存在的社会不平等问题。这种社会不平等在入学机会方面主要表现在：总体入学机会方面的社会阶层不平等、部属重点高校入学机会的社会阶层不平等与性别不平等,以及不同类型高校入学机会方面存在的城乡不平等。经济逻辑作为高等教育规模扩张的支配逻辑,以及一般高校的教育价值开始从地位教育向生存教育转换、部属重点高校的地位教育价值凸显,是这些社会不平等仍然得以存在的两个重要原因。

自20世纪末以来,中国高等教育又一次拉开了扩招的大幕,十年之间,高等教育的规模迅速扩张,招生规模从1997年的100.04万人迅速增长到2007年的565.92万人,截至2007年,高等教育毛入学率已经达到23%,迈入高等教育大众化阶段。但是,伴随着高等教育规模的疾速扩张和高等教育入学机会的大规模膨胀,人们对高等教育不平等的感受并没有大幅度削减,在某种程度上还越来越强烈。如何解释这一看似矛盾的现象,正是本文所要探讨的主题。

从制度上来说,高等教育既包括全日制普通高等教育,也包括成人高等教育。本文所讨论的高等教育皆为全日制普通高等教育,即全日制普通高等专科教育、全日制普通高等本科教育和全日制普通高等职业教育。

一、高等教育规模扩张之表现

1997年以来,我国高等教育规模无论是在高校数量上,还是在招生规模、在校生规模与毕业生规模方面,都得到了疾速扩张,下面我们先通过表1来直观地了解一下,进而对高等教育规模的扩张做一个描述性分析。

通过表1可以发现,中国高等教育规模的扩张在以下几个方面有显著表现。

首先,在高校规模方面,高校数量由1997年的1 020所,增加到2007年的1 908所,增幅达87.06%。其中,在2001至2004年间,每年以接近150所的速度递增,从2005年开始,增速有所放缓,但每年也有50所左右的增量。

其次,在高等学校招生规模方面,招生人数从 1997 年的 1 000 393 人,增至 2007 年的 5 659 194 人,规模翻了五番还多。自 1999 年开始,高等教育招生规模直线上升,每年以 50 万左右的幅度递增,8 年时间激增至 560 余万人,与 1997 年相比,增幅高达 465.70%。

再次,在高等学校在校生规模方面,高校在校生人数从 1997 年的 3 174 362 人,增至 2007 年的 18 848 954 人,11 年间,高校在校生规模翻了六番左右。从 1999 年开始,高校在校生人数以每年接近两百万的速度递增,至今未有减缓之势。

最后,在高等学校毕业生人数方面,由于高等教育扩招的延迟效应,高等学校毕业生人数从 2000 年左右才开始急剧增长,而且年增长幅度从最初的 10 万人迅速增加至 70 万人,至 2007 年,高校毕业生人数已经达到 4 477 907 人,比 1997 年的 829 070 人增长了 440.11%。

表 1 高等教育扩张统计表①

年份	高等学校数（单位:所）	高等学校招生人数(单位:人)	高等学校在校生人数(单位:人)	高等学校毕业生人数(单位:人)
1997	1 020	1 000 393	3 174 362	829 070
1998	1 022	1 083 627	3 408 764	829 833
1999	1 071	1 548 554	4 085 874	847 617
2000	1 041	2 206 072	5 560 900	949 767
2001	1 225	2 682 790	7 190 658	1 036 323
2002	1 396	3 204 976	9 033 631	1 337 309
2003	1 552	3 821 701	11 085 642	1 877 492
2004	1 731	4 473 422	13 334 969	2 391 152
2005	1 792	5 044 581	15 617 767	3 067 956
2006	1 867	5 460 530	17 388 441	3 774 708
2007	1 908	5 659 194	18 848 954	4 477 907

由上面的分析可知,近十余年以来,中国高等教育确实发生了大规模的数量扩张,但是,这种大规模的数量扩张是否必然带来了高等教育的平等呢?笔者认为这种大规模的数量扩张,在某种程度上确实会带来高等教育入学机会的增加,但却无法完全消除甚至大幅度削减高等教育领域中的社会不平等。这种数量规

---

① 图表数据来源:教育部网站教育统计栏目查询、整理而得。网址:http://www.moe.edu.cn/。

模的大幅度扩张,在带来高等教育入学机会增加的同时,某些方面仍然维持着其不平等的特性,这些不平等并没有随着高等教育数量规模的扩张而消失,很多情况下仅是表现形式有所变化而已。而且,伴随着高等教育数量规模的扩张产生了就业不平等一系列问题,这种不平等感有越来越强之势。因此,下面我们就先对高等教育规模扩张背景下的社会不平等状况进行简要的分析。

二、高等教育规模扩张背景下的入学机会不平等

为了分析的方便,本文借用中国高等教育研究数据库中2001—2005级十一省市区大学生简况抽样调查数据库中的相关数据资料[①],来分析高等教育规模扩张之后,在高等教育领域仍然存在的社会不平等现象。这些社会不平等现象,部分是高等教育规模扩张以前就已经在高等教育领域中存在并为人所强烈感知的,部分则为高等教育规模扩张以前已经存在且不为人所强烈感知,但在高等教育规模扩张以后为人所强烈感知的,这一部分是高等教育领域中社会不平等的新表现形式。

（一）高等教育规模扩张背景下总体入学机会之社会阶层不平等

高等教育规模的扩张带来了总体入学机会的增加,但是不同社会阶层在入学机会方面仍然存在着较大差异。关于高等教育入学机会的社会阶层差异,我们采用辈出率概念来进行分析。阶层辈出率是指"某一社会阶层子女在大学生中的比例与该阶层人口占整个社会人口的比例之比"[②],计算公式为:阶层A的辈出率＝大学生中阶层A的子女所占比例/阶层A人口占整个社会人口的比例。辈出率为1时,说明该阶层的子女接受高等教育的机会与整个社会阶层的平均水平相同;辈出率小于1时,说明该阶层的子女接受高等教育的机会低于整个社会阶层的平均水平;辈出率大于1时,说明该阶层的子女接受高等教育的机会高于整个社会阶层的平均水平。中国当前各社会阶层[③]的高等教育入学机会辈出率见表2。

---

① 中国高等教育研究数据库为厦门大学高等教育研究所开发的一个数据库平台,2001—2005级十一省市区大学生简况抽样调查数据库为其中的一个子数据库,该数据库的详细介绍请参见中国高等教育研究数据库(www.hedb.xmu.edu.cn),本部分所用数据除特别说明外,皆来自本数据库,下面不再注解。

② 谢作栩,王伟宜.不同社会阶层子女高等教育入学机会差异的探讨.东南学术,2004(增刊).

③ 由于本文所用数据库采用的是陆学艺等人的十大阶层划分,故本文社会阶层的划分亦采用此十大阶层的划分;表2中所用社会阶层构成比例也为陆学艺等人的测算,详见:陆学艺.当代中国社会流动.北京:社会科学文献出版社,2004.

表2 高校学生家庭所处社会阶层比例与高等教育机会阶层辈出率　单位:%

社会阶层	社会阶层构成比例(A)	高校学生家庭所处阶层构成比例(B1)	高等教育机会阶层辈出率(B1/A)
国家行政领导干部	2.1	7.5	3.57
经理人员	1.6	3.6	2.25
私营企业主	1.0	5.3	5.3
专业技术人员	4.6	12.8	2.78
办事人员	7.2	5.5	0.76
个体户	7.1	14.9	2.1
商业服务业人员	11.2	4.9	0.44
产业工人	17.5	12.6	0.72
农民	42.9	30.9	0.72
城乡无业者、失业者及半失业者	4.8	2.0	0.42

通过上表,我们可以看出,国家行政领导干部、经理人员、私营企业主、专业技术人员与个体户五个阶层的高等教育入学机会辈出率是大于1的,也即是说他们的高等教育入学机会是高于整个社会阶层的入学机会的,在高等教育入学机会方面占有明显的优势,其中又以私营企业主的高等教育入学机会为最高;而办事人员、商业服务业人员、产业工人、农民、城乡无业者、失业者及半失业者阶层的高等教育入学机会辈出率是小于1的,在高等教育入学机会方面处于劣势。其中高低阶层的辈出率最大差距为12.6倍,中上阶层在高等教育入学机会方面优势明显;随着高等教育规模的扩张,中下阶层的入学机会虽有增加,但与中上阶层仍有较大差距。恰如拉夫特瑞(Adrian E. Raftery)所言,"持续增长的教育规模并不必然会改变家庭社会地位对人们所获得的教育机会的影响"[1]。

(二)一般高校入学机会差异缩小背景下部属重点高校入学机会之社会阶层不平等

在当前的中国社会,与一般高校的学历、文凭相比,部属重点高校的学历、文凭是一种更加稀缺的资源,是与更好的工作、经济收入、社会地位等联系在一起的,因而在部属重点高校的入学机会中,社会阶层的差异也更加明显。各社会阶层在部属重点高校中的入学机会阶层辈出率见表3。

---

[1] 丁小浩.规模扩大与高等教育入学机会均等化.北京大学教育评论,2006(2).

表3 部属重点高校学生家庭所处社会阶层比例与
部属重点高校教育机会阶层辈出率
单位:%

社会阶层	社会阶层构成比例（A）	部属重点高校学生家庭所处阶层构成比例(B2)	部属重点高校高等教育机会阶层辈出率(B2/A)
国家行政领导干部	2.1	10.0	4.76
经理人员	1.6	3.5	2.19
私营企业主	1.0	3.5	3.5
专业技术人员	4.6	16.5	3.59
办事人员	7.2	6.6	0.92
个体户	7.1	9.9	1.39
商业服务业人员	11.2	3.5	0.31
产业工人	17.5	12.0	0.69
农民	42.9	33.0	0.77
城乡无业者、失业者及半失业者	4.8	1.5	0.31

通过上表,我们发现,在部属重点高校中,入学机会阶层辈出率差距进一步拉大,其中高低阶层的辈出率差距由全部高等教育入学机会阶层辈出率差距的12.6倍扩大到15.35倍。国家行政领导干部、专业技术人员阶层的辈出率与全部高等教育入学机会阶层辈出率相比有了进一步的提升,经理人员、私营企业主和个体户阶层的辈出率虽然有所降低,但是仍然高出全部社会阶层的平均水平。办事人员和农民阶层的辈出率有小幅度增加,但不明显;商业服务业人员阶层和城乡无业者、失业者和半失业者阶层的辈出率则进一步降低。出现这种情况的原因在于:高等教育规模扩张以后,大众进入一般高校的机会增加,一般高校的利益分配职能下降,已经不再能够与较好的工作、经济收入和社会地位联系在一起了,部属重点高校承担起了新的利益分配职能。所以社会中上层为了维持其社会阶层的地位和既得利益,在维持其原有的高等教育入学机会优势的前提下,进而转向了对部属重点高等教育入学机会的占有与控制方面。

（三）高等教育总体入学机会性别差异基本消除背景下部属重点院校入学机会之性别不平等

社会性别不平等一直是高等教育入学机会不平等的一个重要方面。随着社会经济发展水平的提高、人们观念的改变和独生子女政策的实行,中国高等教育入学机会的性别差异不断缩小,甚至部分地区、高校的女性大学生人数比例已经高于男性大学生。根据刘精明的测算，1982年的出生组中，女性和男性的平均受教育水平已经缩小到0.1年，他进而做出判断："大约从1980年的出生组开始，教育年限上的性别不平等在我国已经基本得到消除。"[1]

虽然高等教育入学机会的性别差异已经基本消除，甚至在某些地区、高校，女性人数已经超过男性，但是在部属重点院校中，女性的入学机会仍然远远低于男性，这实际上是高等教育入学机会性别不平等的一种新的表现形式。不同类型的高校中，男、女性大学生的比例见表4。

表4 不同类型高校中男女大学生的样本分布情况 单位：%

性别	部属重点院校	公立普通本科院校	公立高职高专院校	民办本科院校	民办高职高专院校	独立学院
男	11.951	14.791	10.747	1.629	4.419	4.57
女	7.403	16.766	15.635	0.901	5.428	5.709
合计	19.354	31.557	26.382	2.53	9.847	10.279

通过分析表4我们可以发现，在全部样本中，除去无效样本0.051%后，男性大学生占48.107%，女性大学生占51.842%，总体上女性的高等教育入学机会已经超过男性，而且，在普通本科院校、公立高职高专院校、民办高职高专院校、独立学院中，女性大学生的比例都超过了男性大学生。这也进一步证明了在我国当前的情况下，高等教育入学机会的性别差异已经基本消除。但是，在部属重点院校中，性别差异却依旧明显，在本数据库提供的数据中，男性大学生占部属重点院校大学生的61.7%，而女性仅占38.3%，男性的入学机会是女性的1.61倍。刘云杉通过对北京大学的调查发现，尽管女性进入北京大学的比例有所上升，取得了"有限的进步"，2000年以后已经可以基本上维持在44%左右，但仍然落后男性12个百分点左右[2]。这也证明了在部属重点院校中，入学机会仍然存在着较大的性别不平等。

（四）高等教育总体入学机会提升背景下之城乡不平等

由于城乡二元体制的长期存在，中国高等教育入学机会的城乡不平等现象一直以来就比较显著。随着高等教育规模的大幅度扩张，来自农村的大学生比例不断增加，入学机会的城乡差距有缩小的趋势，但这种差距仍然比较明显。来自不同

---

[1] 刘精明.转型期中国社会教育.沈阳：辽宁教育出版社，2004.
[2] 刘云杉，王志明.有限的进步：女性进入精英集团.高等教育研究，2008(2).

居住地的大学生在不同类型高校中的比例见表5。

表5　来自不同居住地的大学生在各类型高校中的样本分布情况　　　　单位：%

居住地类型	部属重点院校	公立普通本科院校	公立高职高专院校	民办本科院校	民办高职高专院校	独立学院
大中城市（指地级以上城市）	6.055	6.105	5.723	0.598	2.501	3.172
县级城市	2.501	4.375	3.582	0.62	1.831	2.645
镇（指有城市户口的建制镇）	1.449	3.035	2.739	0.541	1.233	1.254
乡村（集镇和农村）	8.398	16.529	12.268	0.699	3.258	2.415
合计	18.403	30.044	24.312	2.458	8.823	9.486

如果我们以是否具有城市户口为标准，把不同居住地的学生分为城市大学生和农村大学生两类来进行分析，其中，来自大中城市、县级城市和有城市户口的建制镇的学生为城市大学生，其余的则为来自乡村的大学生。通过对表5进行整理，我们得到下表。

表6　城乡学生在不同类型高校中的样本分布情况　　　　单位：%

居住地类型	合计	部属重点院校	公立普通本科院校	公立高职高专院校	民办本科院校	民办高职高专院校	独立学院
城市	49.959	54.37	44.98	49.54	71.56	63.07	74.54
乡村	43.567	45.63	55.02	50.46	28.44	36.93	25.46
差额	6.392	8.74	−10.04	−0.92	43.12	26.14	49.08

通过表6的分析，我们可以得出以下结论：

在总体高等教育入学机会和部属重点院校入学机会方面，来自城市的大学生所占比重分别为49.959%和54.37%，来自乡村的大学生所占比重分别为43.567%和45.63%，城市大学生比乡村大学生的比例分别高出6.392个百分点和8.74个百分点。考虑到我国城乡人口比重的巨大差距，城市学生和农村学生在高等教育总体入学机会和部属重点院校入学机会方面，可能比6.392%和8.74%这两个数字所显示的差距更大。

在公立普通本科院校和公立高职高专院校中，来自农村的大学生都超出或略微超出了来自城市的大学生，公立普通本科院校中，来自农村的大学生甚至超出来自城市的大学生10.04个百分点。这一方面显示了高等教育大规模扩招的效果，扩招确实增加了来自农村学生的高等教育入学机会；但另一方面,农村学生自身的努力也不容忽视,来自农村的学生一般都会付出比城市学生更大的努力,才能够进入大学。

在民办本科院校、民办高职高专院校和独立学院中,城乡学生的比例差距巨大,在这三类院校中,城市学生的比重分别是农村学生的2.52倍、1.71倍和2.93倍。这三类院校有两个共同的特点,即学业成绩的低要求和高额学费,这两个特点使得城市中本来天赋不是很好或者努力程度不够的学生,在较好的家庭经济条件的支持下,能够顺利地迈入高等教育之门；而同类型的农村学生则受制于家庭经济条件而被拒之于高等教育的大门之外。在这一现象背后有一点需要我们注意,在当今的"文凭社会"中,来自城市有较好家庭经济背景的学生本来可能会因为天赋不高或努力程度不够,而被排斥在高等教育之外,因无法获得高等教育文凭导致社会地位下降,从而达成一种"精英流动"式的社会流动,为底层精英提供部分的流动机会。但是这三类高学费、低要求学校的出现,为家庭经济背景相对较好但学业成绩较差的城市学生,提供了用经济资本换取文化资本的通道,使其可以突破高等教育的排斥,为维持甚至提升其既有的社会阶层地位和既得利益提供了可能。而这可能会带来更大的社会不平等。因为,一方面,由于高收费的限制,天赋不高且努力程度不够的农村学生会丧失同类城市学生所具有的机会,进而拉大双方各方面的差距；另一方面,由于这类城市学生因接受了高等教育,文凭排斥对其失去效用,且相对来说,其家庭一般都具有较好的社会资本和经济资本,这使得其社会地位并没有下降,从而导致社会流动机会减少,相应的就压缩了底层精英向上流动的机会。

三、高等教育规模扩张背景下入学机会不平等的原因分析

通过上面的分析,我们发现尽管中国高等教育已经开始了大规模的扩张,但在这种大规模扩张的背后,仍然存在着各种各样的社会不平等。这也就不难解释本文开头提出的那个问题了,在高等教育大规模扩张以前,高等教育的入学机会普遍较少,且高等教育属于精英教育,接受高等教育的人都能通过高等教育达成一定社会地位的提升,大家的相对不平等感较小。高等教育大规模扩张以后,尽管高等教育入学机会有所增加,但不同的社会阶层和群体从高等教育大规模扩张中所得到的利益是不同的,而且随着高等教育大规模扩张的施行,高等教育的精英性质开始发生变化,通过高等教育达成社会地位提升的可能性大大降低。正是这一原因使得人们在高等教育大规模扩张的情况下,反而对高等教育不平等的感受越来越

强烈。

那么,如何进一步解释,在中国高等教育大规模扩张之后,仍然存在于其中的社会不平等呢?笔者认为,可以从以下两个角度进行分析。

(一)经济逻辑作为高等教育扩张的支配逻辑

熟悉中国高等教育的人都知道,开始于 20 世纪末的高等教育规模扩张,最初的动因来自经济因素,而不是高等教育自身发展的结果,其主要目的之一是通过高等教育规模的扩张来拉动内需,进而促进经济的发展。其实,经济逻辑不仅仅是本次高等教育规模扩张的最初动因,而且它也成为本次高等教育规模扩张的支配逻辑。中国高等教育在大规模扩张的背景下,经济逻辑成为高等教育扩张的支配逻辑是高等教育领域仍然存在社会不平等的重要原因之一,这种经济逻辑表现在:

1. 供给充足带来平等:高等教育规模扩张的理念假设

作为经济学的一个重要流派,经济学供给学派的平等观认为,"经济增长是解决问题的关键,增加产品和劳务的多样性,从而把短缺界限向外推很远很远,问题就会迎刃而解"[①]。达伦多夫(Ralf G. Dahrendorf)把这一逻辑称作"经济学帝国主义",这一"经济学帝国主义"将实现平等的一切希望都寄托于供给的扩大。我们并不否认,供给的扩大在某种程度上会带来平等程度的提升,但供给的扩大并不能完全解决平等问题,除非供给在数量上能够满足全部需求,质量上也能够保证扩大后的供给必须是同等质量的产品。

仔细分析我们本次高等教育规模的扩张就会发现,支撑本次高等教育规模扩张的理念假设便是"供给充足带来平等"这一"经济学帝国主义"的逻辑,教育部相关人员对本次扩张原因的解释,以及本次高等教育规模扩张主要是数量规模的扩张等都说明了这一点。在这一理论指导下的高等教育规模扩张,一方面,尽管扩大了高等教育的数量规模,但是扩大后的高等教育数量规模仍然远不能满足社会各阶层对高等教育的需求,高等教育入学机会的阶层差异就是对此的一种反映;另一方面,扩张后的高等教育并不是同等质量的高等教育,而且扩张主要是低质量高等教育的扩张,因此在优质高等教育方面,社会不平等不但没有得到缓和,甚至有增加趋势,这一点在部属重点高等院校的入学机会上体现得最明显,不同社会阶层、社会性别与城乡之间都存在着较大的入学机会差异。

2. 效率优先:高等教育规模扩张的首要原则

效率优先是本次高等教育规模扩张的又一特点,甚至成为其首要原则,其中的

[①] 刘精明.转型期中国社会教育.沈阳:辽宁教育出版社,2004.

一个重要方面是,伴随着本次高等教育规模的扩张,提出了高等教育的成本分担问题,实施了高等教育收费改革,大幅度提高了学生所要承担的学费比例,以此来提高国家高等教育的办学效率。谢作栩等人的调查显示,公办重点本科院校的平均学费为4 616.5元,公办一般本科院校的平均学费为4 069.9元,公办高职高专院校的平均学费为5 228.5元,民办本科院校的平均学费为14 980.0元,民办高职高专院校的平均学费为8 031.1元,独立学院的平均学费为11 233.1元[①]。

效率优先原则指导下的高等教育收费改革,一方面确实减轻了国家对高等教育投入的压力,提高了国家高等教育办学的效率;但另一方面,也带来了新的社会不平等。首先,高收费把一部分家庭经济背景较差,但学业成绩较好的学生阻挡于高等教育大门之外,变相剥夺了他们的高等教育入学机会,形成了新的社会不平等;其次,伴随着高等教育扩张而产生的收费高昂但对学业成绩要求较低的各类民办院校,在一定程度上确实增加了总体的高等教育入学机会,但它对不同地区、阶层和家庭经济背景学生的意义是不同的,这也有可能形成新的社会不平等,个中危害,笔者在本文第二部分高等教育入学机会的城乡差异中已经有所分析,此处不再重复。

通过上面的分析可知,在经济逻辑支配下的高等教育扩张确实在一定程度上带来了入学机会的增加;但另一方面,也在一定程度上维持了原有的社会不平等,甚至带来了新的社会不平等。

(二) 一般高校的教育价值逐渐从地位教育转向生存教育,部属重点高校的地位教育价值开始凸显

刘精明关于生存教育和地位教育的划分,在解释教育与社会不平等方面具有重要的启示意义,"人们接受教育的这种形式上的差异,成为一个社会中教育不平等的重要来源"。其中,生存教育是指"一个人为适应某一社会的基本生存而必须接受的教育",它具有两个基本的特点:一是生存教育是作为一个人的生存手段而接受的教育,即它是在一定社会时期内,人们借以谋取生存所需要的工作、地位等各方面需求所必需的工具与手段;二是它是在某一社会历史时期内为全部民众所具有的一种基本权利。地位教育是指"超出基本生存所必需的、以获取更好的社会职业地位为指向的教育类型"。地位教育是获得上层社会地位的直接手段之一,因而它具有强烈的排他性特征[②]。生存教育和地位教育的划分

[①] 谢作栩. 中国大陆高校学费对不同社会阶层子女的影响. 教育与经济,2007(2).
[②] 刘精明. 转型期中国社会教育. 沈阳:辽宁教育出版社,2004.

并不是绝对的、一成不变的,随着社会、经济的发展,人民生活水平的提高和教育规模的扩张,生存教育的上限是不断上移的,并不断打破地位教育的界限,从而把原先的地位教育中的一部分变为生存教育的范畴,而这也是教育平等程度不断增长的一个过程。

在我国当前的经济社会发展条件下,一般高校的教育价值已经从地位教育向生存教育转换,地位教育的边界开始向部属重点高校回缩。一方面,现代社会是一个"文凭社会",获得高等教育文凭已经成为个体在社会中得以生存、立足的一个基本条件,这一点从各类招聘对学历越来越高的要求中就可以窥视一斑;另一方面,随着高等教育规模的大幅度扩张,一般高校的入学人数越来越多,且规模扩大后的普通高等教育已经不再是精英教育,也不再必然导向较好的工作和社会经济地位,而是成为个体得以生存的一个必要条件。由此可见,一般高校的教育价值已经下降,开始转向生存教育的范畴。但是,正如卢卡斯(Samuel R. Lucas)所说,"社会经济处于优势的成员,无论在何时何处都会确保他们自身和子女教育机会的优势"[1]。在一般高校已经开始丧失其地位教育的价值以后,社会的中上层开始把他们的重心转移到部属重点院校上来,部属重点院校的地位教育价值开始凸显,而部属重点院校也确实比一般高校意味着更好的工作机会和社会经济地位前景。闵维方等人的研究就表明,学校声望对学生求职有显著影响,是否是"211"工程重点大学毕业直接影响到学生的就业机会和就业单位的性质[2]。

在本文的实证研究部分,我们曾分析过,一般高等院校的入学机会差异开始不断缩小,而部属高等院校入学机会的社会不平等程度比一般高校的入学机会社会不平等程度要显著许多,这恰恰就是由上面所分析的原因导致的。面对一般高校地位教育价值的缩小甚至丧失,并开始被纳入生存教育范畴的情况,社会既得利益群体已经把自己追求的高等教育从一般院校转向部属重点高校,以便继续维持其既有的社会经济地位和教育优势。此时,部属重点高校入学机会的巨大社会差异也就不难理解了。

---

[1] 丁小浩.规模扩大与高等教育入学机会均等化.北京大学教育评论,2006(2).
[2] 闵维方,丁小浩.2005年高校毕业生就业状况的调查分析.高等教育研究,2006(1).

"私益性""公益性"与"准公益性":国家观念与市场逻辑互动下教育属性的演变

南京师范大学 王海英

内容提要:在东西方的教育发展史上,教育的属性一直随着社会政治经济生活的变化而变化。在西方,随着经济生活中自由主义、凯恩斯主义和新自由主义的变迁,教育表现出"私益性""公益性"与"准公益性"的变化。新中国成立以后,随着计划经济体制、商品经济体制和市场经济体制的变化,教育的属性也不断地从"公益性"向"准公益性"方向变化。在我国的社会转型期,要促进教育的发展,必须协调好国家、市场和教育三者的关系,建构为教育服务的宪制政府、服务政府和有限政府,培育为教育服务的有序市场,促使教育成为"第三部门"。

在东西方的教育发展历史上,关于教育是什么一直有着不同的争论。在社会发展的不同时期,人们对教育的期待与看法有很大的差异。在西方的教育发展史上,随着自由主义、凯恩斯主义和新自由主义在社会生活中占据主导地位,人们对教育的看法一度发生着市场主导、国家控制和有限政府、有限市场的演变。在中国的教育发展史上,随着新中国成立后社会经济形态的转换,教育领域也不断演变着国家控制、国家与市场共同参与的发展模式。在传统意义上,人们一般认为教育是一种公共产品,具有极强的公益特征,因而必须由国家来组织生产和供给,市场逻辑不应介入。从公共经济学的观点来看,一项产品或服务是由政府出资还是由个人出资,是由该产品或服务的属性决定的。如果是纯公共产品,应由政府出资;如果是纯私人产品,应由个人出资;介于两者之间的准公共产品,则应由政府与个人共同出资。在国家主导教育的年代,人们认为教育是纯公共产品。然而,在转型期社会政治、经济发生变革的大背景下,人们发现,教育的属性并非是固定不变的,将教育定性为介于公共产品和私人产品之间的准公共产品可能更为恰当。这意味着市场逻辑能够合法地介入公共教育领域,公共教育也可以部分地由私人供给,从而使教育部分地带有"准公益性"的特征。美国经济学家弗里德曼甚至认为,实行义务教育既有利于国家的稳定和发展,也有助于个人日后的发展,也应属准公共产品,由政府和个人共同出资。

本文将呈现教育属性演变过程的纵横交织的画面,横向重在东西方的比较,纵向重在时代的流变。

一、西方历史上国家观念与市场逻辑互动下教育属性的演变

在西方的教育发展史上,教育权在社会和国家之间有着跳跃更替的转换过程。在人类社会初期,教育原本是私人的领域,是纯粹私人性的事件。因此,文明社会最初的教育权就表现为社会教育权。国家教育权是从社会教育权发展而来的。即使到了中世纪早期,绝大多数的教育仍然属于社会教育权的范畴,大多数学校由某个社会团体举办和管理,并为特定的社会利益集团服务。在西方,国家教育权一直到近代民族国家兴起之后才逐渐被认可,社会教育权也一直到近代才逐渐受到国家教育权的限制。"二战"之后西方国家对社会教育权的干预达到了顶峰,但是社会教育权从未被取消,相反,它仍然是国家教育权的重要补充。事实上,正是有社会教育权的被压抑,才会有20世纪80年代出现的以引进市场经济要素为核心的教育重整运动。这里以西方盛行的经济主义思潮来纵向呈现西方教育属性的演变历程。

(一) 教育的"私益性":自由主义的"大市场、小政府"

自由主义认为,市场秩序在很大程度上是靠内在规则维护和调节的。这种市场运行过程所产生的规则和秩序不是出自任何人的设计,而是源于千百万人在长期的市场交易过程中的互动[1]。教育领域的秩序也当如此,是一种市场建构的结果,而非政府的人为干预。

自由主义经济学的鼻祖亚当·斯密认为:"学习一种才能,须受教育……学习的时候固然要花费一笔费用,但这种费用可以得到偿还,赚取利润。"[2]因此,从生产与消费的角度看,教育是一种私益物品,提高了消费者个人的质量和素质,理应参照"谁受益,谁投入"的原则,由消费者自行付费,政府无权插足其中。

在自由主义看来,"自利"是那个时代的特征,无论"经济人"和"政治人"都不能例外[3]。政府与市场所代表的政治人和经济人都有自利的一面,政府以国家利益或政府利益为出发点,而市场是私的一方,是经济人的化身,也是自利的。在这样一个政治人与经济人、政府与市场都是自利性的假设下,教育的首要属性就是"私益性"。自由主义时代,教育严格说来应该是社会教育,即由政府之外的社会力量

---

[1] 方福前. 政府与市场秩序的形成. 经济理论与经济管理,2004(7).
[2] (英)亚当·斯密. 国富论(上). 谢祖均,译. 北京:新世界出版社,2007.
[3] 李松龄. 市场有效还是政府有效——公共选择学派的公平效率观. 南方经济,2003(1).

来办教育,市场起绝对的主导作用,国家只是起"守夜人"的作用。

(二)教育的"公益性":凯恩斯主义的"大政府、小市场"

20世纪30年代,资本主义世界发生经济大危机,打破了传统经济学的市场无所不能的认识。人们认识到自由竞争的市场制度虽然具有有效配置资源的作用,但并不总是有效的。于是以凯恩斯为首的主流经济学家们把政府作为市场制度的合理调节者和干预者,并且认为这是一种有效率的制度安排。在凯恩斯主义盛行的西方,国家积极地介入教育,从此走上了教育国家化的道路。如20世纪五六十年代美国以凯恩斯国家主义为核心进行了系列改革,强化了国家干预,政府通过各种立法和行政干预社会的许多方面,如杜鲁门提出了"公平措施"、肯尼迪提出了"新边疆政策"、约翰逊实行了"伟大的社会政策"。

按照政治学的解释,任何政府行为都有一个最根本的动因——国家利益,国家利益是一个政府活动的最基本依据。从西方各国的教育发展来看,教育由宗教性向世俗化过渡继而建立起公共教育制度之后,国家教育职能就发生了翻天覆地的变化。国家承担教育职责成为一种历史的必然和当然。"二战"后西方国家福利制度的普遍推行,更使得教育成为一项由国家完全垄断的福利事业。在这个过程中,国家的教育职能在公共教育领域内不断增强,其他力量如市场很少而且很难插足其中。所谓公共教育,也就是国家集公立学校的所有权、投资权、控制权于一身的教育,政治生活的民主化和经济生活的工业化发展了公共事业的公益性和国家垄断性。与此相适应,教育的公益性、公共性、事业性的特点是由工业社会的时代精神和历史特征所决定的,这一方面表明了公共教育具有巨大的历史进步性,另一方面也揭示了公共教育的特征和内涵具有历史阶段性。

(三)教育的"准公益性":新自由主义的"有限政府、有限市场"

20世纪60年代以后,资本主义市场经济出现通货膨胀和失业并存的现象,被凯恩斯主义称为有效的政府也被认为缺乏效率。究竟是市场有效率还是政府有效率,是市场公平还是政府公平的问题,引起了西方经济学家们的普遍关注和深入讨论。在这样的大讨论中,新自由主义走上了历史的舞台。

新自由主义认为,市场秩序主要是一种内在的、自发的秩序,但这种说法并不否认外在规则在形成和调节市场秩序方面的重要性,也不否认政府在其中的作用。外在规则和内在规则共同起作用才能形成市场秩序。但是,这种规则不是平分秋色的,对于市场秩序来说,内在规则仍然是主要的。虽然许多外在规则依赖于政治决策程序和政府,但这并不是说政府拥有外在规则,也不是说这些外在规则都是由政府制定的。更多的情况是,政府仅仅是编纂了、系统化了和形式化了业已存在的规则。

在此基础上,公共选择学派的创始人布坎南认为,"国家不是神的造物,它并没有无所不在和正确无误的天赋"①。政治家和政府官员也是经济人,在利益取舍面前选择时,他们一样会选择那种能为自己带来较多好处的方式,因此,我们一定要从利己主义的经济人与超凡入圣的国家是对立的两个方面的逻辑虚构中摆脱出来,采用"有限政府、有限市场"的方式,同时看到政府干预和市场制度自身的局限性。

与经济领域的争论相呼应,教育领域也掀起了教育是纯公共产品还是准公共产品的争论。一些经济学家认为,教育具有私益性。但与此同时,教育又具有实质性的积极外部效应,整个社会也从每个受过教育的人那里得到好处,它具有一定的公益性。由此,教育既具有公益物品的属性,又具有私益物品的性质,是一种类似于医疗保健的准公益物品,具有"准公益性"。它既可以由政府提供,也可以由私人支付。换言之,教育是可以进行"公""私"选择的。英国学者保尔(S. Ball)也主张,教育中的市场并非纯粹的市场,而是政府为了达到特定的社会、经济目的而想出的政治市场,也就是以哈耶克的"有节制的竞争"为基础的特别市场,即"政治市场"。在此,国家课程的控制与市场原理的竞争这两个原理是并行不悖的。

在"有限政府、有限市场"论中,不同的国家都在义务教育领域强化国家的力量,而在非义务教育领域强化市场的力量,从而使市场与国家均衡协调共同促进教育的发展。如美国教育质量委员会于1983年4月发表了题为《国家处在危险之中:教育改革势在必行》的报告,以此为标志掀起了美国历史上最新一次的教育改革;日本为推行教育改革的基本设想,于1984年8月成立了"临时教育审议会";英国颁布了自1944年教育法通过以来最为重要和最具影响的一项教育立法《1988年教育改革法》,推行全国统一课程,对学生实行全国统一考试,让家长选择自己子女的就读学校,把资源的控制权下放到学校一级,给各学校以摆脱地方教育当局控制的机会等。此后,法国、德国等也相继卷入这场改革浪潮中。

当然,由于各国具体国情的不同,其教育领域的"公""私"选择也不尽相同。这种"公""私"选择往往不是纯粹在市场与政府间的选择,而经常是在这两者的不同组合之间以及资源配置的不同程度上的选择。20世纪80年代后西方这种以市场为导向的改革,在某种程度上实际表明了教育领域关系格局的重构,这导致了人们

---

① 赵汉平.西方经济思想库(第三卷).北京:经济科学出版社,1997.

对于教育的公益性与准市场性、国家教育职能的重新定位。由此,教育的内涵和特征已经获得了新的界定:在属性上它不再是纯粹的公共产品,而是一种准公共产品;在形式上它不再是单一的国家教育权,而是由学校、老师、家长、儿童和社会力量等各种教育行为主体的权力和权利所构成的权利束。

二、中国历史上国家观念与市场逻辑互动下教育属性的演变

在中国,社会教育权和国家教育权也是此起彼伏、源远流长的。早在春秋战国时期,我国就有诸子百家的私学传承。秦汉以后,虽然国家教育权有所强化,但是"官私分立"的局面没有根本的改变,国家教育权与社会教育权是相得益彰的。起于唐、兴于宋的中国古代书院则是中国社会教育权的一座高峰。宋代以后,书院日益官学化,晚清、民国时期又有许多有识之士举办私立学堂,中国社会教育权出现了又一轮扩张。新中国建立之后,随着计划经济体制的建立与教育的公有化改造,民国时代的私立学校以及其他社会力量办学被纳入了"官学"的轨道。在很长一段时间内私立学校被禁绝,社会教育权被取消。直到20世纪80年代随着改革的深入,在市场力量的作用下,社会力量开始积极办学,并逐步成了国家举办教育的一个补充。可见,社会教育权在中国的复兴,是市场介入的结果,是在市场经济体制建立以及社会结构出现分化的背景下逐步确立的。

总而言之,新中国成立以来的教育改革历程大体反映了国家观念和社会逻辑的调整过程,从国家包办社会、垄断教育,到开始关注社会需要、关注市场的因素。这里以社会经济生活的主要变迁来说明教育属性的演变。

(一)教育的"公益性":计划经济体制下的"大政府、无市场"

1978年以前,中国现代化建设的基本路径是首先建立民族国家,再由国家的力量去带动社会发展。因此,新中国成立初期,我国实施的具体战略是全面的国有化,如"企业办社会""学校办社会"等统摄社会生活的方式。在教育领域,这种"全能型政府"的形象也无处不在。政府包揽了教育权,对所有的私立学校收归国有,进行了社会主义改造。国家统一教材、统一考试,教育完全按照政府的统一要求来进行人才培养和规划。

在全面建立社会主义公有制的过程中,教育系统的运行机制和管理模式完全与计划经济的模式相适应,这是一种在国家神话笼罩下国家与教育高度一体化的教育体制。此时的教育完全为国家利益服务,具有典型的国家垄断性和公益性。

（二）教育的"准公益性"：商品经济体制下的"大政府、小市场"

十一届三中全会提出把工作重心转移到经济建设上来，20世纪80年代开始实施有计划的商品经济体制。自此，教育的经济主义思潮逐渐兴起，人们开始把教育当成一种商品。这种观点认为，顾客既然花钱买教育，学校就要提供令顾客满意的教育，否则顾客有进行选择的权利，而公立学校一统天下的格局使人们对教育的选择权受到了限制，因此，教育领域的体制改革逐渐兴起。1985年的《中共中央关于教育体制改革的决定》中提出，要建立与社会主义商品经济相适应的教育体制，大力推进社会力量办学。

西方的人力资本理论也认为，教育作为劳动力再生产的一种方式，既是一种明显的消费，又是潜在的隐含巨大价值的生产和投资。办教育要消费人力、物力和财力，但同时也可以换取生产力中劳动者的智慧和科学知识。这样，教育消费的结果可以间接地转化为生产过程中的一个要素，使教育具有社会经济意义。

商品经济影响下的教育商品化思潮，笼统地把教育教学过程看作商品交换过程，要求教育遵循价值规律的约束，考虑投入产出比。教育的公益属性在某种程度上受到了改写，带有了一点"准公益性"的色彩。

（三）教育的"准公益性"：市场经济体制下的"小政府、大市场"

进入20世纪90年代后，特别是1992年中共十四大确定中国经济体制改革的目标是建立社会主义市场经济体制以后，教育与经济的关系愈加密切，强调教育要适应市场经济需要，引入市场机制的呼声日渐升温。教育改革的重点转向"建立起比较成熟和完善的社会主义教育体系，实现教育的现代化"。具体措施是，改革办学体制，将政府包揽办学的格局改为逐步建立以政府办学为主体、社会各界共同办学的机制。1992年国务院颁发《关于加快发展第三产业的决定》，明确将教育列为第三产业，而且是"对国民经济发展具有全局性、先导性影响的基础产业"。由此可见，教育改革已经涉及对教育基本属性的再认识，与第一阶段强调教育要适应经济体制改革不同的是，这个阶段更为强调教育自身的经济成分。

此时，在理论上，教育商品论、市场论、产业论的探讨也此起彼伏，从市场经济的视角看待教育，以市场经济的特征解说教育，成为教育理论界的一个重要思维取向。在实践领域，高等教育出现了不少类似于市场竞争的产业化运作，基础教育则出现了公立学校转制、择校、教育券等改革尝试。至此，政府与市场关系也产生了重大变化，教育已经不再是游离于市场体系之外的"特区"。

谈松华认为,教育具有社会公共服务事业和产业的双重属性[①]。承认社会公共服务事业的属性,就要确认教育具有同经济运行不同的规律,肯定政府对教育负有主要的责任,教育不能完全进入市场,实行市场化;而承认产业的属性,就要肯定教育是人力资源和知识的生产部门,教育通过人力资源和知识同市场的交换,会增加社会财富,产生经济效益,也就是要肯定教育在一定范围和一定程度上,可以运用产业运作方式和市场调节机制。

中国的教育改革究其实质,是社会教育从国家体制内生长出来,获得其自主性的过程。改革的初期模式是政府主导型,后期市场参与型的改革也仍难走出对政府主导型的"路径依赖"。在教育商品化、教育市场化、教育产业化的争论中,教育的基本属性越来越向"准公益性"方向发展。目前,我国政府明确提出反对教育产业化,因为这里"化"掉的可能是教育的基本属性,完全将教育看成商品,将学校推向市场。与西方发达国家不同,我国现阶段市场经济的发育程度不高,市场经济的契约性还未能深入人心,许多制度和规则还有待完善,因此,目前,我国还必须在义务教育领域坚守教育的纯"公益性",在非义务教育领域内适当地向市场开放,引入市场竞争的机制,促进教育的发展。

三、国家观念、市场逻辑与教育属性

由以上分析可知,西方走过的是绝对的国家主义、市场主义、有限政府与有限市场相互错综交织的历程。而基于其社会政治经济条件的不同,在中国,教育走过的是绝对的国家主义和相对的市场主义的道路,东西方社会体制的差异决定了中国决不会走上绝对的市场主义的道路,中国应借鉴西方的有限政府与有限社会的国家观念和市场逻辑,努力促进教育事业的健康发展。在中国的现实社会生活中,处理好国家、市场和教育之间的关系,促进教育更好地为社会服务,可以从以下几个方面着手。

(一)为教育服务的政府的建构

在国家的政治经济生活中,教育是相对缺少自主性的,中国尤其如此。新中国成立以来的教育发展历程表明,教育一直受到国家社会政治经济生活的强大影响。不可否认,教育是国家实现社会控制的重要工具,但教育有其自身的规律性,教育的发展需要一个良好的生态环境。一个为着教育发展的政府应该具有这样三类特

[①] 谈松华.中国教育改革和发展中的若干理论和政策问题.教育研究,2000(3).

征:宪制性、服务性和有限性[1]。

宪制性政府,是指在市场经济中政府的权力和行动限制在宪法规则约束的范围内。有法律不等于有法治,有宪法也不等于有宪政,在国家、市场和教育三者的关系中,运行法的精神是关键[2]。宪法仅仅是一张纸,宪法的合法性来源于拥有最高主权的人民为其注入活力。

服务型政府可以界定为政府的一切组织和个人都在法律和其他正式规则之下从事行政,为公民合理合法的活动提供服务。这种服务型政府是一种规治政府而不是人治政府。政府所推行的教育改革应在法的权限下进行。

有限政府,也称最小规模的政府,是指政府的行动范围限制在保护法制、维护公平、颁布规则和服务公民这些方面。在有限政府下,该由市场机制发挥作用的地方由市场说了算。教育领域要引入市场的竞争机制,政府在宏观领域进行调控与管理,而微观领域的资源配置则交由市场。

(二) 为教育服务的市场的培育

在西方市场的发育过程中,曾经存在着大量的市场失灵与政府失灵。然而,目前我国教育领域存在的情况可能不是市场失灵,而是市场发育程度不高,竞争无序,市场机制的调节作用不能到位。就这方面来说,我国政府目前的主要任务是培育教育市场,大力推动社会力量参与办学,制定出相应的市场规则,维护教育市场中的有序竞争,确保社会力量办学主体在取得合理回报的基础上保证教育的公益性,使市场经济的契约性深入人心,私人领域同公共领域相分离。

(三) 培育教育成为"第三部门"

所谓第三部门,就是介于政府与市场之间的非政府组织或非市场组织。它是一个既不完全受国家干预又不完全受市场干预的社会领域,是以非政府形式提供公共产品的一种机制,是一种民间性的公益事业[3]。如果说政治领域建立在政府的基础之上,经济组织建立在企业的基础之上,那么第三部门就是建立在自由人联合体的基础之上。在我国当下的社会中,大力发展学术联合体和教育社团是一个促进教育成为"第三部门"的非常关键的因素。

在总体性社会中,教育与政治高度重叠,教育具有意识形态的性质。在结构分化的转型社会中,教育日益获得了一种第三部门的性质。因为,社会结构的分化使教育组织有别于政治组织,学校不再是政府的附属机构。同时,由于教育的非营利

---

[1] 方福前.政府与市场秩序的形成.经济理论与经济管理,2004(7).
[2] 高国希.机会公平与政府责任.上海财经大学学报,2006(6).
[3] 周光礼,刘献君.政府、市场与学校:中国教育法律关系的变革.华中师范大学学报,2006(5).

传统,教育组织又有别于经济组织,教育归属于第三部门。因此,市场应当有限介入,政府应当有限干预。但需要注意的是,我国当下的许多"第三部门"或"第三力量"常常是官方委派成立的,或与官方存在着千丝万缕的关联,这种并不纯粹的体制外力量事实上是体制内力量的延伸与壮大,这既突显了当下中国转型背景的特色——真正的第三方力量事实上不具有任何力量,同时也提醒我们在促进教育成为"第三部门"的过程中,要真正地使教育成为"非政府、非社会"的第三方,不能使"第三部门"仅仅成为为国家行为合法化代言的机构。

总而言之,在我国当下的转型期,要使国家、市场与教育能够协调发展、相互促进,需要"再造政府""再造市场",从而从根本上"再造教育"。

从公共领域到教育公共领域

重庆师范大学 胡之骐

内容提要：教育公共领域可以理解为介于国家教育权力机构和参与教育活动者之间的、提供给参与教育活动者的公共言论空间，师生、教育研究者群体以及国家教育权力机构之间的言论在其中得以交换。教育公共领域所承载的公共舆论能够将教师、学生和管理者连接起来，共同实现现代教育的公共性。

一、关键词：市民社会、公共舆论与公共性

公共领域(the public sphere)的概念源自古代希腊雅典时代的 Polis(城邦)精神，其理念强调公民每日可以任意在市集(agora)上自由地发表言论并参与公共事务的讨论——"在高度发达的希腊城邦里，自由民所共有的公共领域(koine)和每个人所特有的私人领域(idia)之间泾渭分明……公共领域既建立在对谈(lexis)之上……也可能是竞技活动。"[①]近代资产阶级公共领域的前身是欧洲王室中存在的"代表型公共领域"，以法国路易十四时期的宫廷礼节为核心[②]，但是随着商品交换的发展，商人需要大量关于远方市场的准确信息，因此"从14世纪开始，古代商人间的信件来往已经演变成了一种带有职业性质的沟通系统"[③]，这就为现代资产阶级公共领域的出现提供了前提。

哈贝马斯通过从社会历史的角度对近代社会"公共领域"概念的考察发现，现代意义上的资产阶级公共领域产生于17世纪后期的英国和18世纪的法国，随后与现代民族国家一起传遍19世纪的欧洲和美国，其表现在沙龙政治及报业上——"其(公共领域)最突出的特征，是在阅读日报或周刊、月刊评论的私人当中，形成一个松散但开放和弹性的交往网络。通过私人社团和常常是学术协会、阅读小组(lesegesellschaften)、共济会、宗教社团这种机构的核心，他们自发地聚集在一起。剧院、博物馆、音乐厅，以及咖啡馆、茶室、沙龙等对娱乐和对话提供了一种公共空

---

① (德)哈贝马斯.公共领域的结构转型.曹卫东,等译.上海:学林出版社,1999.
② (德)哈贝马斯.公共领域的结构转型.曹卫东,等译.上海:学林出版社,1999.
③ (德)哈贝马斯.公共领域的结构转型.曹卫东,等译.上海:学林出版社,1999.

间。这些早期的公共领域逐渐沿着社会的维度延伸,并且在话题方面也越来越无所不包:聚焦点由艺术和文艺转到了政治。"①

关于公共领域的概念,哈贝马斯认为所谓"公共领域","我们首先意指我们的社会生活的一个领域,在这个领域中,像公共意见这样的事物能够形成。公共领域原则上向所有公民开放。公共领域的一部分由各种对话构成,作为私人的人们来到一起,形成公众……可以自由地集合和组合,可以自由地表达和公开他们的意见"②。同时他在《公共领域的结构转型》一书中提到:"(资产阶级)公共领域首先可以理解为一个由私人集合而成的公众的领域;但私人随即就要求这一受上层控制的公共领域反对公共权力机关自身,以便就基本上已经属于私人,但仍然具有公共性质的商品交换和社会劳动领域中的一般交换规则等问题同公共权力机关展开讨论。"③

我国学者通过研究哈贝马斯的这一概念研究,也对公共领域做出了定义,"(公共领域)是哈贝马斯提出的一个带有理想类型(ideal type)性质的概念,指的是从市民社会中产生的、在国家与社会之间的公共空间,这一公共空间具有鲜明的政治批判功能,所产生的是社会公共舆论,并以此成为政治系统合法性的渊源"④。从上述对公共领域定义的论述中,可以得出公共领域是一个介于国家和社会之间的,提供给公众发表自己言论的空间,这个空间是一个具有弹性的非强制性的交往网络,但是在这个空间的话题必须是公共性的。

当哈贝马斯继续考察到现代社会的资产阶级公共领域的时候,他认为作为一种积极的公众参与的空间,在现代社会中慢慢失去它原有的功能,文学的公共领域被文化消费的伪公共领域或伪私人领域所取代,文化批判的公众转变成了文化消费的公众——"私人批判变成了电台和电视上明星的节目,可以圈起来收门票,当作为会议出现,人人可以'参加'时,批判就已经具备了商品形式",哈氏因此呼吁重建公共领域。

在当下我国讨论公共领域,至少可以从公共领域的这三个关键词来考虑,即市民社会、公共舆论和公共性。

(一)市民社会

从哈贝马斯的论述中可以看到,哈氏始终都是在市民社会的范围之内探讨公

---

① (德)哈贝马斯.关于公共领域问题的答问.景天魁,编译.社会学研究,1999(3).
② Juergrn · Habermas. Offentlichkeit. Kultur und Kritik , Frankfurt Suhrkam Verlag // 汪晖,陈燕谷.文化与公共性.北京:生活·读书·新知三联书店,2005.
③ (德)哈贝马斯.公共领域的结构转型.曹卫东,等译.上海:学林出版社,1999.
④ 许纪霖.20世纪中国知识分子史论.北京:新星出版社,2005.

共领域的,即公共领域诞生于市民社会之中,后者是前者的前提条件。市民社会的概念最早可见于黑格尔(Georg Wilhelm Friedrich Hegel)的论断——"市民社会"是处于家庭与国家之间的地带,它不再是只与野蛮或不安全的自然状态相对的概念,更准确地说,它是同时与自然社会(家庭)和政治社会(国家)相对的概念。市民社会作为人类伦理生活逻辑展开中的一个阶段,是一种现代现象,是现代世界的成就。它的出现,归根结底使现代世界与古代世界发生了质的区别……①这些在自愿基础上形成的组织成为公共领域的载体。"市民社会在作为描述现代社会与国家的关系意义上时,意味着国家与社会的分离,而公共领域则表现为二者之间的中间地带,从隐蔽的家庭内部到公开的公共领域——社会的出现,不仅模糊了私有与政治之间那条古老的界线,而且几乎不可想象地改变了这两个词汇的含义以及对个体和公民生活的意义。"②

对于市民社会理念的理解大致分为两种关系结构,即以洛克(John Locke)为代表的自由主义者所提倡的"市民社会先于或外于国家"的架构和黑格尔所提倡的"国家高于市民社会"的架构③。洛克的理念从本质上来讲是对限制国家权力的关注,即国家权力的内在规定性必然使其与市民社会中的个人权力相冲突,强调国家的功用只在于维系或具体完善市民社会。黑格尔所提倡的"国家高于市民社会"的关系结构则强调国家之于市民社会的重要意义,他认为"市民社会乃是个人私利欲望驱动的非理性力量所导致的状态,是一个由机械的必然性所支配的王国;因此,撇开国家来看市民社会,它就只能在伦理层面上表现为一种无政府状态,而绝非是由理性人构成的完美的状态"④,因此需要一个"绝对自在自为的理性东西"⑤,即国家从政治权力和道德上领导市民社会,国家也从市民社会中实现国家意志和道德宗旨,同时国家的地位超越于市民社会之上,并且"为了保护和促进国家自己界定的人民的普遍利益,国家也可以直接干预市民社会的事务"⑥。

哈贝马斯所谓的现代意义上的"市民社会"概念与前人所指的同一概念不同,市民社会(zivilgesellschaft; civil society)不再包括控制劳动市场、资本市场和商品市场的经济领域……(市民社会的)核心机制是由非国家和非经济组织在自愿的基础上组成的。这样的组织包括教会、文化团体和学会,还包括独立的传媒、运动和

---

① 邓正来.市民社会与国家——学理上的分野与两种架构.中国社会科学季刊,1993(5).
② (美)汉娜·阿伦特.人的条件.竺乾威,等译.上海:上海人民出版社,1999.
③ (德)哈贝马斯.公共领域的结构转型.曹卫东,等译.上海:学林出版社,1999.
④ (德)哈贝马斯.公共领域的结构转型.曹卫东,等译.上海:学林出版社,1999.
⑤ (德)黑格尔.法哲学原理.范扬,等译.北京:商务印书馆,1982.
⑥ (德)哈贝马斯.公共领域的结构转型.曹卫东,等译.上海:学林出版社,1999.

娱乐协会、辩论俱乐部、市民论坛和市民协会，此外还包括职业团体、政治党派、工会和其他组织等①。我国的市民社会问题研究，总体而言更接近于黑格尔所倡导的关系模式，即国家高于社会。哈贝马斯以及后来者的研究中，逐渐摈弃了以二分法作为研究国家和社会的手段，而采取了三分法，即国家—经济—市民社会，市民社会遵循自由交往和平等对话逻辑实现协调和解决方案，而国家则遵循权力的逻辑实现调控和操纵。

虽然西方学者也对中国的市民社会问题非常感兴趣（如 Tous 指出："市民社会具有一种在被国家控制所浸没的条件下生存的能力。甚至在'文化大革命'期间就已有个人间的小型网络存在。现在，这种小型网络的数量增加了，规模扩大了，人们相互交流的内容更加丰富，其中包括日益增多的政治信息、各种闲话和看法"②）。但是他们同样意识到洛克或者黑格尔式的市民社会与国家的关系模式不能直接套用在我国的社会情景下，也许具有不同于两者的形态。我国学者邓正来曾提出型构中国的"市民社会与国家间两性的结构性互动关系"③，黄宗智也提出了"第三部门"的概念④。

（二）公共舆论

探讨我国公共领域涉及的第二个关键词是公共舆论（the public opinion）⑤。市民社会的型构是公共领域的前提，公共舆论则是公共领域的产物，是公共领域对其功能的自我理解的具体表现⑥。公共舆论呈现出公共领域两个功能——批判功能与立法功能的具体表现，公共舆论功能的呈现涉及公共领域存在的合法性问题。

公共舆论最初的研究来自传播学领域，从逻辑上讲舆论是通过某些载体所发表出来的对生活世界进行描绘的产物，而公共舆论则意味着当我们发表自己的意见和观点的时候，话题的中心是具有公共性的。传播学的研究表明，当个体学着用头脑去观察未知的世界时，大脑中会逐渐形成一幅以自己为中心的包含这个世界所有已知特征的图像，这些图像即可称为公共事务，"他人脑海中的图像——关于自身、关于别人、关于他们的需求、意图和人际关系的图像，就是他们的舆论。这些对人类群体和以群体名义行事的个人产生着影响的图像，就是大写的舆论"⑦。这

---

① （德）哈贝马斯.公共领域的结构转型.曹卫东,等译.上海:学林出版社,1999.
② 邓正来,（英）亚历山大.国家与市民社会——一种社会理论的研究途径.北京:中央编译出版社,1998.
③ 邓正来.市民社会与国家——学理上的分野与两种架构.中国社会科学季刊,1993(5).
④ （德）哈贝马斯.公共领域的结构转型.曹卫东,等译.上海:学林出版社,1999.
⑤ 在哈贝马斯的论述中大多使用"公众舆论",但从概念的内涵和外延来讲两个词看作同义词。
⑥ （德）哈贝马斯.公共领域的结构转型.曹卫东,等译.上海:学林出版社,1999.
⑦ （美）沃尔特·李普曼.公众舆论.阎克文,江红,译.上海:上海人民出版社,2006.

里个人的图像指代着个人的意见,但是当个人与他人或群体间发生互动的时候,则意味着公共舆论的产生。在哈贝马斯那里公共舆论具有批判力量和作为展示与操纵的力量,"前者使政治权力和社会权力的实施得以公开,而后者则公开了个人与机构、消费品与供货单",这两种力量在公共领域内存在着紧张关系,公共舆论则是两者的包容者。在此基础上哈贝马斯区分出两种不同的政治交往领域:一个是非正式的、个人的、非公共的意见系统,另一个是正式的、机制化的权威意见系统①。两者在交互过程中,以批判的公共性为中介,使权力实施的群体和没有权力的大众联系起来从而形成了严格意义上的公共舆论②。因此,公共舆论的产生其实是一个不断循环的过程,在公共性的保障下非正式意见不断进入到形成公共舆论的"漩涡"之中。

所谓公共舆论,此处可套用哈贝马斯所提供的一个相对定义——"一种意见在何种程度上可以说是公众舆论,取决于如下的标准:该意见是否从公众组织内部的公共领域产生,以及组织内部的公共领域与组织外部的公共领域的交往程度,而组织外部的公共领域是在传播过程中,通过大众传媒在社会组织和国家机构之间形成的"③。就其本义来说,公共舆论呈现出公共领域批判和立法功能的直接平台,证明政治系统的合法性渊源是公共舆论最首要的功能——在公共舆论对公共权力领域进行监督和建议的同时,本身也受到权力系统的监督和引导。

西方学者从20世纪末东欧诸国和苏联的"社会转型"出发,给出了市民社会深层的预设——"就市民社会而言,乃是指立基于西方经验或观念的市民社会而型构出的国家与社会关系模式是那种可以跨越空间、超越文化或传统的具有普世效度(universal validity)的结构性框架"④,即市民社会的理念并不会因为意识形态的改变而中断。因此结合公共舆论定义而言,公共舆论在人类文明史上是始终存在的。英国学者伯兰特·罗素(Bertrand Arthur William Russell)通过在中国一段时间的考察之后,认为"中国人与英国人有个相似之处:喜欢妥协和尊重舆论……在中国,公众舆论一旦形成便是真正的力量"⑤,并且他提到了北洋政府时期公共舆论在教师因为待遇问题罢教事件中所起到的决定性作用。这说明,中国从来不缺乏公共舆论的土壤,缺乏的只是一个理性渐进的过程。

---

① Juergrn Habermas. Offentlichkeit. Kultur und Kritik, Frankfurt Suhrkam Verlag // 汪晖,陈燕谷. 文化与公共性. 北京:生活·读书·新知三联书店,2005.
② 在这里公共性是作为一种权力拥有者和没有权力的公众进行交流的平台而显现出来的。
③ (德)哈贝马斯. 公共领域的结构转型. 曹卫东,等译. 上海:学林出版社,1999.
④ 邓正来,(英)亚历山大. 国家与市民社会——一种社会理论的研究途径. 北京:中央编译出版社,1998.
⑤ (英)伯兰特·罗素. 中国问题. 秦悦,译. 上海:学林出版社,1999.

我国社会中的精英阶层在尝试推行公共舆论理念的过程中，曾遭遇过这样的打击，"《东方（杂志）》群体的理性主义有一个最突出的思想表征，就是对中西社会思想与文化进行全方位的调和、嫁接，这种努力建立在西方政治制度与文化思想也不是十全十美这个认识基础之上……他们在建构民族现代化的新模式时陷入了一个误区，即'它对现代化所需要的社会系统的整体创造性转换认识不足'"①。又如"改良"后的《苏报》也"没其一而表其一"，"从长善诱"者少，而"从严朴责"者多，"棒喝过厉"②，但是对于公共舆论的呼声则从来没有停止过。我国社会中强大的政治、文化传统已经渗透到社会的各个方面，在这样的前提条件下实现调和与嫁接——如《东方杂志》曾对绝对的议会民主制度表示过不信任，提出在坚持共和立宪制的大前提下有限集权的主张和"贤人政治"的民主模式——是不太可能的。但研究者并不赞同彻底打破已存在的社会格局而实现理想化的模式，在我国的语境下研究公共舆论必然需要充分考虑中国社会的已有特征。

（三）公共性

第三个关键词是公共性（publicness）。公共领域介于国家和社会之间，这样的界定说明了公共领域存在着一种张力，既调和国家与社会的紧张关系，又维持两者间的平衡，"公共性本身表现为一个独立的领域，即公共领域，它和私人领域是相对立的"。公共一词至少有两种意涵：其一是一种为人民谋幸福的使命，如"公共权力机关"，或者是一种代表的力量，如"公共招待会"；其二是公众舆论自身的一种属性，"公共关系和共同努力……就是想建立这样一种公共性"③，"'公共'一词表明了两个密切联系却又不完全相同的现象"④。"公共性"起源于古希腊词汇"Pubes"或"Maturity"，强调个人能超出自身利益去理解并考虑他人的利益，同时意味着具备公共精神和意识是一个人成熟并且可以参加公共事务的标志。有学者把公共性的含义概括为：(1) 公共性是对公平与正义的"重叠共识"；(2) 公共性的本质是公共权利；(3) 公共性是公共空间与时间的体现；(4) 公共性是三维（行为者、利益、可进入性）的统一⑤。

康德（Immanuel Kant）认为从公共性的要求来看，政治与道德、公共权力与民众公意应该是一致性的，政治行为的合法必须是在民众自由表达言论权利的前提之下实现的。哈氏的理论框架，更关注历史哲学引导公众的使命，因此"理性法则

---

① 洪九来. 宽容与理性：《东方杂志》的公共舆论研究（1904—1932）. 上海：上海人民出版社，2006.
② 方平. 从《苏报》看清季公众舆论的生成与表达. 华东师范大学学报（哲学社会科学版），2005(3).
③ （德）哈贝马斯. 公共领域的结构转型. 曹卫东，等译. 上海：学林出版社，1999.
④ （美）汉娜·阿伦特. 人的条件. 竺乾威，等译. 上海：上海人民出版社，1999.
⑤ 周菲. 当代欧美公共哲学研究述评. 上海师范大学学报（哲学社会科学版），2005(2).

和幸福要求是相一致的:它本身必须成为公众舆论","理性作为意识的知性同一性,相应地要求经验意识具有一种一体性;公共性则应当成为它们的中介;其普遍性说到底就是经验意识的普遍性,黑格尔的法哲学称之为公众舆论"①。

如上所述,公共性是国家意志和社会意志共同协调的基本属性,其效果通过公共舆论来展示。公共则代表国家和社会的共同参与,对于国家而言其政治行为需要公众的赞同,对于社会而言需要通过国家政治行为实施自己的意见。当公共性得到体现的时候,公共领域的功能才能得以发挥,相反则不可能存在公共领域。

当我们在论及我国的公共知识分子时,多少意味着这一类知识分子具有公共的属性,对公共事务表现出极大的关心,代表着公众的意愿。在我国传统的"差序格局"社会仍然存在时来看待公共性问题,常常会遇到上述理论无法解决的事情。我国传统社会中士大夫阶层大多充当着"公共"知识分子的角色,他们的言论是公共舆论的主要部分,但这类舆论不能完全用哈贝马斯等西方学者的"公共舆论"概念来解释,因为这类公共舆论大多没有批判的功能,更大程度上是一种对国家政治行为的解释和协助实施。即使到现代社会,这种倾向也常常可见。

二、可能性:从公共领域衍生教育公共领域及其构成

(一)从公共领域中衍生教育公共领域

从公共领域的概念出发,我们可以看到在哈氏笔下公共领域意味着一个具有弹性的"空间",国家和个人可以通过这样一个"空间"得到信息的交流,国家的政治行为在这里得到社会舆论的监督。哈贝马斯在《公共领域的结构转型》一书中遭遇的批判主要来自三个方面:其一来自神学界,指出哈贝马斯的公共领域概念没能充分考虑到宗教团体对于社会的作用,也没能充分考虑国家政治因素的影响;其二来自西方左翼学者,他们指出哈贝马斯的公共领域提炼于资产阶级而忽略了无产阶级(平民)公共领域;其三也是意义最为深远的批判来自女权主义者,他们指出哈氏的概念带有很强的父权社会烙印,忽视了女性间形成的"私人领域"。从上述批评中可以得出这么一个结论,哈氏的公共领域过多地强调了社会方面,而忽略了国家权力的影响,并且也没有考虑到不同社会阶层和社会群体"内部"公共领域的可能。

布迪厄使用了"场域"和"惯习"概念来描绘我们的生活世界,指出我们的生活世界是由不同的场域构成的,个体受到不同场域的影响也因此而融入适合自己的主要场域当中,这个融合的过程便是获得该场域"惯习"的过程。布迪厄阐释惯习

---

① (德)哈贝马斯.公共领域的结构转型.曹卫东,等译.上海:学林出版社,1999.

既是私人的、主观性的,也是社会的、集体的,是一种"社会化了的主观性","所谓惯习,就是知觉、评价和行动的分类图示构成的系统,它具有一定的稳定性,又可以置换,它来自社会制度,又寄居在身体之中;而场域,是客观关系的系统,它也是社会制度的产物,但体现在事物中,或体现在具有类似于物理对象那样的现实性的机制中"①。因此,个体的或者私人的领域是与社会制度或国家联系在一起的,个体通过场域而得到社会化(获得惯习)。但同时个体的惯习并非来自一个场域,它必定是多个场域共同作用的结果,这也就决定了个体可以拥有不同社会群体的交往,这便为个人的私人空间提供了前提条件。

公共领域的概念不能等同于场域的概念,场域更加模糊,在边界的规定上场域是很难做到的。而公共领域,从来自三方面的批评看,都意味着一种边界的存在——宗教团体、平民阶层以及女性群体。毫无疑问,这三种社会群体都存在或可能存在属于自己的公共领域,这里需要对"公共"一词做进一步的讨论。

在哈贝马斯的论述中,公共这个词具有"为人民谋幸福的使命"和"公众舆论自身的一种属性"两种含义(见前文所述),前一种含义可以延伸理解为"公众共同使用的各种设施",而后一种含义可以解释为公众参与的习惯或行为——"'公共'的观念是各种民主学说的核心。它既表现为民主的关键主体,即作为一种话语性、决策性公众组织在一起的人群,也表现为民主的客体,即公益。"②

我们可以依此得出这样的结论,即公共领域中的公共话题必然是公众所共同参与的并且与公共事务密切相关的话题。那么,虽然宗教团体、平民阶层和女性群体都有自己的话语范围,有的甚至界限严格,但是他们内部的话题总有那么一部分是社会中公众都可以参与讨论的,比如宗教对于社会的作用、平民阶层的福利以及女权主义对男权社会的抗争等。从这一点来说,不同的群体内部是可能存在属于该群体的特有的公共话题的,那么就此也可以推测出这些群体内部可以存在着"内部的"公共领域。从另外一方面来看,群体内部的公共领域也意味着群体内部的事务可以成为公共话题而得到群体内部成员的参与讨论。因此,我们可以给公共领域描绘出一个界限——不同的群体。不同的群体可以有自身特别的话题范围,同时也能够与其他群体的公共话题产生交集而形成整个社会公共领域中的公共话题。

布迪厄所阐释的场域理论便是这样一种观点——"在高度分化的社会里,社会

---

① (法)布迪厄,(美)华康德.实践与反思:反思社会学导引.李猛,李康,译.北京:中央编译出版社,2004.
② (美)C·卡尔霍恩.社会理论与公共领域//(英)布赖恩·特纳.Blackwell 社会理论指南.李康,译.上海:上海人民出版社,2003.

世界是由大量具有相对自主性的社会小世界构成的,这些社会小世界就是具有自身逻辑和必然性的客观关系的空间,而这些小世界自身特有的逻辑和必然性也不可化约成支配其他场域运作的那些逻辑和必然性。"① 这里的"小世界"指的是不同利益群体构成的场域,每个这样的场域中都存在着自身的逻辑和必然性。那么当沿着这条线索来思考不同群体内的公共领域时,也可以发现其实每个群体内部都存在着自身的逻辑和话语体系,也依然存在着群体内部成员个人的私人领域和群体内公共领域的区别。在这里,群体内部成员个人的私人事务可以上升为群体内部的公共话题,而群体内部公共领域的公共话题并不完全等于"大"公共领域的公共话题,不同群体内部公共领域之间既存在着话题的碰撞,也存在着话题的隔离。

其实,在女权主义对哈贝马斯公共领域概念的批判中就已经涉及了对公共领域思考的另一种思路,即将公共领域看作由多个公众群体组成的领域,而不是单一一群公众组成的领域,"……以环境为核心的公共话语会比无所不包的一般性公共话语更好地予以监督"②。而任何一个特定群体③的成员都应该有能力进入其他公众群体之中参与其他群体中特有话题的讨论。

教育领域所包括的要素可以有广义和狭义两种理解。广义上的教育领域以一种社会设置的角色出现,通过其初级功能和次级功能④的共同作用而渗透到整个社会的方方面面,可以说这个层面上的教育领域几乎等同于整个社会领域。狭义上的教育领域则体现出学科界限⑤,其中主体一般特指参与教育工作和进行教育研究的人,简单来说,教师、学生、教育研究者是构成教育领域的主要元素。进一步而言,在这个领域内这些元素关于教育公共问题的言论和观点构成了教育公共领

---

① (德)哈贝马斯.公共领域的结构转型.曹卫东,等译.上海:学林出版社,1999.
② (美)C·卡尔霍恩.社会理论与公共领域//(英)布赖恩·特纳.Blackwell社会理论指南.李康,译.上海:上海人民出版社,2003.
③ 群体可分为初级群体和次级群体,群体成员的关系又可分为初级关系和次级关系。初级关系是一种个人的、情感的、不容易置换的关系,它包括每个个体的多种角色和利益,以大量的自由交往和全部人格的互动为特征。次级关系一般只包括每个参与者的一种角色与利益,参与者只投入了与情景具体相关的那些方面的人格,相对于初级关系来说次级关系没有个性和情感交流,并且这种关系可以移到他人身上,亦即参与者可以互相替换。一般而言,次级群体是为了达到特殊目标而特别设计的群体,其成员主要以次级关系来相互联系。很明显,这里所论及的"特定群体"都是针对次级群体而言,成员之间虽然不排除初级关系的存在,但大多数情况下是依靠次级关系来维持的,包括下文中提到的参与教育活动的群体也属于次级群体之列。
④ 教育的初级社会功能和次级社会功能的论断,明确了教育系统、社会系统以及受教育者的互动关系,同时也明确了教育作为一种社会设置的基本职能。从广义上而言,教育既是整个文明的关键设置,同时又映射出整个文明。(吴康宁.教育社会学.北京:人民教育出版社,2001:407—410.)
⑤ 具体来说,教育领域内公共话题的对象必然涉及教育活动。教育学科相对于其他社会学科来说出现较晚,从教育科学产生以来,出现了以被运用学科作为理论分析框架的教育哲学、教育逻辑学、教育社会学、教育心理学等;以被采用学科的方法分析教育活动的教育史学、教育统计学等;综合运用各门学科以求解决实际问题的教育技术学、课程论等,以及以已有教育理论为研究对象的元教育学、教育学史等。

域的基本话题。

因此,所谓教育公共领域可以理解为介于国家教育权力机构和参与教育活动者之间的、提供给参与教育活动者的公共言论空间,师生、教育研究者群体以及国家教育权力机构之间的言论在其中得以交换。

关于教育公共领域的研究,就研究者目力所及还没有发现国内有这样的提法,并且在所获得的外文文献中也没有正式的提法。但研究者在一篇澳大利亚昆士兰(Queensland)的个案研究文献中发现,通过赋予共享的教育公共讨论以特权,可以使不同的甚至毫不相关的地点的教学实践联系起来,并且能够在一定程度上影响到教育政策[1]。教育公共领域内部是能够发挥自己特有的功能的,因此研究者在这里将教育公共领域翻译为"The Public Sphere of Education",意在将教育公共领域作为置于公共领域之下的次级概念来对待,也意味着将教育公共领域所涉及的范围定义在教育领域之内。

(二)教育公共领域的构成

与教育活动相关的一切话题都可以成为教育公共领域的公共性话题,这是教育公共领域存在的前提和基础。此外,教育公共领域的成立也必须具备相应的要素。从公共领域的构成要素出发,相对应的,教育公共领域的主体是学校教育活动中的教师、学生、教育研究者以及与教育活动相关的国家行政部门和其他一些非官方的组织(教育所涵盖的领域很大,同样所包括的社会成员也非常丰富,这里主要考察的是和教育学科紧密相连的范围)。

首先,一切关于现今教育活动的思考都集中在学校教育活动中,而学校教育活动的发源地是学校[2],教师和学生是学校中最基本的社会角色,因此他们是教育活动的主体,他们的言论是教育公共领域公共舆论的主要成分。对于教师的身份历来存在着很大的争议,但总的来说他们的身份是具有"双重意义"的,即半支配阶层代言人半公共知识分子的"悖论性"角色[3]。他们一方面需要为国家的政治行为代言并在国家教育法规的范围之内实施国家教育政策所分配的具体工作;另一方面他们具有公共知识分子的身份,有自己的意见并渴望得到发挥[4]。在具有这样双

---

[1] Sue Thomas. *Reconfiguring the Public Sphere: Implications for Analyses of Educational Policy*. British Journal of Educational Studies, 2004, 52(3).
[2] 学校教育系统无论多么复杂,其对外部社会的作用最终都是通过特殊的社会活动——有目的有计划的教育活动而形成的。(吴康宁. 教育社会学. 北京:人民教育出版社,2001.)
[3] 吴康宁. 教师:一种悖论性的社会角色——兼答郭兴举同志的"商榷". 教育研究与实验,2003(4).
[4] 巴勒斯坦裔美国学者萨义德在《知识分子论》中提到,今天的知识分子应该是个业余者,他认为身为社会中心思想和关切的一员,有权对于甚至最具技术性、专业化行动的核心提出道德的议题,因为这个行动涉及他或她的国家、国家的权力、国家与其公民和其他社会互动的模式。[美]萨义德. 知识分子论. 单德兴,译. 北京:生活·读书·新知三联书店,2002.]

重身份的条件下,教师本身便处于一种体制内和体制外共同张力的作用之下——他们既必须按照国家教育政策的规定传授国家法定知识,又具有对国家各种教育政策和法规的独立思考能力。因此,教师拥有向教育政策和国家教育行为发问的权力和机会,但同时这种批判并非漫无边界,而是有一定的限制范围。另外,教师群体的言论对于学校教育活动是具有一定影响力的。

  与教师群体相依存的是学生群体(以二元对立的方法来看,教师和学生两者是共存的,学校教育活动能够得以运行便是从两者相互关系开始的。正是在这样一种互动关系中,知识的传承得以完成,学校教育活动也才具备了意义),相对于前者来说后者更具有特殊性——他们既不完全属于成年人的世界,也不完全属于儿童的世界,即是说学生群体是并非依靠职业劳动而生活也并非完全不承担任何社会责任的"边缘人"[1]。学生群体的特殊社会属性决定了其言论的多样化:在正式教育活动中他们的言论趋向于主流意识形态,并且与教师群体共同完成国家教育政策所规定的教学任务;在正式教育活动之外,他们的言论可能会对自己所面临的教育环境、教育措施发出不同的声音,甚至颇为偏激的言论。相对于教师群体而言,学生群体的言论更加直接、更加尖锐也更加难以控制,比如学校中经常会出现的学生对于某位教师或某位领导的不满言辞,大多都是产生于学生群体中间,并且有可能自始至终都处于"地下"状态。没有完全融入成人世界,让他们的言论并不完全面临社会责任的监督,而正是这种半融合的状态也让他们具备了儿童和婴儿所没有的独立思考能力。他们的言论对于学校教育活动没有教师群体那么大的影响力,但是并没有被忽视。

  其次,教育公共领域的要素不仅仅局限于学校教育活动中,教育研究者群体也是其中一个重要的组成要素。教育研究者大多来自高校[2],他们既担负着学校教学的任务,又具有发展教育理论和改造教育实践的社会责任,他们可以通过各种途径在教育公共领域中发表自己的言论。教育工作者因其工作性质和占有的教育资源等原因,所发表的言论具有更高的社会责任性,也更能触及深层的问题,对于教育活动的影响力也更大。同样,他们所受到的舆论监督力量也比教师和学生群体更大——这一群体的言论可以对教育实践活动起到很强的指导作用,但从当下理论与实践相脱节的情况来看,至少在公共舆论的层面,教育研究者所受到的监督力度是教师群体和学生群体所不能比的。

---

[1] 吴康宁.教育社会学.北京:人民教育出版社,2001.
[2] 教育研究者既具有教育研究的职责,大多也担负着学校的教学工作,在这里为了与教师群体相区分而单列出来。

最后,作为掌握行政权力的教育权力机构也是教育公共领域的构成要素。所有的教育活动都是在国家政策的规定和指引下进行的,国家教育权力机构对于国家权力机构的职能是辅助国家权力机构实现国家发展目标,为国家和社会的发展提供"适当的"人——从这个意义上来讲,一切教育活动客观上都是一种"符号暴力"[1]。而国家正是在符号暴力的控制下对教育体系中的个人灌输国家的意志,让个人意识趋向于国家意识,通过习惯化的过程使彼此具有某种习惯化活动的"定型化"(typification,类化与固定意象),这也可以称为制度化(控制便内蕴于制度化中)[2],最终以个体获得相应的性情倾向(也可称之为惯习)而完成社会的再生产过程——规训"造就"个人[3]。借用福柯的观点来说,现代国家教育权力机构实现再生产在于对教育活动的控制存在着一种能够自动产生真实的征服的虚构关系,所有教育活动参与者都处于一种有意识和持续的可见状态,即处在"全景敞视建筑(panopticon)"的"权力局势(power situation)"当中[4]。毫无疑问国家教育权力机构的"声音"对于教育领域来说是决定性的,他们对于教育公共领域的作用毋庸置疑。但是即使我们今天的教育活动处于再生产的指引和权力局势当中,国家教育权力机构以外的教育活动参与者也能够找到与之对话的机会,而当下我国的教育制度也存在这样的信息反馈机制,主要反馈途径有国家权力机构主动的行为,如对在校教师的教学评估工作,从总体上把握教师对于教育制度的适应情况;另外,大量存在的教育杂志、报纸以及电视、网络等媒体都能主动反映出教师及其他教育活动参与者的意见,而这些意见是影响国家教育权力机构做出教育政策改变的影响力量之一。站在国家教育权力机构的角度来说,这些机构占有着最多的教育资源和最大的支配权,因此他们所发出的声音通常是相对权威的(并且由其自身的"公共"属性决定,他们的话题也必然是关于教育领域内公共话题的),也对教师、学生和教育研究者等群体起到引导和参考的作用,从而也提高了其他教育活动参与群体言论的价值和效率。教育公共领域内的公共舆论产生于来自不同利益、理念、社会地位的群体关于教育的公共话题当中。

教育公共领域批判功能和监督功能的实现并不是漫无边界的,从应然层面上说它们需要受到监督,而在实然层面上目前也存在着相应的监督机构。

---

[1] (法)布尔迪约,(法)帕斯隆. 再生产:一种教育系统理论的要点. 邢克超,译. 北京:商务印书馆,2004.
[2] (美)柏格,(德)卢柯曼. 知识社会学——社会实体的构建. 郑理民,译. 台北:巨流图书公司,1993.
[3] (法)福柯. 规训与惩罚:监狱的诞生. 刘北成,杨远婴,译. 北京:生活·读书·新知三联书店,2003.
[4] (德)哈贝马斯. 公共领域的结构转型. 曹卫东,等译. 上海:学林出版社,1999.

附　录

南京师范大学2007—2012"教育社会学沙龙"主题一览表

	主题	发言人	点评人	时间
2007年				
1	语词的政治	齐学红	高水红	2006-01-09
2	童年的加减法——试论社会对儿童的再造	王海英	周宗伟	2007-01-16
3	陶行知的学校领导之道	张新平	胡金平	2007-03-07
4	梦想的门槛——关于电影《十七岁的单车》的社会学联想	周宗伟	高水红	2007-03-21
5	在历史学与社会学之间	胡宗仁	胡金平	2007-04-11
6	在文字里安身立命?——关于博客写作与教师身份认同的断想	王彦	高水红	2007-04-18
7	文化社会学:教育研究的新空间	常亚慧	周宗伟	2007-04-25
8	CURRICULUM, NARRATIVE AND THE SOCIAL INCLUSION	IVOR GOODSON		2007-05-25
9	"私益性""公益性"与"准公益性"——国家观念与市场逻辑互动下教育属性的演变	王海英	胡金平	2007-05-30
10	《山彦学校》的故事——生活缀方运动的教育社会学意义	贺晓星	马维娜	2007-06-06
11	中西之别还是古今之异?——"本土化"研究方法论的一个可能陷阱	王晋 程天君	胡之骐	2007-09-14
12	"师范教育"向"教师教育"话语转换中的思维误区	杨跃	程天君	2007-09-28
13	教育改革的公共领域:困境与可能	王海英	高水红	2007-10-12
14	也谈"脱域"视野下的教育	王晋	周宗伟	2007-10-26
15	作为意义探究的深度访谈	马维娜		2007-11-09
16	空间·知识·权力——学校卫生学与现代学校空间的形成	石艳	胡金平	2007-11-23
17	"在世"与"在线"——兼论虚拟生存中人的自由向度	王彦	周宗伟	2007-12-14

18	教育研究的旨趣	彭拥军	杨 跃	2007-12-28

2008年

19	建构:博客教师在博客世界中的运作策略	王 彦	全 体	2008-03-07
20	亲临另一个教育现场——纪录片《高三》品评赏析	周宗伟	全 体	2008-03-21
21	幼儿家长:学前教育中的特殊角色	王海英	刘晶波	2008-03-28
22	高等教育制造精英——兼论扩招背景下研究生教育的精英性	彭拥军	程天君	2008-04-11
23	作为社会空间的学校从公共领域到教育公共领域	石 艳 胡之骐	全 体	2008-04-17
24	从研究共同体到生活共同体——对沙龙文化的几点思考	齐学红	王 彦	2008-05-16
25	调研札记二十则	王 晋	程天君	2008-05-30
26	教育社会学的学科反思	全 体	全 体	2008-09-05
27	大转型:我们时代的政治与经济起源	全 体	全 体	2008-09-19
28	从不成文规则的制定看日常生活形态的变更——一个家庭与几个钟点工的叙述	马维娜	全 体	2008-09-26
29	教育变革中的农村教师日常生活研究改革的底层逻辑	葛 春 周元宽	全 体	2008-10-17
30	社会学视野中的教育改革	全 体	全 体	2008-11-14
31	私人情感公开化:动机、策略及后果	刘 辉	周宗伟	2008-11-28
32	认识的责任——质的研究的方法论问题关于研究方法论的几个疑问	齐学红 程天君	杨 跃	2008-12-12

2009年

33	《开放社会及其敌人》研读	全 体	全 体	2009-02-25
34	新中国成立以来的学校运行步调变迁——一项以单位为视角的个案研究	王 晋	王海英	2009-03-11
35	童丐及其他边缘人群的教育问题	全 体	全 体	2009-03-25
36	新课程培训与小学教师的课堂行为	胡金平	全 体	2009-04-22
37	社会生活中的交换与权力	全 体	全 体	2009-05-16
38	学校教育和阶层政治	高水红	王海英	2009-06-03
39	社会转型与当代知识分子	全 体	全 体	2009-09-11
40	《科学与艺术》研读	全 体	全 体	2009-09-23
41	《社会学的邀请》研读	全 体	全 体	2009-10-14

序号	题目	主讲	评议	日期
42	教育政策分析	全体	全体	2009-10-28
43	高等教育规模扩张背景下的入学机会差异分析	孙启进	高水红	2009-11-25
44	教育社会学语境中的语言社会化与主体认同	赵翠兰	康海燕	2009-12-09
45	教育学的想象力——"社会学的想象力"及其对教育研究的意义	周元宽	全体	2010-01-06

2010年

序号	题目	主讲	评议	日期
46	《社会分工论》研读	全体	全体	2010-03-03
47	《跨越边界——知识、学科、学科互涉》研读	全体	全体	2010-04-14
48	《中国士绅》研读	全体	全体	2010-05-12
49	《见树又见林》研读	全体	全体	2010-10-08
50	《给无价的孩子定价:变迁中的儿童社会价值》研读	全体	全体	2010-11-18
51	《中国第一村:华西村转型经济中的后集体主义》研读	全体	全体	2010-12-31
52	"蜗居"抑或"逃离北上广"——当下大学毕业生生存状态的教育社会学分析	全体	全体	2010-03-17
53	关于"生活历史法"的探讨	全体	全体	2010-03-31
54	转型社会的"二代"现象与教育的功能	全体	全体	2009-10-28
55	人性:先天的还是塑造的?	全体	全体	2009-10-28
56	理想类型与社会学的分析单位	桑志坚	程天君	2010-04-28
57	新中国成立以来社会流动模式的变迁及其对高等教育的影响	孙启进	葛春	2010-06-09
58	夹缝生存:教师教育者身份认同的内卷化困境	杨跃	周元宽	2010-06-23
59	"社会理论"的兴起对教育社会学意味着什么	吴康宁	周宗伟	2010-09-03
60	学生符号世界的城乡区隔——时空的视角	高水红	孙启进	2010-11-05
61	从"物质社会"到"能量社会"——当社会学遭遇量子物理学	周宗伟	高水红	2010-12-07
62	从"纯粹主义"到"实用主义"——教育社会学研究方法论的新动向	程天君	周元宽	2011-01-14

2011年

序号	题目	主讲	评议	日期
63	中国社会变迁的分析范式	王海英	宗锦莲	2011-03-02
64	《坏世界》《每个人的政治》研读	康海燕	汤美娟	2011-03-16

65	超越常识:社会学知识与常识关系之讨论	汤美娟	周宗伟	2011-03-30
66	《学术部落及其领地》研读	孙启进	周元宽	2011-04-27
67	"风险社会"视角下的教育问题	桑志坚	周元宽	2011-04-27
68	从日常生活的角度看美中差异及教育问题	张新平		2011-06-08
69	"西瓜太郎"的故事——教育的发展与文化的结构	贺晓星	胡金平	2011-06-22
70	《反"日语论"》研读	贺晓星	王海英	2011-09-05
71	"寒门难出贵子"讨论	高水红	程天君	2011-09-19
72	《抗争性政治:中国政治社会学基本问题》研读	杨 跃	王海英	2011-10-10
73	"命运"的社会学意涵	周元宽	汤美娟	2011-10-17
74	《工作、消费、新穷人》研读	王友缘	易森林	2011-10-31
75	机制性解释:教育社会学研究的融合模式	汤美娟	周元宽	2011-11-14
76	《被围困的社会》研读	齐立旺	高水红	2011-11-28
77	由"名词"向"动词"的跃迁教育改革——读Popkewitz《教育改革的政治社会学》	常亚慧	高水红	2012-01-09

2012年

78	如何理解社会?	王海英	周宗伟	2012-02-23
79	《开放社会科学》研读	汤美娟	易森林	2012-03-08
80	英雄的社会承担——以抗击"非典"的医务工作者为例	胡纵宇	周宗伟	2012-03-22
81	为灵魂而斗争——读Popkewitz《心灵追索:学校教育政治学与教师建构》	常亚慧	王海英	2012-04-05
82	表层分析宣言——也论社会理论的兴起	贺晓星	周宗伟	2012-04-19
83	人在江湖——游民文化的流变与江湖规则的兴起	周宗伟	周元宽	2012-05-10
84	制度的有限性及人的生存困境——"被改革"的教师角色	齐学红	高水红	2012-05-24
85	学校教育下标准化童年的生产——基于新童年社会学的理论	王友缘	王海英	2012-06-07
86	《从传统到现代》研读	桑志坚	汤美娟	2012-06-21
87	教育支持西部——教育支持模式的反思	王友缘	胡纵宇	2012-09-14
88	《让知识推动政策的改变:如何使发展研究发挥最大的作用》研读	杨 跃	齐立旺	2012-09-28
89	学校改革中的"国家"角色	常亚慧	程天君	2012-10-12

90	《后物欲时代的来临》研读	周宗伟	汤美娟	2012-11-02
91	《如何研究中国——上篇：中国研究的方法》研读	周元宽	王友缘	2012-11-09
92	民国教育热的背后：一种选择性的社会记忆	胡金平	陈 华	2012-11-20
93	《文明的进程》研读	易森林	刘晓静	2012-12-07
94	论教育社会学与曼海姆的知识社会学	贺晓星	宗锦莲	2012-12-21
95	大屠杀的启示与现代性危机——在《辛德勒的名单》与《现代性与大屠杀》中沉思	宗锦莲	周元宽	2013-01-04